行基と長屋王の時代

行基集団の水資源開発と地域総合整備事業

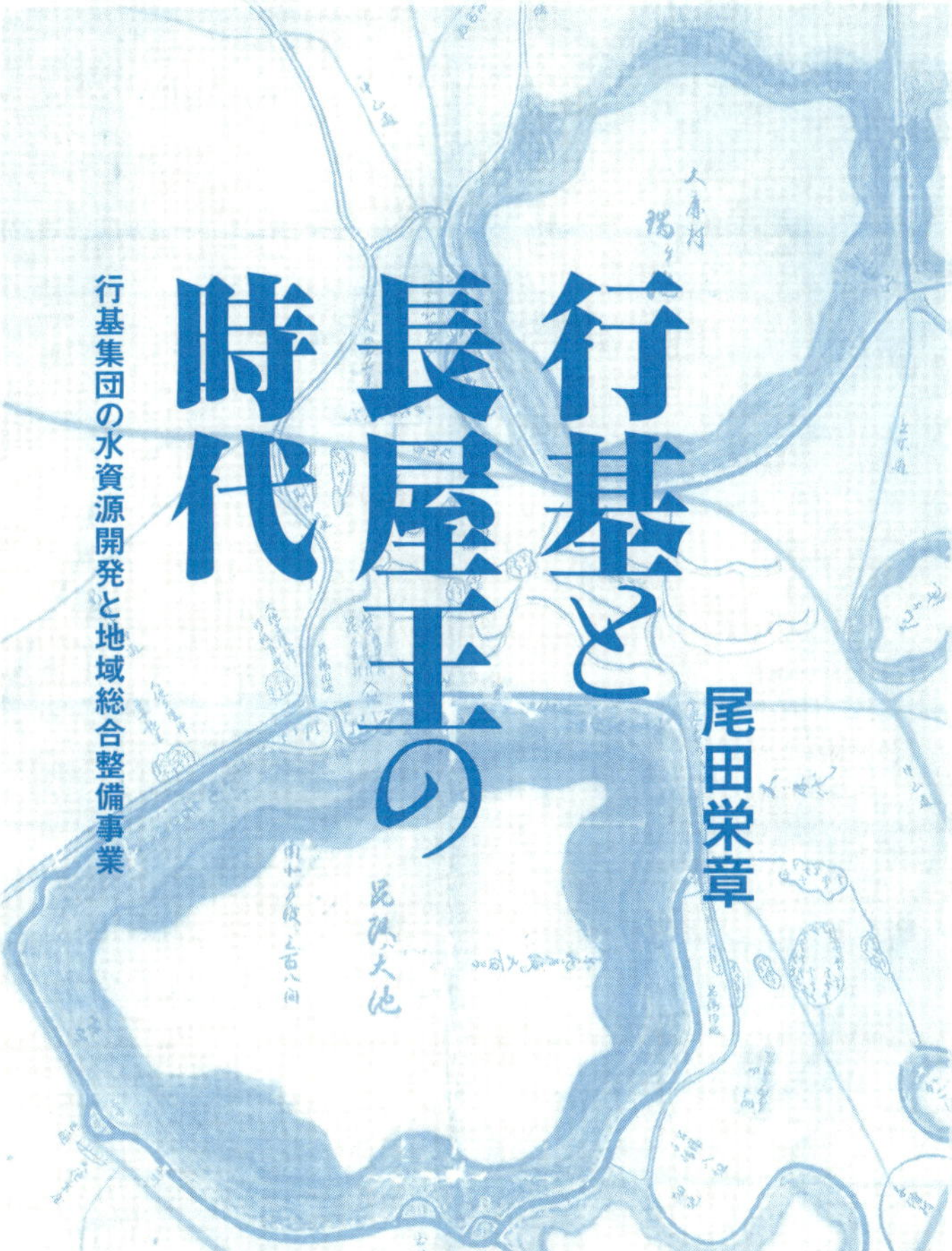

尾田栄章

行基と長屋王の時代 ― 行基集団の水資源開発と地域総合整備事業　目次

第二部　行基と長屋王

［凡例］
・本書は、雑誌『河川』（日本河川協会発行）に連載された尾田栄章「〃記紀と続紀〃の時代を『水』で読み解く」（二〇〇七年一月号から二〇一四年九月号まで、全九三回）のうち、第一回から第一五回までの連載原稿をもとに大幅に加筆し、再構成したものである。なお、序章は新たに書き下ろした。
・各章の注は、主要参考文献とともに巻末にまとめた。
・図表類や写真の出典、参考資料、撮影者などについても、巻末に図・表・写真一覧を設けてそちらに整理して示した。

序章　「行基と長屋王」の時代

中天に浮かぶ雲を紅く照らしつつ、うっすら朱色に明けそめた空に水平線から太陽がほんの少し顔を出すと海上の波頭が赤金色に輝く。全身を空中に出した瞬間、一筋の光の橋が足元まで架かる。橋の幅は太陽の大きさのままに細い。その橋を渡るかのように朝日がゆっくりと昇る。昇るにつれて末広がりにその橋も広がる。眺めている身にも気が充ちみちて、思わず手を合わせたくなる。後ろを振り向くと己の影が無限に延びている。幾度眺めても、そのたびに新たな発見がある。

律令国家日本の黎明期にも同じ荘厳な力が漲っていたに違いない。国の隅々までを律令という単一の法体系で律する。地方ごとに割拠する豪族を中央国家体制の中に組み込んでいく。まさに活気に満ちた胸躍る時代である。

行基と長屋王が活躍したのはこの時代、いやこの輝かしい時代を造りだしたのがこの二人というべきであろう。そんな時代に大規模な歴史の改竄がなされていた。隣のシナ大陸では秦の始皇帝の時代に書物を大規模に焼き捨て、学者数百人を生き埋めにする「焚書坑儒」が起きたと学んだ。こんなことで歴史を消せるのだろうかと呆れる一方、それを断行した蛮勇に驚かされた。それでも他人事、白髪三千丈の国でしか起こり得ないと思っていた。しかし日本でも同じようなことが密やかに起こり、見事に成功して今に続いているのである。

考えてみれば、文字の使用が始まる歴史時代に入ると、後世に伝わる情報量は圧倒的に多くなる。それだけに書物さえ焼いてしまえば後世に伝わる歴史を変えられると考えても不思議ではない。文字にはそんな魔力が備わっているのかもしれない。その伝統が脈々と受け継がれているのか、隣国では今も際限なく書き込まれる膨大なインターネットを検閲して削除するという。真実を隠蔽したい、己の好みに合わせて捻じ曲げたいという為政者の望みは古今東西で変わりがないようだ。

しかし消せないもの、隠滅できないものがある。大地に刻み込まれた歴史である。後に見るように、行基は実に壮大な事業を展開していた。その手にかかる大規模な建造物のうち、一三〇〇年を越えた今も立派に稼働している現役の施設が少なくとも三ヵ所を数える。狭山池（西除川・大阪府）、久米田池（牛滝川・大阪府）、昆陽池（天神川・兵庫県）の水資源開発施設、すなわち現在の用語でいえばダム湖である。

水のない土地は使えない。水を開発してはじめて土地は使えるようになる。湿潤で水に恵まれた日本では見逃されがちだが、乾燥の地を訪れると水の貴重さは痛いほど身に沁みる。イランの世界遺産ペルセポリスを訪れると、砂漠のような乾燥地に紀元前五世紀ごろに建設された遺跡が立ち並んでいる。その繁栄を生み出したのがアミール・ダムにより開発された水。高さが一〇メートル程度しかないダムなのに、広大な乾燥地を優良な農地に変え、壮麗な宮殿を築く地力を涵養したのである。改めて水の持つ力を認識させられた。

行基も根源的な水資源開発から始めている。それも現在の用語でいえば「河道外貯留ダム方式」――ダム堤体は河道を堰き止めるのではなく平地に造り、水は近くを流れる川の上流で取水して導水するという方式――を用いている。フランスのセーヌ川ではこの方式のダムが主流で、セーヌ上流に巨大なダム湖を築造して夏場の渇水に備えている。そのお陰で夏でも観光船（バトー・ムーシュ）を浮かべることができるのだ。

日本で河道外貯留方式のダム湖の建設がいつから始まったのかは不明だが、後に見るように、西除川に接して造られた狭山池をヒントに行基集団が開発した可能性が高いと筆者は考えている（ここでいう行基集団とは、行基と弟子たちで構成され、道場で共同生活する集団のこと）。この方式で現存する最古のダム湖は行基集団が大改築した狭山池ダム。高い技術力を駆使して、本方式の大規模なダムを日本で最初に築造したのである。

それだけではない。行基は渇水と洪水が踵を接して襲うという日本の水資源の特徴を知悉し、両用の備えを講じていたのである。その典型例が淀川の中下流部での大規模な水田開発事業。三本の大放水路を掘削する本格的な治水事業を実施していた。

行基集団による地域開発事業は、間違いなく律令国家の創成期という昇り龍の時代をインフラ整備面から支え、律令による統一国家を可能にする原動力になったと考えられる。

行基集団がなしたような大規模な水田開発が進むと、干害や水害などが発生した時には広い範囲に甚大な被害を及ぼす。災害からの復旧は緊急を要し、より広い地域、場合によっては国家規模での支援を必要とする。大規模な水田開発が進むことは、より広い地域の統合、最終的には全国を統一する行政組織の確立が求められることになる。我々日本人には自明の理であるが、現代でも必ずしも世界の共通認識になっていない。それが発展途上国のテイクオフを妨げる大きな要因となり、経済発展の大きな阻害要因になっている。事前の災害対策の重要さは災害が来れば思い出されるものの、災害が過ぎれば忘れ去られる。悪循環が続いているのである。さらに言えば、東日本大震災を経験した今では、国家を超えた支援体制、すなわち地球規模での国際的な支援体制の確立が求められているのだが、世界の理解はなかなか進まないのが現状である。

それはともかく、律令国家の創設という壮大な取り組みの陰で、陰湿な歴史の改竄がなされていたと考えざるを得ない事態が起きていた。その論拠をこれからお示しする。思いもかけない展開が待っているはずだ。
すべての証拠を提示しながら論を進めたい。共に歩んでいただければ幸いである。

さて、本書を手にお取りいただく方は大きく二つに分かれるだろう。本題の「行基と長屋王の時代」に惹かれた古代史に興味をお持ちの〈古代史派〉と、副題の「行基集団の水資源開発と地域総合整備事業」に着目された水・河川の管理に関心をお持ちの〈河川派〉である。両者への橋渡しとして、それぞれについて簡単に記しておきたい。間違いなく本書を読み通していただくのに役立つであろう。

一　行基と長屋王

「行基と長屋王」と言っても、〈河川派〉には「初めて聞く名前」と一言のもとに切り捨てられ、〈古代史派〉には「どうして関係のない二人を並べるのか」と怒られそうだ。ともあれ、二人の関係はべつにして、それぞれの人物像を述べておこう。

行基——小僧か大僧正か

行基のイメージは唐招提寺に伝わる行基菩薩坐像や近鉄奈良駅前の行基像によっていよう（写真序-1）。東大寺の方向を見据えて噴水の上に立つ行基像には、当時の奈良市長鍵田忠三郎による銘板が添えられている。

写真序-1　行基像（近鉄奈良駅前）

行基菩薩は天智天皇の七年（六六八年）に大阪府堺市に生れ十五才にして奈良京薬師寺に入り仏道修行とその研究に励み二十四才で受戒得度をされた。仏教の学問をよく究め天皇の尊敬を受け現在の平城の聖域に遷都することを奏し元明天皇の和銅三年（七一〇年）に平城遷都した。その造営にあたり先づ南都諸大寺の移進と建立例えば薬師寺大安寺の移建を初め興福寺元興寺及び総国分寺東大寺の建立等四十八ヶ大寺院を建立された。その他全国にわたり開基した寺院道場は約七〇〇におよぶといわれている。一方民生社会事業としても実践主義に徹し庶民を教化し人のために橋をかけ堤を築き池を掘り日本最初の独孤院や日本地図を作った。又飢えと厄病に苦しんでいる庶民の救済として布施屋（宿泊所）施薬院などの社会の為の事業を次々に行い庶民の信仰を深め奈良朝に於ける国民思想の確立を計画され唐朝の文明文化を輸入し奈良朝文化に貢献された恩人である。今日の庶民仏教と社会福祉の基を開いたのは実に行基菩薩であると仰がれている。聖武天皇天平二十一年（七四九年）八十二才のとき奈良西郊の菅原寺で数千の弟子に囲まれ遷化し生駒の往生院に葬られたがその生涯かけての業績の偉大さは一二〇〇有余年の今日もなほ多数の人々の心の中に行基菩薩は生きているのである。

昭和四十五年三月　奈良市長　鍵田忠三郎

幾つかの間違いが見られるが、雲から地震予知ができると豪語した名物市長だけに些事構わず、であろうか。僧尼令違反について口を拭うのは御愛嬌として、奈良市長としてなら、平城京遷都まで行基の奏上によるとしたい気持ちは理解できる。果たしていかなる論拠によるのだろうか。少なくとも朝廷の公式文書である『続日本紀』には、藤原京から平城京への遷都に行基が関係したと伝える記述はない。市長説を支持する歴史家は皆無であろうが、行基が元明帝の時代から朝廷と繋がっていたと睨んだとすれば、政治家特有の鋭い嗅覚に驚嘆するしかない。

さて朝廷の公式見解はどうか。『続紀』は、行基の薨去（天平勝宝元〔七四九〕年）に際して次のような長文でその功績を讃える。

二月丁酉。大僧正行基和尚遷化。和尚薬師寺僧。俗姓高志氏。和泉國人也。和尚眞粹天挺。徳範夙彰。初出家。讀瑜伽唯識論即了其意。既而周遊都鄙教化衆生。道俗慕化追從者。動以千數。所行之處聞和尚來。巷无居人。爭來礼拝。隨器誘導。咸趣于善。又親率弟子等。於諸要害處造橋築陂。聞見所及咸來加功。不日而成。百姓至今蒙其利焉。豐櫻彦天皇甚敬重焉。

詔授大僧正之位。并施四百人出家。和尚靈異神驗觸類而多。時人号曰行基菩薩。留止之處皆建道場。其畿内凡卌九處。諸道亦往々而在。弟子相繼皆守遺法。至今住持焉。薨時年八十。

ここで注目されるのは、一つは薨伝に登場するのが豊櫻彦天皇（聖武帝）のみで、他の天皇を取り上げないこと。これには、行基と朝廷の関係が聖武帝の時に始まるとしたい、『続紀』編纂時の朝廷の意向が色濃く反映されたに違いない。次は、行基が建立したのが寺院ではなく、「道場」と記され、その数が「畿内」では四九ヵ所と明記されること。行基が薨去した時点で作成されたであろう資料では、行基の行動範囲が畿内に限られていたと考えられる。現在では、鍵田元奈良市長の言うように行基由来とする寺が全国に散在する。薨伝が「諸道亦往々而在」と付記するように、『続記』の編纂時（延暦十六〔七九七〕年）にはすでに行基建立を名乗る道場が諸国にも存在したようである。

さて現在の行基に関する諸本をもとに一般的な理解を探ると次のようなものであろうか。

(i) 行基は渡来人の家系に生まれ、当時の国家が定める法令に則り正式に受戒得度。
(ii) 受戒僧（国家公認の僧侶、いわば特殊な国家公務員）になっても、民衆の中に入り、民衆と一緒に貧窮者の生活を助けるための活動を継続。
(iii) しかしこれは「僧尼令」（律令国家が定めた僧尼の活動を規制する法令）に違反する行為であり、僧尼令違反として朝廷から厳しい指弾、糾弾を幾度となく受ける。
(iv) それでも活動を続け、民衆と共に多くの池、溝、堀や橋を築き、また四九とも数えられる多数の寺院を建立して民衆の教導に当たる。

(v) その努力が晩年には朝廷に認められ、聖武帝治下の国家的事業である大仏建立を勧進。最後には大僧正に任じられる。

しかし筆者はこの五項目の理解に根本的な疑義を感じざるを得ない。多くの池、溝、堀や橋は行基と民衆のみで造り得たのだろうか。また朝廷が行基を認めたのが晩年になってからなのか。行政官として国土の開発や管理に携わった筆者としてはどうしても腑に落ちないのである。

長屋王 —— 悲劇の宰相

一方、長屋王の経歴は華麗とはいえ儚さだけが目立つ。高市皇子（天武帝の長男）と御名部皇女（天智帝の娘、元明帝の実姉）の間に生まれ、若くして宮内卿と式部卿をつとめる。その後、議政官に大納言で入り、以降も順調に昇進を重ねる。議政官トップの左大臣（この時、太政大臣は空席）に登りつめた神亀六（七二九）年、突如として平城京を守護する六衛府の兵に居宅を囲まれ自尽して果てる。「悲劇の宰相」のイメージはここから生まれる。

『続紀』が伝える内容はきわめて限られる。たとえば薨伝ではわずかに一五文字「長屋王、天武天皇之孫、高市親王之子」。祖父と父の名前のみを伝え、事績についてはなにも語らない。先に見た行基の薨伝が二〇九文字を用い、事績を詳細に伝えるのとは大違い。その対比は際立つ。

自尽に追い込んだ罪状を『続紀』は「私学左道欲傾国家」とする。「ひそかに左道を学び国家を傾けむと欲す」とはおどろおどろし気だが、「ひそかに……欲した」という推測だけで裁いている。これではどんな人でも死刑に追い込めよう。

「長屋王の業績は『続紀』からすべて消し去れ」との厳命が聞こえてきそうだ。自尽に追い込んだ者の強い意志が匂い立つ。少なくとも推古朝（五九三―六二八年）以降は日代記（朝廷内の日々の出来事を記した文書）や数々の公文書が朝廷内に蓄積されていたはずである。長屋王の事績も数多く残されていたに違いない。ところが王の自尽の時点で、天皇による詔勅や人事記録など消すに消せないものを除き、すべてが消去された。どうしてここまで焚書する必要があったのか。大きな謎が浮かび上がる。

平成二十六〔二〇一四〕年八月に宮内庁より公刊された『昭和天皇実録』をめぐり、何が伝えられ、何が秘されたかの議論がかまびすしい。実録と称しても、資料の取捨選択に関する裁量の余地は大きい。行政官として文書を書き続けた経験からいうと意図的な嘘を書き込むのはできることではない。しかし手許の資料を捨て去るにはさほどの痛痒は感じない。世界を巻き込んだ大戦を挟んでいるだけに闇に葬られた資料も多かったに違いない。そもそも歴史書の編纂は歴史の大部分を捨て去る作業である。歴史書が伝えようとしたことと共に秘匿しようとしたことを見落としてはならない。紙背に達してはじめて歴史書が読めるのである。

さらにいえば、「長屋王、天武天皇之孫、高市親王之子」との短い表現からも秘められた思いが透けて見える。長屋王が親王ではないことを強調して皇位継承権が低いように見せたいのだ。とすると、母の名（天智の娘、元明の実姉である御名部皇女）を記さない理由が見えてくる。母を皇女とは書き残したくないのだ。当時は皇位継承に実母の地位が密接に関係していた。長屋王の父の高市皇子は天武帝の長男で、天智と天武の天下分け目の決戦「壬申の乱」における最大の功労者である。それでも皇位につけなかったのは実母が地方豪族・胸形君徳善の娘だったからだ。

長屋王の短い薨伝からも最高権力者の強い意志が匂い立つ。

二　行基集団の事業

雑誌『河川』に「〝記紀と続紀〟の時代を『水』で読み解く」と題して平成十九〔二〇〇七〕年に連載を始めたのは行基の水関連事業について論じるためである。この時点では長屋王の名前は頭の片隅にもなかった。そもそも筆者が行基に惹かれたのは、東大寺の寺大工の家に生まれ、大仏さんの門前で育ったことが影響している。遊ぶのは東大寺の裏庭、仲間には東大寺の僧侶の息子がいた。「行基はん」はいわば身内ともいえる存在である。「行基について対談をしないか」との嬉しいお誘いが古代史にのめりこむきっかけとなった。ひょんなことから長旅が始まるのも人の世の面白さであろうか。

それはともかく、まずは行基の水関連事業について述べておきたい。行基集団が実施した事業の総括表ともみなしうる史料が残されている。信頼性は極めて高く、事業の全体像が明瞭に読み取れる。こんな幸運はめったにないはずだ。

それが「天平十三年記」(以下では「年記」と呼ぶ)である。「年記」は、行基の事績を年代別に伝える『行基年譜』(以下では『年譜』と呼ぶ)に紛れ込んで今に伝わる。不思議なことに、「年記」は信頼性の高い第一級史料とされるものの『年譜』の「年代記」部分は信頼性が低いとされてきた。

ところが『年譜』「年代記」についても後に詳細に見るように近年の発掘調査でその信頼性が裏付けられつつある。たとえば大野寺の出土瓦に記載された起工年月日が「年代記」と月日まで含めて完全に一致する。『年譜』の「年代記」も十分な信頼性をもつのである。

さて「年記」の史料としての評価は定まったものの、「年記」が伝える事業内容についての理解は進んでいない。一つには「年記」はいわば工種別にまとめられた総括表。その内容を理解するには、事業が実施された場所ごとに再整理する必要がある。現在の予算書づくりでよく出てくる「縦横を入れ替える作業」であるが、それが正確になされていない。このため行基集団の事業の全体像が把握できていないのである。さらには、事業の諸元（構造物の規格・規模を示す数値）、例えば「堀川」では延長、幅、深さが記載されており、それを参照すれば河川の専門家なら事業の工種を読み取れるはずが、その理解が進んでいない。要は土木の実務家（行政経験のある土木専門家）が解読作業に参加していないことから生じている。

「年記」を一読してわが目を疑った。実に詳細に行基の事業内容が記載されている。例えば幅が二三〇メートル、一八〇メートル、六〇メートル、三六メートルの堀川が出てくる。河川の実務家から見ると、幅一〇〇メートルを超える堀川（水路）は洪水対策用の放水路以外にはあり得ない。舟運には一〇メートル、普通の用水路なら数メートルで充分、それ以上になると逆に使い勝手が悪くなる。河川の実務家には常識であるが、歴史家には無理であろう。この水路をめぐり、舟運のためかどうかの議論が続いている現状はまことにお寒いと言うしかない。

縦横を入れ替える作業の例として、淀川と猪名川における事業を取り上げてみよう。「近畿圏総合開発計画」とでも呼ぶに相応しい規模と総合性を持つ大事業が展開していた。後に詳細に検討するが、ここでは行基集団の卓越した構想力を紹介するために簡単に述べておきたい。

治水対策では、河道を掘り下げるなどして洪水位を下げ、氾濫被害の危険性を小さくするのが大道である。特に大河川ではこの基本原則は大事な意味を持つ。洪水位が高くなれば大堤防が必要となり、また破堤した場合の危険性が増すからである。

行基集団は、淀川の治水対策として三本の放水路の掘削計画を準備していた。三本の放水路で淀川の洪水を西へ西へと放流し、淀川本川の水位を下げようと計画している。まさに「淀川西遷事業」と呼ぶべき大事業である。

これは、江戸幕府を開くにあたり利根川の洪水を東へ東へと放流して江戸を洪水から防御しようとした「利根川東遷事業」に匹敵する構想である。利根川東遷事業は、江戸から現在の東京に続く首都圏の洪水被害を低減するために大きく貢献したことはよく知られているが、それと同等以上の大事業が律令国家日本の創成期にすでに実施されていたのである。

明治政府の発足と同時に淀川でも多様な河川事業が実施される。その一つが新たな大放水路の掘削で、現在の淀川最下流部がその時に掘られた放水路である。行基が掘削した三本の放水路は明治時代に至るまで一〇〇〇年にわたり、大阪の発展を支えてきた。

行基の事業は、少なくとも利根川東遷事業や明治改修工事に匹敵する大事業である。後世の二つの事業には中央政権が関わり、国家の最重要事業として実施されている。行基の事業が民間のみで実施されたとはとても考え難いのではなかろうか。

さらに猪名川の事業では「給孤獨園」と称する福祉施設が加わる。ここではたんなる施設の建設だけでなく、維持管理にも万全の体制を敷いている。現在でも使用されている池溝（導水路）を持つ大きな池を構築して広大な水田を開発し、持続可能な形で存続できるように経済基盤の整備確立を図っている。未来永劫までの平安を願って周到な準備をしているのである。

かつて大規模リゾート開発の名前に惹かれてとびついたものの、維持管理に大きな赤字を招き四苦八苦する市町村が多く見られた。未だに苦しんでいる場合も少なくない。現場と遊離した構想が陥りがちな間違いとはいえ、行基の行き届いた配慮と比べると雲泥の差、較べようもない。

三　当時の時代背景

行基集団の事業が展開された時代背景を、当時の河川管理の実態を通して見ておこう。まずは河川管理を担当する組織と河川管理の基本理念について述べる。ここから往時の中央と地方の関係や現在に通じるものが見えてくるはずである。

河川管理における中央と地方との関係

河川管理を担当する行政組織を見れば、往時の河川管理の実態をより具体的に知れるに違いない。まずは比較の対象として現在の組織から始めよう。

現在の河川管理は、「河川法」を所管する国土交通省に一元化されているかのように見える。しかし水管理の重要な要素の水質が抜け落ちている。河川を含む公共用水域の水質環境基準は環境省が定め、その確保は「下水道法」で定める「流域別下水道計画」に委ねている。本来は一元管理されるべき水量と水質が分断されているのだ。

こんな事態に陥ったのは、高度成長期に大きな社会問題となった水質汚濁対策を当時の建設省が河川法の枠内で扱うことを避けたからである。戦後相続いた大水害を防ぐ治水対策に全力を傾注せざるを得なかった事情を勘案しても、河川水の一元管理という観点からは大いに悔やまれる。

水使用の管理となるとさらに複雑になり、用途別に農水省（農業用水）、厚労省（水道用水）、経産省（工業用水）に分掌されている。水が使用されて汚水になると、その処理は農水省（農地排水、農家の汚水対策）と国交省（下水道による汚水処理）が分担。浄化槽方式による汚水処理は環境省が担当するという錯綜ぶりである。

河川管理と水管理、特に水管理は国民の生活と産業に密着しているだけに、一つの省庁に一括して管理させるのは不可能に近い。このため各省に分掌させるしかなく、問題はそんな各省の活動をいかに秩序あるものにできるかである。関係する省庁が円卓を囲んで整合性のある施策を打ち出すなどの仕組みを創りあげる知恵が求められるが、未だ解決されずに残されている。

さて律令時代である。当時の行政実務は八省（中務・式部・治部・民部・兵部・刑部・大蔵・宮内）に分かれ、その所掌事務は「職員令」に列挙されている。

それを見ると河川管理は民部省の所管と考えられる。所掌事務に「橋道、津済、渠池、山川、藪沢」が挙げられているからである。といっても実務を直接担当していたのではない。『義解』（『養老令』の公定注釈書）は「ただ地図によりその形界を知るのみで、検勘についてては関渉しない」と注記する。図面上の管理にとどまっていたのである。

このほか宮内省に属する木工寮（木作、採材を担当）と土工司（土作、作瓦を担当）の関与も考えられる。当時の河川管理施設の主たる材料は木と土である。その担当部署が関係しても何ら不思議ではない。しかし宮内省自体の所掌が朝廷に関する事務に限られることから見ると、せいぜいが間接的な関与と見るべきであろう。

となると河川管理の実務は中央ではなく地方が担当したことになる。地方の行政は、中央から地方に派遣される国司と地方在住の郡司が担当した。国守（国司の長）の所掌業務は、「祠社……僧尼名籍」と限定列挙している。その業務内容は極めて多岐にわたるものの限定されており、「橋道、津済、渠池、山川、藪沢」は含まれていない。となると、国守の所掌とする「字養百姓。勧課農桑」に含まれると解するか、あるいは国司の権限からは意図的に省かれていたと考えるしかない。

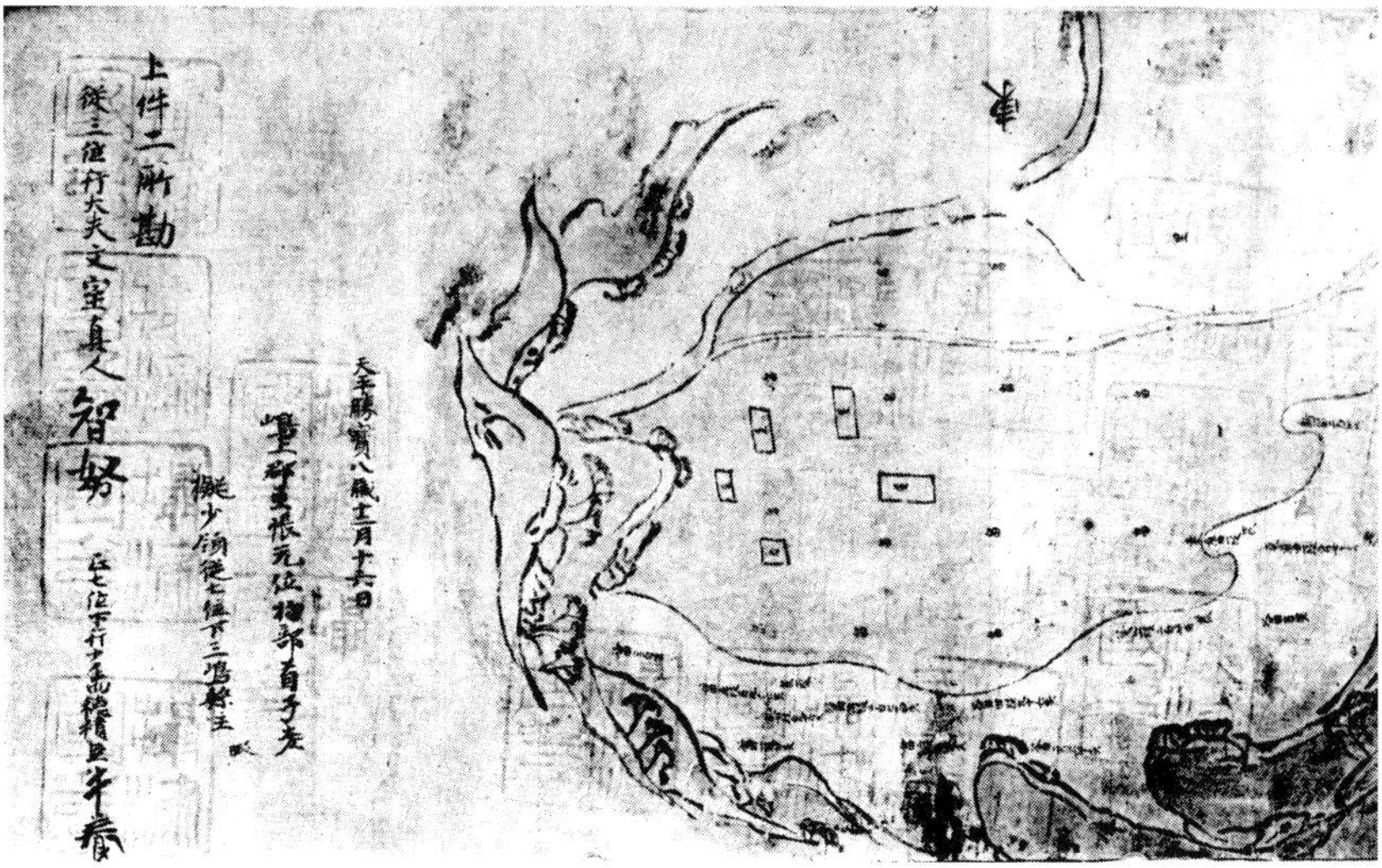

図序-1　摂津国島上郡水無瀬絵図

一方、郡領（郡司の長）の所掌は「撫養所部。検察郡事」と簡潔に述べるのみで、所管地域のすべての業務が郡司に一任されている。「橋道、津済、渠池、山川、藪沢」が少なくとも郡司の所掌に含まれるのは間違いない。

河川管理は民部省の所管と見られるものの、その実態は地図上の管理にとどまり、実務は地方（国と郡）に任されていた。それも、国司は検勘するだけで郡司に一任されていた可能性が高い。その間の事情を窺わせる資料がある。

第六七回正倉院展に出展された「摂津国島上郡水無瀬絵図（東南院古文書）」（図序-1）を見ると、郡司が作成したと見られる水無瀬川流域の図面には、作成日と署名が郡司（小領と主帳）によりなされ、それに摂津職（大夫と小属）が（検）勘したことを証するために署名している。郡司が作成したものを国司は（検）勘するのみで、あくまでも管理の主体は郡司にあることを示している。

当時の中央と地方の関係を考えれば当然かもしれない。河川と水の管理は田地の管理と直結する。それだけに地方豪族には重要な権限で、「郡司」として朝廷に取り込まれたとはいえ簡単に手放すはずがない。中央から派遣された国司との間に権限争いがあったとしても不思議ではない。いずれにしても、朝廷としては国司を通じて郡司を監督するという間接的な統治で満足するしかなかったのであろう。

河川管理を地方に任せる考え方は明治維新以降にも引き継がれている。明治二十九（一八九六）年に制定された河川法（現在は旧河川法と称される）では、河川管理者を原則として都道府県知事と定め、必要に応じて国が工事を実施するとした。地方が権限を持つように見えるが、この時代の知事は官選。内務省の権限下に置かれていた。まさに国司に相当しているが、律令国家時代とは異なり郡司に相当する部署がない。その意味では律令国家時代とは異なり、中央が強い権限を握っていたことになる。

その後、昭和三十六（一九六一）年になって国が重要な水系を自ら管理する「直轄管理」が河川管理に導入され、現在に引き継がれている。今やすっかり定着しているものの、高々五〇年の歴史しかない。我が国では、「河川は地方が管理する」との理念は長い歴史をもっているのである。

河川管理における理念――「公私共之」

ここで律令時代における河川の水管理の理念を探るために「令」を見てみよう。『養老令』には、現在の河川法に相当するような河川管理に特化した令はなく、三〇巻の令に分けて記述されている。関係しそうな令は、「職員令」（中央・地方の官司ごとに官名・定員・職掌等を規定）、「戸令」

(編戸・造籍等について規定)、「田令」(田地について規定)、「賦役令」(賦税・力役について規定)、「営繕令」(建物・橋梁・堤防等の造営・製作・修繕に関する規定)、「雑令」(他の令に含まれない規定)など実に多岐にわたる。特に治水などの災害への対応には多くの令が関係する。このため全体像を把握するのは容易ではないが、それだけ重要な分野とみなされていた証拠でもある。後ほど詳細に検討することとし、ここでは河川管理の基本理念に絞って述べておく。

注目されるのが「雑令・国内条」に示す「公私共之」の理念である。同条は「凡国内……。自余非禁処者。山川藪沢之利。公私共之」とする。禁処(立ち入りが禁じられた土地)でない限り、山川藪沢(未利用地)の利用は「公私共之」とする。

この「河川の利用は公私が共にする」との考え方は、現行河川法の「河川は公共用物」とする考え方にも通じる。「公私共之」とするには、他人に悪影響を及ぼすような私的利用を許さないことが前提となるからである。

しかし違いも生じうる。河川を公共用物と限定して捉えると、私権(私的利用)を厳しく排除しがちとなる。場合によっては厳しすぎることにもなる。かつての「河川敷地の占用許可基準」では私的利用を厳しく制限しており、京都・鴨川の川床のような長い伝統を持ち住民に馴染んだものですら禁ずべきとの議論があった。余りに厳密に私権を排除し過ぎると、水と緑の貴重な空間でもある河川空間で食事も楽しめない事態を招きかねない。

しかし「公私共之」の優れた理念も、実務的には公私をどのように捉えるのか、どちらを優先させるのか、など微妙な調整が必要となる。権力者の横やりなど面倒な問題を生じかねない。とはいえ「公私共之」は、河川管理の分野に導入するに値する魅力的な考え方である。

「公私共之」の基本理念は河川水にも適用された。このため公地公民制を原則とする律令下でも、養老七〔七二三〕年制定の「三世一身法」で私墾田を認めるという新たな展開が可能になったのである。

「三世一身法」は、池溝などを新築して水を開発した場合には開発された水を私水とし、その水を用いる開墾田は三世にわたり私有を認めるとする制度である。これは河川水も「公私共之」とするからこそ可能となる。となると「河川の流水は私権の目的となることができない」とする現行の河川法とは断絶しているように見える。

しかしそれは違う。現行河川法のもとでも私水が川を流れる事態、「公私共之」が生じ得るのだ。昭和三十二〔一九五七〕年に制定された「特定多目的ダム法」では、「ダム使用権（ダム等の貯留施設を築造した場合に与えられるダムに貯水する権利）」を設定し、その貯留水を下流で取水するのを認めている。ダム使用権で生み出された水（私水）が公水である河川水と一緒に河道を流下していることになる。まさに律令制度下で導入された「三世一身法」の論理とぴたりと重なるのである。まるで往時の制度が時代を跳び越え、名前をかえて再来したかのようだ。「公私共之」の理念は見え隠れしながらも今に続いていることになる。

他にも興味深い事例がある。現在の河川法では、異常な渇水により取水できなくなる恐れが生じた場合には、水利使用の調整・協議に努めなければならないとの努力義務を水利用者に課している。

昭和五十三〔一九七八〕年の福岡渇水では「渇水疎開」という新造語が新聞紙上を賑わす事態にまで追い込まれた。仕事で福岡市を離れられない夫を残し、家族は給水制限を避けて疎開したのである。この時、筆者は建設本省で渇水対策を担当しており、資料づくりと記者への説明に追われた。折悪く、首都圏の水源である利根川の上流域でも雨が降らず、ダム群の貯水量が日々減少していた。このため東京をはじめ下流の各県では厳しい取水制限が続き、関東地方建設局（当時）が主催する渇水連絡調整会議が連日のように開かれた。

作業に忙殺されながらも一つの疑念が去来した。どうして市民生活に直結し〈公〉が管理する上水道と、〈私〉が管理する農業用水が同じ強さの発言力を持ってテーブルを囲むのか、もう一つ合点がいかなかった。不合理にすら思えたのである。今にして思えば、律令国家以来の「公私共之」の基本理念がしっかりと引き継がれ、公私が同じ重みをもって円卓を囲んでいたのだが、この時は疑問だけが胸に去来していた。

「公私共之」の考え方は、マスメディアが喧伝した淀川流域委員会における議論にも通じる。筆者が河川局長として主導した平成九（一九九七）年の河川法改正では、「河川環境」を河川管理の目的に加えることと河川管理への「住民参加」が大きなテーマであった。紆余曲折はあったものの、河川整備計画の策定に「関係住民の意見を聴く」制度が認められたのである。

この河川法改正の精神をいかして設置されたのが淀川流域委員会。市町村長や地方議員、幅広い分野の専門家に加えて関係住民が討論に参加した。まさに「公私」が一体となって「共之」を求めてテーブルを囲んでいたのである。

その姿に反感を抱いた河川実務家も少なくなかったが、まさに律令の基本理念「公私共之」が具現化された姿であった。法案の策定時には全く意識していなかったが、今にして思えば、律令時代の基本理念が時を越えて我々を突き動かしたのかもしれない。

四　行基と長屋王を結ぶもの

長年にわたり国土管理、とりわけ河川管理に携わった実務家から見ると、行基が実施した事業内容は民間ベースで実施できる範囲をはるかに越えている。現在におきかえてみても、これほど多様な広がりを持ち、かつ将来の維持管理まで見通した大プロジェクトを民間のみでできるとは考え難い。現在のスーパーゼネコンが束になってかかっても到底勝ち味はない。このような大構想を思い描くこと自体が不可能であろう。

うがった見方もできる。事業計画ができたとして、それをどの省庁に提出すればよいのだろうか。直接関係する省庁だけでも、国交省（国土開発・水資源開発・河川管理）、農水省（農地開発・農業振興）、厚労省（水道事業・社会福祉施設）がある。単独の省庁ではとても受けきれない。強いていえば総理官邸に持ち込むしかないであろうが、総理官邸が果たして内容を理解してくれるだろうか、疑問であろう。ところが往時の朝廷ならば間違いなくできた。各省の上に立ち幅広く審議する議政官制度が存在したからである。となると議政官メンバーに行基と深く関わる人物が隠されていたのではないか。ほのかな光が見えてきた。

この『行基年譜』が伝える行基の活動と『続紀』が伝える朝廷内の動向を重ね合わせつつ綿密に比較すると、一人の姿がおぼろげながら浮かび上がってくるではないか。

長屋王である。その名前に最も驚いたのは筆者自身。はじめは半信半疑であったが、検討を進めるうちに強い確信にかわった。

二つの状況証拠

詳細は後に譲るとして、ここでは二人が重なり得る状況証拠だけを挙げておこう。

行基は平城宮(平城京の宮殿)にほど近い右京三条三坊に広大な敷地(菅原寺)の提供を受ける。官寺である薬師寺や大安寺よりもはるかに平城宮に近い。民間の寺院が宮殿に極めて近い場所に大きな寺領を確保することは通常は考えられない。

さらに驚くべきは、「年代記」によると敷地の寄進を受けたのが養老五(七二一)年。朝廷から「小僧行基」と厳しく叱責された養老元年からわずか四年しか経過していない。この間になにが起こったのか。詳しくは後に譲るとして、この間に長屋王が大納言として初めて議政官に加わり、最高権力者であった藤原不比等が養老四年に没している。朝廷内で権力構造の大変革が起こっていたのは紛れもない事実である。

続く養老六年と七年に「良田一百万町歩開墾計画」と「三世一身法」が制定されている。不足が目立ちはじめた耕地の拡大を目指す動きであるが、開墾を進める行基集団にとりこれほど力強い支援はない。いわば行基のために制定された法制度と言っても過言ではないはずだ。

先に見たように「三世一身法」は新たに私有農地を認める法律。律令国家の基本原則「公地公民制」に風穴を開けるもので、いわば国家の本質をかえる革命的な改変である。よほどの安定政権でないと提案すらできない。

それを可能にしたのが議政官筆頭の長屋王。宮内卿と式部卿を歴任して行政実務に明るく、当時の議政官としても最古参、いわば怖いものなしである。加えて正妻の吉備内親王は時の元正帝の姉、それも同母である。これ以上はない絶対的な権力基盤の上に立っているからこそできた制度創設である。

平成二十七〔二〇一五〕年の安全保障制度の改正では、衆参両院で絶対多数を誇り、抜群の安定政権と評された安倍内閣ですら法案の衆院通過で大きな痛手を負った。国の根幹をなす理念の改変には大きなリスクをともなう。少なくとも最高権力者の強固な意思が必要不可欠である。

となると行基と長屋王の間に一筋の糸が見えてくる。最大の受益者と絶対的な政権基盤に立つ権力者、両者の間に何らかの繋がりがあると考えるべきであろう。

さらに制度制定の経過を見ると、本来なら一体であるべき長期計画と実施法制の制定に一年間のズレが生じている。行政実務に携わった人間ならここでも鼻がうごめくに違いない。何かが匂うのである。

長屋王と行基との間に何らかの関係が見え隠れする。いや、両者が緊密に連携していることは世間でも広く知れていたのではなかろうか。二人が力を合わすことに何ら問題はない。何も隠す必要はないのである。

ところが、その関係を一変させる事件が起きる。長屋王の自尽である。自尽に追い込んだ者から見れば、「行基の事業は実際に機能し、民に受け入れられているだけに廃棄させることはできない」。さらに言えば「できることなら己が業績にしたい」となろうか。

となれば行基と長屋王が密接な連携のもとで実現させたという経過は闇に葬り去り、行基による事業としてのみ後世に伝え残すしかない。己がものと書き換えるのは至難の業だが、消し去るだけなら可能かもしれない。黙して語らなければ後世に根拠は残らない。自尽に追い込んだ者の意図は周到な用意により完遂されたといえよう。

行基の実施した水源開発を伴う農地開拓事業は、農業が唯一の産業である古代ではまさに国土総合開発事業に他ならない。その正当な評価なしには古代を語り得ないはずだが今までは見過ごされてきた。その責は歴史家ではなく土木家が担うべきである。大河川流域の中下流部における水田開発は戦国時代以降とみなし、古代の土木事業に目を向けようとすらしなかった。国土形成の歴史に深く思いをいたすことなく軽視してきた。いや無関心のまま見過ごしてきたのである。

かつて「土木の歴史」の講義を芝浦工業大学で担当したことがある。驚いたことに前任までは明治以降の土木しか対象にせず、明治以前は切り捨てられていた。出雲大社、仁徳陵、行基の水田開発事業など古代の大土木事業を取り上げた筆者の講義は学生には概して不評で、馬鹿にされたと受け止めた学生すらいたようである。

明治以降の土木を語るだけでは西洋で育まれた近代土木技術しか教えないことになる。これでは厳しい自然と闘いつつ築き上げられてきた日本の「土木の歴史」は切り捨てられてしまう。片手落ちと批判されても仕方ないであろう。

我が国土は世界でもまれな厳しさを持つ。地震と火山の地異に加え、唯一恵まれた資源の水も往々にして天変をもたらす。降り過ぎれば洪水、降らないと干害、まさに「水干両難の地」である。天変地異の宝庫であるこの苛酷な国土を住み易いものに変えるため、私たちの先祖は営々と努力を重ねてきた。この営みの積み重ねこそが「土木の歴史」であり、その上に繰り広げられた人々の活動が「日本の歴史」となってきたのだ。

学生に聞くと高校で日本史を選択したものは圧倒的に少ない。それだけではなく本来は必修の世界史さえ内実は履修しない学生が相当数いたのである。そんな学生相手だからこそ本来の「土木の歴史」を教えたかった。自国の歴史に静かな自信を持つ学生を育てたいと願ったが空回りに終わったのが残念である。

それはともかく、何となく全体像が朧気ながら浮かび上がったようだ。これからそれを事実に基づきつつ丁寧に証明していきたいと思う。ご一緒いただけるならこんなに嬉しいことはない。

行基の事業の素晴らしさをお伝えしたい。闇に隠された真実を探りだす発見の旅の楽しさを共感していただきたい。その二つの思いが本書を取り纏める原動力である。

旅には道案内が欠かせない。ここでは、土木行政官としての経験に鍛えられた「現地を見る目」と歴史書がその役割を果たしてくれる。もう一つが原点主義。これは原典主義でもある。ものごとを調べる時、まずはすべてを疑い、先人の見解に学びつつも、まずはそれに疑問を持つことから始める。先入観を捨てて自分の頭で考えることを常に心掛けてきた。そうすると何事も原点まで遡らざるを得なくなる。当然ながら文献も原典に戻ることになる。迂遠に見えるかもしれないが、結局は早道となることが多い。また原典に戻ってこそ今まで気づかなかったものが見えてくる。思わぬ拾いものをすることも多い。

これから用いる文献のうち原典となるものを列挙しておきたい。一五〇〇年も前のことだから文献史料は限られる。それでも貴重な史料が現在に伝わっている。この時代で云うとまず時の政府が取りまとめた歴史書、すなわち正史がある。記紀と呼ばれる『古事記』と『日本書紀』、さらに続紀と略称される『続日本紀』はすでに繰り返し出てきた。地方の産物や地名の由来などを当時の国別にまとめた『風土記』も一部ではあるが今に伝わる。法制度である律令と格式についても、少々時代は下るが『養老律令』（養老二〔七一八〕年）と『延喜式』（延長五〔九二七〕年）がほぼ完全な形で残っており、当時の様子を示してくれる。さらには、民間で取りまとめられた歴史書、例えば『扶桑略記』などがある。それにとどまらず、『懐風藻』や『万葉集』などの貴重な文学作品も当時の空気を伝えてくれる。

また、土中に埋もれて朽ちることなく現在に残った木簡や正倉院の御物などは、より具体的に当時の生活を表す資料である。例えば平成十八〔二〇〇六〕年の正倉院展に出された「豊前国仲津郡丁里戸籍」は当時の家族の様子を詳細に記載している。この戸籍は不要になった後、写経所で紙背が事務帳簿として利用されて現在に残ったもの。後世に残すと意図せずに残ったものだけに信頼度はそれだけ高い。未だに国勢調査も実施できない国が多い世界の実態と較べて、国としての管理水準がいかに高かったかを如実に知ることもできる。

もちろん書物として取りまとめられた史料はそのまま鵜呑みにすることはできない。作者や編者の意図を斟酌する必要があることは当然である。それを踏まえつつ紙背に徹する眼光を持ち、現地を河川実務家の目を光らせながら歩き回り、あらゆる情報を総合的に検討したうえで、その結果を遺漏なくお伝えしたい。是非とも最後までご一緒いただきたい。

第一部

行基集団の水資源開発事業

第一章

茨田堤と堀江――仁徳天皇の治水

筆者は世界の水問題に関わり各地を巡るうちに、水の管理こそが国土管理の根幹、それだけにその国の成長発展の方向を決める、との思いが深まった。これは古今東西すべての国に通用する原則である。約七万年前、人類がホモサピエンスとして東アフリカから「グレートジャーニー」に旅立って以降、時により場所により手に入らないのが水。水のある大地を求めて大移動したとも言えるのである。

現在でも地球上の陸地の半分近くは砂漠のような乾き切った大地である。このため、アフリカに暮らす動物は水を求めて生命の危険を顧みず大移動を毎年繰り返す。象のような巨大な生き物も例外たり得ない。唯一人間だけは自分が移動する代わりに水を移動させる技術を生み出して定住を可能にした。

目の前に広大な土地が拓けていても水がなくて使えない乾燥地帯、いわば絶対的な水不足地帯が存在する。一方、日本が位置するアジア・モンスーン地帯では、湿潤とはいえ水が安定的に手に入るわけではない。雨期には洪水が襲い、渇水となると水は不足する。水干の二重苦を克服しない限り土地は使えない。古来より「水を治める者は天下を治める」と言われるのは、このことを指している。

行基集団の事業を述べる前に、『日本書紀』が伝える仁徳天皇の治水事業「茨田堤《まんだのつつみ》と堀江」について述べておこう。なぜ仁徳帝の治水事業から始めるのか。律令国家日本の創造期は、仁徳帝の時代から桓武帝の頃まで、都でいえば難波から飛鳥、平城京の時代。西暦で言えば四〇〇年代から七〇〇年代の終わりまでに相当する。この時代に律令法制が作成・整備され、国家としての大枠が定まる。同時に河川と水の管理を基本とする国土管理の骨格が定まった時代でもある。もちろん、律令体制の整備と国土管理の進展、それぞれが相互に影響を及ぼしつつ進んだのはいうまでもない。

仁徳帝は律令国家の創設に向けて動き出した最初のころを象徴する天皇。行基集団の治水の先達となった事業であり、読みとばすわけにはいかない。

堀江と茨田堤は直線距離でも十数キロメートルは離れている。このためか、この二つの事業が対をなすとは見られていない。どうも今まで荒唐無稽な話として捉えられてきた。しかしそれは違う。以下に見るように、二つの事業は見事に響きあっているのである。

仁徳天皇の淀川流域開発

仁徳天皇十一（三二三）年夏四月一七日、天皇は群臣を前に詔を発する。

> 今、私は、この国を見ると、野や沢が広遠で、田や畑は少なく乏しい。また川の水は正しく流れず、下流は停滞している。少しでも長雨にあえば、海潮が逆流して、村里は船に乗ったように水に浮かび、道路もまた泥土となる。そこで、群臣は共に視察して、横流する根源を深く掘って海に通じさせ、逆流を塞いで田と家とを安全にせよ。[注1]

卓見である。さすが高台に登り、遠望して域中に烟が起たないことから百姓の窮乏を覚り、三

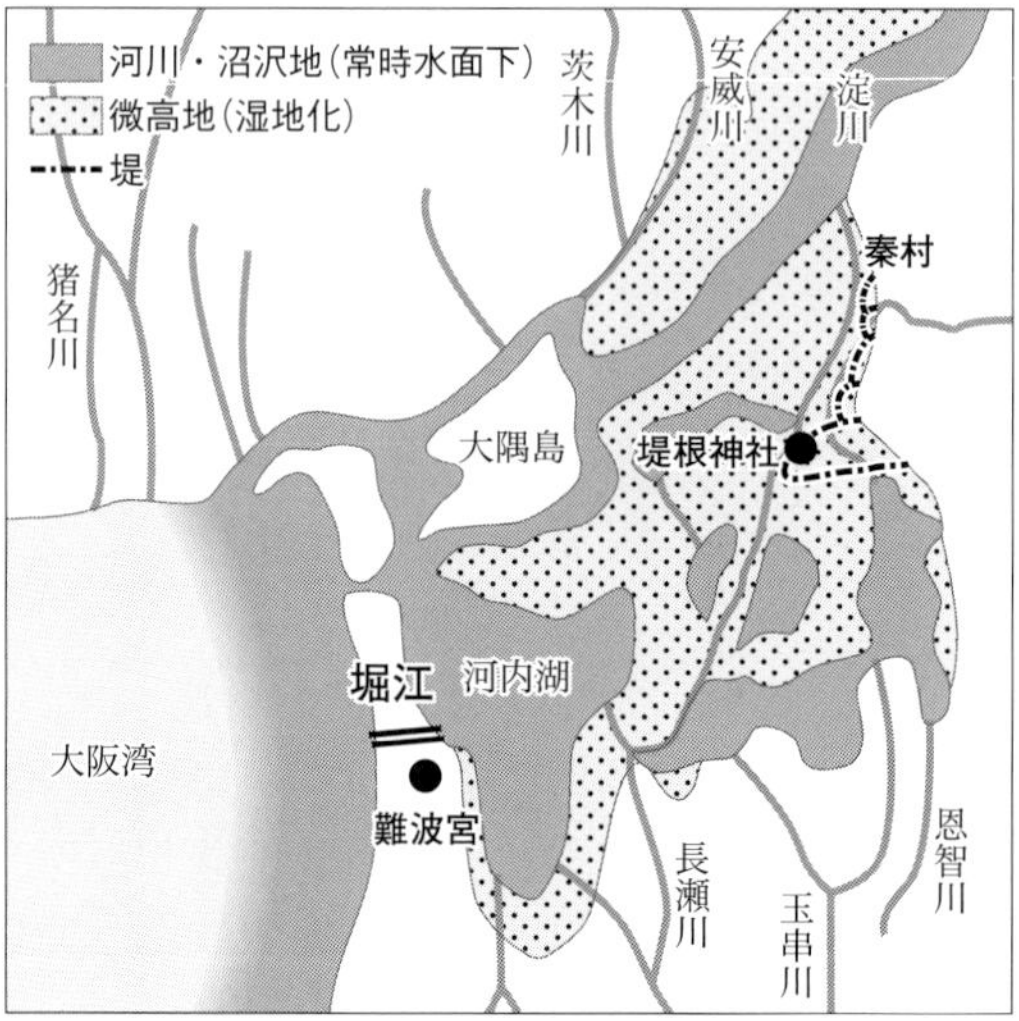

図1-1　「堀江と茨田堤」概念図

年間の課役を免除した仁徳帝である。河内と摂津の地形もしっかりと頭に入っていたに違いない。その上での詔と考えなければならない。

　この当時、現在の大阪平野は、河内湖あるいは草香江《くさかえ》と呼ばれる浅い大きな沼沢地であった（図1-1）。もちろん淀川の河口から潮が入り、大阪湾の潮位変動を受けて湖水面は上下していたはずである。干陸化した大阪平野を流れる恩智川《おんち》では、現在も河口から上流に遡ること一六キロメートル地点ですら日に二度、川の水位が上下している。大阪湾の潮位変動の影響を受けているからである。

　その汽水湖でもある沼沢地を一大田圃に変えようというのが仁徳帝の計画。まさに国土総合開発計画と呼ぶにふさわしい大計画である。

　同年の半年後、冬一〇月、洪水期が終わるのを待って工事が始まる。

冬十月に、宮の北の野原を掘って、南の川を引いて西の海に入れた。それでその川を名付けて堀江といった。また北の川の洪水を防ごうとして茨田堤を築いた。この時、築いてもすぐに壊れて、塞ぐのが難しい切れ目が二か所あった。ある時に、天皇は夢をご覧になり、神が現れて教え、「武蔵人強頸《こわくび》・河内人茨田連衫子《ころものこ》二人を水神に捧げ祭るならば、必ず塞ぐことができよう」と仰せられた。そこで二人を捜し出して、水神に捧げ祈った。強頸は泣きわめいて、水に沈んで死んだ。こうしてその堤の一か所は完成した。ただ衫子の方は、匏《ひさご》をまるごと二つ取って、塞ぐのが難しい川に臨んだ。そして二つの匏を手に持って、水の中に投げ入れ、祈誓《うけ》いて、「水神は祟って私を人身御供とされました。こうして、今私はやって来ました。どうしても私を望まれるのなら、この匏を沈めて、浮ばせないでください。そうすれば私は、真の神だと知って、自分から水の中に入りましょう。もし匏を沈めることができなければ、当然偽りの神だと分ります。どうしていたずらに私の身を亡すことができましょうか」と言った。すると飄風が突然起って、匏を引いて水に沈めようとしたが、匏は波の上を転がって沈まなかった。音をたてて流れる急流に、浮き漂いながら遠くへ流れて行った。そこでこの日衫子は死なずに、堤のもう一か所も完成した。これは、衫子の才能によって、その身が助かったのである。そこで時の人は、その二か所を名付けて強頸断間・衫子断間といった。[注2]

土木の専門家から見れば、この条の本筋はまぎれもなく「宮の北の野原を掘り、南の水を引いて西の海に入れる。これを堀江という。また北の河の大水を防ぐために茨田堤を築く」にある。

これは仁徳天皇の詔と対を為しており、指示通りに工事が進められたことを示している。

しかし、どうも歴史家の注目を集めるのは、この後に続く締め切りの苦労話である。二ヵ所の断間を塞ぐために武蔵の強頸と河内の衫子を人柱にたてる話が続く。二人の対応の仕方の違いが興味を惹くため、この条のスポットライトはそちらに当たってしまいがち。畿内の河内からみて遠国の武蔵を馬鹿にするかのような挿話である。

確かに話としてはそちらの方が面白い。しかも堀江と茨田堤は一見したところ関係なさそうに見え、先に見たように直線距離でも十数キロメートルは離れている。現在でも二つの事業が対をなすとはみなされていない。

しかし仁徳天皇の詔と重ねてみると、この二つの事業が一対のものであることが鮮やかに浮かび上がる。仁徳天皇は二つの事業を平行して行い、田圃を増やそうとしているのである。土木の実務家にとっては、遠く離れた堀江と茨田堤という一見無関係に思える二つの工事が相互に関連していることこそがこの条のハイライトとなる。

これを理解するには、二つのことを知らなければならない。一つは、堀江を掘っても湖の水が単純には流れ出ないこと。何しろ流れ出る先は海である。堀江を掘れば、潮の干満に合わせて湖の水位がより大きく変動するものの、湖の水が一気に海に流れ出て湖水位が下がってしまうことにはならない。

もう一つは、水の中に堤は築けないこと。土は水に浸けたとたんに崩れてしまう。当たり前のことと思われようが、意外と誤解されている。

現在でも土堤の上を水が流れると堤防は決壊する。しかし、水の上に顔を出している限り堤は意外と強い。幅数十センチメートルの小さな堤でも、深さ一メートル程度の水の圧力には耐えられる。さらには、深さが同じなら、満々と水を湛えた大湖でも小さな池でも堤に掛かる圧力は同じ。堤の幅も同じで良い。

さて、二つの事業がどうして繋がるのか。まず、堀江を掘って河内湖の水位変動幅を大きくさせる。こうすれば、干潮の時には、浅い湖だけに山側に大きな陸地が一時的に顔を出す。ここに堤を築くのである。山際から半円形に堤を築き出し、一時的に干陸化した土地を囲い込む。つまり堀江とは遠く離れた山際に堤防が築かれることになる。

当然ながら一気呵成にとはいかない。毎日、毎日、繰り返す干満に合わせて、少しずつ延ばしていくしかない。この時大事なのは、満潮の時にでも土堤の頭が水の上に出るように堤を築くこと。こうすれば潮が満ちても堤防が消えてなくなることはない。

急流河川でも、切れた堤防の上は比較的安全で、氾濫した地域の避難民で溢れたりする。**写真1-1**は、平成十八（二〇〇六）年のタイ・バンコック近郊での洪水写真である。土を単に重ねただけの盛土とも呼べない土塊が満々とした水を湛えている。水が上を越えない限り土の堤防は意外と強いのである。

堀江の掘削と維持

しかしここで三つ問題が生ずる。まずは堀江をいかにして掘るか。そしてより難題は、開削した堀江をいかに保持するか、三つ目は上流に築く堤の締め切りをいかにうまく進めるかである。

堀江の掘削は意外に簡単である。場所の選定さえ間違わなければ大きな問題はない。仁徳帝の言う「宮の北の野原」は、上町台地の北端に位置する難波宮からさらに北に発達する砂州を指す。砂州の砂堆の掘削はそれほど難しくはない。延暦七（七八八）年、和気清麻呂が今の四天王寺近く

写真1-1　バンコック郊外の氾濫地域に築かれた堤防

で上町台地そのものを掘削しようとして失敗した。この事例が有名なため、その比較で仁徳帝の時代にそんな大工事ができたはずがないと思い込まれている。しかし土工事では土質が大きく影響する。和気清麻呂の失敗事例は仁徳帝の掘削とは全く事情が異なる。

一方、堀江の維持は難問である。大きな流れのある淀川の河口ですら漂砂で埋まる。まして人工的に掘った堀江を保持するのは簡単ではない。

河口はすぐに塞がるのが自然の姿。もともと台風などの大水によって開けられた河口は、川の流れが少なくなると漂砂で埋まる。大きく開いたり塞がったりを繰り返しているのが、本来の河口の姿なのだ。

しかし河内湖の山際を干拓をするには、湖の水位を潮位に合わせて大きく変動させなければならない。すなわち堀江の出口が土砂で埋まらないように常時開けておく必要がある。それを可能にするのが交番流、つまり海の潮位と湖の水位の差が引き起こす流れである。干満と共に一日二回大きな流れを産みだして堀江の出口を保持する役割を果たす。

交番流の維持では、青森県・岩木川の河口にある十三湖の水戸口《みとぐち》（湖からの出口、ここでは岩木川の河口でもある）がよく知られている。十三湖は湖面積約二〇平方キロメートル、水深一メートルの浅い湖で、古くから干拓が繰り返されてきた。明治初期には約五〇平方キロメートルと現在の倍以上の広さがあったと推定されている。この大幅な湖面積の減少が水戸口に与える悪影響が心配され、昭和四十五〔一九七〇〕年頃に導流堤の設置が提案された。

調査検討の結果、十三湖の水戸口が交番流、それも最大で毎秒二四〇立方メートルの流れによって海岸線に沿って移動する漂砂を沖に掃き出し、河口の閉塞を防止していることが判明した。適当な交番流の維持には、湖の総体積と水戸口の幅や潮位変動の大きさ、そして河床の砂粒子が微妙に影響しあう。このため、これらの要素のバランスを維持する必要がある。この解析結果を踏まえて、水戸口には一切手をつけないことに決定した。現在も岩木川の出口である水戸口は正常に機能している。

河内湖でも堀江が安定して保持され、現在の天満川にまで引き継がれている。それだけ微妙なバランスが取れていたことになる。経験的に適切な堀江の幅を割り出していたのであろうか。

仁徳天皇紀に描かれている二つの事業は一体化されたもので別個の事業と捉えてはならない。天皇は詔で明確に指示し、群臣は的確に事象を把握して事業を実施した。

といっても、実際の事業が仁徳天皇十一〔三二三〕年の単年で完成するはずはなく、さらには実施時期を四世紀と特定する根拠もない。長年月をかけて継続実施された事業に違いない。とはいえ事業の本質は明確に認識されていた。だからこそ『紀』が伝えるように明快な形で取り上げられたのである。その意味がわからなくなったのは、古代人の理解力・総合力に対する現代人の侮りと、物事の本質を見抜く能力が退化したからに他ならない。

それも仕方ないことかもしれない。現在でもスポットライトが当たるのは最終の締め切りのシーン。諫早湾の干拓事業でも最後の締め切りの場面だけが繰り返しテレビで流された。確かにギロチンのように鋼矢板が次々に落ちる光景は圧巻であった。河内湖の干拓でも同じように最後の締め切りの光景が一般に強い印象を残したのである。

茨田堤でも、最初は平地に堤を水面よりも高く築くだけなので問題はない。しかし最後の段階になると、交番流が深掘りした箇所を締め切らねばならない。これが上に述べた三つ目の課題、いかにして最後を締め切り一連の堤防にするかである。どうしても人柱なしには締めきれなかったのだ。

人柱は人の心に強く残る。それゆえ物語のハイライトになったのもやむを得ないが、この事業の本当の凄さは計画立案の過程にこそある。河内平野全体を視野に入れ、水の流れを総合的に勘案して練り上げられた構想の壮大さは例えようもない。

そのスケールの大きさを持ち得る者こそが国を治められるのだ。本来治水とは対処療法的な技術ではなく、土地を大きく捕らえる目と構想力が求められる。我々は今、はるか昔の仁徳帝の治水にその典型を見る思いがする。それはまた壮大な治水事業の原型でもある。

第二章　行基と狭山池

いよいよ行基集団が実施した事業に取り掛かる。まずは狭山池である。子供の頃に「狭山池は行基はんが掘らはったんや」と幾度か耳にした。狭山池がどこにあるかも知らないまま言葉だけが記憶に残った。

その狭山池は行基集団が施工した一五ヵ所の池事業のなかでも特異である。河内国における唯一の池事業であり、既存の池を再利用して築造したのもこの池のみ。ところが行基集団はこの事業に誇りを持っていたのか、「天平十三年記」の「池十五所」の冒頭に置いている。筆者が行基集団の事業としてここで最初に取り上げる所以である。

もう一つの理由がある。行基集団が実施した多種多様な事業の中で、近代的な発掘調査が大規模に行われたため、事実に基づいた議論が可能だからだ。昭和五十七〔一九八二〕年八月、大和川の支川である西除川と東除川で激甚な浸水被害が発生する。その洪水対策用に目を付けられたのがこの狭山池。もともとは西除川の水を溜め込む農業専用のダム貯水池である。その池堤を嵩上げすると共に池の底を掘り下げて池の容量を増やし、洪水用にも役立たせようというのである（写真2−1、図2−1）。[注1]

写真と図から、狭山池が普通の池をはるかに超える規模を持ち、現在のダム湖と比べても遜色ないことが理解されよう。加えて強調したいのは、ダムを築ける場所（ダムサイト）は極めて限られており、「貴重な資源の一つ」ということである。狭山池の所在地はまさしくその典型例で、並外れた技術力と動員力を持つ行基集団が再利用し、一四〇〇年後の大災害を受けた「平成の大改

写真2-1　狭山池の全景（左：平成の改修以前、右：改修後）

修」の再開発にも同じダムサイトが使われたのである。

狭山池は少なくとも一五〇〇年という長い歴史を持つ。この間、先人の努力が積み重ねられて巨大化し、その間も手を緩めることなく維持管理されて大阪・泉南の地を潤し、地域発展の基盤をなしてきた。世界遺産に登録されるだけの価値は十分であろう。フランスのミディ運河は世界遺産になっているが、一七世紀後半の築造に過ぎない。狭山池の長い歴史と池が果たしてきた役割はこれを優に越える。今からでも遅くはない。何とか世界遺産にしたいものだ。

さて西除川に戻る。管理を担当する大阪府は、長い歴史を持つ狭山池を再開発するにあたり、その前段として大規模な発掘調査とその成果を一般に公開する狭山池博物館を新築した。設計者は安藤忠雄。展示方法にも工夫が凝らされ、展示物が際立つ仕上がりになっている。一五〇〇年にわたる先人の努力の積み重ねを、原資料を目にしながら辿れるようになったのはうれしい。このような展示館は世界でも珍しい。長い期間にわたり手を加えられてきた施設自体が珍しいからである。

ところが、どうしても腑に落ちないものがある。館内に表

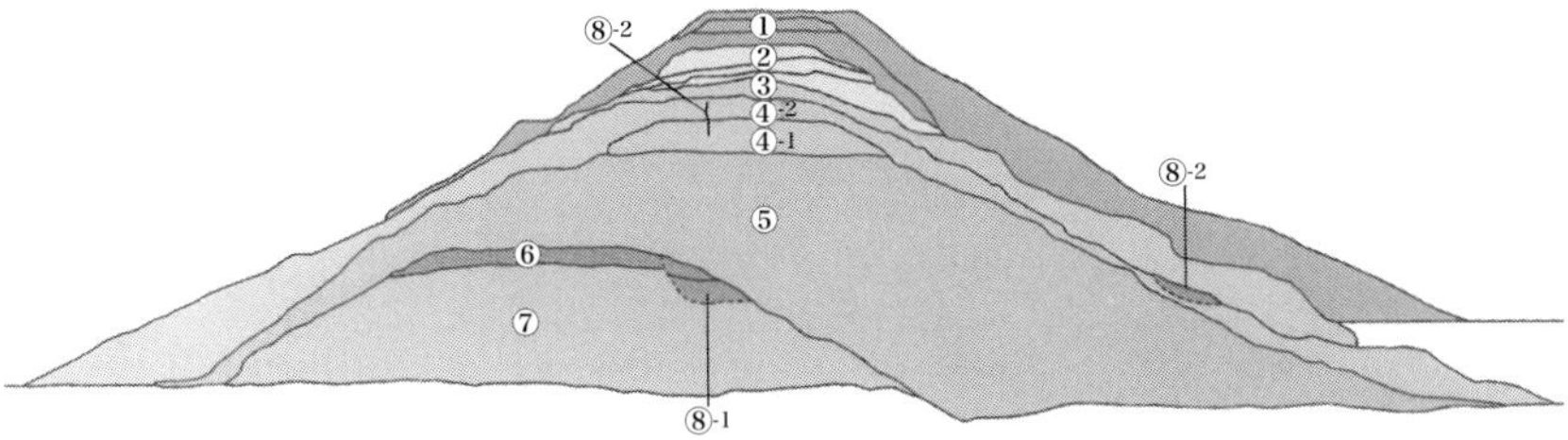

図2-1　狭山池堤体断面図　①明治・大正・昭和の改修　②江戸時代の改修　③慶長の改修　④鎌倉～室町時代の改修　⑤天平宝字の改修　⑥行基の改修　⑦狭山池の誕生　⑧地震の痕跡（⑧-1：731年の地震、⑧-2：伏見大地震）

示されている狭山池堤体の実物大の断面図に添えられた説明文である。行基の改修をたった六〇センチメートルの嵩上げ部分とする。それも既存の堤の上に薄い布団を重ねたような単純な嵩上げ工事である。これでは子供の頃に聞いた話とあわない。何かおかしい。ストンと腹に収まらないのである。

一　狭山池の長い歴史

「狭山」の名が最初に出てくる史料は『記紀』、それも紀元前にまで遡る。もちろん『記紀』が伝える古い時代の内容はそのままには受け取れない。それでも何らかの情報が含まれているに違いない。

　歴史家と同席すると不思議に感じることがある。違和感というべきかもしれないが、戦前・戦中における歴史書の恣意的利用に対する贖罪意識によるのだろうか、羹に懲りて膾を吹いている感じすら受ける。ところが『日本書紀』を読むと、恣意を避けようとする編纂姿勢に驚かされる。異論があれば、「一書曰《あるふみにいわく》……」と列挙する。これは神代の巻でも同様である。とはいえ初代の神武天皇は一二七歳まで生きたとする。すべてを史実とできないのも自明である。先入観をできるだけ排しつつ取り組むことにしたい。

『書紀』は、崇神天皇六十二〔紀元前三六〕年秋七月詔で「狭山の田地が水に困っているため、池・溝を開くこと」を命じ、同年冬十月条で「依網池《よさみのいけ》が造られたこと」を伝える。[注2]『古事記』は垂仁天皇（崇神天皇の二代後）条で狭山池を作ったことを記す。[注3]

この時代に池が本当に作られたのか、どれだけの規模の池が築造されたのか、検討する手がかりすらみつからない。しかし稲作を行うには水の確保が欠かせない。特にこの地ではなだらかな丘陵地が続く。規模はともかく何らかの貯水施設が作られたとしても不思議ではない。縄文から弥生時代にかけての先人の記憶がこれらの条に何らかの形で反映しているとも考えられよう。

依網池は『書紀』にもう一度出てくる。推古天皇十五〔六〇七〕年冬条「河内国に戸苅池《とかりのいけ》・依網池を作る」とある。[注4]推古帝の時代になると、日々の記録が蓄積されはじめるだけに、記述内容の信憑性は格段に高まる。戸苅池・依網池の特定はできないものの、河内国に池が造られたのは事実と見て間違いなかろう。

さらに時代が下り『続日本紀』の時代になると狭山池は二度あらわれる。最初は天平四〔七三二〕年十二月条で「狭山下池を築いたこと」を伝える。[注5]続いて天平宝字六〔七六二〕年四月条、「決壊した狭山池を修造したこと」を記載する。[注6]この時代になると現存の狭山池との関連で捉えて間違いはない。

この他に、行基の活動を伝える『行基年譜』[注7]にも記載がある。天平三〔七三一〕年条は、「狭山池院」と「同尼院」が同年に起工されたことを伝える。狭山の地に道場を開き、狭山池の改修工事の準備を始めたのである。現在で言えばダム現場に現地事務所と宿泊所（飯場）を開設したことを意味する。まさに『続紀』の天平四年条との繋がりを感じさせる記述である。

また『行基年譜』に取り込まれて今に伝わる「天平十三年記」は、行基が実施した事業を工種別に整理し直して提示する。その「池十五所」の冒頭に「狭山池　在河内国北郡狭山里」が置かれている。行基集団の狭山池に対する熱い思いが伝わる。

閑話休題：『記紀』と『続紀』は、池を〈造る〉、〈作る〉あるいは〈開く〉と表記し、決して〈掘る〉とはしない。そこには一つの例外もない。ところが、崇神天皇条の現代語訳では「灌漑用の池・溝をたくさん掘って」というように〈掘る〉が使われる（本章注2の文献を参照）。それも「開」を「ホリ」と訓じた上でのこと。原文では「其多開池溝」とする。池は「作」または「造」、溝は「掘」を充てるだけに、池と溝の両方に通じる文字として敢えて「開」を充てているのである。となると、訓は「ヒラキ」でなければならず、無理に「ホル」と訓む必要は何もない。

掘って溜めたような池の水は使いようがない。地面より低い水を汲み出すには多大の労力が必要となる。洪水対策としてならともかく、水利用に充てることはできない。こんな簡単な原理が今では全く理解されずに誤用がまかり通る。水と人との関係がそれだけ疎遠になってしまった何よりの証拠である。これに対し、『記紀』は事象を正確に把握して記述している。これを見ても『記紀』の編纂時に正確に伝えようとの心配りが十分になされていたことが理解されよう。

二　狭山池の発掘調査

さて本論にもどる。先に述べたように狭山池の改修の経過は正確にたどれる。「平成の大改修」において大規模な調査が実施されたからである。

まずは樋に使われた木材の年輪年代測定。幸いなことに最も古い時代の樋の部材のうちに、芯から表皮までほぼ完全な木材が見つかり、最初の樋が造られた時代が推古二四〔六一六〕年と比定されたのである。注8

これは、『書紀』が伝える推古十五〔六〇七〕年是歳冬条にいう大和国や河内国で数多くの池が造られた時代に相当する。この頃に狭山池にも何らかの手が加えられたことを示す物証が初めて得られたことになる。しかし注意すべきは、これが必ずしも原初の狭山池とは限らないこと。狭山池の歴史が少なくともこの時点まで遡れることを意味するに過ぎない。

堤体の断面調査により堤体の嵩上げが何度か繰り返されて現在の姿になった様子が図2-1のように判明した。そのうえで発掘担当者は、行基の事業を六〇センチメートル程度の嵩上げ工事に相当し、その上の三・五メートルの嵩上げという本格的な改修を天平宝字のものと推定したのである。

私にはこの推定が納得できない。もし行基の改修がこの程度のものなら、「狭山池を造ったのは行基」との伝承が生まれるとは考え難い。三・五メートルの嵩上げに相当する大改修こそ行基のものに相応しいと思えるのである。

しかし思い込みは禁物。まずは狭山池博物館が行基のものとしない根拠を確かめておこう。それは二つの調査結果によっている。一つは地震による堤防法面の滑りの痕跡、もう一つは堤防嵩上げ工事の際に延長された樋管部分の木材の年輪年代測定結果である。

まずは地震による法面の滑りの痕跡。断面図に見られる法面すべりのうち底層に近いものを天平六〔七三四〕年の大地震による痕跡とみなし、三・五メートルの嵩上げはこれ以降に実施されたはずと推論する。

これには二つの反論が考えられる。一つは、法面滑りを引き起こした地震が必ずしも天平六年の地震とは限らないこと。行基の工事が始まった天平三〔七三一〕年以前にも数々の地震が起こっている。『続紀』が記載するだけでも、霊亀元〔七一五〕年、同二〔七一六〕年、養老三〔七一九〕年、同五〔七二一〕年と繰り返し発生している。法面滑りは大地震でなくとも、大雨の後ならば小さな地震でも誘発される可能性は充分。法面滑りを発生させるのは必ずしも大地震とは限らないのである。

次に、仮に当該の地すべりが天平六〔七三四〕年の大地震時のものとしても次の反論があり得る。これだけの大工事だけに、天平三〔七三一〕年に開始された行基集団の事業が地震発生時の天平六年にも続いていた可能性が高い。『続紀』が伝える天平四年に完成した池は狭山下池。狭山池とは違う。となると新たに盛土された部分が大地震で崩落し、再び盛り直すことになったはずである。こうなると、三・五メートル部分に地震の痕跡がなくても至極当然である。

いずれにしても、地震痕跡による推論は行基集団の事業であることを否定する論拠とはなり得ていない。

次に年輪年代測定結果である。継ぎ足し部分の樋管から得た木材の年輪測定によると、時代が天平宝字の頃まで下るとする。しかしここで使われた木材は、古い時代の樋門の木材のように表皮まで残ったものではなく、行基の時代まで遡ることを否定する材料にはならない。

また行基以降の改修工事（例えば天平宝字の改修）に際して樋管部分の木材を入れ替えたことも考えられる。木材を利用する特典は、材木の継ぎ足しや補強が現場で容易に施工できることにある。東大寺や法隆寺でも柱の根元が腐ると、継ぎ足し継ぎ足しで補強して寺院の生命を繋いできた。これこそが木造構造物の特徴の一つで、石造構造物とは根本的に違う点である。東大寺などの世界遺産登録に際して、石造構造物に慣れたユネスコ側の理解を得難かった点でもある。

それゆえ、継ぎ足した樋管に使われた木材が例え新しくとも、構造物全体の制作年代を遡ることを否定はできないのである。

以上の考察から、樋の延長を伴った大規模改修の時期を行基の時代まで三〇年程度遡ることに何ら問題はない。すなわち、博物館に展示された堤体の構造図の推定根拠が根本から崩れたことになる。

ここで見落としてはならないのは、狭山池を造る際、最も難しい工事が樋と樋管の築造であること。樋と樋管は最も低い底面に設置されるだけに、大きな土圧と水圧がかかり、水密性の確保はことのほか難しい。

このように、大規模な池の再改修に当たっては、樋と樋管の再改造を伴うかどうかが工事の難易度を大きく左右する。樋と樋管の再改修を伴わないような工事は、例え盛土が少々多量のものであっても、大した工事とはいえない。堤体の上に布団をかぶせるような工事は、少々土量が多いとしても大工事とはとても呼べないのである。

三　天平宝字の改修

一方、天平宝字六〔七六二〕年の改修とはどんな事業なのか。『続紀』は「狭山池が決壊した為に単功八万三千人を以て修造した」と伝える。[注9] すなわちこの時の修造は池が決壊したための災害復旧工事。一刻も早い現状への復旧が求められ、原形復旧が基本となる。「原形復旧の原則」は今に至るも続いている大原則である。

現在の国土交通省水管理・国土保全局でも被災施設を原形に復旧する仕事は防災課、より良いものに改良するのは治水課と所掌業務を明確に分けている。原形復旧工事に併せて行う改良工事は防災課が担当するが、この制度が新たに導入された四〇年前には、どちらの課が担当するかで大騒動が繰り広げられた。今にして思えば、古く律令国家の頃から続いている業務分担を変更しようとする試みだったのかもしれない。前例を変えるには蛮勇がいるようだ。

となると、天平宝字の工事は原形復旧に近いものであったと考えなければならない。現に災害復旧時に出された申請では、改修に必要な総人員を、単功八万三千人とする。この数字は、同様の災害復旧工事、例えば宝亀十〔七七九〕年の駿河における堤防決壊時に使役された単功六万三千余と較べて大差ない。これで、決壊した堤体の復旧に加えて、ダム堤体の三・五メートルの嵩上げができるとはとうてい考え難い。

具体的に工事量を検討してみる。平成改修後の狭山池の堤体積は約六〇万立方メートルである。これを基にすると、三・五メートル嵩上げの大改修で動かした土量は、いくら少なく見積もっても二〇万立方メートル程度と推算される。土取り場で土を切り出し、ダム堤体の上まで運搬し、敷き均して突き固める一連の作業量を一人一日当たりで見積もると、多くても一立方メートルを超えることはない。[注10] 少なくとも土工だけで二〇万人、単功二十万ということになる。これに樋と樋管の工事が別途加わる。単功八万三千人とは桁が違う労働量が必要となる。

となると天平宝字の改修は、災害復旧事業として水害で決壊した部分だけを盛り直して修復した工事と考えなければならない。もちろん、樋や樋管の一部も壊れたかもしれず、単功八万三千という工事量に達して何ら不思議はない。しかし、原形を遙かに超えて堤体を盛り上げるような工事がこの時に行われたとは、事業の性格から見ても、投下された労働量（単功）から見ても到底考えられないのである。

四　狭山池と行基

さらに傍証として貴重な史料がある。重源（炎上した東大寺再興に尽力した鎌倉時代の僧）の改修碑が発掘されたのである。建仁二（一二〇二）年に刻まれた碑には、「狭山池は、はじめて行基菩薩が堤を築き、樋を伏せた」[注11]と、明確に樋を伏せたことを書き記している。もちろん行基の時代から五〇〇年近くが経ってはいる。しかし、おなじ狭山池の大工事に携わった者として、重源は行基の仕事の大きさを肌身で感じ取ったに違いない。さらにいえば行基の時代に繋がる物証を見つけたのかもしれない。いずれにしてもこの「樋を伏せた」と明確に述べている言葉は非常に重い意味を持つ。重源に従うと、行基集団の工事を堤体の上に布団を被せたような単純な工事とみなすことは到底できなくなる。

さてここまで来ると、三・五メートルの嵩上げは行基集団の仕事と考えるしかない。また、そう理解してはじめて納得できることがある。先にも述べたように、行基集団は自分たちの事業内容を一覧にして朝廷に提出した「天平十三年記」で、「池」事業の筆頭に狭山池をもってきている。樋と樋管の改築を伴わない単なる六〇センチメートル嵩上げの貧相な工事なら、そんな事業は末尾にでも申し訳程度に置きそうなものである。行基は別に見るように、現在も利用されている大規模な池事業、それも河道外貯留方式のダムを数多く手掛けている。朝廷に対して誇り得る池事業をたくさん持っていたのである。その中で狭山池を冒頭に掲げていることは、それだけの重みのあった事業と考えるしかない。

ここまで分析を進めながら、本章を最初に執筆した段階では、最も大事な点を見落としていた。三・五メートルの嵩上げがもたらす、狭山池の〈質的な変貌〉を見落としていたのである。これについては第七章「行基集団の事業（和泉の地）」で詳述する。実地に即して考えて初めて見えてくるものも多い。行基集団が、池事業の冒頭に狭山池を置いた本当の理由がよく理解できる。ストンと胸に落ちるのである。

さらに付け加えれば、後世において狭山池と行基が切っても切れない関係で語られていることである。天平宝字の改修は行基の改修からわずか三〇年後に行われている。もしこちらの方が三・五メートル嵩上げの大改修であるなら、膨大な苦労を現地で目にする人たちは行基の名前は忘れ去り、天平宝字の大改修として語り継いだはずである。それがそうはなっていない。民衆の間にじわじわと拡がる話のもつ意味は大きい。人の口に門はたてられないのである。

問題は行基にそれができたかにある。間違いなくできた。いや行基にしかできなかった。それだけ行基の動員力はずば抜けたものであった。

後に改めて検証するが、例えば天平二〔七三〇〕年九月の詔。ここでは行基の名前は明示されないものの、「京の左の山原に多いときは万人、少ないときで数千を集め、妖言をして衆を惑わした」とする。[注12] これほどの動員力を持つからこそ朝廷は恐れ慄き、再三にわたり僧尼令違反で弾圧したのである。行基は律令制度の枠からはじき出された人々を糾合しただけでなく、天下分け目の壬申の乱（六七二年）で職を失った膨大な数の敗者の受け皿になった可能性すら考えられる。

さらにいえば、行基と朝廷の関係は天平四（七三二）年の時点ではすでに明確な敵対関係ではなくなり、平城京と大和国以外の畿内では地方豪族の流れをくむ郡司と組んで仕事をしていた。その証が行基集団を糾弾する僧尼令違反の経過からも読み取れる。詳しくは後に述べるが、例えば上に見た天平二年の詔では行基の名指しを慎重に避けている。朝廷が「小僧《しょうそう》行基」と口をきわめて罵ったのは養老元（七一七）年。すでに一五年前のこと。この間にも大きな変化が生じているのである。

現在に至るも行基集団の業績は過小評価されている。民間人の行基にそんな大きな仕事ができるはずがないという思い込みが素直な理解を妨げている。狭山池と行基の関係もその端的な一例でしかない。

社会からドロップアウトした人間の大きな受け皿となり、その力を再結集して壮大な仕事をやり遂げた行基。いわば数限りない小さなマイナスの力を糾合して巨大なプラスの力に換える役割を果たしたのである。

行基の果たした役割は日本社会の底流を形成し、重源の東大寺再興（東大寺の創建は聖武天皇により発願された国家事業）や川村孫兵衛による北上川の新川開削、あるいは河村瑞軒や角倉了以の河川事業、さらには清水の次郎長にまで流れつく。日本の社会資本整備には民が大きく関わっている。この系譜の劈頭に位置するのが行基、その末流近くに次郎長が連なる。こんな夢想すら行基なら不敵な笑いを浮かべるだけで見逃してくれるに違いない。

第三章　『行基年譜』と「天平十三年記」

行基集団が実施した事業の全体像を捉える作業に取り掛かる。その根本史料が『行基年譜』である。行基を考察するうえで誰も回避できない史料ではあるが、同時に文献批判を欠かせないともされる。扱いの難しい史料なだけに、まずは史料そのものについてみておこう。

一　『行基年譜』について

『行基年譜』は、泉高父（経歴は不詳）が安元元（一一七五）年に編纂した文書で、いくたびかの転写を経て、現在は『続々群書類従』の第三巻（史伝部二）に収録されており、簡単に手にすることができる。[注1]全文が漢字で書かれており、一九七〇年に刊行された続群書類従完成会版では一〇頁の薄さである。以後本書では、この『続々群書類従』所収の版を史料として用いる。

記載内容は、行基の年齢別にその行状が簡潔に記されたもの。基本的には行基集団が創建した寺院名、起工月日、所在地からなり、適宜その他の事柄も記載されている。最も簡単な場合をみると次のようである。

行年五十三歳庚申
　元正六年養老四年庚申
　石凝院　九月十五日起、

編纂時に使用された資料は、著者自身の跋《ばつ》文（書物の後記）によれば、(i)「延暦二十四（八〇五）年等記録」、(ii)「皇代記」、(iii)「年代記」である。井上光貞氏は、これに、(iv)「行基菩薩伝」、(v)「三宝絵詞」、(vi)「著者（泉高父）が採録した行基遺跡関係記録」を足して泉高父が作成したとする。[注2]『年譜』の信頼性については、編纂が行基の活躍した時代から四〇〇年後になること、転写を繰り返したため誤記が多いことなどから、「行基の没年（七四九）よりはるかのち安元元年（一一七五）に編まれたもので、厳密な史料批判が必要であり、『続々群書類従』所収の『年譜』は誤字が多い悪本であることに注意しなければならぬ[注3]」とするのが通説で、筆者もこれに異存はない。

さて、文献史料として取扱いの難しい『年譜』のなかで一級史料とされるのが「天平十三年記」と称される部分で、行基集団が実施した事業を書きあげた公的な記録とみなし得るとされる。[注4]

その論拠は、先ほどの(i)「延暦二十四年記録」である。井上光貞氏はこれを「菅原寺牒」と仮称し、「菅原寺は、延暦廿四（三）年、何らかの目的のために寺牒を作成したが、そこに、天平十三年記を引用したのである。この、今存しない菅原寺牒は平安末期まではいずれかの場所に伝来していたが、行基年譜の作者は、この寺牒の引く天平十三年記を貴重として、年譜の同年条に写しとった[注5]」とする説を提案し、学界に広く受け入れられたからである。筆者も、後に述べるように「天平十三年記」が伝える内容を子細に検討した結果、記載の事業内容からみても行基集団により作成された資料とみることに異論はない。というよりも、行基集団以外には作成できない内容を持つと断言できる。

これに対し、(iii)「年代記」は、行基の年齢順にその年に起工された寺院名、所在地を記した一種の年譜形式の記録であり、先述した行年五十三歳条がその典型である。しかし、その信頼性は「年記」と比べて低いとされ、せいぜい行基の四十九院を比定するための史料として用いられるに留まってきた。「年代記」が伝える情報のうち、寺院の所在地情報のみが注目され、「年代記」本来の創建時期に関する情報には注意が払われずに現在に至っているのである。

ところが、次の第四章で詳細に検討するように、「年代記」の信頼性は近年の発掘調査により格段に高まり、単に所在地だけではなく、創建年代も使える史料となった。「年代記」が大きな意味を持つ史料に様変わりしたのである。

なお、(ii)「皇代記」は一種の皇室の系譜であり、天皇の御代が代わる度に行年に書き加えられた略歴の出典とみなされている。注6 行基集団の事業内容を検討するには大きな意味は持たない。

二 「天平十三年記」について

さて「天平十三年記」である。筆者が行基集団の事業の全貌を読み解くことができたのもこの年記に負うところが大きい。その「年記」は、『年譜』の天平十三〔七四一〕年の条に、「天平十三年辛巳、記云、延暦廿三〔八〇四〕年三月十九日所司記云云」との一文は置いているものの、「宗橋六所……」から始まる事業名の一覧表が脈絡もなく突然に現れる。採録されたというよりも紛れ込んだようにすら思える。

これだけの一級史料「天平十三年記」が残されながら、行基集団が成した事業の全体像は正確には把握されていない。「年記」が挙げる事業に対する専門家の検討がないために、行基集団が厳密に使い分けた用語を正確に捉えることができず、「年記」が伝えようとした本来の意味を見過ごしているからである。加えて、「年代記」を軽視しているため、「年記」と「年代記」を組み合わせるとたどれるはずの行基集団の事業の発展経過が完全に無視されてきたからである。

とはいえ、「年記」の内容が正確に読み取れていないのは歴史家の怠慢ではない。『年譜』の史料としての信頼度の考証までが歴史家の仕事。それが確認されたのちは、「年記」に記載された事業（以下では「年記関連事業」と総称する）の解釈は土木屋（土木・建設の実務に携わった専門家）の出番である。筆者は、「年記」を土木屋、とりわけ河川実務家（河川・水管理に行政官として携わった専門家）の目で見直し、「年代記」に基づく時間経過を踏まえつつ実地に即して検証した。その結果、今までとは全く違った視界が開けたのである。

しかし土木屋にとっても行基の時代（七世紀から八世紀）に大河川・淀川を相手に大事業が展開されたと考えるのは常識外のこと。[注7] 江戸時代中期（一八世紀）においてすら幕府に命じられた薩摩藩士は木曽川の治水工事に塗炭の苦しみを味わった。それが奈良時代、ましてや民間の僧に何ができるか、と考えるのは極めて常識的な反応である。

ところが技術の体系を考えてみれば別の視点がひらける。農業土木の分野でいえば、基本的な農具の体系は古墳時代後期までに成立したのであり、近・現代の動力機械が登場するまで大きくは変化していない。[注8] 土木の分野でもほぼ同様で、劇的な変化が起こるのは敗戦後にアメリカから機械化施工技術が怒濤のように流れ込んでからである。となると施工能力を決めるのは人員を動員する力とそれを組織する力。冷静に考えるなら、行基集団が大規模な事業を展開できても何ら不思議ではない。

三　「天平十三年記」が伝える行基集団の事業について

さて年記が伝える行基集団の事業（年記関連事業）の検証である。表3-1は「天平十三年記」をそのまま写したもの。行基集団が畿内を舞台に展開する事業が工種別に分類整理されており、いわば行基集団が実施した事業全体の事業種別総括表である。

同表を見るだけで読み取れる点が幾つかある。

①事業の多様性

宗（架の誤記か）橋、直道、池、溝、樋、船息、堀、布施屋の八種別に分類された多様な事業が展開されている。このうち、直道と布施屋（行旅の貧窮者を救済する施設）を除く残りの六種別が〈水〉に関わる。行基集団は水のプロフェッショナルであった。

②事業の所在箇所

行基の足跡は全国に及んでいるように伝わる。しかし「年記」があげる事業の範囲は畿内に限られる。当時の畿内は一つの行政区域として取り扱われていた。畿内に限定して出された詔も数多く、大和朝廷にとって最も重要な地域概念の一つである。その畿内に行基集団の活動範囲が限定され、なおかつ畿内一円に広がっていることは、行基集団と朝廷の繋がりを示しているようで興味深い。

表3－1　「天平十三年記」

宗橋六所、
泉大橋　在相楽郡泉里、
山崎橋　在乙訓郡山崎郷、神亀二ノ九月十二日始起、
　巳上二所山城国云云
高瀬大橋　在嶋下郡高瀬里
長柄
中河
堀江　並三所西城郡、
　巳上四所在摂津国、
直道一所、在自高瀬生馬大山登道、
　巳上河内国茨田郡摂津国云云、
池十五所、
狭山池　在河内国北郡狭山里、
土室池　在大鳥郡土師郷、
長土池　在同所、
薦江池　在同郡深井郷、
檜尾池　在同郡和田郷、
茨城池　在同郡蜂田郷、
鶴田池　在同郡早部郷、
久米多池　在泉南郡丹比郡里、
物部田池　在同所、
　巳上八所在和泉国、
崐陽上池　同下池　院前池　中布施屋池、
長江池　巳上並五所河邊郡山本里、
有部池　在豊嶋郡箕丘里、
　巳上六所在摂津国、
溝七所、
古林溝長三千二百丈、廣六尺、深四尺、　在河内国茨田郡古林里
崐陽上溝長一千二百丈、廣六尺、深四尺、　在摂津国河邊郡山本里、
同下池溝長一千二百丈、廣六尺、深六尺、　在同所、
長江池溝長六十丈、廣深六尺、　在同国西城郡、
物部田池溝長六十丈、廣深五尺、　在泉国泉南郡、物部田池尻申候、
久米多池溝長二千丈、廣五尺、　在同国、

樋三所
　高瀬堤樋　在茨田郡高瀬里、
　韓室堤樋　同郡韓室里、
　茨田堤樋　同郡茨田里、
　　己上三所在河内国、
船息二所
　大輪田船息　在摂津国兎原郡宇治、
　神前船息　在和泉国日根郡日根里近木郷内申
候、
堀四所
　比売嶋堀川長六百丈、廣八十丈、深六丈五尺、　在西城郡津守村、
　白鷺嶋堀川長百丈、廣六十丈、深九尺、　巳上在西城郡津守里、
　次田堀川長七百丈、廣二十丈、深六尺、　在嶋下郡次田里、
　　巳上三所在摂津国、
　大庭掘川長八百丈、廣十二丈、深八尺、　在河内国茨田郡大庭里、
　巳上不記年号、仍不審多、或遊行時、或寺院之
次、随便云々、
布施屋九所　見三所　破損六所云云
　大江布施屋　在乙訓郡大江里、
　泉寺布施屋　在相楽郡高麗里、
　　巳上二所在山城国云云、
　崐陽布施屋　在河邊郡崐陽里、
　垂氷布施屋　在豊嶋郡垂氷里、
　度布施屋　在西城津守里、
　　巳上三所在摂津国、
　楠葉布施屋　在交野郡楠葉里、
　石原布施屋　在丹北郡在原里、
　　巳上二所在河内国、
　大鳥布施屋　在大鳥郡大鳥里、
　野中布施　在同郡土師里、
　　以上二所在和泉国

③中枢機能の存在

「年記」は、畿内一円で展開している多種多様な事業を事業種別に再整理して提示している。畿内を一体としてこれだけ強く意識しているとなると、畿内一円に展開する事業を統轄する中枢機能が存在するはず。それが菅原寺、行基が没した寺院（道場）である。平城宮にすぐ近い右京三条三坊に五坪（当時の一坪は一町四方＝約一・七ヘクタール）という広大な敷地を有した。いわば行基集団の本社ビル。今でいえば皇居のすぐ近く、丸の内に宏大な本社を構えるようなものである。民間の集団といっても、今でいう単なるＮＧＯのようなものではなく、現在の大企業をも凌駕する巨大な組織とみなければならない。

④「河川流域」の認識

行基集団は「河川流域」を明確に意識していた。水に関する六種別では河川流域を意識しつつ個別事業を配列している。

水問題を考える際に単位となるのは河川流域である。しかしこの認識が国際的に広まり始めたのは最近のこと。例えば国際社会が取り組みだした課題に「統合水管理（ＩＷＲＭ：Integrated Water Resources Management）」がある。これは「統合河川流域管理（ＩＲＢＭ：Integrated River Basin Management）」とも呼ばれるように、河川流域を単位として総合的に考えようとする動きであるが、世界的にみるとこのような認識が拡がるのは今世紀に入ってからである。それに対して、行基集団はすでに八世紀に河川流域を明確に意識している。河川に対する認識の深さが際立っている。

四　「年記」の「事業種別」が意味するもの

「年記」に示されたものを地域別に組み替え、現地と照合しつつ総合的に考察してみると、行基集団が行った事業の本質が見えてくる。土木事業は土地に則して実施されるものだからである。その地域別の考察は第七章以降の楽しみとして、ここではまず「年記」が挙げる「事業種別（工種別）」について検討する。なお、交通にのみ関する施設（「直道」と「布施屋」）については、ここでは取り扱わない。

宗橋六所

「年記」が挙げる橋を架橋地点の現在名と併せて表3-2に示す。

宗橋に関しては、「宗」が度（度橋）または架（架橋）の誤写とする考証的議論を除けば、「橋」が意味するものは現在と変わらない。

泉大橋は淀川の支川木津川に架けられた橋。山崎橋は木津川、宇治川、桂川の三川が京都市郊外で合流する地点の近くに架けられた橋。高瀬橋が淀川の中流部、現在の守口市付近の橋であることには異論がない。しかし長柄、中河、堀江の三橋に関しては、現在までのところ比定できていない。後にじっくりと検討するが、読み解く鍵の一つが「年記」にいう「並三所西城郡」にある。他の橋では、郷名または里名を記すのに対し、郡名しか記載していないのである。

上記の橋はすべて淀川流域に架かっており、上流から下流に順序よく並べられている。明らかに支川を含めて淀川流域全体が視野に入っている。また、ここに取り上げているのは、大河川と幹線道路が交差する地点に架かる橋ばかり。「年記」には主要なもののみを採録しているのだ。

表3-2 「橋」の一覧表

名称	「年記」上の所在地	現在の所在地
泉大橋	相楽郡泉里	木津町・山城町
山崎橋	乙訓郡山崎郷	枚方市・高槻市
高瀬大橋	嶋下郡高瀬里	守口市・大阪市
長柄	西城郡	大阪市または尼崎市
中河	西城郡	同上
堀江	西城郡	同上

表3-3 「池」の一覧表

名称	現在の池の名称	「年記」上の所在地	所在水系
狭山池	狭山池	河内国北郡狭山里	大和川水系西除川
土室池		大鳥郡土師郷	石津川水系
長土池		同上	石津川水系
薦江池	薦池？	大鳥郡深井郷	石津川水系
檜尾池		大鳥郡和田郷	石津川水系和田川
茨城池	原ノ池？	大鳥郡蜂田郷	石津川水系
鶴田池	鶴田池	大鳥郡早部郷	芦田川水系
久米多池	久米田池	泉南郡多比郡里	大津川水系牛滝川
物部田池		同上	大津川水系
崐陽上池	昆陽（大）池	河邊郡山本里	武庫川水系天神川
同下池	昆陽下池	同上	武庫川水系天王寺川
院前池		同上	武庫川水系
中布施尾池		同上	武庫川水系
長江池		同上	武庫川水系（山本里）
有部池		豊嶋郡箕丘里	猪名川水系？

写真3-1　久米田池の大堤（堤の上より）

写真3-2　久米田池の大堤（池側より）

池十五所

「池」は前章でも述べたように、掘るのではなく造るもの。堤を築いて水を堰上げて貯留する施設が池であり、現代用語でいえばダム湖に相当する。土地より低い水は使えない。使えるのは上に溜めた水だけ。堤が決壊すると大惨事を引き起こすが、それでも水を使うには上に溜めるしかない。行基集団が造った池はもちろんこの範疇の池である。少なくとも現存している池にはすべて大堤が築かれている（写真3－1、3－2）。現在なら「ダム湖」として大括りされるものである。

まずは、「年記」に採録された池を示すと表3－3のようになる。河川名に併せて現存が明確な池（ダム湖）には現在名を併記した。「池」は流域別に整理して示されており、ここからも流域概念がしっかりと確立されていることが読みとれる。

ここに示されるダム湖は大きく二つのタイプに分かれる。「溝」の項で詳述するが、今まで意識されなかった思わぬ形式のダム湖が隠されていたのだ。

後に出てくる「溝」と「樋」の分析結果を考え合わせると、ここでいう「池」は、配水用の溝や池樋も含めた広い概念で使われている。これをよく理解しないと、施設の比定に際して混乱を引き起こす原因になりかねない。

表3-4 「溝」の一覧表

名称	諸元	「年記」上の所在地	対応する池
古林溝	長3200丈、廣6尺、深4尺	茨田郡古林里	なし
崐陽上溝	長1200丈、廣6尺、深4尺	河邊郡山本里	崐陽上池（現存）
同下池溝	長1200丈、廣6尺、深6尺	河邊郡山本里	崐陽下池（慶長年代に埋め立て）
長江地溝	長60丈、廣深6尺	西城郡 〔河邊郡山本里〕*	長江池（不明）
物部田池溝	長60丈、廣深5尺	泉南郡	物部田池（不明）
久米多池溝	長2000丈、廣5尺	泉国	久米多池（現存）

＊注10を参照

表3-5 「溝」の比較表

	長い溝	短い溝
河邊郡山本里	崐陽上溝（1200丈）、同下池溝（1200丈）	長江池溝（60丈）
泉国	久米多池溝（2000丈）	物部田池溝（60丈）

溝七所

普通は、「溝」を池から農地への配水施設と考えても何ら不思議ではない。「溝」を比定するために、配水施設として試みられることも多い。[注9] しかし「年記」がいう「溝」は全く違う施設と考えなければならない。もし配水施設と解するなら、すべての池に溝が挙がるはず。配水施設のない池はあり得ないからである。

ここで表3－4に示す個別の施設名を見てほしい。「年記」では「溝七所」とするものの、挙がっている溝は六ヵ所のみ。転記を繰り返した史料ゆえの誤記であろうか。六と七は、筆書すると間違いやすいからである。

それはともかく、施設名をよく見ると、二つの溝を除いて「池溝」が使われている。そのうちの「崐陽上溝」は、下にある「同下池溝」から見ると、「崐陽上池溝」の誤記であろう。誤写が起こるのは、書き加えよりも書き落としが圧倒的に多い。となると、「溝」が使われているのは「古林溝」のみ。「溝」と「池溝」は使い分けられていると考えなければならない。「年記」では言葉を極めて厳格に使い分けているからである。

「池溝」と「池」との関連を調べるために、表に対応する池を書き加えると、[注10]「池溝」が「年記」の「池」と一対をなすのに対し、古林溝には対応する池がない。明らかに別の性格を持った溝である。古林溝については、第八章「淀川中下流域の開墾」で詳細に検討することにし、ここでは延長が三二〇〇丈（約一〇キロメートル）もある長大な水路であることだけを特記するに留める。

残る五ヵ所の池と池溝の関係について検討する。溝の長さと所在地別に分類すると表3－5のようになる。溝の長さで見れば、一〇〇〇丈（約三キロメートル）を越えるグループと、六〇丈（約一八〇メートル）しかないものにきれいに二分される。また所在地で見れば、短溝グループの池と長溝グループの池が対を成しており、長短の池溝を持った二つの池が近在していることがわかる。

さらにこの二つのグループを比較すると、長溝グループの池が現在も現役か近世まで現役であったのに対し、短溝グループの池は消滅してしまったのか、今は所在すらわからなくなってしまっている。個別に見れば、崐（昆）陽上池（現在の昆陽池。以下、地の文では昆陽の表記を用いる）と久米多（田）池は現存。それぞれに巨大な堤と貯水池を持ち、今に至るも現役の水利施設として機能している。昆陽下池は埋め立てられてしまったが、昆陽上池とほぼ同様の大きな池であったことが古地図や江戸幕府に提出された出願書によって確認できる。[注11]これに対して、長江池と物部田池は消滅してしまったのか、現在ではその所在場所すらわからない。

長い歴史の流れの中では、役に立つものが残り、そうでないものは淘汰される。長江池は昆陽上池、昆陽下池と同じ地域にあった小さな補完的な池、物部田池も久米多池と同地域にあった小さな補完的な池と考えてよさそうである。

さて、これから少々ダムの技術論になる。といってもべつに難しいことではなく、ごく常識的な話である。ダムは、築造地点に着目すると大きく二種類に分かれる。一つは、川を堰き止めて造るダムであり、もう一つは、地形、地質的に造りやすいところに水を貯め込める施設を造り、水は水路を別に造って導水する方式、「河道外貯留方式ダム」である。

日本では、かつては主として農業用に河道外貯留方式のダムが数多く造られてきた。河川を堰き止めることは容易なことではなかったからである。しかし、機械化施工技術の進展が大河川をも堰き止める大規模ダムの建設を可能にし、河道堰き止め方式一辺倒という事態を招来した。その理由の一つに、日本では河川の洪水流量が大きく、山地に造られるダムでは、山水のほぼ全量をダム湖に堰き止めて溜め込まない限り、下流の洪水を調節できないという特性があるからである。とはいえ世界では河道外貯留ダムの評価が高い。河道を堰き止めないため、河川環境への影響が小さいからである。

もうここまで来るとおわかりいただけるであろう。溝を持つ池は河道外貯留方式の池なのだ。「年記」がいう「池溝」は、長大な堤で囲まれた池に川から水を引くための導水路なのである。池堤が大きく高くなればなるほど、大量の水を貯めるために川の上流まで遡り、高い地点から水を引いてこなければならない。当然ながら溝も長いものになる。溝というと地面を掘ったものを想像されがちだが、ここでいう「池溝」は掘るとは限らない。はるか上流から水を引いて池の近くまで来ると、池堤と同様に地面の上に高く堤を築くことになる。

一方短溝の池は、大きな池に近接している。この場合の溝の役割は、長溝の大きな池との間を結ぶこと。これなら短い導水路で充分である。すなわち、短溝の池は、長溝の池と近接して造られ、大きな長溝を持つ池を補完する役割を果たしていたと考えられる。ここで注意すべきは、短溝といっても決して小規模な構造物ではないこと。導水路自体の高さは大堤と同じ高さを確保していなければならない。短いとはいえ大規模なものとなる。行基集団が誇らしげに短溝の名前をあげる理由である。

ここで一つ疑問が出てくる。どうして隣接する昆陽上池と昆陽下池のそれぞれに長い溝を作ったのか。別項で詳細に論じるが、そうせざるを得ない理由があった。この大きな二つの池を満たすには、一つの河川流域だけでは足りず、二つの河川から別個に導水する必要があったのだ。

ここで思い出される光景がある。筆者が「年記」を見て池と溝がセットになった河道外貯留ダムと直感できた理由でもある。

昭和四十六(一九七一)年、セーヌ川上流のマルヌダム建設現場を視察するためシャンパーニュ地方を訪れた時のこと。指定された駅に降り立つと技術者が待ってくれており、彼の運転で現場に向かう。しばらく進むと、平野のはるか先に大きな堤防が顔を見せる。これがダム本体だというう(写真3-3)。そしてさらに車を進めるとまた堤が見えてきた。今度は車を捨て足で堤を登るとすぐ目の前に大きな別の堤がある。巨大な二本の堤防が延々と延びている。説明を何回か聞いてやっとそれが導水路だと合点がいくのだが(写真3-4)、これが河道外貯留ダムを目にした最初である。工事中の水の流れていない巨大な導水路の真ん中に立つのは何とも異様な経験であった。

写真3-3　マルヌダム堤体

今思うと、堤防と見間違うような長大な構造物が池の堤、巨大な導水路が「池溝」（図3-1参照）。行基の時代の人が池溝を目にした驚きの大きさを多少は実感したといえよう。

さらには、セーヌ上流の二つの近接するダムを連結することが検討されていると聞いて久しい。行基集団が八世紀にとった「短かい溝で近接する池を連結して貯水池の機能を増大させる方式」が遠く時空を超えてセーヌ流域で実現するかもしれない。

「池溝」の有無は河道外貯留方式かそうでないかの分別基準。「年記」が挙げる一五ヵ所の池をこの基準で分けると、九ヵ所の通常方式の池と五ヵ所の河道外貯留方式の池に区分される。なお狭山池は独特の池なのでここではカウントしていない。

写真3-4　マルヌダム導水路の建設現場

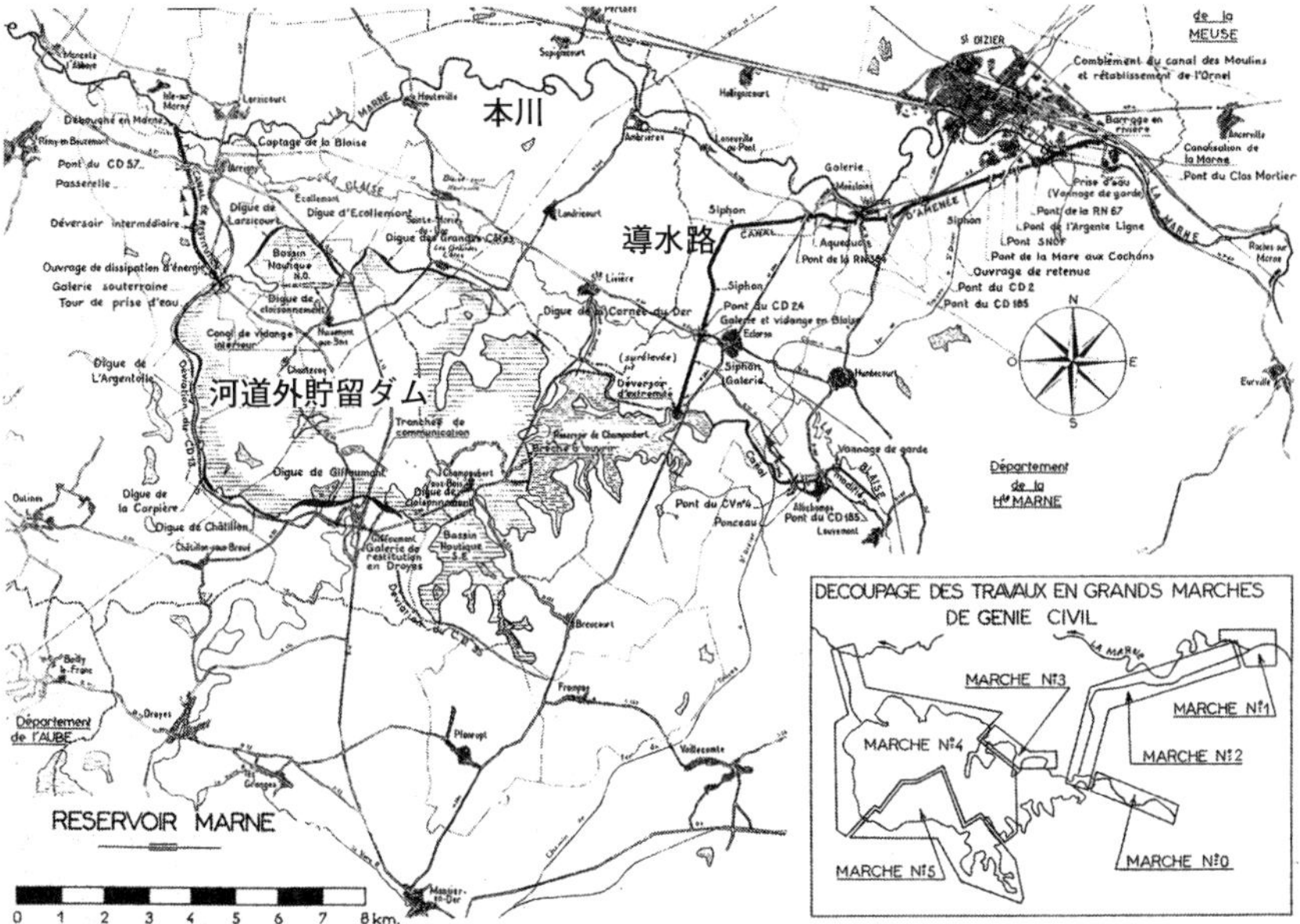

図3-1　マルヌダム平面図

ここにいう「池溝」は、決して配水用の地面を這う溝ではない。空に向かって築かれた大きな溝を意味しているのだ。

樋三所

「年記」には次の三ヵ所の樋が示されている。

高瀬堤樋　在茨田郡高瀬里〔淀川左岸中下流部〕、
韓室堤樋　同郡韓室里〔淀川左岸中下流部〕、
茨田堤樋　同郡茨田里〔淀川左岸中下流部〕、
　巳上三所在河内国、

ここで注意すべきは、表題を「樋三所」とするものの個別施設名では「堤樋」とすること。「樋」は、堤の底部に設置される水を通すための構造物。現在でも樋門や樋管という言葉はよく使われるが、堤樋を使うことはない。一方、池にも「樋」は必需品、樋がなければ池の水は取り出せない。「樋」だけだと普通は池堤の底に設置する池樋を意味する。[注12] このため、ここでは「堤樋」という言葉を用いて「池樋」でないことを明確にしているのである。

とはいえ池樋も極めて重要な構造物。池の水を使い切るために、池堤の最も低いところに設置される。例えば、先に見た狭山池では川を堰き止める大堤の最底部に長さ七〇メートルを超える樋が埋め込まれていた。大きな池堤に設置される池樋は高さ一〇メートルを超えるような静水圧と土圧に耐えなければならない。木製の樋でこれだけの圧力に耐える構造物を造るのは容易ではない。それでも池を最大限に活用しようとするなら、こんな大規模な構造物が不可欠。「年記」が示す一五の池にはすべて樋が設置されていたはずだ。しかし「年記」はそんな大事な「池樋」は相手にせず「堤樋」だけを取り上げる。「堤樋」はそれだけ大きな意味を持つ構造物と考えなければならない。

地域別に見ると、ここでいう「堤樋」はすべて淀川の中下流域に位置する。当時は一面の沢沼地、その地を耕地にかえるための構造物である。淀川本川沿いに堤を築き、さらには樋を設ける。本川の流れ、特に洪水時の流れを考えると容易な事業ではない。淀川本川の洪水に耐えられる樋の築造は行基集団にとっても難事業だったに違いない。詳細は第八章「淀川中下流域の開墾」にゆずるが、行基集団が心血を注いだ構造物の一つであったことは間違いない。

船息二所

「年記」に記されている船息に現在の比定地を併せて示すと次のようになる。

大輪田船息　在摂津国兎原郡宇治（神戸市小湊付近）、

神前船息　在和泉国日根郡日根里近木郷（貝塚市近木川周辺）、

船息は現在の港のような機能を持つ施設である。舟運が最も重要な交通手段であった当時としては、船息は今考えるよりも格段に重要な役割を担っていた。特に難波周辺の港は瀬戸内海を通じて東南アジアに繋がり、淀川（大和川を含む）を通じて平城京へと結ばれていたことを考えると、国際的な拡がりを帯びていたことになる。現に『年譜』にも行基とバラモン僧との交流が寓

表3-6　「堀川」の諸元比較表

名称	長さ（m）	幅（m）	深さ（m）
比売嶋堀川	1800	240	20〔1.95〕*
白鷺嶋堀川	300	180	2.7
次田堀川	2100	60	1.8
大庭堀川	2400	36	2.4

＊〔　〕は丈を尺に読み換えた場合の数値

話的とはいえ述べられてもいる。注13

国家管理の基本ともなる港湾施設に、二ヵ所も行基集団が関わったことは、行基と朝廷とのただならぬ結びつきを強く感じさせる。しかしながら、船息に関してこの表から読み取れるのはここまで。二つの船息の間に関連性があるのかも見えてこない。朝廷と行基との密接な繋がりがほのかに見えながらここで留めるしかない。

堀四所

堀四所の諸元をメートル表示にして示すと表3-6のようになる。なお、これら四本の堀川はすべてが淀川中下流域にある。

まず気がつくのは、比売嶋堀川の深さが二〇メートルと異常に深いこと。当時の土木技術から考えて、地下水位の高い淀川中下流域でここまで深く掘れたとは到底考えられない。また他の堀川と比較しても、尺と丈との誤写と考えるのが妥当。六尺五寸（約二メートル）なら他の堀川とも釣り合いが取れる。

さてその上で気が付くことは、堀川の幅がいずれも広いこと。最も狭い大庭堀川でも三六メートル、最も広い比売嶋堀川では二四〇メートルもある。これだけの広さが必要な施設は洪水対策以外には考えられない。歴史家は舟運のためとみなしている例が多いが、[注14]舟運にはそんなに幅の広い水路は必要としない。

今でもヨーロッパでは舟運が盛んに利用されている。加えてこの頃は省エネルギー対策や地球温暖化対策として、より一層拡大しようしている。しかし動力船が航行するヨーロッパの運河でも運河の幅は決して広くはない。英国では、幅二メートルのナローボート（狭い舟）がやっと通れる幅しかない運河が縦横に張り巡らされている。これは極端にしても、ヨーロッパ大陸の運河の幅はせいぜい広くて一〇メートル程度。パリでもセーヌ川の川幅は広いが、サン・マルタン運河に入ると急に幅が狭まり、蓋をされた区間では五メートル程度にまで狭まる。

舟運のために三〇メートルを超える幅の水路は必要がない。ましてや二〇〇メートルというような幅の水路は全く必要がない。

この広さの水路の用途は洪水対策以外には考えられない。洪水時の放水路としてこれだけの幅を持つ堀川を必要としたのだ。詳細は第八章において検討する。

五　まとめとして

以上の分析から、行基集団が「事業種別」の区分に特別の意味を持たせていたことを明らかにすることができた。

「溝」とりわけ「池溝」が、池から農地へ配水する溝ではなく、河道外貯留ダム方式の導水路を意味すること。「樋」とりわけ「堤樋」が、池堤に必ず設置される樋ではなく、河川沿いに築かれた堤防に設置される「堤樋」を意味すること。「堀江」は当時盛んだった舟運用の施設ではなく、洪水対策や排水対策用の巨大な放水路を意味することを明らかにできた。

その結果、逆に「池」が単に池堤（ダム堤体）だけではなく、池樋や配水溝を含めた事業全体を指していることも明らかになった。

行基集団の事業は、河道外貯留ダムや大規模な放水路といった現在にも立派に通じる優れた技術体系をベースにして成り立っている。単に規模が壮大というだけではなく、中身が濃いのである。それを一枚の総括表でさらりと示す。心にくい仕業というしかない。


筆者がこのような分析をできたのも、行基集団が「年記」、すなわち自分たちの事業を組み立て直して総括表に示すという作業をしてくれたおかげである。もし地域別の事業だけが表として残され、「年記」のような総括表がなければ、「池溝」で示したような分析は思いつかなかったかもしれない。技術という意味でも行基集団は極めて優れたものを持っていた。現代でいえば、日本最高の技術研究所を併せ持つ巨大なコングロマリットといって間違いない。

第四章　『年譜』「年代記」と四十九院

行基が開いたとされる四十九院について検討する。前章で述べた『年譜』の「年代記」は、行基集団が建立した四十九院を年代別に記録したものであり、行基集団の事業展開を知る上で貴重な史料である。「天平十三年記」と組み合わせると、行基が実施した事業内容を時間の経過を踏まえつつ総合的に把握できるだけに、「年代記」の史料としての信頼性が大きな問題となる。この点について述べる前に、まずは四十九院全体の性格について考えておきたい。

一　「寺院」か「道場」か

従前の行基研究では、四十九院を「寺院」とみなすことに異論はなく、現在のお寺とほぼ同じ機能を持つ宗教施設とみなしている。[注1]というより「寺院」の特徴に関して検討する姿勢すらみられない。「天平十三年記」が伝える行基集団の築造した施設（年記関連施設）との関係を深く考えることもなく、「年記に関連する施設の維持管理にも役立った」と解する程度で満足している。果たしてこれで良いのだろうか。肝心な点を見逃していないのだろうか。

『続紀』は、天平勝宝元（七四九）年二月二日条で行基の遷化を伝え、行基の薨伝を載せる。[注2]その中で、「行基菩薩は、留まる処には皆道場を建つ。その畿内には凡そ卌九処、諸道にも亦処々に在り」と畿内に四九ヵ所の道場を建てたこと、諸道（畿内以外の地方）にも処々にあることを伝える。その二四年後の宝亀四（七七三）年十一月二十日条では、「その修行の院、すべて卌余処」とし、こ

の時点で荒廃していた六院に田を施入する勅を発している。注3

薨伝では「道場」とするのに対し、二四年後の宝亀四年条では「修行之院」と記していることが注目される。当時、「道場」と「寺院」は「僧尼令」に出てくる歴とした法律用語。僧尼は寺院に在らねばならず、別に道場を立てて衆を集めて教化し妄りに罪福を説くことは禁じられ、背けば還俗させられることになっていた。注4

行基集団が立てた四十九院は、七四九年時点ではまだ「道場」とされたのに対し、その二四年後には「院」、すなわち官許の寺院並みに格上げされた。逆に言えば、遷化した時点で行基はすでに大僧正、朝廷が公認する僧綱の最上位であるにもかかわらず、四十九院は「道場」でしかない。朝廷はこの時点でも大僧正の行基と行基集団を切り離して遇していたのである。行基集団が居住する場を「院」と認めて田を施入するまでには、行基の薨去からさらに二四年の年月を要した。

確かに後に見るように、遷化の時点ではまだ建設途上の年記関連施設があった。特に淀川最下流での三橋の架設事業は始まってまだ数年、最盛期を迎えようとしていた。行基集団の活動は活発に続けられていたのである。これに対して朝廷の立場は微妙である。行基集団の事業には国家として関わり、また行基その人は大僧正として東大寺の大仏建立のために勧進させるが、行基集団そのものは、「道場」に居住する僧尼令に違反する集団として冷ややかに扱う。朝廷は行基と行基集団を分離することでつじつまを合わせていたに違いない。

『続紀』にこだわり、「道場」という言葉を探すともう一ヵ所見つかる。延暦二〔七八三〕年六月十日条で、「京畿に私かに道場を立てること」と「田宅・園地を寺に捨施・売易すること」の厳禁を命じている。注5　僧尼令違反とみなした行基集団の施設を維持するために田を施入した一〇年前とは異なり、「道場」の跋扈に戸惑う朝廷の様子が見てとれる。朝廷にとって「道場」の扱いは常に頭の痛い問題であったに違いない。

もう一つ、今まで注目されていない重要な点がある。「留まる処には皆、道場を立つ」と行基が留まった場所には必ず道場を建てたことを明記していること。なぜ行基は留まる場所すべてに道場を立てたのか。道場が単なる宗教活動の場なら、何も留まる処すべてに道場を立てる必要はない。それこそ人が多く集まる立地条件のいい場所を選んで建てれば充分なはずだ。逆に言えば、留まる処のすべてに道場を建立した事実にこそ行基集団の道場の性格を解き明かす鍵が隠されているのである。

二　イタイプダムとフォス・デ・イグアス

ここで思い出されるのがイタイプダム、というかフォス・デ・イグアス。この地を訪れたのは世界水会議の会合に出席するためであった。ブラジルのサンパウロ市を離陸し、西南西の方向に一時間ほど山岳地帯の上を飛ぶと、眼下にパンパの豊かな草原が拡がる。どこまでも豊かに拡がる草原をさらに三〇分ほど飛行すると草原の中に忽然と街が見えてくる。これが目的地のフォス・デ・イグアス。日本では世界三大瀑布として有名なイグアスの滝への観光拠点として知られる都市である。

ブラジルとパラグアイの国境をパラグアイ川が流れている。この国境の川にダムを建設し、大規模発電をおこなうと共に水資源を開発し、その上観光資源としても使おうという大開発計画が持ち上がる。そして一九六六年、ブラジルとパラグアイの両政府はイタイプダム建設のために合同して調査を進めることに合意し、イグアス協定を締結する。しかし何しろ国境を流れる川が相

写真4-1　イタイプダム全景

手、さらにはアルゼンチンも流域を共有する。ダム建設の合意までにさらに一〇年近い年月が流れ、ダム建設工事に着手したのは一九七五年のこと。その後、ダム建設工事は順調に推移し、七年後の一九八二年にダム本体が完成して貯水を開始する。一九八四年に初めて発電機が回り出し、訪問時点では合計一八機の発電機が稼働し、水力発電としては世界最大の一四〇〇〇メガワットの発生電力量を誇っていた（写真4-1）。

国境を流れる川を堰き止めるダムは世界でも極めて珍しい。世界の大ダム一覧表を見てもそんなダムは見あたらない。[注6]日本でも河川の左右岸の利害対立は深刻で、洪水時に対岸の堤防が切れれば万歳で祝ったという。我が方の堤防が決壊を免れるからである。対岸の不幸は我が幸い。それだけに河川管理では左右岸の均衡を保つために並々ならぬ苦労がいる。

このためか、我が国では県境を跨いで建設された大ダムはない。

イタイプダムではダムサイト両岸の国が違うだけに、極めて微妙な問題を抱え込む。例えば無駄に思える次のような配慮を凝らしていた。

稼働中の一八基の発電機は、左右岸に均等にそれぞれ九基ずつが設置され、ブラジル側では六〇ヘルツ、パラグアイ側では五〇ヘルツで発電されていた。ここまでなら、至極まっとうな配慮といえよう。しかし現在のところ、パラグアイ側では発生電力量に見合う需要がない。このため、五〇ヘルツの電力をコンバーターで六〇ヘルツに変換してブラジル側に売電しているという。エネルギー効率からいえば、こんな馬鹿な話はない。何重にも損を積み重ねることになる。それでも、左右岸の均衡を将来的にも担保するとなると、このような措置が必要になるのだ。

さて、議論の本筋はこれからである。イタイプダム建設は大都市を産む。ダム建設の進展とそれに先立つ友好橋の架橋に伴い、草原の中にポツンと孤立していた小さな街が一大経済発展を遂げ、大都市フォス・デ・イグアスに成長したのだ。

一九六〇年代にまず調査を目的とする技術者集団が住みつき活気が生まれる。そして一九七五年にダム工事が本格化すると、多くのダム建設労務者が加わり、ダム関係者だけでも三万人、家族を合わせると一〇万人を超える大集団が七年間に亘って生活することになった。その結果、フォス・デ・イグアスは人口約三〇万人を抱える大都市にまで発展する。

このように大建設工事は何もない無住の大地を一大人口集積地に変える力を持つ。とりわけ水に関わる事業は効用が大きい。水を治めることなしに土地は使えない。治水・利水は使える土地を産み出す事業。大人口を養えるようになるのは自然の流れである。

農業生産が主要産業、というより唯一の産業であった古代においては、とりわけその効果は絶大。まず建設工事そのものが多くの労働力を必要とする。機械化施工能力が格段に進んだ現在においても、フォス・デ・イグアスの例のように大建設工事は一大人口集積地を生み出す。ましてや人間の動力にのみ依存せざるを得ない行基の時代においては言うまでもない。

さらにもう一点。後の議論に関わる本筋が見えてくる。何もないところで建設工事を実施するために必要な最初の仕事は何か。人が住める場所を確保して住めるように整備することである。現在でも人里離れた場所に建設されるダムでは、最初の仕事は調査担当者の宿泊場所の確保。「○○ダム調査事務所」の開設が内定すると同時に職員と家族の宿舎場所を確保する仕事が始まる。これが地域活性化の核になりうることを承知している地元市町村では誘致合戦となる。そして家族を含めた数十名規模の人間が住みつく。それだけでも人口の希薄な山間地では貴重な人的資源となる。さらにダム建設工事が本格化すると、より多くの人たちが集う。かつては「飯場」と呼ばれた建設労働者の生活施設も設けられる。直接関係する人たちだけで数百人規模、当然町全体も活気を帯びてくる。常にそうなるとは限らないが、これを契機に町や村が力をつけ、発展していく可能性が出てくる。

ここで注目してほしいのは、大建設工事には必ず宿泊施設が現地に建設されること。そして最も重要なのは、その宿泊施設の建設が〈最初の仕事〉だという点である。

三 「年代記」が示す道場の性格

「年代記」に記載されている四十九院（ここからは『続紀』に従って「道場」と記す）をまとめると

表４－１のようになる。なお同表は、『続々群書類従』所収の『年譜』「年代記」に基づいて作成した。東京大学史料編纂所に架蔵されている写本を用いた井上光貞氏の考察では、天平十二年に「泉福院」が加わる。[注7] 以降多くの研究者もそれに依拠しているため「泉福院」も表に含めた。これ以外に大きな異同はないので、以降は同表を基本にして進めることとする。

さて「年代記」には二二道場（同名の尼院で同年・同所に建てられたものを加えると二七道場）に起工月日が記載されている。その際、月日には、「同年」とのみ書かれた大野寺尼院を除く二一道場には、〈起〉（一八例）、〈始起〉（二例）、〈起立〉（一例）の文字が添えられ、これらの月日が道場の起工に関わることを明確にしている。例えば大野寺の場合では、「大野寺　在和泉国大島郡大野村、二月三日起」のように、起工日であることが明示される。なお〈起〉〈始起〉〈起立〉の書き分けには、〈起〉がほぼ全数を占めるため、特段の意味を読み取ることはできない。

半数を超える道場の起工月日が明示されるのに対し、竣工月日を示すものは皆無。「年代記」は道場を起工年に基づいて分類・整理している。「道場」には起工日こそが大きな意味を持つのである。

一方、「寺院」について見ると竣工年、すなわち寺として使用可能になる年月日が示される。例えば『日本史年表』をみると、難波四天王寺、法隆寺、薬師寺、唐招提寺などで記載されるのは寺院の創建年、すなわち寺院の完成年であり決して起工年ではない。東大寺だけは大仏開眼供養（七五二年）の他に七四五年の東大寺起工をも『東大寺要録』に基づいて記載する。[注8] 東大寺にとっては、完成日のみでなく起工日も特別の意味を持つことを示している。しかし『続紀』では、最初に「東大寺」の文言が見えるのは天平感宝元〔七四九〕年の聖武帝の行幸を伝える条。[注9] 三年後の天平勝宝四〔七五二〕年の大仏開眼は華々しく伝えるものの、[注10] 起工日は伝えない。東大寺は寺院であり、道場

年	行基年齢	道場名	月日	所在地
天平5（733）年	66	救〔枚〕方院	10月15日起	河内国茨田郡伊香村
		薦田尼院		同上
天平6（734）年	67	澄池院（久米多）	11月2日起	和泉国泉南郡下池田村
		深井尼院（香琳寺）		和泉国大鳥郡深井村
		吉田院		山城国愛宕郡
		沙田院		（摂津国住吉）
		呉坂院		摂津国住吉郡御津
天平9（737）年	70	鶴田池院	2月9日起	和泉国大鳥郡山田村（鶴田里）
		頭施院（菩提）	9月1日起	大和国添下郡矢田岡本村
		尼院	同年始起	同上
天平12（740）年	73	発〔菩薩〕院泉橘（橋）院		山城国相楽郡大狛村泉橋院
		隆福尼院		同上
		泉福院***		〔山城国紀伊郡石井村〕
		布施院		山城国紀伊郡石井村
		尼院		同上
天平17（745）年****	78	大福院（御津）	2月8日起	摂津国西城郡御津村
		尼院	〔同日〕	同上
		難波度院		摂津国西城郡津守村
		枚松院		同上
		作蓋部院		同上
天平勝宝元（749）年	82	又報恩院		河内国交野郡楠葉郷
		長岡院		菅原寺西岡
天平勝宝2(750）年	遷化後	大庭院（行基院）	3月15日起立	和泉国大鳥郡上神郷大庭村

本表は、『続々群書類従』所収の『行基年譜』に依拠して作成した。一部の道場名や所在地について、井上光貞［1969］などの先行研究に基づき〔　〕で補足した（大□忠院→大修恵院、救方院→枚方院など）。

天平12年の泉橘院については、「橘」に対して「橋カ」と『年譜』に注釈されている。以降は、泉橋院の表記を用いる。

*［　］でくくった道場は、『年譜』の「年代記」部分以外に記載されたもの。以下同じ。

**〔同日〕は、同名の院と同年・同所に建てられた尼院で、同一起工月日と考えられるもの。以下同じ。

***『続々群書類従』所収の『行基年譜』に記載なし（本文参照）。

****天平16（744）年　77歳　とする井上光貞説があり、『年譜』の記載方法からみて魅力的だが、ここでは多数説に従っている。

表4-1 『行基年譜』が掲げる道場一覧表

年	行基年齢	道場名	月日	所在地
慶雲元(704)年	37	[家原寺]*		生家
慶雲2(705)年	38	大□忠〔修恵〕院(高蔵)	10月始起	和泉国大鳥郡大村里大村山
慶雲3(706)年	39	[蜂田寺]		和泉郡横山郷内
慶雲4(707)	40	[生馬仙房]		
和銅元(708)年	41	[神鳳寺(西佛堂)]		今大鳥神宮寺、首麻呂家
和銅3(710)年	43	[生馬草野仙房]		
霊亀2(716)年	49	恩光寺	10月5日起	大和国平郡床室村
養老2(718)年	51	隆福院(登美)	4月23日起	大和国添下郡登美村
養老4(720)年	53	石凝院	9月15日起	河内国河内郡早村
養老5(721)年	54	菅原寺(精舎)		
養老6(722)年	55	菅原寺	2月10日起	右京三条三妨
神亀元(724)年	57	清浄土院(高渚)		和泉国大鳥郡葦田里今□穴郷
		尼院		同郡早部郷高石村
神亀2(725)年	58	久修園院(山埼)	9月起	河内国交野郡一條内
神亀3(726)年	59	檜尾池院		和泉国大鳥郡和田郷
神亀4(727)年	60	大野寺	2月3日起	和泉国大鳥郡大野村
		尼院	同年	同所(香琳寺歟)
天平2(730)年	63	善源院(□堀)	3月11日起	摂津国西城郡津守村
		尼院	〔同日〕**	同上
		船息院	2月25日起	摂津国兎原郡宇治郷
		尼院	〔同日〕	同上
		高瀬橋院	9月2日起	摂津国嶋下郡穂積村
		尼院	〔同日〕	同上
		楊津院		摂津国河邊郡楊津村
天平3(731)年	64	狭山池院	2月9日起	河内国丹北郡狭山里
		尼院	〔同日〕	同上
		嶋陽施院	3月20日起	摂津国河邊郡山本村
		法禅院(檜尾)	9月2日起	山城国紀伊郡深草郷
		河原院		山城国葛野郡大屋村
		大井院		山城国葛野郡大井村
		山埼院		山城国乙訓郡山前郷無水河側
		隆福尼院	10月15日起	大和国添下郡登美村

表4-2　「年代記」に記載されている月日の分類表

	2月	3月	4月	……	9月	10月	11月	計
院	6	3	1		5	4	1	20
尼院*	4	1			2			7
計	10	4	1		7	4	1	27

＊表4-1で〔同日〕とした尼院は、同名の院と起工日が同じとみなして算入した。

ではないからであろう。

このように、寺院にとって大事なのは竣工の日、決して起工日ではない。善男善女が参詣できるようになる創建の日、すなわち竣工の日こそが大事な日である。しかし道場に関して年代記が伝えるのは道場の起工日だけで竣工日は伝えない。となると「道場」は通常の寺院とは全く違う性格の施設と考えなければならない。

事業なり施設なりにとって後世に伝えるべき年月日は、その施設などにとって最も大切な日。普通はその施設が使えるようになった日である。『古事記』、『日本書紀』や『風土記』のような歴史書も、編纂完成の日を伝えるのみで着手の年月日は伝えない。

「道場」と共に記載されるのは起工の日。すなわち起工日こそが道場にとって最も大事な後世に伝えたい日に違いない。いうまでもなく、道場の起工日は行基集団が当該地で活動を開始した最初の日であり、最も大事な記念日だったのである。

なお、起工月日を月別にみれば、表4-2に示す通りとなる。四月に起工された一道場を除き、他の二六道場では農繁期を避け、九月から翌年の三月までの農閑期、それも一二月・一月の厳寒期を避けて起工している。行基集団の主たる構成員が農業にかかわる層であることを端的に示しているといえよう。

四　「年代記」の信頼性について

いよいよ「天平十三年記」と「年代記」を組み合わせた検討に入るのだが、その前に「年代記」の史料としての信頼性について、発掘調査に基づき検討しておきたい。前章で述べたように「年代記」については信頼性が低いとされてきたが、近年の発掘調査で「年代記」の信頼性を格段に高める発見が続いている。まずは個別にみていこう。

大野寺

大野寺は、第七章で詳述するように「和泉の地」の開発を進める道場を統括する機能を有する最重要な道場である。「土塔」という特異な構造物を併せ持ち、なだらかな丘陵地が続く和泉ではランドマークとしての役割も担っていた。

「年代記」は大野寺を次のように伝える。

行年六十歳丁卯

聖武天皇四年、神亀五年丁卯

大野寺　在和泉国大鳥郡大野村、二月三日起、

尼院　同所、今香琳寺歟、同年

平成十年から十六年にかけて実施された土塔の発掘調査により、「神龜（四）年（丁）卯年二月」と読める軒丸瓦の一部が出土した。年代記と起工年月が完全に一致するのに加え、欠損部分を文字の配列から推定した復元図は「二月三日起」と想定する。[注11] 近藤康司氏は、年代記が伝える大野寺の起工年が「この年号を記した軒丸瓦が出土したことから考古学的にも実証できた」とする。[注12] なお「年代記」では神亀五年とするが、行基の行年（六十歳）と干支表記（丁卯）から考えて、四年の誤記とすることに異論はない。

菅原寺

大西貴夫氏は、菅原寺の性格について考古学の立場から検討し次のように述べる。[注13] なお、ここで用いられる瓦の時期区分は、Ⅰ期は和銅元〔七〇八〕年から養老五〔七二一〕年頃、Ⅱ期は同年から天平十七〔七四五〕年を意味する。

(ⅰ)平城京以前の転用瓦を含みながらⅡ期までの瓦が主としてみられることから、「年代記」の伝える養老六〔七二二〕年の起工は妥当なものと考えられる。

(ⅱ)さらに、平城宮・京で使用される瓦もみられることから、禁圧を受けながらも一方では寺院造営の援助を受けるという複雑な状況が浮かび上がる。

(ⅲ)禁圧の時期〔ここでは養老元（七一七）年から天平三（七三一）年までとしている――筆者注〕の間も、Ⅱ期の瓦がある程度みられることから菅原寺の造営は引き続き行われていたことは十分考えられる。

隆福院（追分廃寺）

坪之内徹氏は、現在の奈良市大和田町にある追分廃寺が隆福院（養老二〔七一八〕年起工、添下郡登美村）であるとの前提のもとに以下のように論を進める。[注14]

(i)追分廃寺出土の瓦は、ほとんどの出土例が京になるいわゆる「京の瓦」であり、その分布は長屋王邸を中心として、帯状に南北に拡がりを見せている。

(ii)出土の軒丸瓦は、奈良時代初頭に「長屋王との私的な関係において」短期間に製作され、量は多くないが京の瓦として、建設途中の都城の景観形成に一定の役割を果たした。

その上で追分廃寺が難波と平城京を結ぶ暗越奈良街道の京に近い所に位置することから、生駒で山林修行を行っていた行基が平城京での布教を意図しはじめたころの拠点であったと推察し、追分廃寺の創建を奈良時代初頭とみなすと共に長屋王との結びつきを考えざるを得ないとする。なお大西貴夫氏も、遺構そのものは明らかでないものの、出土する多くの瓦の組み合わせがⅠ期のものであることから、「年代記」にみられる創建時期に符合するとする。[注15]

発掘調査が教えるもの

近年の発掘調査は開発行為の事前調査としてのものだけに、必ずしも道場の全体像を明確には示してくれない。とはいえ議論を展開するための確かな土台を提供しており、少なくとも『行基年譜』の「年代記」部分の信頼性は格段に高まった。大野寺の出土瓦が『年譜』「年代記」の伝える起工年月日と完全に一致することに加えて、菅原寺の起工年に関しても出土した瓦から養老六〔七二二〕年の起工とすることが妥当とみなされること、さらには所在地からみて隆福院とみられる追分廃寺の創建が奈良時代初頭とみなされることも確認されたのである。

後に詳しく述べるように、これらの道場を起工したのは行基集団にとって畿内全域を対象とする活動に向けての準備期間に相当し、朝廷との関係でいえば一見すると「禁圧」を受けていた時期に相当する。それだけにこの期間の道場の起工年が発掘調査で裏付けられた意味は大きい。行基集団にとって最も厳しい時期の道場建設に関しても「年代記」は正確に伝えていることになるからである。『年譜』「年代記」そのものの信頼性が格段に高まったのは間違いない。

五　「年代記」と「天平十三年記」を組み合わせて考える

これで「年代記」と「年記」を組み合わせて考える準備が整った。「年代記」も「年記」と同じ程度の信頼度を持つことが確認されたからである。

そこで「年代記」が取り上げる道場を、所在の国別に整理し直し、水に関する年記関連施設（すなわち布施屋を除いた施設）と対応させながら示すと表4－3のようになる。なお、以降の検討では、いわゆる四十九院にとらわれることなく、表4－3に示す五四道場（生馬仙房と草野仙房を同一とすると五三道場）を対象とする。

ここで重要なことは、道場の起工日が、その道場と関連する年記関連施設の調査・建設工事が現地で開始された日を意味することである。決して年記関連施設が完成し、維持管理に移行した日ではない。これをしっかりと踏まえないと、行基集団の事業を見まちがうことになる。

表４‐３から幾つかの興味ある点が読み取れる。
まずは行基集団の活動の軌跡である。行基集団が実施した水に関する事業を整理して時系列で追うと大きな流れが見えてくる。事業は大きく次の三つに分けられる。

(i)不足する水を確保するために、主として池を築造する灌漑事業
(ii)有り余る水を排除するために、主として堀川や堤などを築造する排水事業
(iii)橋の架設事業

このうち、(i)と(ii)は共に土を主たる材料とする技術で、須恵器などの陶器生産や古墳の造営などの土工技術の系譜に繋がる。一方、(iii)は木が主たる材料で、造船や大規模建築物などの木工技術の系統に連なる。行基集団はこの二つの異なる技術の大系を兼ね備えていた。現在でも国土交通省では水管理・国土保全局（かつての河川局）と道路局が伝統のある局として競い合い、それが強みになっている。行基集団も土と木、両方の土木技術を併せ持っていたのである。

池の築造技術

池の築造技術は和泉国において大きく発展した。大□忠院（大修恵院、現在の高倉寺、今後は大修恵院と記す）の起工（慶雲二〔七〇五〕年）以降、土室池、長土池などの小さな池の築造で技術を培い、神亀二〔七二五〕年から同四〔七二七〕年にかけて清浄土院、檜尾池院、大野寺などを起工して最盛期を迎える。多くの池の築造により建設技術が鍛えられ、技術体系として一応の完成をみたに違いない。この間、実務を通じて多くの技術者が育ったと考えられる。まさにオンザジョブ・

＊先行研究に従い、「年代記」で四十九院とみなされているとされる道場に1から49までの通し番号をふった。

年記関連施設	摂津国	年記関連施設	山城国	年記関連施設
山崎橋				
	12. 善源院 13. 善源尼院 14. 船息院 15. 船息尼院 16. 高瀬橋院 17. 高瀬尼院 18. 楊津院	比売嶋堀川、白鷺嶋堀川 大輪田船息 高瀬大橋、直道、次田堀川		
狭山池	21. 嶋陽施院 23. 河原院 24. 大井院	崐陽上池、同下池、院前池、中布施尾池、長江池、崐陽上溝、同下池溝	22. 法禅院 25. 山埼院	 山崎橋
直道、高瀬堤樋、韓室堤樋、茨田堤樋、大庭堀川				
	32. 沙田院 33. 呉坂院		31. 吉田院	
			37. 泉橋院 38. 隆福尼院 39. 泉福院 40. 布施院 41. 尼院	泉大橋
	42. 大福院 43. 尼院 44. 難波度院 45. 枚松院 46. 作蓋部院	 長柄、中河、堀江		

表4-3　行基集団の事業の大きな流れ

年	大和国	和泉国	年記関連施設	河内国
慶雲元（704）年		［家原寺］		
慶雲2（705）年		1. 大□忠〔修恵〕院		
慶雲3（706）年		［蜂田寺］	茨城池	
慶雲4（707）年	［生馬仙房］			
和銅元（708）年		［神鳳寺］		
和銅3（710）年	［草野仙房］			
霊亀2（716）年	2. 恩光寺			
養老2（718）年	3. 隆福院			
養老4（720）年				4. 石凝院
養老6（722）年	5. 菅原寺			
神亀元（724）年		6. 清浄土院 7. 尼院		
神亀2（725）年				8. 久修園院
神亀3（726）年		9. 檜尾池院	檜尾池	
神亀4（727）年		10. 大野寺 11. 尼院（香琳寺）	土室池、長土池	
天平2（730）年				
天平3（731）年	26. 隆福尼院			19. 狭山池院 20. 尼院
天平5（733）年				27. 救〔枚〕方院 28. 薦田尼院
天平6（734）年		29. 澄池院 30. 深井尼院（香琳寺）	久米多池、同池溝、物部田池、同池溝 鷹江池	
天平9（737）年	35. 頭施院 36. 尼院	34. 鶴田池院	鶴田池	
天平12（740）年				
天平17（745）年				
天平勝宝元（749）年	48. 長岡院			47. 又報恩院
天平勝宝2（750）年		49. 大庭院		

トレーニングである。

それが一段落した天平三〔七三一〕年、約二〇年をかけて蓄積された技術は狭山池の再開発事業（修復工事と呼ぶよりは再開発事業と呼んだ方が適切であることは先にみた通りである）と昆陽地域における一大開発事業の展開に振り向けられる。そして狭山池における大ダム建設の技術にプラスして昆陽地域における水資源確保の強い必要性が、河道外貯留施設という新しい技術の開発に繋がる。それが昆陽上・下池の建設である。

なお、昆陽地域における事業は単なる耕地、農地の開発に留まらず、「施院」の名に相応しい事業が展開された。行基集団の思想が凝縮した施設といってもよいが、詳細は地域別に考察する第九章で述べる。

新たに開発された技術は和泉の地に還元される。河道外貯留方式による久米多池と物部田池の大貯水池が建設され、大規模な新田開発が可能となった。かくて池の築造技術の大きな展開・発展は、約三〇年の歳月をかけて、誕生の地にほど近い泉南の地に大きな利益をもたらすことになったのである。

堀川と堤

堀川と堤の建設は、天平二〔七三〇〕年の善源院と高瀬橋院の起立により、淀川の最下流部と中流部で同時に始まる。堀川の掘削事業は中流部の一大総合開発事業に向けた先行的な事業。大きくみれば一体の事業である。

善源院が位置する淀川下流部では低平地の排水が最大の課題。堀川を浚渫して排水することが主たる仕事。土を上に積み上げる池の築造とは違い、土を掘削する技術が求められる。同じ土工事とはいえ技術体系の大きな転換が必要となる。中小規模の池による開発が一段落した和泉の地から渡ってきた行基集団は池築造を主体とする集団。浚渫には慣れていなかったに違いない。となると、第一章で述べた仁徳時代の堀江の掘削に従事した技術集団の後裔が新たに加わり、関与した可能性も考えられよう。

同じ天平二年に起工された高瀬橋院は淀川中流部に位置する。眼前に一大沼沢地が広がり、淀川の治水と灌漑が同時に求められる土地。まずは右岸から対岸に渡るための高瀬大橋の架設が急がれた。それが成った天平五〔七三三〕年、枚方院と薦田尼院が対岸に設けられる。左右岸が結ばれて淀川の中流部開発が本格的に動き出す素地が整った。ここでは、次に述べる橋梁の集団が先行して活躍したことになる。

その後、堀川、堤樋、溝などの異なる機能を持つ多くの施設が広範囲に築造され、お互いに影響しあいながら治水と利水の両面で大きな効果を産みだす。詳細は第八章でじっくりと検討する。

橋梁の架設

橋の架設は神亀二〔七二五〕年の久修園院の起工、すなわち山崎橋の架橋から始まる。同橋の架橋地点は宇治川、木津川、桂川の三川が合流した後の淀川。三川合流後なので橋一本で対岸に渡れる。また狭窄部に位置するため、川幅は狭く流路は固定されて動くことはない。良いこと尽くしに思えるが、いざ架橋するとなると容易ではない。三川合流後の流れは速くて深い。架けては流され、架けては流される繰り返しであったに違いない。『年譜』の行年五十八歳条（神亀二年）には、山崎川に到達した行基集団が川の中に残された大きな柱を前に、尊船大徳なる人物が昔に渡した橋柱と教えられる遺り取りが残されている。[注16] 名前からみて造船技術（木造に関する技術）に優れていたのであろう。

　天平三〔七三一〕年には、前に架けた橋が流された故なのか、対岸に山埼院を建てて山崎橋に再び取り組んでいる。前の橋は六年しかもたなかった。行基集団にとっても山崎橋は難事業であった。天平二〔七三〇〕年には高瀬橋院を開き、淀川中流部開発の最初の事業として高瀬大橋に取り組む。道場名が「高瀬院」ではなく「高瀬橋院」であることをみてもその重要さが理解されよう。しかし、「高瀬橋院」は穂積村にあり、架設地点からは七キロメートルも離れ、淀川の氾濫が丘陵地と接する地点につくられた。この地は交通の要路にあたり、淀川の洪水からも安全な土地である。単に架橋だけでなく淀川中流部開発の拠点として設けられた施設と考えられる。しかし今に伝わる道場の名は「高瀬橋院」。洪水の氾濫域に架けられた大橋が持つ戦略的な重要性を示すと共に、淀川の中流部開発が左右岸を結ぶ架橋工事から始まったことを象徴的に示しており、極めて興味深い。

　天平十二〔七四〇〕年には泉橋院が開かれ、泉大橋の架橋に取りかかる。恭仁京への遷都が天平十二年、平城京から恭仁京に向かうには泉川（現在の木津川）を渡らなければならない。恭仁京遷都には泉大橋の架設は必須なだけに、ここにも朝廷との深い繋がりが窺える。それはともかく、高瀬橋の着手から一〇年、次の橋に取り掛かるに良いタイミングであったことも確かである。

　その後、天平十七〔七四五〕年になって難波度院、枚松院、作蓋部院の三道場が同時に開設される。淀川は最下流部で三派川に分れる。その三河川で同時に架橋工事が始まる。大阪から昆陽に向けての道づくりが始まったのである。

　以上みるように、架橋に関しては、橋一つにほぼ一〇年の年月をかけている。山崎橋から高瀬大橋までは五年であるが、その一年後には対岸に山碕院を開いて再度山崎橋に挑戦している。山崎橋は行基集団にとって淀川本川に架ける最初の橋梁工事。失敗したことも充分考えられる。橋の建設は当時としては大変な難工事。流水に真っ向から立ち向かう橋脚は大変な水圧を受ける。慎重に年月をかけて架橋地点を選定し、工法を考え、材料を吟味しなければならない。出水で被災すると修復には多大の労力が必要となる。維持管理を含めて長年月を要したのであろう。

「天平十三年記」に見られる天平十七年の事業とは？

ここで問題が生じる。「年代記」に従い道場の開設を事業開始日とすると、表4－3に示すように、天平十三年に作成された「年記」に天平十七年開始の事業が載せられていることになる。

「おかしいではないか。年代記はやはり信用ができない」との声が聞こえて来そうである。しかし、それは違う。前章に掲げた「年記」を熟視してほしい。「年記」が掲げる「宗（架）橋六所」のうち、他の三橋では泉大橋、山崎橋、高瀬大橋と橋名を明記するのに対し、最下流の橋は、長柄、中河、堀江と河川名を挙げ、「並三所西城郡」とする。すなわち、この三橋に関しては、天平十三年当時には未だ架橋されておらず、橋名がなかったのである。このため架橋予定の河川名を挙げるに止めざるを得なかったのだ。

この三橋との繋がりを感じさせるのが『年譜』に「在所を知らず、摂津国住吉か」とされる天平六年起工の沙田院。三橋の先遣役として調査を担当した道場なのであろうか。

こう考えると、「年記」自体の「宗（架）橋六所」の捻れ現象、すなわち橋名と河川名が混ざって表記されている問題も解決される。生じた疑問は「年代記」の信頼性を減じるのではなく、逆に「年記」と「年代記」の記述内容の一体性を強め、「年代記」に対する信頼性をより増強するものとなった。

六　要約すると

以上の検討で次のことが明らかになった。

(i)「年代記」が記載する道場はすべてが起工日を持って整理されていること。

(ii)道場が従前言われているような寺院ではなく、行基集団が展開した事業の現地事業所的な性格を持つ施設であること。端的にいえば、「四十九院（道場）」は「飯場（共同居住施設）」であるといっても過言ではないこと。

(iii)「年代記」と年記関連施設を対応させると、行基集団の技術の発展過程を時系列的に読み解けること。

池に関連する技術では、小さな池の築造から大きな池の築造へ、そして最終的には新しい貯水方式である河道外貯留施設の構築へ。

堀川と堤樋に関する技術では、二本の堀川（大放水路）の掘削から、多様な施設を組み合わせた淀川中流部の総合開発へ

橋の架設の技術では、最初の山崎橋での経験を生かして、最後には淀川最下流部の三派川への三橋架橋へ

(iv)「年代記」の道場と「年記」が掲げる施設とが極めて合理的に対応していること。すなわち、「年代記」が充分に信頼に値する資料であること。

行基集団の活動は和泉国（『年譜』の表記に従う）[注17]から始まり、畿内全域を大きな舞台として活動する中で、個別の地域の特徴を学ぶことによって技術的にも大きく発展した。分厚い技術に裏打ちされた重厚にして壮大な事業が展開されている。

この間、行基と朝廷との関係は、「小僧行基」との侮蔑を受ける存在から大僧正の位を与えられるまでに大きく変化する。行基は決して単純な一介の僧侶ではない。これだけの事業を展開できる力は果たしてどこから来るのだろうか。

第五章　良田一百万町歩開墾計画と三世一身法

行基集団と律令国家の土地政策や国土開発計画との関連を考えたい。そこから行基集団と朝廷との関係も浮かび上がるはずだ。このような取り組みは今までにはない。行基集団の事業は朝廷との対立関係のなかで進んだとする学界の常識から抜けられなかったからである。それにも理屈がありそうだ。養老元（七一七）年に出された「僧尼令」違反を指弾する詔では、「小僧《しょうそう》行基、併せて弟子等」と厳しく名指しで糾弾する。弟子を合わせた行基集団のみならず、行基自身も明らかに指弾されている。しかし天平十七（七四五）年には行基は僧綱（僧尼の統制機関）の最上位「大僧正」に任命される。この間に大きな変化が起こったのは間違いない。問題はそれがいつかである。

行基集団は「天平十三年記」が伝えるように雄大にして総合的な事業を実施した。単に規模だけではなく、事業内容をみても幾つかの事業が複雑に組み合わされて統合されている。今なら間違いなく「〇〇地域総合開発計画」と呼ばれる内容を持つ。技術面からみても河道外貯留方式という新たな地平を切り拓くダム方式を編み出すなど大きな進展を見せている。

このような国の根幹を支える規模と内容を持つ事業を、国家（朝廷）から指弾を受ける集団が実施できたとは、国土管理に行政官として携わった筆者にはとても考えられない。民間部門が強くなった現在でもこれらの事業を民間のみで実現できるとは考えられない。例えば、第八章で詳述する「淀川中下流域総合開発計画」を、民間の異分野からなる共同企業体が編成されたとしても、民間のみで実施できるとは思えない。さらに中央政府から厳しく指弾される集団なら、なおさら不可能と答えるしかない。

となると、行基集団の主要な事業が実施される以前に両者の関係が変化したと考えなければならない。それはいつなのか。読み解く鍵は二つ。一つは「良田一百万町歩開墾計画」と「三世一身法」。もう一つが僧尼令違反を問う詔にあらわれる微妙な変化である。僧尼令違反については第一〇章に述べることとし、ここでは良田一百万町歩開墾計画と三世一身法について検討する。

良田一百万町歩開墾計画はとてつもなく遠大にして壮大な計画である。現在の田積ですら二五四万ヘクタール（平成一八〔二〇〇六〕年）、当時の町歩に換算して約二三〇万町歩。良田百万町歩は、現在の田積のほぼ四〇パーセントにも相当する。それを新たに開墾するとは破天荒な計画と言うしかない。

一方の三世一身法は、新たに開墾した者に対して土地の私有を認める法律である。新しく水源開発（池溝を新造）をした場合には三世（三世代＝孫の代まで）、水源開発なしの場合には一身のみ。その期間に差はあっても土地の私有を認めることに変わりはない。律令国家の根幹である公地公民制を揺るがす革命的な大変換。簡単にできるとは思えない。

今までの定説では、良田一百万町歩開墾計画と三世一身法を一体とはみなしていない。直接的な関係を否定する考え方すらある。[注1]そこまでいかなくとも、三世一身法を班田制の欠陥を修正して公地公民制を推し進めるための法律と考え、良田一百万町歩開墾計画とは一線を画す解釈が主流である。[注2]

国土開発に行政実務官として携わった筆者からみれば、良田一百万町歩開墾計画のような大計画を策定するなら、計画の実現を担保する施策を用意するのが常識。計画と法制度は車の両輪である。例えば筆者が数次にわたり関わった「治水事業五ヵ年計画」には「治山治水緊急措置法」が用意されている。両者が揃ってはじめて計画の実現に向かって歩き出せる。新たな法制度を伴わない計画は、従来の施策の延長線上にある単なる量の増大か、実現不可能な「絵に描いた餅」に過ぎない。筆者も最終段階で携わった「昭和六十五年に向けての水資源開発計画と水利用」は法的な裏打ちのない計画。結局は絵に描いた餅になってしまった。

この視点に立てば、三世一身法は良田一百万町歩開墾計画を実現するための法律。両者は間違いなくワンセットである。げんに三世一身法の目的をみると「百姓漸多、田池窄狭。望請、勧課天下、開闢田疇」と開墾との一体性を明らかにしている。

それでも両者が結びつけられないのに理由がないわけではない。良田一百万町歩開墾計画の成立は養老六〔七二二〕年、三世一身法は翌年の養老七年。この間に一年のズレが生じている。これが歴史研究者の目を眩ましてきたのであろう。

筆者もこの一年間のズレに奇異なものを感じる。何らかの秘密が隠されているに違いないと行政実務家の鼻がうごめく。しかしそれは本来なら同時に発出されるべきものがズレたことへの疑問であり、両者の一体性に関してはなんの疑義も持たない。

良田一百万町歩開墾計画との一体性を見逃しては三世一身法の本質が見えてこない。といって思い込んでしまってはこれまた本質を見誤る。虚心にじっくりと検討する。

一　良田一百万町歩開墾計画

良田一百万町歩開墾計画は、養老六年閏四月二五日に太政官奏として発出される。[注3] その大略は次のようである。

(i)農は本、民が天となす所。
(ii)時に従い策を講じることが国の要政。
(iii)農を勧め、穀を積んで水旱（洪水と旱魃）に備える。
(iv)仍《よって》、所司（国司、郡司）に委任して人夫を徴発し、肥沃な地良田一百万町歩を開墾する。
(v)一〇日を限度に糧食を給わり、用具は官物を貸し与え秋収後に造備させる。
(vi)もし国司、郡司が偽って逗留を為すか、開墾を肯かない場合には、即刻に解任。恩赦があっても免限外。
(vii)部内の百姓が荒野・閑地を開墾した時、雑穀の収穫量三〇〇〇石以上には勲六等。一〇〇〇石以上には終身課税免除。すでに八位以上には勲一転。
(viii)報償を受けた後、怠り営農しない場合には位記を奪い、立場を旧に復す。

(i)から(iii)が本計画の目的を明らかにする条項、(iv)から(vi)が所司に関する条項、(vii)と(viii)が百姓に対する条項である。

従来は、(iv)から(vi)を所司による国家事業（公功）の開墾、(vii)と(viii)を百姓による民間（私功）の開墾に二分し、国家事業と民間事業の二種類の開墾が割拠したと解されてきた。[注4]

この解釈に対する異説はみられないようだが、これでは腑に落ちない点が出てくる。前半部分の開墾を国家事業とするなら、どうして所司に委任して人夫を徴発して糧食を与え、さらには用具を貸し与えて秋収後に造備させるというような面倒なことをする必要があるのか。歳役で実施し官物を貸与すれば済む話である。さらに言えば、なぜこのような些細な手続き規定を太政官奏にわざわざ記載する必要があるのか。普通なら式（現在でいえば政令に相当）に落とすところであろう。

さらに不思議なのは、開墾を怠る所司に対して解任という厳罰で臨み、恩赦の不適用規定まで用意すること。所司がよほど嫌がる仕事を押しつけようとしているに違いない。もし国家事業としての開墾なら所司は本来業務として喜んで受け入れるはず。こんなに厳しい罰則規定を設ける必要は全くない。

百姓に対する報奨の限度額にも目を見張るものがある。叙勲の基準となる雑穀の収穫量三〇〇〇石、あるいは終身課税免除となる一〇〇〇石。これらの収量をあげる開墾となると生半可なものではない。雑穀を米とみなして計算すると田一二〇町歩、水田四〇町歩の開墾が必要となる。[注5]そんな大規模な開墾を百姓（一般人）の誰ができるというのか。行基集団でも想定しない限りあり得ない数字である。

所司に対する厳しいムチと大規模開墾をする百姓に対するアメ。何かが匂い立つではないか。この疑問への回答は後にして、まずは良田一百万町歩開墾計画の事業規模について見ておきたい。先ほども述べたが、驚くしかない計画規模なのだ。

国土がほぼ開発し尽くされた現在においてすら、その田面積は二五四万ヘクタール（平成十七〔二〇〇五〕年）。百万町歩（約一一四万ヘクタール）といえばその四〇パーセントにも相当する。当時、北海道と北東北はまだ朝廷の版図に入っていない。これを除くと割合は五〇パーセントにもなる。

さらに作付面積で見れば、現在では減反政策により一七〇万ヘクタール（平成十七〔二〇〇五〕年）へと大きく落ち込んでいる。現在の作付面積でみれば、その六〇パーセントにも相当する。

閑話休題：ここで敗戦後の田積の変化を見ておこう。劇的な変化が起こっている。耕地面積と作付面積の推移をみると、昭和四十四〔一九六九〕年をピークに減少に転じる。[注6] ピーク時には、それぞれ三四四万ヘクタールと三一七万ヘクタール。昭和四十四年から現在までに失った田積は九〇万ヘクタール、良田一百万町歩開墾計画にほぼ見合う。これだけの田積の減少がたった四〇年足らずに起こったのである。

減反政策の影響はさらに甚だしい。作付面積は昭和四十四年の三一七万ヘクタールから昭和四五年には二八四万ヘクタール、同四十六年には二六三万ヘクタールと、たった二年間で五四万ヘクタールも急減した。現在では一七〇万ヘクタールにまで落ち込んでおり、ピークからの減少量は実に一四七万ヘクタールにも達する。良田一百万町歩開墾計画の一倍半にも達している。開墾は一朝一夕ではできないが、田畑を潰すのは至極簡単にできるのである。

食糧自給量を上げるために減反政策をやめて米の作付面積を戻すべきだとの議論がある。確かに水田面積は減ったとはいえ二五四万ヘクタールは残っている。これなら簡単に戻せるように思える。しかし事態はそれほど単純ではない。耕地はそのまま残っている。しかし水があるとは限らない。確かに農業用水利権は作付面積が減じても大きくは減っていない。その意味では農業用水は確保されている。しかし都市近郊ではすでに上水道水源へと隠密裏に転用されているとの噂が絶えない。水の大切さを熟知する土地改良区が余剰の農業用水を無駄に垂れ流すとは考え難い。それだけに水田を復活するとなると、水利の再調整が最も困難な問題になるはずだ。

本題に戻ろう。良田一百万町歩開墾計画が樹立された当時の耕地面積はどの程度か。それがわかれば、開墾計画の持つ重みが実感できるはずである。

平安時代の延長年間（九三〇年頃）に作成された『倭名類聚鈔』では、全国の田積を八六万二七九九余町としている。[注7] また当時の人口は約六〇〇万人と推計されている。[注8] 一人当たりの食糧原単位を一石／人／年とすれば六〇〇万石の米が必要。一石の生産に必要な水田面積を当時の一段（一〇段で一町）と見込めば、ほぼ六〇万町歩となる。幾ら多く見積もっても百万町歩には遠く及ばず、せいぜいで六〇万町歩から九〇万町歩であろう。

ということは、良田一百万町歩開墾計画は「良田倍増計画」、いや「良田三倍増計画」とでも呼ぶべき規模を持つ。当時の主要産業がほぼ農業のみであることを考えると、「所得倍増計画」あるいは「所得三倍増計画」とも言えよう。敗戦から一五年が過ぎた昭和三十五（一九六〇）年、当時の池田勇人首相が「所得倍増計画」を打ち出す。これを遥かに超える計画が一二〇〇年以上も前に策定されていたことを果たして池田総理は知っていたのであろうか。

所得倍増計画、正確には「国民所得倍増計画」は昭和三十五年一二月二七日に閣議決定された。「速やかに国民総生産を倍増して、雇用の増大による完全雇用の達成をはかり、国民の生活水準を大巾に引き上げること」を目的に、「今後一〇年以内に国民総生産二六兆円（三十三年度価格）に到達すること」を目標においた。[注9] そのための施策として、(i)農業近代化の推進、(ii)中小企業の近代化、(iii)後進地域の開発促進、(vi)産業の適正配置の推進と公共投資の地域別配分の再検討、(v)世界経済の発展に対する積極的協力、の五項目を掲げ、より具体的には農業基本法の制定、国土総合開発計画の策定などの法制度の整備を謳っている。

ここで注目されるのは、「国民所得倍増計画」でもまず計画を定め、その達成を図るための具体的な施策、法制度の整備を一体として打ち出していることである。具体的な施策も、例えば農業基本法は昭和三十六年、国土総合開発計画は昭和三十七年に策定、というように順次整備される。良田一百万町歩開墾計画と三世一身法もまさに同様の関係にある。本来は一体で打ち出されてしかるべき計画と施策であることがよく理解されよう。

二　三世一身法

三世一身法は養老七（七二三）年四月一七日に太政官奏として発出される。その大綱は次の通りである。[注10]

(i)この頃、百姓は漸く多くして、田池は窄狭。
(ii)天下に勧め課し、田疇を開闢する。
(iii)其れ新たに溝池を造る場合には、開墾を営む者は多少を限らず、三世に伝え給わせる。
(iv)若し旧溝池を使えば、其一身に給う。

(i)と(ii)が法の目的、(iii)と(iv)が法の内容を示す条項。特段の問題はない。この法律で最も注目すべきは溝池の持つ重さである。溝池を新造するかどうかが、三世か一身を分ける指標になっている。開墾における水開発の持つ重要さを熟知していたのである。

〈開墾〉というと新たに土地を切り拓くイメージを持たれるが、その本質は新たに水を確保することにある。となると思い出されるのが前章で検討した「天平十三年記」。「年記」では、先に述べたように〈池〉と〈溝〉を分離して詳細に記入している。年記が朝廷に提出された資料とされることを併せ考えると、行基集団の意図が明確に浮かび上がる。行基集団が開墾した田が、新たに溝池を築造したものであることを明確にし、三世にわたって所有を認めさせようとしている。三世一身法を見事に活用しようとしているのである。

三　良田一百万町歩開墾計画と三世一身法との一体性

良田一百万町歩開墾計画と三世一身法は、国民所得倍増計画とその関連施策と同じ関係にあり、本来一体として扱われるべきものである。その一体性を別の面から検証してみよう。まずは法文の構造である。

法文構造の一致

開墾計画と三世一身法の法文構造を示すと次のように見事に対応する。

良田一百万町歩開墾計画：前文四句＋〈望請〉＋勧農積穀、以備水旱＋〔計画の内容〕
三世一身法　　　　　　：前文二句＋〈望請〉＋勧課天下、開闢田疇＋〔法の内容〕

太政官奏の法文構造がいつもこのような構造を持つとは限らない。文武天皇元〔六九七〕年から天平二十〔七四八〕年にかけて『続紀』に取り上げられているすべての太政官奏の法文構造を示すと表5－1のようになる。

表5－1が示すように、「前文＋〈望請〉＋施策」の法文構造が初めて使われるのが「養老四年三

月十七日条」の太政官奏。この日に六本の太政官奏が出され、そのすべてに同じ法文構造が使われる。同年五月に出されたもう一本の太政官奏にも同じ構造が適用されている。

翌五年には五本の太政官奏が出されているが同じ構造のものはない。一本の奏はほぼ同様の構造であるが、〈望請〉ではなく〈請〉が使われている。

そしていよいよ問題の養老六年。この年に出された太政官奏は六本、うち「前文＋〈望請〉＋施策」が使われているのが二本、良田一百万町歩開墾計画と陸奥国管内に限定した施策に関わるものである。翌養老七年になると出された太政官奏はたった一本、「前文＋〈望請〉＋施策」の構造による三世一身法の奏である。

そしてこの後、〈望請〉を使った構造を持つ太政官奏は、天平二〔七三〇〕年と天平五〔七三三〕年の二回だけで、その後に現れることはない。

「前文＋〈望請〉＋施策」の形式を持つ太政官奏は決して多くはなく、良田一百万町歩開墾計画と三世一身法のように、見事な対応をなして響き合う太政官奏は他にはない。

開墾計画と三世一身法は、もともとは一体で準備され、当然ながら同じ太政官奏にまとめて発出されてしかるべき施策。ところがそうはならなかった。何か突発的な出来事が起こったのであろう。現在でも法律の国会審議を巡っては何が起こるかわからない。河川法改正を担当して国会審議の場に身をおいた時、法改正に直接関係しない出来事にも影響を心配して一喜一憂した経験を持つ。それだけに身につまされる思いがする。ましてや国の根幹に関わる革命的な変革に繋がる大改正、一年間の冷却期間を置くことで成立するなら僥倖としなければならない。とはいえ法文構造がこれだけ一致している計画と法律の一体性が疑われる事態が後世に生じるとは、策定者は想像もしなかったに違いない。

年	太政官奏月日	前文	繋ぎ	施策
神亀元(724)年	11月8日	京を壮麗に	請	瓦舎を建てる
神亀3(726)年	2月20日	なし	なし	叙位に際しての引唱方法
神亀5(728)年	夏4月15日	(美作国言上文中)	(望請)*	
		(諸国司言上文中)	(望請)*	
天平元(729)年	3月23日	なし	なし	調のアシギヌの統一
	同上	口分田令の取扱が困難	請	班給の再編
	11月7日	なし	なし	班田の細則
		なし	なし	国司前任地の扱い
		なし	なし	阿波国、山城国の陸田の扱い
天平2(730)年	3月27日	困窮学生	望請	服と食糧の支給
	同上	陰陽・医術等の欠乏	望仰	七人にそれぞれ弟子
	同上	通訳の必要性	仍仰	五人に各々弟子
天平5(733)年	2月7日	国司帰任に馬なし	望請	馬を給う
天平6(734)年	5月28日	夏の徭銭	なし	9月より輸さす等
	同上	公私挙稲	なし	禁断
	11月21日	出家・得度の取り扱い	なし	罪科
天平8(736)年	3月20日	なし	なし	諸国公田の扱い
天平16(744)年	正月23日	なし	なし	鎮西府の特例扱い
天平19(747)年	5月3日	官位同等なれど給所異なる	請	標準化

*太政官に対し諸国から謹奏した文のなかで用いられたもの。「望請」の用例として参考のため列挙した。

表5-1　太政官奏の法文構造

年	太政官奏月日	前文	繋ぎ	施策
慶雲2(705)年	6月28日	旱天で不作	請	僧による祈雨
和銅5(712)年	5月16日	郡司・百姓の評定項目	なし	挙聞せしむ
和銅7(714)年	4月26日	租倉に錯誤多し	なし	租倉の規格を定める
霊亀元(715)年	5月19日	なし	なし	義倉の粟を出す法
	6月12日	天候不順、亢旱	請	諸社に祈雨
養老元(717)年	夏4月14日	なし	なし	調庸の斤両と長短の法
養老4(720)年	3月17日	百姓窮乏	望請	無利息借貸
	同上	公稲の保全	望請	利息の引き下げ
	同上	百姓借金多	望請	本利免除
	同上	債務不履行者多	望請	利息半倍の徹底
	同上	庸調の道中難儀	望請	帰路の食糧支給
	同上	逃亡者多	望請	帰郷者への課役免除
	5月21日	事務煩雑	望請	太政官認可へ
養老5(721)年	6月10日	朝憲を乱す	請	按察使の待遇改善
		陸奥・筑紫の民の労役	なし	調庸の免除
		なし	なし	軽税の廃止
		なし	なし	納資番考制の停止
	12月29日	なし	なし	鉦・鼓の設置
養老6(722)年	閏4月25日	辺郡の民が難儀	望請	庸調の免除
	同上	食は本、民の天とするところ	望請	良田一百万町歩開墾計画
	同上	なし	なし	公私出挙利10分の3
	同上	鎮所の安定	なし	運穀奨励策
	7月10日	僧綱が放逸	なし	薬師寺常住
	同上	在京の僧尼放逸	なし	禁断
養老7(723)年	4月17日	田地狭小	望請	三世一身法

さて、法文の組み立て、特に〈望請〉と〈請〉との違いのような些事にまでなぜこだわるのかと疑問に思われるかもしれない。しかし行政実務では一字の違いがものをいう場合がある。例えば筆者が担当した国会請願への回答文では、毎年出される請願に対して一言一句も以前と変えないで回答することが肝要であった。日本海側から首都圏へ導水する信濃川分水に対して、賛成の都県と反対の県から相反する国会請願が長年にわたり提出され続けた。それに対し、両者に前回通りの文面で回答するようにと厳しく引き継がれてきた。文面を変えないのが国の立場に変更のないことを伝える手段となっていたのである。

前文（目的）の相互連関性

三世一身法の前文は「百姓が漸く多くなり、田池が狭くなった」と述べる。とりもなおさず先に出された良田一百万町歩開墾計画の背景を説明する役割を果たしている。一方、良田一百万町歩開墾計画の前文は「食は大本で、民が天と為すもの。時に随って策を設けることは、国を治める要政」と述べる。一年遅れで成立する三世一身法が「時に随って設けられる治国の要政」であることを告知する任務を担っている。それぞれの前文が相手の必要性と必然性を述べ合っている。さらには、三世一身法における「営開墾者」の表記が、〈開墾〉という言葉を通じて法と計画を結びつけ、良田一百万町歩開墾計画の事業者が国家でないことを暗示する役割も担う。

〈開墾〉という文字が『続紀』で頻出するかというと決してそうではない。『続紀』で出てくるのはたったの五ヵ所。そのうち三ヵ所はこの開墾計画と法の条文に出る。残りは天平元〔七二九〕年一一月の太政官奏[注11]と天平神護元〔七六五〕年三月の勅。[注12] この奏と勅は何れも三世一身法と関連する。〈開墾〉いう二文字は、良田一百万町歩開墾計画と三世一身法、ならびにその関連条文のみで用いられる。まさに開墾計画と三世一身法を体現するキーワードであり、引いては両者を結ぶキーワードでもある。

また、溝池を新造して開墾する者に三世にわたる給田を伝えるに際し、わざわざ「不限多少」と言及する。明らかに良田一百万町歩開墾計画における開墾者への報奨については「多少によって差をつけたこと」との対比が意識されている。ここからも両者の一体性が滲み出てくる。

以上の検討結果からみて、良田一百万町歩開墾計画と三世一身法が響き合い、本来が一体のものであったとみて間違いない。その一体性の上に立って、良田一百万町歩開墾計画の実施主体について次に検討する。

良田一百万町歩開墾計画の実施主体

従来の学説では、良田一百万町歩開墾計画を二つの部分に分け、前半部分の良田の開墾主体は所司、後半の荒野・閑地の開墾主体を百姓としてきた。[注13] しかしそれで正しいのだろうか。

後半部分の開墾主体が百姓であることに異論はない。本文に明記されている。問題は前半部分の開墾主体。本文中には明示されていない。ここで本文を凝視してほしい。

「仍委所司、差発人夫、開墾膏腴之地良田一百万町、其限役十日、……」

そのままに読めば、「所司（国司・郡司）に委ねて」となり、所司が開墾計画の実施者のように読める。しかし、「仍委所司」に続く言葉は「開墾膏腴之地良田一百万町」ではなく「差発人夫」。所司に委託しているのは人夫を差し向けることのみ。本文から読み取れるのは、「所司に委託して人夫を差し向け、膏腴之地である良田一百万町を開墾する」というところまで。それ以上は憶測となる。人夫を誰に差し向けるかについては言及していない。

写真5-1　アルマティの風景

ところが、従来は「膏腴（肥沃）之地」で良田一百万町を開墾、「荒野・閑地」では百姓による雑穀のための開墾、と二つの開墾があると読む（本章注4を参照）。その裏には、「膏腴之地」と「荒野・閑地」は別物との思いこみがある。しかしそれは違う。「荒野・閑地」は水さえ確保できれば「膏腴之地」に替わる。溝池を新造する開墾の意味はここにある。だからこそ「溝池新造の有無」が三世か一身かを分けるメルクマールになるのだ。

本章の最初の原稿はカザフスタンのアルマティ滞在中に書いた。アルマティからの眺めは長野とよく似ており、背後には雪を頂く山々を望める（写真5-1）。しかし大都市が発達するのは山裾だけ、例えばドゥシャンベ、タシケント、ビシュケク。山際に張り付くように立地する。眼前には見渡す限り平らな土地が拓け、土地はいくらでもある。しかし水がないため沙漠のような乾いた荒地が延々と続く。長野のように川沿いに都市が立地することはない。アルマティではただただ水がないからで、水さえ供給できれば荒野・閑地を膏腴之地に変えられる。太政官奏が言わんとすることがアルマティに居ると痛いように理解できる。開墾すべき土地は現在の荒野・閑地。水さえ確保できればそれを膏腴之地にかえられる。前半部分と後半部分が述べる土地は同じ土地。水のあるなしで変わるのである。

このことは太政官奏の構成からも推論できる。もう一度、太政官奏を見直してほしい。

「仍委所司、差発人夫、開墾膏腴之地良田一百万町、〔……〕如部内百姓、荒野・閑地、能加功力、〔……〕」

「如」は前半部分と後半部分を結ぶ接続詞。従来は「モシ」と解して「もし部内の百姓が荒野・閑地に功力を加えて云々」と読まれてきた。しかし『字通』に依れば、古訓として「ゴトシ・モシ」に加え「カクノゴトク」が挙げられる。[注14] これに従い「良田一百万町歩の開墾」＋〈カクノゴトク〉＋「部内の百姓が荒野・閑地に功力を加えて云々」と「如」を順接の接続語に解すれば、前半部分と後半部分は無理なく繋がる。

前半部分は所司が取るべき義務、逆に言えば朝廷が所司を通じて開墾者に供与する便宜の内容を明示する役割を担い、後半部分は開墾を実施する百姓への報奨を明らかにする。共に百姓の開墾意欲をかき立てるための道具立てである。

一方、所司の立場からみればあまりありがたい話ではない。本来業務でもないのに、開墾事業を行う百姓に対して人的援助を義務づけられる。労賃を払うとはいえ人を集めて労働に従事させるのは一苦労。成果が上がっても自分のものになるわけではない。これでは食指の動きようがない。よほどの罰則規定でも設けない限り動くはずがない。所司の不作為に対して、厳罰をもって臨もうとする理由はここにある。

となると、開墾計画の実施主体者は百姓。もちろん、ここで言う百姓は今の百姓（農民）ではなく、一般の人を意味する。所司も当然ながら含まれる。だからこそ、表5－1にも示す天平元年十一月七日条「国司が前任地で開墾した水田は、養老七年以降は、自分の功によるものか転売で手に入れたものかを区別せず、すべて収還してその土地の人に班給する」[注15]のように、国司が行う開墾について三世一身法との関連を規定する条項を置く必要が生じるのだ。

さらには、百姓に対する報奨。先に述べたように、叙勲対象の雑穀三〇〇〇石、あるいは終身課税免除対象の雑穀一〇〇〇石は、雑穀を米とするならそれぞれ一二〇町歩、四〇町歩にも相当する水田の開墾に相当する（本章注5を参照）。この当時に班給される口分田は男が二段、女はその三分の一減。一二〇町歩は男六〇〇人分の口分田に相当する。とても個人、あるいは少人数の団体で実施できる数字ではない。加えて、「現に八位以上を帯たるには、勲一転（勲位を上げる時に功績計算に使う単位）を加える」との条項が示すように、八位以上の者の開墾をも予定している。国司や八位以上の官人が「営開墾者」だとすると、単なる空閑地を雑穀用に開墾する小さなもので満足するはずがない。開墾を官民の二つに分け、大規模を官、小規模を民とする考え方では到底説明ができない。従来の見解が破綻していることは明白である。

良田一百万町歩開墾計画の策定者

さて、この途方もなく雄大な開墾計画を樹立したのは誰か。太政官奏であることから議政官が関係しているのは間違いない。普通ならばこれ以上の推定はできない。ところが幸いなことに

『続記』が大きなヒントを隠してくれていた。

良田一百万町歩開墾計画の太政官奏の発出が閏四月二五日。それから一ヵ月も経たない五月二〇日、『続紀』は次のように伝える。

「賜右大臣長屋王、稲十万束、籾四百斛」[注16]

稲十万束と言えば、籾に換算すると一万斛（現在の石数では約四〇〇〇石）。米価が低迷している現在価格でみても約一億円に相当する。こんな巨額の報奨を時の議政官筆頭である右大臣長屋王に賜ったのである。確かに行幸があればその関係者に賜物が下され、養老律令が完成したといってはその撰定者に賜田が下される。しかし、この長屋王に対する報奨額はあまりに大きい。大きすぎる。まさに空前絶後、異例中の異例。よほどのことがなければならない。となると、良田一百万町歩開墾計画との関係を考えざるを得ない。律令国家を新しい方向に踏み出させる開墾計画、その策定者である右大臣長屋王に対する報奨と考えるのが最も自然。というより他に考えようもない。

もう一つ、傍証が挙げられる。表5−1を見てほしい。良田一百万町歩開墾計画と三世一身法の類似性を際立たせる法文構造を初めて用いる太政官奏が出されるのが養老四（七二〇）年三月一七日。この年、長屋王は大納言として議政官に連なり、議政官筆頭の藤原不比等に次ぐ地位を占めていた。不比等が同年八月三日に没することを考えると、この養老四年時点で実質の権限はすでに長屋王の手に移っていた可能性が高い。独特の法文構造も、式部卿も務めた長屋王の発案ではなかろうか。

二年後の良田一百万町歩開墾計画と三年後の三世一身法を取り計らったのは間違いなく長屋王。遠大にして壮大な開墾計画とその実現を図るための施策、そしてそれを発出する太政官奏。

すべてを先頭に立って率いたに違いない。それはまた、長屋王が議政官筆頭として成した初仕事でもある。

先の報奨に対して『続紀』が伝えるのは賜物の多寡のみ。本来なら記載されるべき賜物の理由は何も伝えない。しかし養老六〔七二二〕年の時点では詳細を記載した文書が用意されていたはずである。ところが神亀六〔七二九〕年二月、謀反の誣告を受けて長屋王は自尽する。そして長屋王の功績に関する記録はすべて抹消された。長屋王の自尽に際してさえ、『続紀』が伝えるのはたったの一五文字。

「長屋王、天武天皇之孫、高市親王之子」注17

謀反の罪をきせられて、長屋王の事績はすべてが闇に葬り去られた。賜物の理由が抹消されたのも当然である。

一体の計画と関連法がなぜ分離されたのか

ここで問題が一つ残る。本来一体のものとして出されるべき開墾計画と施策にどうして一年のズレが生じたのだろうか。

これには、良田一百万町歩開墾計画の前文にいう「随時設策、治国要政」が大きく関わる。この文言には、律令国家の根幹に関わる公地公民制ですら治国のためには変更するとの強い意志が込められている。三世一身法が伝えるように、この時点ではすでに人口が増加〔百姓漸多〕して〈田池〉（〈田地〉でないのに注目願いたい）が不足し始めていた。律令国家の確立を目指す長屋王たちにとり、良田の開墾が何よりも優先したに違いない。しかし、一方では公地公民制を揺るがしかねない三世一身法の制定に強く反対する勢力が存在しても不思議ではない。新しい方向に歩き出そうとする勢力と旧来の方式を守ろうという勢力、その相克がこの一年のズレに隠されているのではなかろうか。

それを読み解く鍵が僧尼令違反を問う朝廷の揺らぎに隠されている。僧尼の活動を国家が規制するのが僧尼令。行基集団もこの僧尼令違反で糾弾された。その僧尼令違反を指弾する姿勢の揺れから朝廷内の動きが読み取れるのである。

さらにもう一つ大きな疑問が残る。どうして長屋王がこれだけ大きな開墾計画を創り上げることができたのか。この時、長屋王は四七歳。注18 議政官である大納言に登用されて五年、不比等に続く議政官筆頭の右大臣に登って未だ一年しか経過していない。とてもこれだけの計画と法を一人で発想できたとは考えられない。

大きな影がちらつく。それを見極めるのは次章以降に譲ろう。

第六章　行基集団の事業と良田一百万町歩開墾計画・三世一身法

「良田一百万町歩開墾計画」と「三世一身法」が行基集団の事業に与えた影響について検討する。前章で明らかにしたように良田一百万町歩開墾計画と三世一身法は一体のもの。田池の開墾を急ぐために良田一百万町歩開墾という大目標を定め、その実現を図るために民間に官（朝廷）が協力する法律を整備したのである。官民が一体となって協働する体制を確立してはじめて、「所得倍増計画」にも相当する良田一百万町歩の開墾が可能になる。

その先頭に立ったのが右大臣・長屋王。藤原不比等の逝去（七二〇年）を受けて養老五（七二一）年に右大臣に登る。議政官筆頭として衆務を統理する立場に就き、良田一百万町歩開墾計画と三世一身法を謹奏して天皇の裁可を受け、太政官符として施行した。

良田一百万町歩の開墾という大計画と律令国家の根幹をなす公地公民制を揺るがし兼ねない三世一身法の施行となると、本来なら天皇の勅旨とされるべきであろう。それを太政官（議政官）が上奏して天皇が裁可する論奏の形式をとっている。施策の是非をめぐる大論争が議政官の間で起こり、天皇に累が及ぶのを忌避するために勅旨とするのを避けたのだろうか。はたまた若き太政官筆頭・長屋王が己の功を誇る客気に依るのか。いずれにしても長屋王の意気込みが伝わる思いがする。

それはともかく、これだけの大開墾計画とその法制度となると、行基集団の事業に大きな影響を与えたに違いない。まずはそれを検証しておこう。

一　行基集団が実施した事業の流れ（事業の時代区分）

行基集団の事業展開の進捗状況を、良田一百万町歩開墾計画・三世一身法との関連で捉えると、表6－1に示すように大きく四期に分けられる。

第Ⅰ期：慶雲元（七〇四）年から和銅三（七一〇）年まで

行基の生誕地である和泉地方における活動期。小さな池の築造など小規模な開墾事業が展開されている。この期間に建設された道場は五ヵ所。このうち慶雲二（七〇五）年に建立された大修恵院のみが「年代記」に採録され、残りの家原寺、蜂田寺、生馬仙房、神鳳寺はされていない。生家や親類縁者の家に依拠する活動で、この時点では〈行基集団〉と呼べるほどの大集団を形成するまでには至っていないのであろう。なお、大修恵院は人里離れた山林にあり、修行の場としての品格を持つ。修行道場としての性格から年代記に採録されたのではなかろうか。現在の高倉寺、往時の大修恵院を訪れると、今でもその風格を十分に感じとれる。

第Ⅱ期：和銅三（七一〇）年頃から養老七（七二三）年まで

平城遷都（七一〇年）から始まる本格的な開墾事業に向けた準備期間。良田一百万町歩開墾計画と三世一身法が出されるまでの約一〇年間に相当する。

この期間に建設されたのが草野仙房、恩光寺、隆福院、石凝院、菅原寺の五道場。このうち草野仙房を除く四道場は「年代記」に採録される。この五道場は、「年記」が挙げる事業との直接の

道場番号	年	関連事項	行基年齢	道場名	年記関連施設
24				大井院（葛野郡大井村）	
25				山埼院（乙訓郡山前郷無水河側）	山崎橋（乙訓郡山崎郷）
26				隆福尼院（添下郡登美村）	
	天平 4（732）	狭山下池を開く	65		
27	天平 5（733）		66	救〔枚〕方院（茨田郡伊香村）	直道（茨田郡・摂津国）、高瀬堤樋（嶋下郡高瀬里）、韓室堤樋（茨田郡韓室里）、茨田堤樋（茨田郡茨田里）、大庭掘川（茨田郡大庭里）
28				薦田尼院（同上）	
29	天平 6（734）		67	澄池院（久米多）（泉南郡下池田村）	久米多池、久米多池溝、物部田池、物部田池溝（泉南郡丹比郡里）
30				深井尼院（香琳寺）（大鳥郡深井村）	薦江池（大鳥郡深井郷）
31				吉田院（愛宕郡）	
32				沙田院（住吉）	
33				呉坂院（住吉郡御津）	
34	天平 9（737）	藤原四兄弟没	70	鶴田池院（大鳥郡山田村鶴田里）	鶴田池（大鳥郡早部郷）
35				頭施院（添下郡矢田岡本村）	
36				同尼院（同上）	
37	天平 12（740）		73	泉橋院（相楽郡大狛村）	泉大橋（相楽郡泉里）
38				隆福尼院（同上）	
39				泉福院（紀伊郡石井村）	
40				布施院（同上）	
41				同尼院（同上）	
	天平 13（741）	「天平十三年記」	74		
	天平 15（743）	墾田永年私財法、大仏造立の詔	76		
42	天平 17（745）		78	大福院（摂津国西城郡御津村）	
43				尼院（同上）	
44				難波度院（摂津国西城郡津守村）	長柄、中河、堀江（西城郡）
45				枚松院（同上）	
46				作蓋部院（同上）	
47	天平勝宝元（749）		82	又報恩院（河内国交野郡楠葉郷）	
48				長岡院（菅原寺西岡）	
49	天平勝宝 2（750）		遷化後	大庭院（大鳥郡上神郷大庭村）	

表6-1　行基集団の事業の時期区分

期	道場番号	年	関連事項	行基年齢	道場名	年記関連施設
第I期		慶雲元（704）		37	［家原寺］（大鳥郡）	
	1	慶雲2（705）		38	大□忠〔修恵〕院（大鳥郡大村里大村山）	
		慶雲3（706）		39	［蜂田寺］（和泉郡横山郷内）	茨城池（大鳥郡蜂田郷）
		慶雲4（707）		40	［生馬仙房］（平群郡生馬）	
		和銅元（708）	平城遷都の詔	41	［神鳳寺］（首麻呂家）	
		和銅2（709）	長屋王：宮内卿	42		
第II期		和銅3（710）	平城遷都	43	［草野仙房］（平群郡生馬）	
	2	霊亀2（716）		49	恩光寺（平群郡床室村）	
	3	養老2（718）	長屋王、大納言	51	隆福院（添下郡登美村）	
	4	養老4（720）	不比等没	53	石凝院（河内郡早村）	
		養老5（721）	元明上皇没／長屋王：右大臣	52		
	5	養老6（722）	良田一百万町歩開墾計画／長屋王：稲・籾賜う	55	菅原寺（右京三条三妨）	
第III期	6	神亀元（724）	三世一身法／長屋王：左大臣	57	清浄土院（大鳥郡葦田里今□穴郷）	
	7				尼院（大鳥郡早部郷高石村）	
	8	神亀2（725）		58	久修園院（交野郡一條内）	山崎橋（乙訓郡山崎郷）
	9	神亀3（726）		59	檜尾池院（大鳥郡和田郷）	檜尾池（大鳥郡和田郷）
	10	神亀4（727）		60	大野寺（大鳥郡大野村）	土室池、長土池（大鳥郡土師郷）
	11				尼院（同上）	
		天平元（729）	長屋王の変／長屋王：自尽	62		
第IV期	12	天平2（730）		63	善源院（西城郡津守村）	比売嶋堀川（西城郡津守村）、白鷺嶋堀川（西城郡津守里）
	13				善源尼院（同上）	
	14				船息院（兎原郡宇治郷）	大輪田船息（兎原郡宇治）
	15				船息尼院（同上）	
	16				高瀬橋院（嶋下郡穂積村）	高瀬大橋（嶋下郡高瀬里）、直道（河内国茨田郡・摂津国）、次田堀川（嶋下郡次田里）
	17				高瀬尼院（同上）	
	18				楊津院（河辺郡楊津村）	
	19	天平3（731）		64	狭山池院（丹北郡狭山里）	狭山池（北郡狭山里）
	20				尼院（同上）	
	21				嶋陽施院（河辺郡山本村）	崐陽上地、同下池、院前池、中布施屋池、長江池、崐陽上溝、同下池溝（河邊郡山本里）
	22				法禅院（紀伊郡深草郷）	
	23				河原院（葛野郡大屋村）	

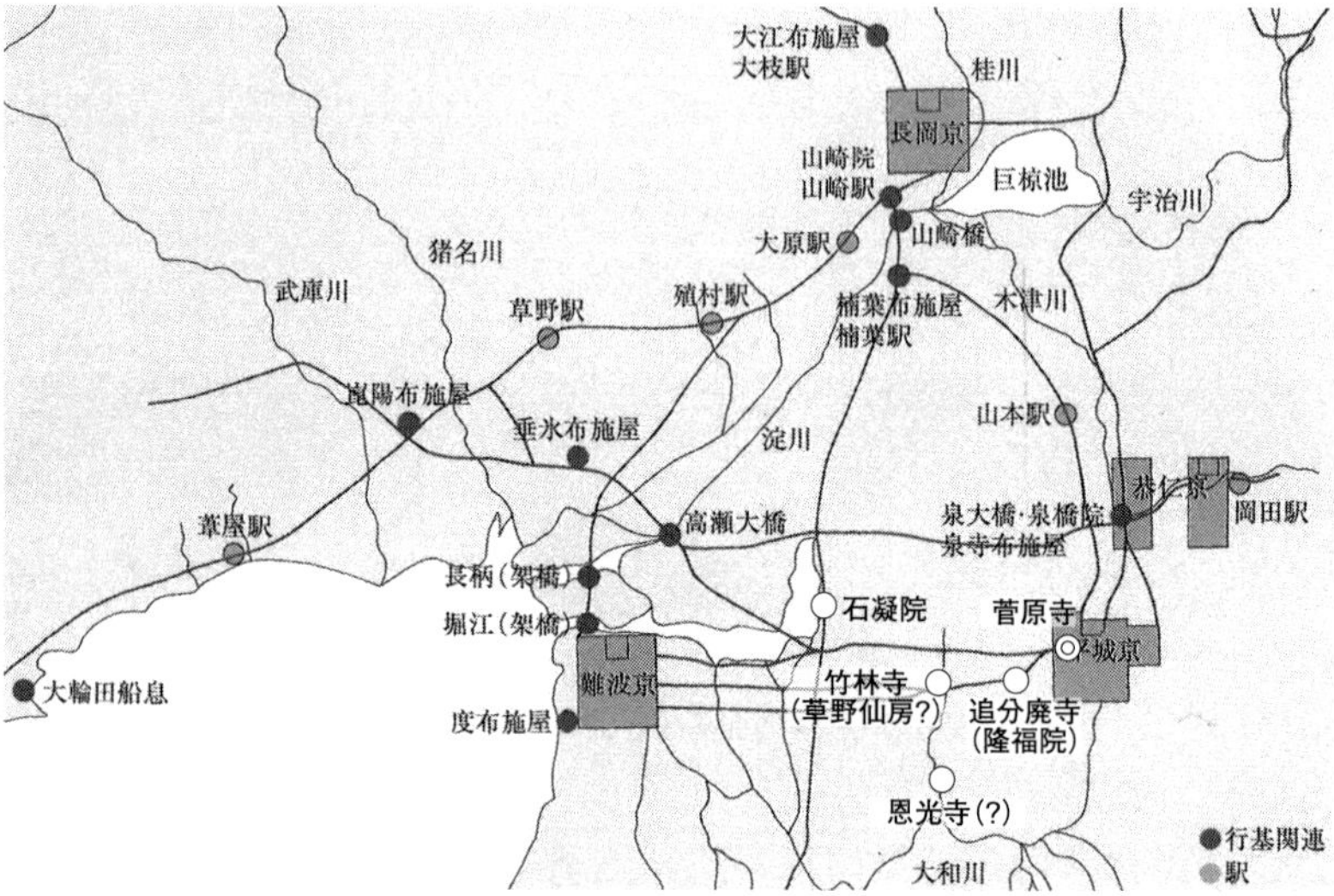

図6-1　第Ⅱ期に建設された五道場想定図

関連はないものの、行基集団の活動拠点となる河内、摂津、和泉の三地域と平城京を結ぶ街道上に位置する（図6－1参照）。このことから、五道場は、必要な人員を確保するための機能に加え、三地域と平城京を結ぶ情報連絡機能を持つ連繋事務所としての役割を担っていたと考えられる。なお、菅原寺は平城京内、それも平城宮に近い右京三条三坊に五坪という広大な面積を占めている。別途詳しく考察するが、本社機能に併せて朝廷との連絡調整を担っていたと考えられる。

この期間は畿内一円での本格的な活動に向けて、情報収集と人員確保に動き出した時期である。同時に良田一百万町歩開墾計画と三世一身法のような施策の必要性を感じ、その実現を願いつつ活動していた期間ともいえる。この意味で、良田一百万町歩開墾計画の成立と菅原寺の建立が同年であることが特に目を惹く。

第Ⅲ期：神亀元〔七二四〕年から天平元〔七二九〕年に至る約五年間

良田一百万町歩開墾計画と三世一身法の成立を受け、和泉地域の開墾事業を精力的に進めた期間。中規模の池の築造と中規模の開墾事業を実施しており、次の畿内における本格的な地域総合開発事業への準備段階としての側面を併せ持つ。この時期に建てられた道場は、清浄土院、同尼院、久修園院、檜尾池院、大野寺、同尼院の六ヵ所である。

ここで目を引くのは久修園院の建立。行基集団の活動は和泉が主体であったが決して和泉地域に引き籠もっていたのではない。淀川にかかる山崎橋という最重要拠点の架橋にも携わっていたのである。

第Ⅳ期：天平二〔七三〇〕年から行基の死〔七四九年〕に至るまでの約二〇年間

第Ⅲ期の活動経験を活かし、畿内全域の大規模な開墾事業が展開される期間。まさに地域総合開発事業と呼ぶべき、多様でかつ総合的な事業を行っている。

長屋王の自尽という危機を乗り越え、聖武天皇との直接の結びつきが始まり、そして深まる。その関係は行基の死まで変わることなく続いた。この間、淀川の中下流部の開発事業、昆陽での給孤独園を中心とした総合開発事業を展開する。まさに行基集団にとって一大発展期を迎えたのである。

二　行基集団の事業と良田一百万町歩開墾計画・三世一身法の関係

行基集団の事業は、良田一百万町歩開墾計画・三世一身法と密接に関連しつつ展開していた。さらにいえば、行基集団の事業展開が朝廷の開墾計画と法整備を見越すかのように先行している。

行基生誕地の和泉地域から始まった事業が、平城京遷都を契機に恩光寺、隆福院、石凝院の起工へと展開する。少なくともこの時点で畿内一円が視野に入ったのである。注目されるのは、養老六〔七二二〕年に平城京内の宮の近くで菅原寺を起工すること。この年は良田一百万町歩開墾計画が成立した年でもある。行基と朝廷との間に強い結びつきが存在したことを感じさせる。

行基集団が事前にこれだけの動きが取れたのは、それだけの情報を握っていたからと考えるしかない。最高責任者の胸三寸にのみ存在する機密情報は、現在でも民間トップにとっては喉から手が出るほど欲しいもの。かつて関連業界が天下りを受け入れていたのは、この情報を得るためであろう。またマスコミ各社が目の色を変えて行政組織のトップ人事を追う理由もここにある。官僚トップ人事の予想記事を書くときは、所管大臣の暗黙の了解が欠かせないと記者から教えられたこともある。

良田一百万町歩開墾計画と三世一身法に関する情報を握り、必要に応じ関係筋に漏らせるのは議政官筆頭・長屋王をおいて他になかろう。長屋王は和銅二〔七〇九〕年に宮内卿に就任していた。宮内省は畿内の官田を直轄管理（大和・摂津に三〇町、河内・山背に二〇町）するほか、木工寮（土木建築を担当）も所掌する。[注1] そのトップが宮内卿。現在でいえば、宮内庁長官が国土交通大臣と農林水産大臣の業務の一部を兼務するようなもの。行基集団の事業に密接に関連する分野を所掌していたのである。この頃に長屋王と行基との間に何らかの関係が生じても不思議ではない。

現在でも民間の建設関連企業のトップはよく国交大臣や農水大臣を訪れる。それだけでなく、かつては夜の会合も重ねられた。宴会は遊びの場ではなく、貴重な情報交換の機能も担っていたのである。

神亀六〔七二九〕年、後に改元されて天平元年となる二月に行基集団にとって大事件が勃発する。長屋王が正妻の吉備内親王並びに二人の間に生まれた子供たちと共に自尽して果てる。この年、行基集団は新たな道場を起工していない。大きな決断を迫られたに違いない。その後、年が改まった天平二年になると、一年間の空白を埋めるかのように淀川中下流部の開墾事業に取り掛かる。摂津国に善源院・同尼院をはじめとして四院と三尼院を起工する。行基集団はルビコン河を渡り、新しい行政側のトップと組むことを決意したのである。詳細は第二部で論じたい。

第七章　行基集団の事業（和泉の地）

いよいよ行基集団の事業を地域別に再現する作業に取り掛かる。本来、地域開発事業は土地に立脚するだけに地域別に個々に検討するしかない。ところが行基集団の事業内容を伝える「天平十三年記」は事業のいわば総括表。このため事業内容を工種別（池・溝・堀・樋など）に分類して示している。その意味するものを解読する作業から始めるしかなかったのだ。

ここまでの検討で、個々の事業工種の意味するもの、行基集団の事業の大きな流れ、朝廷との関係などを読み解く手がかりが得られた。これで行基集団が各地で実施した事業を実地に則して検証する作業に取りかかる準備が整ったことになる。いざ本作業に取りかかろう。「年記」が掲げる工種別の事業を地域別に整理し直し、古い時代と現在の地図を手にしながら現地を歩き回り、その実態を解明する。実に楽しく心が躍る。現地を歩いて初めて見えてくる景色もある。思わぬ発見がある。御一緒いただければ、その楽しみを共有してもらえるに違いない。

前章表６－１が示すように、和泉地域における池・溝の築造事業は第Ⅰ期、第Ⅲ期、第Ⅳ期とほぼ全期にわたる。第Ⅱ期が中継基地的な性格を持つ道場の整備に専念した時期、すなわち〈和泉の地〉を離れることを目指した時期であることを考えれば、和泉地域では絶えることなく事業が継続されたといえる。ここは行基の出身地であり、いわば行基集団のホームグラウンド。この地における活動を検証すれば、行基集団の願いが見えてくるはずである。

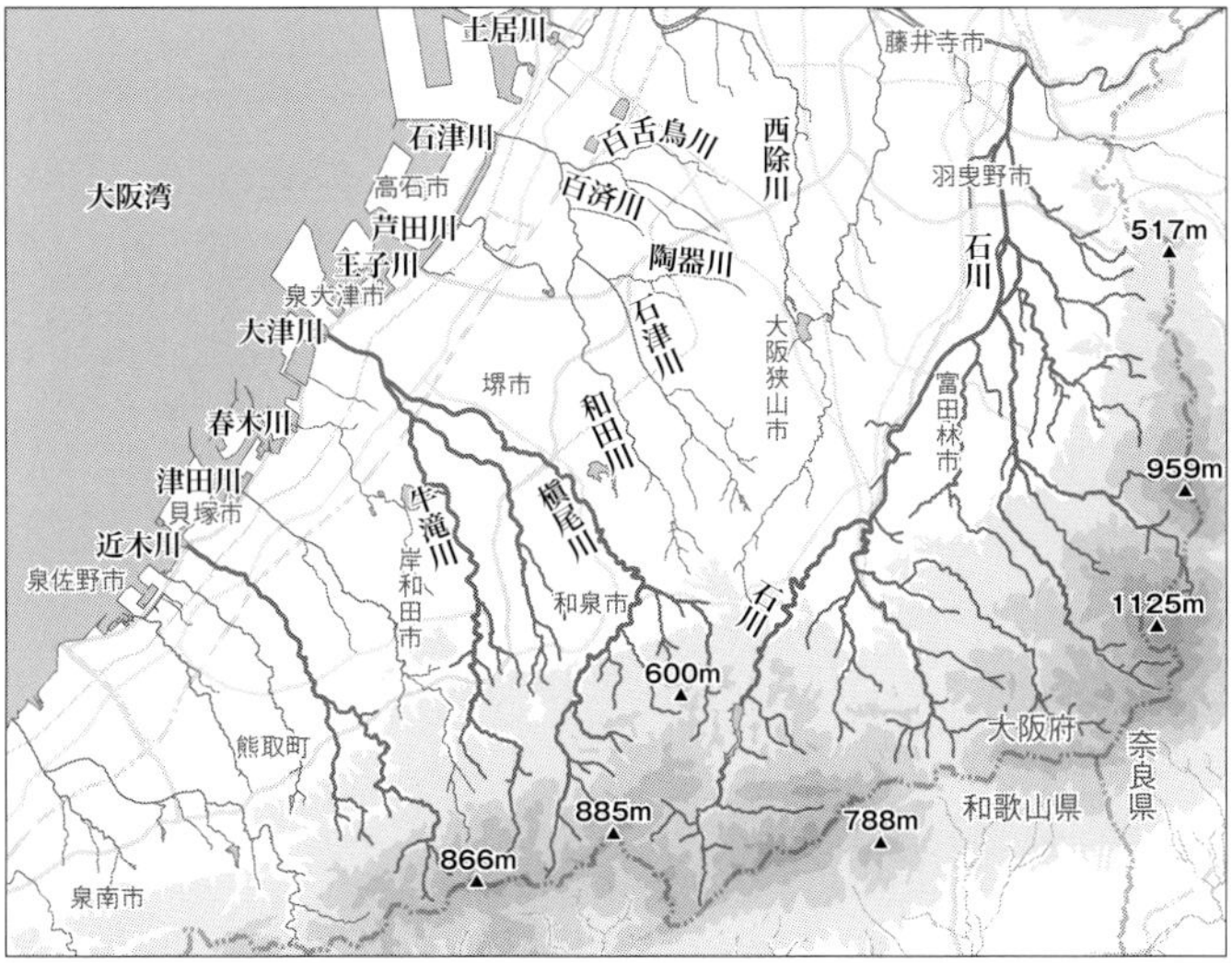

図7－1　和泉地方の河川と山（山地河川と平地河川）

一　〈和泉の地〉の河川特性

〈和泉の地〉を巨視的に示すと図7－1のようになる。東側と南側には高さ一〇〇〇メートル級の山脈が聳え、西側には大阪湾が拡がる。普通なら山脈から流れ下る水は西に流れて大阪湾に注ぐはずだが、この地には東に聳える連山からの流れを受け入れて南から北に流れる石川（大和川の支川）など中規模河川が存在する。このため和泉地域には全く性格を異にする二種類の川が存在することになる。山水を受ける川と受けない川である。

詳細にみると、山水を受けるのは石川・大津川・近木川の三河川。石川は二上・葛城・金剛・三国山からの山水を受けつつ北流し、大和川に合流する。牛滝川と槇尾川は三国山・和泉葛城山からの山水を受けて西に流下し、下流部で合流して大津川となる。さらに規模は小さ

写真7-1　和泉の風景（光明池より望む）

くなるが、近木川は高城山からの山水を受けて西流し大阪湾に注ぐ。山水を受ける三河川は、豪雨時には激流となって一気に流れ下る。これに対し、西除川、内川（土居川）、石津川、芦田川、王寺川は石川と大津川に挟まれた平地のみを流れる。また春木川と津田川は大津川、近木川に挟まれた平地のみを流れ、山水を受けることはない。

〈和泉の地〉は山水を受けない川が代表する。うねうねと続くなだらかな比高一〇メートル程度の丘で構成されるだけに（写真7-1）、河川の流域界を識別することすら難しい。河川と河川の境である分水嶺を地図のみから読み取るのは難しい。現地で地形を見るにしても、自分の足で歩かなければ読み誤る。車に乗っていたのでは知らぬ間に分水嶺を越えてしまう。それだけに、「天平十三年記」がこの地の池を水系別に正確に分類していることに驚かされる。行基集団はしっかりと現地を歩き回り、地形を頭に刻み込んでいたのである。

丘陵地帯を農地に変えるのは容易ではない。水の確保が極めて難しいからだ。ポンプのない時代に水を安定的に使うには、上流部に池を造るしかない。とはいえこの時代には山水を受ける川を堰き止めるだけの技術力・機械力はない。山水を受ける川は、ひとたび台風などが襲えば濁流渦巻く暴れ川と化す。とても人力の及ぶところではない。山水を受ける川の流れを調節できるようになるのは、コンクリート製の大ダムを造れるようになってからである。行基の時代に池堤を築けるのは山水を受けない川に限られていた。

となるとうねりが続く小さな丘陵地ごとに個別に小さな池を造るしかない。かくして、九つもの池が造られることになった。その半数以上が小さな池であったため、現在まで名前と池が一致して残るのは、久米田池、鶴田池、狭山池の三つしかない。この三つの池は、後にみるように河道外貯留ダム方式で築造された大きな池。だからこそ現在まで残ったともいえよう。

また仮に大きな池が造れたとしても、その池に水を満たすのはさらに難しい。なだらかで小さな流域しか持たない川の水量は少なく、大きな池を満たすだけの力はない。全く新しい発想、すなわち池は池として造れるところに造り、水は山地から流れ下る水量豊富な川から導水する。いわゆる「河道外貯留ダム方式」によるしかない。行基集団はその方式を発想した。現地を歩き回って掴みとったに違いない。

二　和泉における行基集団の事業

「天平十三年記」が伝える行基集団が〈和泉の地〉で実施した事業は、九ヵ所の池（先に述べたように、地形的な類似性から河内国の狭山池を含めている）と二ヵ所の池溝である。また『年譜』「年代記」によると、この地に一五ヵ所の道場が建立されている。これを併せて図示すると図7-2、表7-1のようになる。

行基集団が築造した池は大きく二つに分類できる。Ⅰ期とⅢ期に造られた小さな池と、Ⅳ期に

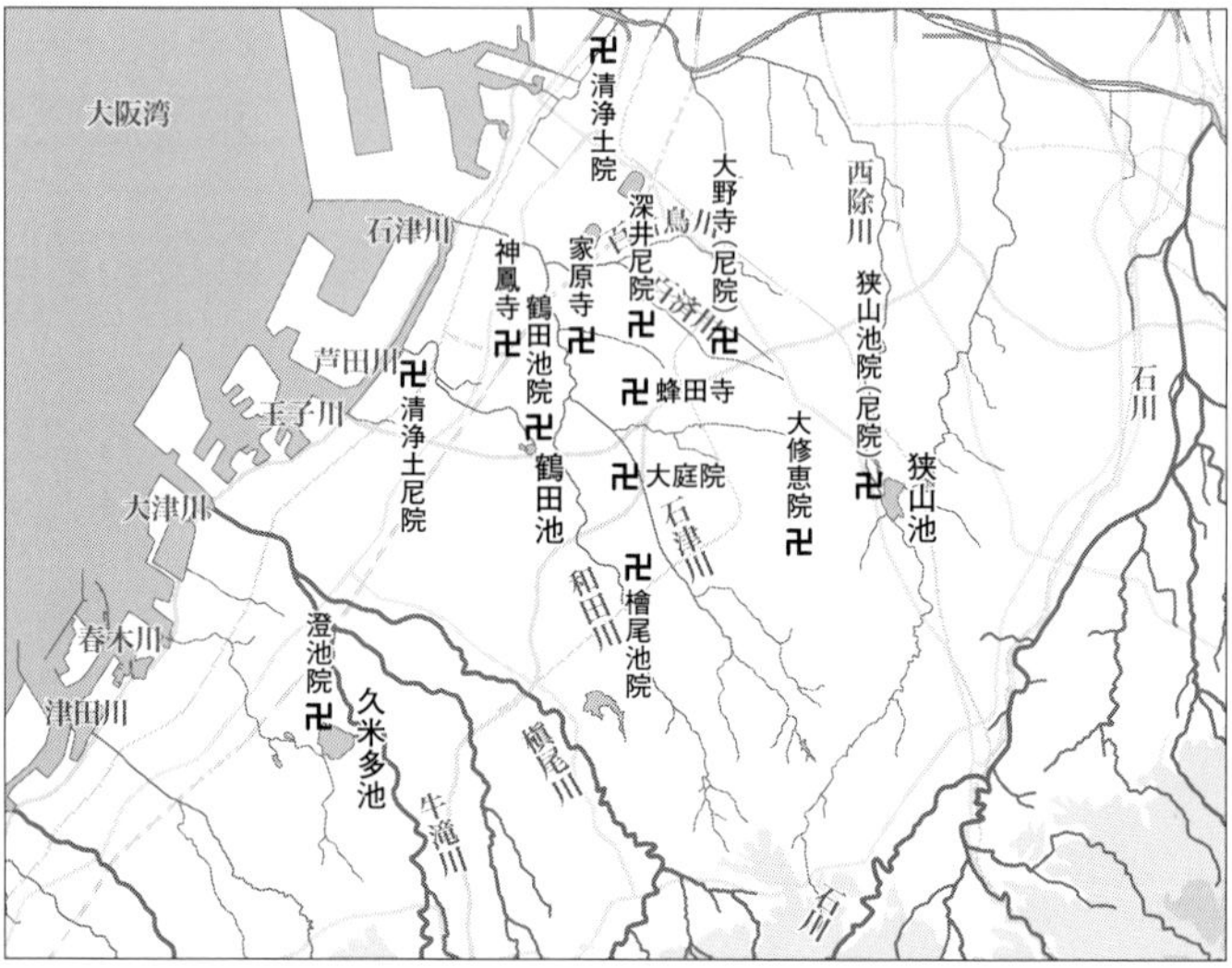

図7-2　和泉地方の道場と河川

造られた池溝を併せ持つ大きな池である。それぞれに分けてみていこう。

小さな池（Ⅰ期・Ⅲ期に造られた池）

「年記」には、狭山池の後に次の五つの池が所在地名と共に示されている。このうち現在の呼称が対応しそうな池の名前を書き加えると次のようになる。

土室池　在大鳥郡土師郷
長土池　在同所
薦江池　在同郡深井郷（薦池《こもいけ》）
檜尾池　在同郡和田郷
茨城池　在同郡蜂田郷（原ノ池《ばらいけ》）

以上の五ヵ所の池はすべて石津川流域にある。石津川は上流に行くと、楓の葉のように幾つもの支川に枝分かれしている。このため隣の流域に配水するには丘陵を越えなければならない。当時すでに

表7-1　和泉地方の道場と所在水系

道場名	時期区分	所在地	明治二十年地図	所在水系	関連河川	年記関連施設（池・溝）	所在地	配水地域	道場の性質
[家原寺]	I	大鳥郡	家原寺村	石津川	石津川右岸				生家
大修恵院高蔵	I	大鳥郡大村里大村山	高蔵寺村	石津川	陶器川支川最上流				山林の修行場
[蜂田寺]	I	和泉郡横山郷内	八田寺村	石津川	石津川右岸	茨城池	大鳥郡蜂田郷	石津川と伊勢路川	水源開発、母の生家
[神鳳寺]	I	今大鳥神宮寺、首麻呂家	大鳥神社（大鳥村）	石津川	石津川左岸				
清浄土院高渚	II・III	大鳥郡葦田里今口穴郷		（内川）					街道筋の連絡所
同尼院	II・III	同郡早部郷高石村	（高石北村、陶南村）	（芦田川）					街道筋の連絡所
檜尾池院	III	大鳥郡和田郷		石津川	和田川右岸	檜尾池	大鳥郡和田郷	檜尾川右岸	水源開発
大野寺	III	大鳥郡大野村	字土塔	石津川	百済川	土室池、長土池	大鳥郡土師郷	百済川・美濃川	水源開発、地域の中心施設
同尼院	III	同所（香琳寺畝）	同右	同右	同右				同右
澄池院久米多	IV	泉南郡下池田村	久米田寺	春木川	（牛滝川）	久米多池	泉南郡丹比郷里	牛滝川左岸域	水源開発
				春木川		物部田池	同右	春木川	
						久米多池溝	泉国		
						物部田池溝	泉南郡物部多池尻（申候）		
深井尼院香琳寺	IV	大鳥郡深井村	（深井村）	石津川	百済川・伊勢路川	鷹江池	大鳥郡深井郷	伊勢路川と百済川	水源開発
鶴田池院	IV	大鳥郡山田村鶴田里	（草部村字山田）	芦田川	芦田川	鶴田池	大鳥郡早部郷	芦田川	水源開発
狭山池院	IV	丹北郡狭山里	（池尻村字狭山）	（大和川）	西除川	狭山池	河内国北郡狭山里	西除川	水源開発
同尼院	IV	同右	同右	同右	同右	同右	同右	同右	同右
大庭院	IV	大鳥郡上神郷大庭村	大庭寺村	石津川	石津川・和田川				没後の道場

トンネルの技術があったとしても、トンネルを掘る労苦に較べて支川ごとに小さな池を造る方が容易に違いなく、水を確保する上でも有利なことはいうまでもない。行基集団が支川ごとに池を造る選択をしたのは当然である。

これらが築造された時期区分をみると薦江池のみが第Ⅳ期（深井尼院による）。他はすべて第Ⅰ期または第Ⅲ期に起工された道場により築造されている。どうも薦江池には特殊な事情が隠されているようだ。後ほど詳細に検討する。

まずはこれらの池を現地に訪ねてみよう。現地には多くの池があるものの、地形が大きく変わってしまっており、個々の池を現存の池に当てはめようとしても決め手がない。それでも幾つかの池には痕跡らしきものが残っている。例えば薦江池。「年記」が示す所在地の深井郷に薦池〈コモイケ〉と呼ばれる池がある。また茨城池、かつての発音は不明であるが、〈イバラギイケ〉とすれば、「年記」が示す所在地・蜂田郷に「原ノ池」と書いて〈バライケ〉と発音する池がある。両者の間に何らかの繋がりを感じさせる。

この他の池については比定が難しい。例えば、家原寺のすぐ近くに「大池」と地元で呼ばれるかなり大きな池がある。土室池あるいは長土池のどちらかに比定できるのかもしれない。しかしこの地は、現在の土師（地元では〈ハゼ〉と発音している）からは離れている。大池を長土池あるいは土室池と安易に結びつけるのは危険であろう。なお、現地には他にも大小さまざまな池が散在する。大池のような類推を重ねれば、土室池、長土池、檜尾池についてもそれなりの池が見つかるかもしれない。しかしその推定をもとに意義ある見解を組み立てられるとも思えない。

大事な点は、石津川のそれぞれの小支川ごとに池が存在し、なかには行基の時代に繋がり得る痕跡が残されていることを現地で確認できたこと。石津川流域は行基の生誕地であり、母方の根拠地でもある。その流域全体を調和のとれた形で開発することこそが行基集団の本願。そのために、五つの池を土師、深井、和田、蜂田の各郷に築造して農業開発を進めたのである。個別の池の特定はできなかったものの、本願を実感できたことに満足するしかない。

さて、この地には多くの道場が集中している。行基の生家とされる家原寺の近くには神鳳寺（大鳥神社）、蜂田寺（華林寺）、深井尼院（香琳寺）、大野寺、同尼院と五つの道場が隣接するかのように立地している。この五道場は、深井尼院を除きⅠ期又はⅢ期に起工され、すべてが石津川流域に立地する。このことからも行基集団の活動がこの地で生まれたことがよく理解できる。

鶴江池と深井尼院 ―― 尼院と年記関連施設との関係

行基集団の〈和泉の地〉における事業は、第Ⅰ期と第Ⅲ期では石津川流域内の小さな池の築造に終始する。石津川流域以外の池に取り掛かるのは、**表6-1**に示すように第Ⅳ期に入ってからで、狭山池、鶴田池、久米田池、物部田池、薦江池の五つの池に取り掛かる。このうち、狭山池、鶴田池、久米多池、物部田池の四ヵ所の池は、次にみるように池そのものも大きく、大規模な開墾に繫がっている。特異なのが薦江池。他の池がすべて石津川流域外に造られているのに対し、薦江池だけは石津川流域にある。

この池を第Ⅳ期に分類するのは、「年記」が薦江池の所在地を深井郷とし、「年代記」が深井尼院の所在地を「在深井村」と記すことによる。深井尼院を薦江池と関係づけると、薦江池の築造は深井尼院が建立された天平六〔七三四〕年を指標にして第Ⅳ期に分類される。かくて薦江池は石津川流域にある唯一の第Ⅳ期に築造された池となり、年記関連施設と関連する寺院が尼院のみというきわめて特異な事例となる。

表7-2　尼院と寺院の比較関連表

尼院名	尼院建立年	尼院所在地	関連寺院名	寺院建立年	寺院所在地
清浄土院尼院	神亀元年	大鳥郡早部郷高石村	同名	同年	大鳥郡葦田里今□穴郷
大野寺尼院	神亀4年	大鳥郡大野村	同名	同年	同所
善源院尼院	天平2年	西城郡津守村	同名	同年	同所
船息院尼院	天平2年	兎原郡宇治郷	同名	同年	同所
高瀬院尼院	天平2年	嶋下郡穂積村	同名	同年	同所
狭山池院尼院	天平3年	丹北郡狭山里	同名	同年	同所
隆福尼院	天平3年	添下郡登美村	同名	養老2年	同所
薦田尼院	天平5年	茨田郡伊香村	枚方院	同年	同所
深井尼院（香琳寺）	天平6年	大鳥郡深井村			
頭施院尼院	天平9年	添下郡矢田岡本村	同名	同年	同所
隆福尼院	天平12年	相楽郡大狛村	泉橋院	同年	同所
布施院尼院	天平12年	紀伊郡石井村	同名	同年	同所
大福院尼院	天平16年	西城郡御津村	同名	同年	同所

尼院と年記関連施設との関係をみるために、まずは尼院と寺院との関係をみておこう。行基集団が建立した尼院は表7−2に示すように全体で一三。名称、所在地、建立年の同じ寺院が存在する場合が多く、寺院に併設されたものと考えられる。関連する寺院と名称、所在地、建立年のいずれかが異なるものは清浄土院尼院（所在地）、薦田尼院（名称）、天平三年の隆福尼院（建立年）と天平十二年の隆福尼院（名称）の四尼院があるが、関連する寺院がないのは深井尼院のみ。尼院と寺院との関係でみても深井尼院はきわめて特異な存在である。

深井尼院は特別の目的を持つとの思いが強まる。薦江池を造るために建立されたとすると、薦江池は優婆夷《うばい》（女性の私度僧）により造られたことになる。女性のみとはいえないにしても、少なくとも女性が主役となり築造した池。こんな特殊な事業は他にはない。手慣れた石津川流域に第Ⅳ期になって築造した池とはいえ、行基集団が「年記」に挙げるだけの意義を感じて当然である。〈和泉の地〉を統括する大野寺にも尼院を併設した行基集団である。女性のみによる土木施設の建造を企画・実行したとしても何ら不思議ではない。

「すべての女性が輝く社会づくり」をスローガンに掲げ、女性の活躍を大いに奨励する現在でも、女性が主体で建設した公共土木施設はない。「年記」に特筆するだけの価値は十分にあったのである。なお律令制では、男性が二段に対し、女性には三分の一を減じるものの一段一二〇歩の口分田が給付された。[注1] 現在よりも男女平等社会だったのかもしれない。

なお、天平三〔七三一〕年建立と天平十二〔七四〇〕年建立の二つの隆福尼院が存在する。天平三年の尼院は養老二〔七一八〕年に起工された隆福院と所在が同一で、同院に併設された尼院と考えられる。本格化する淀川と昆陽の開発に向けての準備であろう。天平十二年の尼院は、泉橋院と所在地、建立年が同じ。同院に併設された尼院と考えられる。とはいえ、同名の尼院を二つ建てるとも考え難い。後者の名称に何らかの誤記があるのかもしれない。

池溝を持つ大きな池

表6－1に示す池溝事業のうち、石津川流域以外に築造された第Ⅳ期の池について個別に検証していこう。対象になるのは、狭山池、久米多池、物部田池、鶴田池の四ヵ所の池である。このうち、久米多池と物部田池は春木川、鶴田池は芦田川の流域に築造されており、〈和泉の地〉にある。それぞれの川は西流して大阪湾に注いでいる。

これに対し、狭山池は現在の大和川水系〔往時の大和川は淀川に合流していた〕の西除川に造られ、所在地も河内国。水系も国名も他の池とは異なる。しかし、現地に行くと一連の地域として取り上げた理由をよく理解できる。石津川流域にある高倉寺から西除川流域の狭山池に向かうと、流域界が連続的に変化しているため、どこで流域が変わったのか、車で移動しているのでは気がつかない。地形からみると和泉の池と同じような性格を持っている。このため、行基集団も和泉国にある池と同類とみなしてその冒頭に置いたのであろう。まずは狭山池から始める。

狭山池

狭山池についてはすでに第二章で詳しく検討した。ここでは和泉の地との関連に絞って述べる。この時代、山水を受ける川を堰き止めるのは不可能に近く、堰き止め得るのは平地河川のみ。といっても流域の小さな川では水が溜まり難い。その意味では、西除川は池を造るのに最適な川。標高一〇〇〇メートルクラスの葛城・金剛山脈からの洪水は東側を流れる石川が受けもってくれる。このため流域内の最高地点は標高二三一メートルの天野山、典型的な平地河川である。それでいながら西除川の流域面積は狭山池上流で一七・九平方キロメートル（西除川全体は四六・三平方キロメートル）に及ぶ。小さな川が多い〈和泉の地〉では大きな部類に入る。

注意すべきは、西除川沿いに造られてはいるが、決して西除川そのものを堰き止めていないこと。明治二十（一八八七）年測量の図7-3をよく見てほしい。池堤は西除川に造られているのではなく、丘を一つ越えた窪地に造られている。築いた池堤で堰上げすることによってはじめて西除川と繋がる。河道外貯留方式の一変形とでも言うべきものである。この地点なら行基以前の古い時代に池堤が築かれていても不思議ではない。

ところですっきりとは腑に落ちない疑問が残っていた。どうして「狭山池は行基はんが造ら

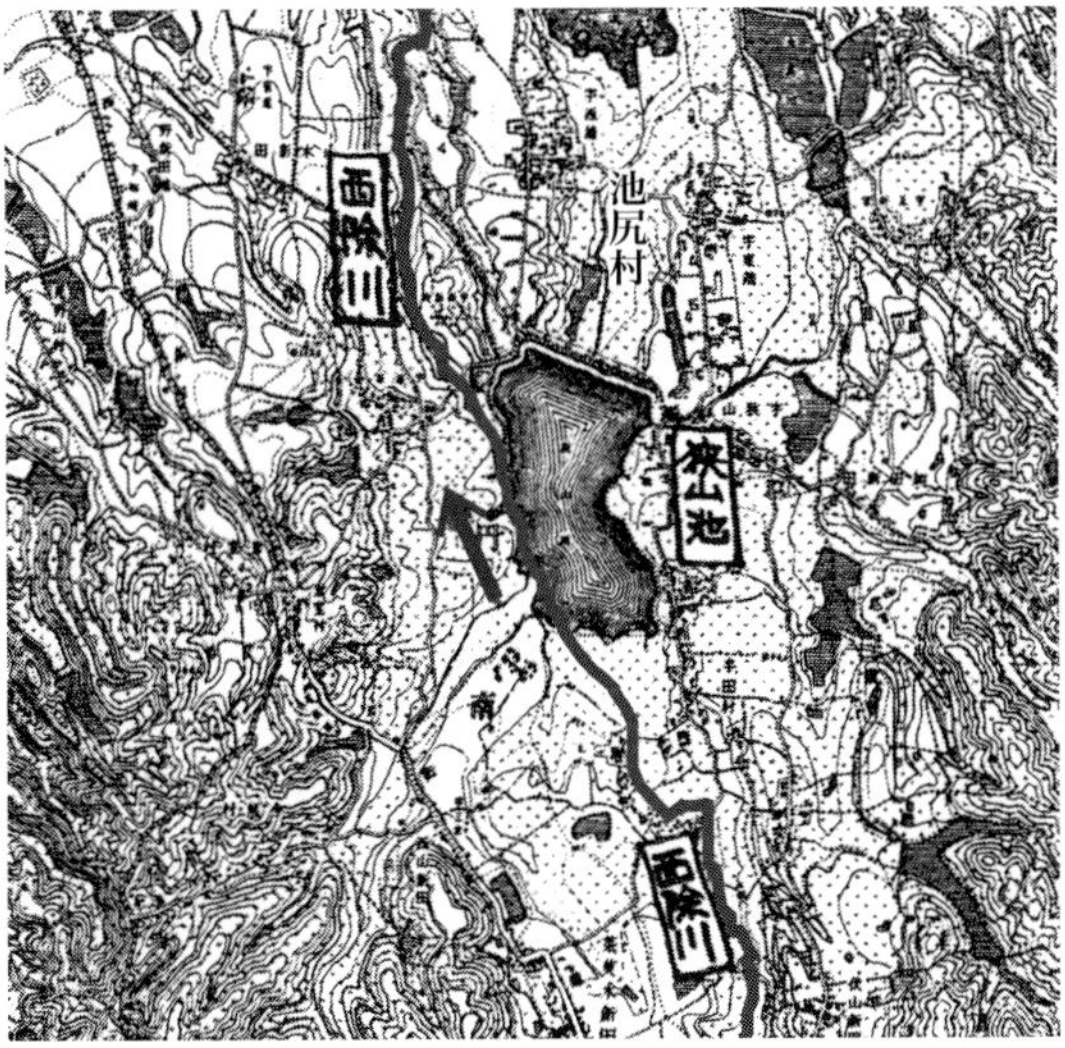

図7–3　狭山池と西除川

はった」という言い伝えが連綿と受け繋がれてきたのかである。第二章では、行基集団が実施した嵩上げの作業量の膨大さに着目した。しかし単なる量的な拡大がそんな伝承を生み出すほどのインパクトを社会に与えるのだろうか。疑問はもやもやと胸に燻っていた。

　重大な変化を見落としていた。三・五メートルの嵩上げがもたらす劇的な変化に気づいていなかったのである。図7–3をもう一度熟視してほしい。西除川が狭山池に接するのは貯水池の最上流部の末端でのこと。行基集団の三・五メートルの嵩上げ工事によって、はじめて西除川と接するようになり、西除川の水を貯水池内に取り込めるようになったのである。

　逆にいえば、それまでの狭山池は図7–3に示す池尻村を流下する小河川を堰き止めた小さな池に過ぎなかった。その狭山池の堤を三・五メートル嵩上げして貯水池末端で西除川と接するようにしたのが行基集団。もちろん、三・五メートルという数字自体が西除川を取り込むために現地を歩き回って算出した高さ。数字そのものに深い意味があったのである。

かくして狭山池は西除川の水を取り込めるようになり、渇水に対する安全性が飛躍的に高まった。加えて、西除川流域にも配水できるようになった。まさに狭山池は行基集団の事業によって、単に量的だけでなく、質的にも大変貌を遂げたのである。

「狭山池は行基はんが造らはった」というのは、この質量両面の大きな変化を目の当たりにした地元住民が行基集団に奉ったお礼と敬いの言葉であった。これで筆者の長年の懸案の一つが完全に氷解した。こだわった甲斐があった思いがする。

「大き過ぎず、小さ過ぎない平地河川。隣接する窪地に高い池堤を築くと貯水池末端で本川に接し、自然に本川の水を池に引き込めて貯められる」こんな理想的な地形は滅多にあるものではない。行基集団の慧眼はこの利点を見抜き、行基の時代より前に築かれた小さな池堤を三・五メートル嵩上げして河道外貯留ダムに大改造したのである。新たに池堤を築くよりも困難な大事業だったに違ない。行基集団にとっても第Ⅳ期になってはじめて可能になったのである。

その後も維持修繕事業が繰り返されて今に至るも現役である理由がよく納得できる。狭山池は、行基集団により西除川の特性を最大限に引き出す池に大変貌を遂げたのである。行基集団が狭山池を「天平十三年記」の池事業の冒頭に置いた気持ちがよく理解できる。

久米多池と池溝

久米田（久米多）池を最初に見た時の印象は鮮烈で、水面が夕暮れの西日を受けて輝いていた

写真7-2　久米田池

（写真7－2）。現在の久米田池は、高いところでは堤高九メートルもある高盛土の土堤で囲まれ、満水面積四五・六ヘクタール、貯水量一五七万立方メートルの堂々たる貯水池。[注2]ダム湖といっても何ら遜色がない。久米田寺がある辺りが最も低く、その地点を扇の要にして左右に大堤防が延びる。その堤防自体の高さは高台に近づくと徐々に低くなり、最後は高台にすり付く（図7－4参照）。

確かに池は広大である。しかしこの池の集水域はないに等しい。池に流れ込む水はほとんどない。まさに池を造れるところに造るとの発想で造られた池である。幸いなことにこの池のすぐ横を牛滝川が流れている。牛滝川は大津川（流域面積一〇二・二平方キロメートル）の支川で、和泉葛城山の山頂近くから流れ下る山地の水を受ける河川である。流域面積は四四・七四平方キロメートルもあり水量は豊富。もう一つの支川槇尾川（流域面積五六・七平方キロメートル）と並んでこの地域を代表する川である。[注3]

池の水源とするには格好の川であるが、久米多池付近の牛滝川の水位は久米多池の最高水位より一〇メートルも下を流れている。真横を流れる牛滝川から水を引くことはできない。そこで考え出されたのが久米多池溝である。この辺りの

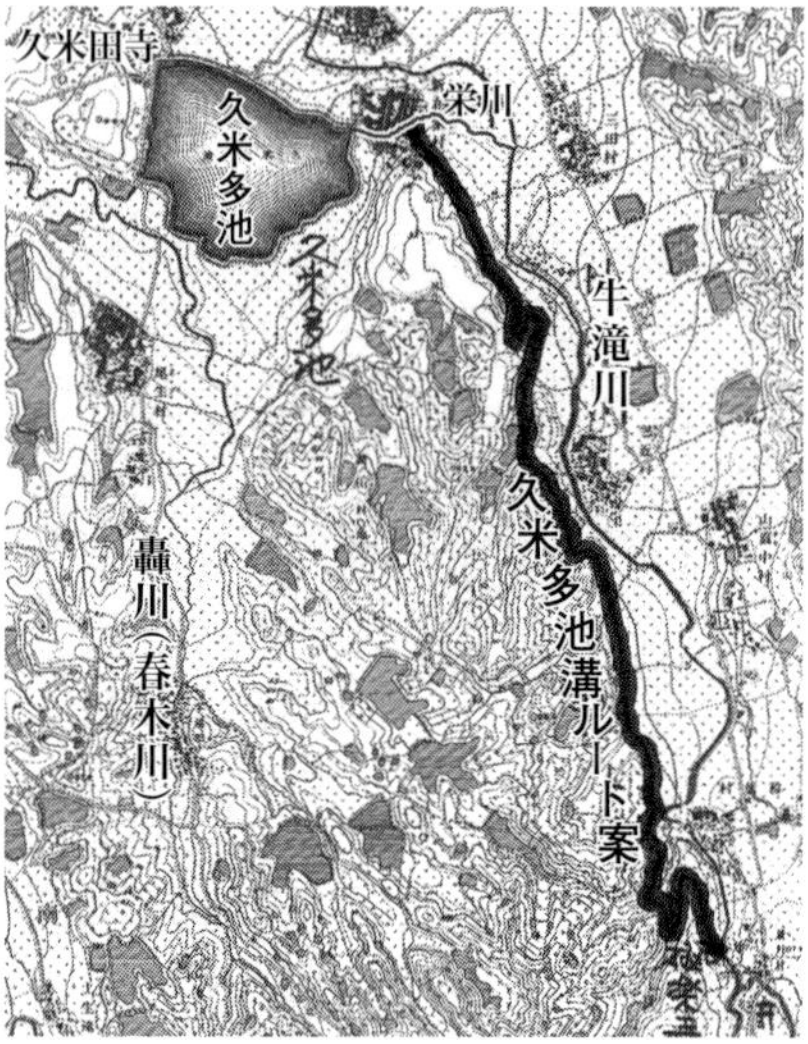

図7-4　久米多池溝ルート想定図

地盤は、ほぼ三〇〇分の一から五〇〇分の一の勾配で下っている。河道もほぼ地盤高に沿って下るので、川沿いに上流へ五から六キロメートルも遡れば、約一〇から一五メートル程度の高さを稼げる。逆に言えば、約五キロメートル上流地点で取水し、等高線にほぼ沿いながら緩やかに下ってくると、上流端で取り入れられた水は久米田池が最高水位に近い状態であっても自然に池に流れ込むことができる。

さてここで「天平十三年記」を見ると次のように記されている。

久米多池溝　長二千丈、廣五尺

長さ二〇〇〇丈は約六キロメートル、まさに上の推論と見事に一致する。現在も久米田池の水は牛滝川から取水されている。しかし現在の導水路は延長が約八〇〇メートル程度しかない。この導水路は明治二十年作成の地図にも記載されており（図7－4）、遅くとも明治時代初期までにはこの水路に切り替えられたことになる。

長い導水路の維持には莫大な労力が必要となる。例えば、古代ローマでは水源から市街地までアクアドック（導水路）で導水していた。その維持管理のために、三人の元老院議員が一五名の官房職員を使い、事務局には七〇〇名の職員を抱えていたという。[注4]

長い導水路の維持管理には莫大な労力と金がかかる。できるなら導水路は短いに越したことはない。このため、コンクリート製の取水堰を牛滝川本川に築造できるようになると、下流側に切り替えられたのであろう。

現在の導水路（栄川と呼ばれる）が行基の時代に無かったかといえばそうとも限らない。導水路からの余分の水を牛滝川に戻すための排水路であった可能性が考えられるからである。導水路には上流の取水地点に門樋を設けるのはもちろん、池への流入地点にも樋を設置する。洪水時に余分の水が池に入るのでは肝腎の池堤が破れる危険が生じる。余分の水を池に入れずに川に戻すための排水路（余水吐）が必要となる。それが栄川であった可能性は高い。

さて導水路のルートの復元である。明治二十年測量図をたどると、図7－4に示すような導水路が考えられる。かつての積川村（現在の岸和田市積川）で取水し、丘陵地の麓を等高線に沿いながらなだらかに流れ下る延長約五・二キロメートルの水路を建設すれば久米多池に達する。排水路としての栄川を加えると約六キロメートル。まさに「年記」が伝える久米多池溝の延長にズバリと一致する。

取水地点は右からの支川が合流して流れを左岸側に押しつける絶好の位置にあり、安定して取水できたはず。また導水路のルート上には小さな池が並んでいる。かつて調整池として機能した池の名残かもしれない。さらに取水地点には極楽寺、近くには式内社（延長五〔九二七〕年撰上の『延喜式』に記載のある神社）の積川神社が今に伝わる。導水路にとって最も大事な取水地点を護っているかのようである。

以上の説明は、史料と現地調査から再現したものである。行基集団が築き上げた一本の道、それが所々で消えかけているとはいえ目の前にある。その道を探り出したに過ぎない。行基集団は、何もないところに新たに自分の手で一筋の道を切り開いた。数多くの選択肢から一つを選び出し、それを実地に造り上げたのである。この地域をいかにして開発するか、いかにして農地開発を進めるか、農業開発に欠かせない水をいかにして確保するかに知恵を絞り抜いたに違いない。

池を造れる場所がないか、地形はもちろん水を溜められる地質かどうかを、現地踏査を繰り返して徹底的に調べ上げ、最終的に絞り込んだのが久米多池。次はやっと見つけた久米多池を満杯にできる水源の探索。水量豊かな川を求めて葛城山の山中深くに幾度となく足を踏み入れて見つけ出したのが牛滝川。二つを結ぶのが久米多池溝。これが第一のシナリオである。

第二のシナリオは逆にたどる。まずは水量豊かな牛滝川に目を付け、その水源地を徹底的に踏査して水量を確認する。次にその豊富な水を貯留できる池の築造場所を必死に探す。その上で両者を結ぶ久米多池溝を検討するという順である。次に述べる物部田池のことを考えると、第二のケースだった可能性が高いように思える。

いずれにしても、同じところを幾度となく歩き回ったことは間違いない。歩くことによって和泉葛城山から海岸に至るまでの地形、地質が行基集団の頭に刻み込まれた。そして一歩一歩の足の動きが頭の中で案を煮詰めさせ、最終的に一つに絞り込ませる役割を果たした。それが久米多地点に大堤防を築いて巨大な池を造り、延々六キロメートルに及ぶ水路を引いて牛滝川から豊かな水を導水するという案であった。

次に道場の名称と経過である。『年譜』では次のように記す。

行年六十七歳甲戌
　聖武天皇十一年、天平六年甲戌、
　澄池院久米多　十一月二日起、
　　在和泉国泉南郡下池田村、

これに対し、現存する寺院の名称は「隆池院久米田寺」である。
久米田寺に伝わり、「天平十年二月十八日勧進沙門行基」の名が記される『隆池院縁起』によれば、池の着工は神亀二年二月五日、完成は天平十年とする。[注5]
また、同じく寺に伝わる『久米田寺領流記坪付帳』は隆池院の草創を天平十年二月二日としている。[注6]これらの史料は偽書とされるが、内容に関しては「かなり忠実に史実を反映するものといわれている」[注7]とされる。現在でも久米田寺の開山行基忌が二月二日に挙行されることを考え合わせると何らかの根拠があるのかもしれない。
院の名称が隆池院か澄池院かはともかく、池と寺院の経過をまとめると次のようになる。

神亀二〔七二五〕年二月五日　　始掘宝池　　（『隆池院縁起』）

天平六〔七三四〕年一一月二日　澄池院起　（『行基年譜』）
天平十〔七三八〕年二月二日　隆池院起院　（『久米田寺領流記坪付帳』）
天平十〔七三八〕年　成功満願　（『隆池院縁起』）

以上の経過は、現在のダム事業の展開と見事に符合する。現在のダム事業の経過は、たとえば月山ダム（最上川水系、山形県）では次のようになる。[注8]

昭和五十一〔一九七六〕年　「赤川ダム調査事務所」開設、実施計画調査に着手
昭和五十六〔一九八一〕年　「赤川ダム工事事務所」開設、建設工事に着手
平成十三〔二〇〇一〕年　月山ダム竣工式
平成十四〔二〇〇二〕年　「月山ダム管理所」発足

なお、当初ダム名は、河川名をとり〈赤川ダム〉とされたが、地元からの要望を受けて昭和五十七年に〈月山ダム〉に変更された。

久米田池の建設の経過は、現在のダム事業を基にすると次のようになる。

神亀二〔七二五〕年二月五日　実施計画調査に着手。
天平六〔七三四〕年一一月二日　現地に澄池院（隆池院）を開設。工事に着手。
天平十〔七三八〕年二月二日　久米多池の完成。
久米多池の管理に移行するため久米田寺に改名。

久米多池の建設を担当したのが澄池（隆池）院、完成した池の名称に合わせて管理する施設を久米田寺（文書では隆池院としているが）と名付けたと解すれば、院名と寺名との違いや建設事業の経過を矛盾なく理解できる。

具体的な史料の根拠に乏しいのは神亀二年の項である。しかし、神亀元年に清浄土院と同尼院、同三年には檜尾池院、同四年には大野寺が開設されたことを考えると、神亀二年に久米多池建設に向けた調査が開始されたと考えても問題はなさそうだ。久米多池構想は、池と溝を組み合わせた全く新しいタイプの池溝事業、一〇年近い年月をかけて調査するのは当然のこと。先に述べたように、この一〇年間、行基集団がこの近辺を必死に歩き回ったに違いない。

物部田池と物部田池溝

この地域では、もう一つ行基集団が考えていたことがあった。「年記」は次のように記す。

池十五所

久米多池　在泉南郡丹比郷里、

物部田池　在同所、

溝七所

物部田池溝　長六十丈、廣深五尺、在泉国泉南郡、物部田池尻申候、

久米多池溝　長二千丈、廣五尺、在同国、

この記述から、物部田池と久米多池との深い関係が浮かび上がる。和泉葛城山は近畿地方でも有数の険しく懐の深い山として知られ、そこから流れ下る牛滝川は水量が豊かな川である。これから造ろうとする久米多池だけでは貯水池として小さすぎ、余剰水が生じることを行基集団は読み取ったに違いない。久米多池の近くに別の池を築造すれば余剰水も活用できる。長い溝はここでは必要ない。すでに久米多池まで水は来ている。そこから引くだけの短い溝で十分である。さらには、物部田池を造れば春木川の左岸側にも給水できることになる(図7-4参照)。この効用も、狭山池を三・五メートル嵩上げして西除川を取り込んだ行基集団は織り込んでいたはずである。

こうして造られたのが物部田池。残念ながらこの池はすでに消滅している。しかしかつての姿を想定することはそんなに難しいことではない。

牛滝川と久米多池の位置関係から物部田池は久米多池の西側になければならない。距離的にも最大で一八〇メートルしか離れていないはずだ。なにしろ久米多池から導水する物部田池溝は六〇丈(一八〇メートル)しかない。物部田池はいわば久米多池と双子の関係にある。

この条件で検討すると消滅した物部田池が浮かび上がる。明治二十年測量の地図にはまだ物部田池の痕跡が色濃く残っている。池堤は道として使われ、図上に残っている池と合わせて想定すると図7-5に示すような池が姿を現す。想定の物部田池である。その池の内には刈又池と呼ばれる小さな池が現存する。物部田池は久米多池と比べて貯水量は少なく、何よりも浅い池であった。春木川、厳密に言うと轟川、が流入しているため、川が運搬する土砂で長い年月をかけて自然に干上がってしまったと考えられる。流入する自然河川が全くない久米多池との大きな違いである。

以上の推論を支える傍証が二つある。

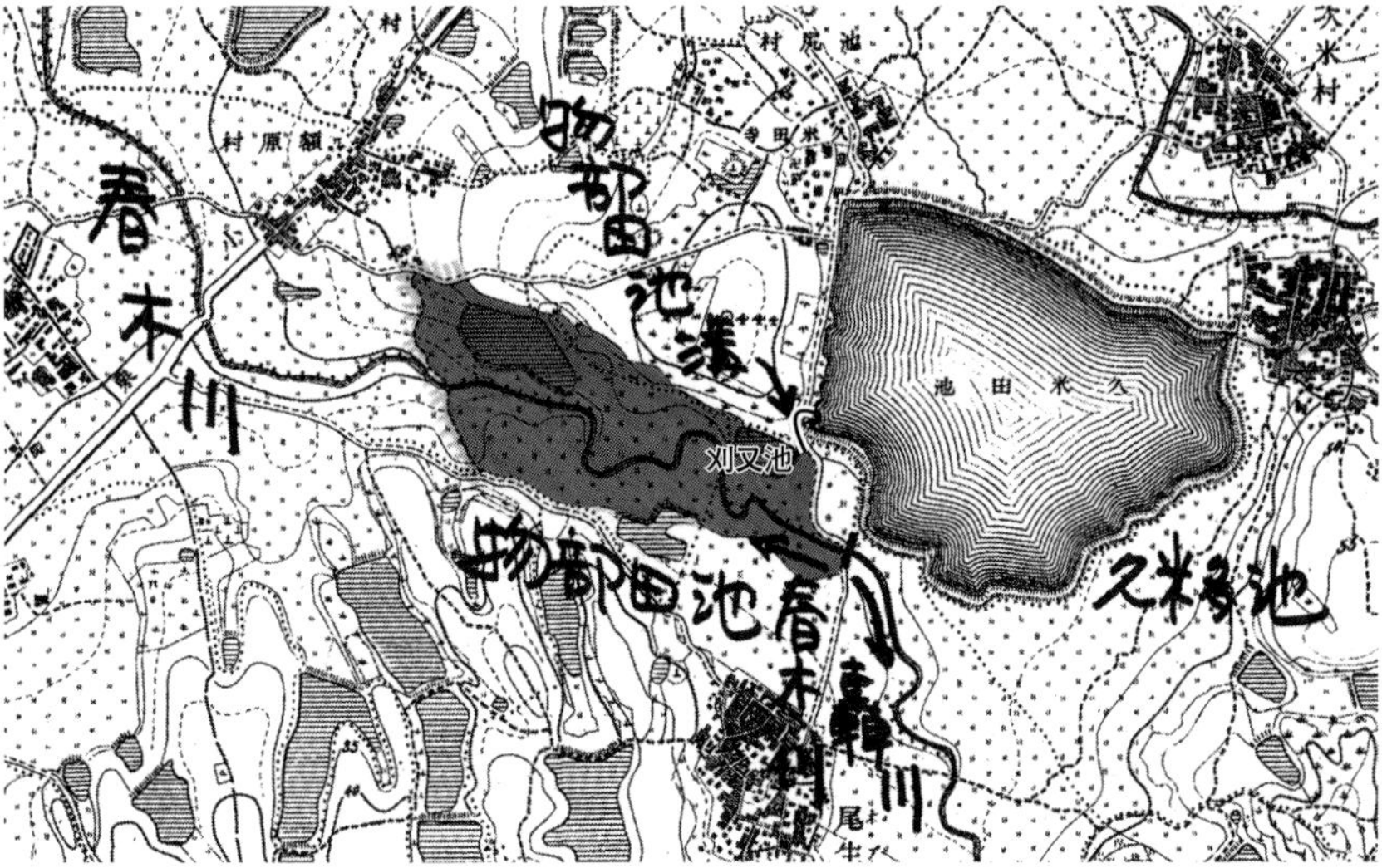

図7-5　物部田池と物部田池溝想定図

①久米多池と刈又池を結ぶ溝が現存すること（図7－5参照）。

池と池を結ぶ溝の両端には樋が必需品。また溝そのものも池堤と同じ高さ・強さを持っていなければならない。接合部の強度を得るには、池溝が池堤に直角に交わるよう接続するのが望ましく、そうなると池溝の平面形状は真っ直ぐに池を結ぶのではなくL字またはS字形にならざるを得ない。このため、ほぼ隣接する池を結ぶとはいえ溝の長さ一八〇メートル程度は必要となる。そして、何よりも溝が今も久米田池と刈又池を結んでいる事実は重い。数年前に訪れた折に進められていた工事でもコンクリート製に形こそ変えても水路は残されていた。古くから続く水利秩序は、重要な水資源の管理に関わるだけに、現在でも最も変更の難しい法制度の一つである。

②春木川の名前が突然替わること。

物部田池（現在の刈又池）の上流端にある橋を境に、上流側が轟川、下流側が春木川と全くの別名で呼ばれている（図7－5参照）。川の名前が上流と下流で替わること自体は珍しいことではない。信濃川と千曲川、土岐川と庄内川、例を挙げるのに苦労はしない。しかしその間に狭窄部が挟まっているのが通例であり、何もないのに突如として河川名が替わることは通常あり得ない。現地で教えてくれた方も不思議なこととして話しておられた。しかし、それも物部田池への流入河川が轟川、流出する川が春木川。物部田池が間に挟まっていたと考えれば矛盾なく解決できる。かつての物部田池が朧気ながらその姿を現してくれたように思えた瞬間であった。

鶴田池

鶴田池は二級河川芦田川に築造された池。年記の記載はごく簡単である。

鶴田池　在同郡早部郷

所在地の早部郷が草（日下）部郷の誤記または誤写とされ、草部の地名が伝わる所に鶴田池と現在も呼ばれる池が存在する。このため、現存の鶴田池が年記の伝える池と比定されてきた。この鶴田池にはゴルフ練習場が設置され、さらには池の真ん中を堺泉北有料道路が横切り、とても往事の姿を偲ぶことはできないが（写真7－3）、現役の池として貯水機能を失っていない。現状では行基集団の池とするにはいささか風格に欠けるが、それでも今も現役の池であるということ

写真7-3　ゴルフ練習場になっている鶴田池

に存在価値を感じさせられる。

　鶴田池は、流域面積が六・七平方キロメートルしかない小さな芦田川に造られている。[注9]楓の葉のように突き出している台地の先端部を結んで築造された池で、第Ⅳ期に進められた事業だけに池堤の高さは約一〇メートル、池面積は六七アールもある大きなもの。しかし池面積に比較して芦田川は小さな川、この地域の他の河川と比較しても最も小さい部類に属する。そんな小さな芦田川に造られた鶴田池は大き過ぎるというしかなく、なかなか水が溜まらず、すぐに空になってしまったに違いない。そんな鶴田池が見捨てられずに現在まで残ったのにはそれなりの理由があるはずだ。

　まずは池の位置。東から延びる台地が枝分かれしている先端部を堰き止めて造られた池ゆえ最も高い位置にあり芦田川の左右両岸にくまなく水を配ることができる。まことに使い勝手のよい池なのだ（図7-6参照）。そして、下流に拡がる平地は行基の父高志氏の本拠地。この地には趣のある高石神社や大鳥神社（神鳳寺）があり歴史の古さを感じさせる。しかし地形を見れば、北を流れる石津川と南を流れる大津川に挟まれた狭い地域で、域内を流れる水源は小さな芦田川しかない。山が全くなく、平地河川の典型である芦田川

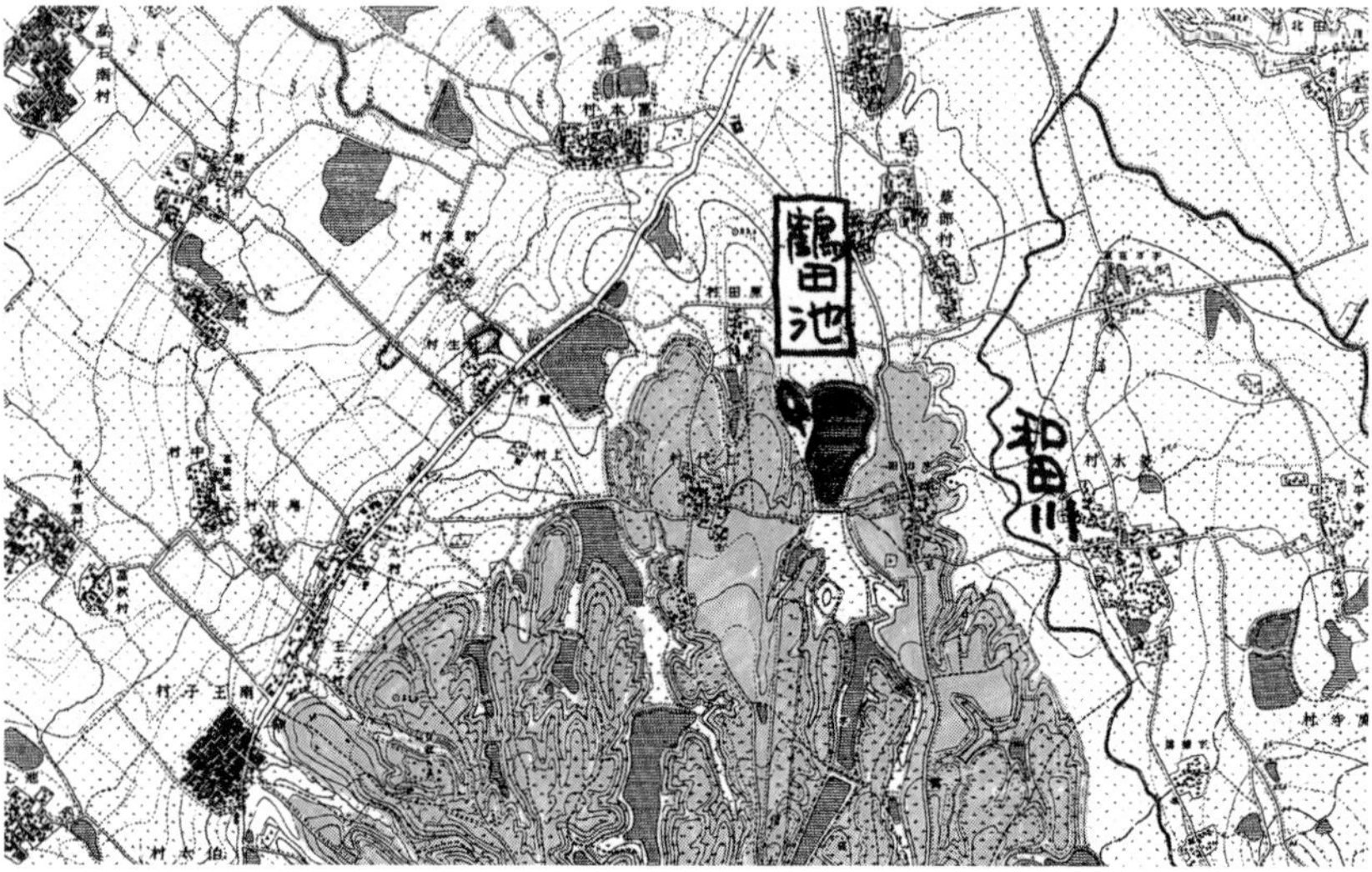

図7-6　鶴田池

は雨が降った時にしか流れない砂漠を流れるワジのような川。常に水に苦しんでいたに違いない。そんな川に造られたのが鶴田池。高志氏一族を始めとする流域の人たちがいかに鶴田池を大事に考え、守ってきたのか、容易に想像が付く。この池が今に至るも残ってきた理由はここにある。

とはいえ、鶴田池自体はなかなか溜まらない水に苦しんだはずである。久米多池溝を考え実現させた行基集団の目から見れば、横を流れる和田川あるいは槇尾川からの取水を視野に入れていたと考えて何ら不思議ではない。しかし残念ながら年記に「鶴田池溝」は存在しない。技術的にあまりに難しすぎたのだろう。次にみるように、鶴田池の水不足が解消するのはずっと後の昭和になってからである。

三　昭和の大事業――泉北耕地整理組合から光明池土地改良事業へ

ここまで論じてきても従来の定説とは大いに異なるだけに、なかなか信用してもらえないかもしれない。しかし以上の推論を裏付ける格好の実例がある。

図7-1をもう一度見てほしい。この和泉地域に未利用の豊かな水源が一つだけ残されている。三国山からの山水を集めて滔々と流れる槇尾川である。行基集団がこの川に注目しなかったはずがない。鶴田池院の建立は第Ⅳ期。それも久米多池に取りかかった三年後のこと。地域を知悉し、雄大な構想力に富む行基集団にとって、槇尾川は是が非でも手をつけたかった川に違いない。

先に述べたように鶴田池は自己流域に較べて貯水容量は大きい。大きすぎるのだ。久米多池溝を案出した行基集団が大導水路計画を持ったと考えて何ら不思議ではない。それだけに槇尾川からの導水を行基集団が目論んでいたように思えて仕方がない。

その夢を叶えたのが光明池土地改良事業。[注10] しかしその完成は千年の時を越えた昭和の時代になってからである。光明池は和田川の支川上流に造られたダム湖であるが、水源は別水系の槇尾川に求めている（図7-7参照）。槇尾川の光明池頭首工から取られた水は、延長二・八キロメートル、底幅一・八メートル、平均勾配一六〇〇分の一の光明池集水路を通じて光明池に導かれる。そして光明池に貯えられた水の一部は大野池連絡主線を通って鶴田池にも注がれる。ここに至って鶴田池は安定水源をはじめて確保できたのである。行基集団の夢が叶ったのは一二五〇年後のこと。この間は誰も手をつけられなかった。それだけ行基集団の力量が傑出していたということでもある。

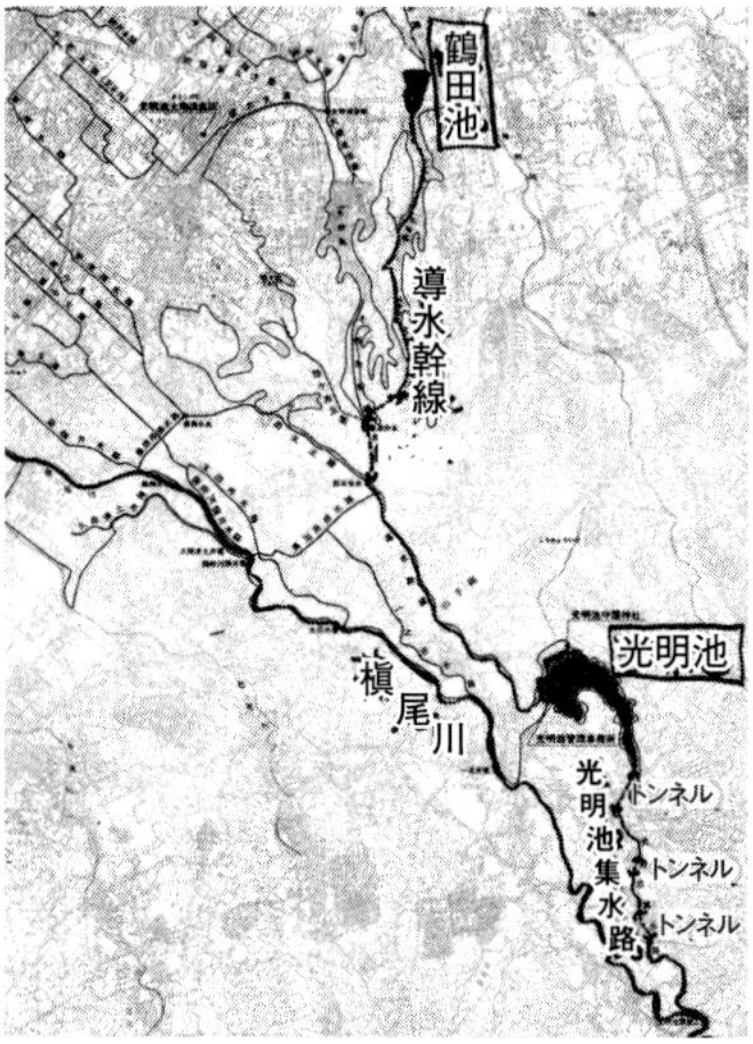

図7-7　光明池と光明池集水路

さて光明池の建設事業は、昭和三〔一九二八〕年に認可された泉北耕地整理組合の設立に始まり、組合解散の危機を乗り越えて昭和十四〔一九三九〕年に第一次工事の完成を見た。その後、第二次世界大戦を経て泉北耕地整理組合は光明池土地改良区に名を替えて活動を続ける。すべての事業が完成したのは昭和六十〔一九八五〕年五月のこと。この間、実に六〇年近い年月が流れている。

光明池事業の大きな目玉はダムと集水路。ダム貯水池は河川を離れて造り易いところに造り、水は水量豊かな川から導水する。典型的な河道外貯留ダム方式である。導水路（ここでは集水路と呼んでいる）は大部分が明渠（オープン・チャネル＝普通の川）であるが、トンネルを三ヵ所、サイフォン一ヵ所を設けている（図7-7参照）。ダム地点は石津川の支川和田川、取水地点は大津川水系の槇尾川。

流域界を越えての導水となるだけにトンネルが欠かせない。ところが行基の時代にはトンネルの掘削は至難の業。大構想は持てても実現する手段が整わなかった。一方、久米多池の場合には、池堤（ダム）と取水地点の所在地が同じ河川流域。取水した水は等高線に沿いながら緩やかに自然流下させれば池堤までたどり着く。この違いは大きい。

流域を越える導水が難しいのは古今東西を問わない。ましてや行基の時代では施工能力が大きくものをいう。それだけに壁は限りなく厚かった。

四　年記関連施設を持たない道場

〈和泉の地〉には年記関連施設とは全く結びつかない道場が存在する（表7－1参照）。大修恵院、清浄土院、同尼院の三院である。これらの道場が果たした役割を考えてみたい。

大修恵院と清浄土院・同尼院

大修恵院は現在の高蔵寺。石津川の最上流に近い山中に立地し、第Ⅰ期に起工された。現地を訪れると凛とした雰囲気に包まれる。行基は元来が山林で修行を積んだ僧。早い時期に修行の場として建立したと考えられる。

清浄土院と同尼院にも対応する年記関連施設はない。両道場の建立はまさしく第Ⅱ期から第Ⅲ期への移行期。すなわち畿内に活動拠点を築いて情報収集と人員確保に努めていた時期から和泉での実際の活動に移行しようとしている時期に相当する。この時点で最も重要な仕事は情報と作業員の確保。そのために起工されたと考えられる。これは立地条件からみても裏付けられる。両道場は平城京と四国を結ぶ南海道に沿っている。南海道は現在の和歌山市に近い賀太駅（現在の加太）から海上を淡路島に渡る。また難波津から賀太駅に至る海上交通との関連も指摘されている。つまり交通の要路に位置していたのである。

清浄土院・同尼院は、起工の時期、立地場所の両面からみて、〈和泉の地〉と外部とを結ぶ中継基地的な機能を担う道場と考えられる。

大野寺と土塔

和泉地域には不思議な構造物がある。大野寺の土塔（写真7－4）である。この土塔は、四九道場のなかでも極めて異例のもの。例えば井上薫氏は「四十九院の経営のうちで最も特色を持つのは、和泉の大野寺における土塔の造営である」[注11]とする。土塔は、底辺が約五五メートルから六〇メートルのほぼ正方形で高さは約九メートルの正方形錐体である。土を盛り立てた構造物で一三段よりなる。日干しレンガを枠として築造され、段の上部には瓦が葺かれていた。[注12]人名の入った多くの瓦が出土しており、近藤康司氏は「おそらくこれらの人物が行基の知識集団を構成していたと考えられ、人名瓦の数からみてその総数は計り知れない」とする。[注13]

ここで筆者が知りたいのは土塔の築造目的である。管見では今までこの点に関する議論はない。例えば井上薫氏も先の書に「大野寺土塔の造営」と「追記　大野寺土塔について」を設けて詳細に論じるものの築造目的については触れない。[注14]推測を避けたのだろうが、行基集団の事業を検討する立場からみればこれでは不十分。すべての土木構造物には築造の目的がある。目的なしに膨大な投資をすることはありえない。目的を解明できないと、その土木構造物を正当には評価し得ない。墨俣の一夜城のように、相手を騙すための城作りもある。それを知らずに不細工な城と

写真7–4　大野寺土塔

評したのでは全くの的外れ。一見無駄な投資にもそれなりの理由が隠されている。

行基集団がこの土塔を造った以上、何らかの目的があったはず。それを知ることが行基集団の事業を正しく知ることに繋がるだけに無視できない。筆者はランドマークの創出が目的と考える。もちろん宗教上の目的、例えば舎利を納めるなどの理由も付加されていた可能性は考えられるが、真の狙いはこの地にランドマークを生み出すこと。前にも述べたがこの地にはウネウネとした低い丘陵地が続く。目立つものは何もない。そんな所に高さ一〇メートルの土塔を造ればとにかく目立つ。その上に金色に輝く宝塔でも載せれば、遠くからも人目を引くことは間違いない。行基集団がここで活動していることを集団の内外に示すのにこんなに優れた構造物はない。

かつてタイ・バンコックの近郊に出掛けた折、何ヵ所かで石造りの塔を目にした（写真7–5）。真っ平らで何もない所ではこのような構造物はとにかく目立つ。そこに寺院が建っていることを遠くからでも認識できる。

となると大野寺の性格は明確である。〈和泉の地〉における行基集団の事業全体を統括すると共に行基集団の存在を内

写真7-5　バンコック近郊の塔

外に知らしめるための道場。これこそが高台に造られ、土塔を併せ持つ大野寺の存在理由である。大野寺に尼院が併設されていることの意味も大きい。行基集団は、すでにみたように女性（優婆夷）を大事に扱い一三の尼院を建立した。地域を統括する道場に尼院を併設することは必然の選択であり、当然の行動であった。

五　まとめとして——行基集団の道場の役割

行基集団が〈和泉の地〉で展開した事業について詳細に検討してきた。現在の地図からは読み取れなくとも、明治二十年測量の地図から解読できる情報は多かった。逆に言えば、明治時代から現在までの一二〇年間にいかに大きな改変が生じたのかということでもある。

明治二十年測量の地図を用いた検討と現地での調査により、〈和泉の地〉における事業の全貌を明らかにできたと自負している。行基集団は地域全体を視野に入れ、その上でそれぞれの河川の特徴を最大限に活かしつつ池・溝事業を展開していた。きめ細やかな心配りが行き届いており、さすが生まれ故郷で実施した事業と納得させられる。

もし筆者が和泉地区の開発責任者として現地に赴いたとして、これだけの緻密な計画を構想し得るであろうか。実現できるであろうか。精密な地図をはじめ近代的な道具立てをもってしてもとても可能とは思えない。それを行基集団は成し遂げた。第Ⅰ期、Ⅲ期、Ⅳ期を通じてこの地域をくまなく歩き回り、五感を通じて得た成果を個々人レベルに留めるのではなく、集団として蓄積していった成果と考える。その努力が花開いたのが第Ⅳ期の河道外貯留ダム方式の開発。個々人の努力が長期間にわたって有効に蓄積され、熟成された成果である。

〈和泉の地〉と道場との関連

数多くの道場はこの点で大きな役割を果たしたと考えられる。行基という傑出した指導者の下で、多くの凡人がおのれの特技を鍛えあげ、それぞれの分野におけるエキスパートにまで熟達する。その切磋琢磨に使われたのが道場、その徹底的な活用から集団としての凄さが誕生したのである。

行基集団の活動がほぼ全期を通じて展開された〈和泉の地〉では、多様な性格を持つ道場が建立された。地域の統括機能を持つ大野寺と同尼院、修業の場としての大修恵院、池を築造するための数多くの道場。さらには池を優婆夷だけで築造するための深井尼院まで建立された。この地では大野寺と同尼院を頂点とする組織構造が構築されていたと考えられる。現在の国土交通省の地域整備局に類似の組織といえよう。問題は、現在の地域整備局に行基集団のような、構成員同士の切磋琢磨を通じてノウハウを蓄積する機能が備わっているかどうかにある。

なお久米多池の調査では、平成十五〔二〇〇三〕年一一月と平成十九〔二〇〇七〕年六月の二回にわたって久米田池土地改良区の川中安雄理事長にお世話になった。自宅に伺って話を聞かせていただいたのであるが、今も「行基さん」が地元で息づいていることを知る得がたい機会ともなった。このような出会いも現地調査の思わぬ贈り物。ここに記してお礼としたい。

第八章　行基集団の事業（淀川中下流域の開墾）

いよいよ行基集団の事業の白眉ともいうべき淀川中下流域総合開発計画について検証する。ここでは想像もされなかった壮大な事業が展開されていた。お読みいただく方々にはにわかには信じていただけないかもしれない。

行基集団が淀川に手をつけたことを伝えるのは「天平十三年記」。それも単に手をつけたというような生半可なものではなく、淀川中下流域総合開発とも呼ぶべき一大開発計画を樹立して、なおかつそれを実現していたのである。あまりの壮大さに筆者自身も最初は戸惑うばかりであった。とても信じられないといわれても、ごもっともと返答するしかなかったであろう。しかし淀川中下流部には他の河川にはない特徴が秘められていた。行基集団は間違いなくそれを知悉しており、それゆえにこそ事業着手を決意したと思われる。

一　淀川水系の河川特性

淀川は二重の流量調整装置、すなわち洪水に対しての安全装置を備えた河川であった。こんな川は日本中を探しても他にはなかった。現在形ではなく、過去形で述べなければならないのは、現在はその安全装置が外れてしまった、いや外してしまったからである。

図8－1をご覧いただきたい。淀川は山崎地点の上流で桂川、宇治川、木津川の三川が合流して大阪平野に流下する。その合流点には巨大な巨椋池が広がり、自然遊水池として洪水流を調整する

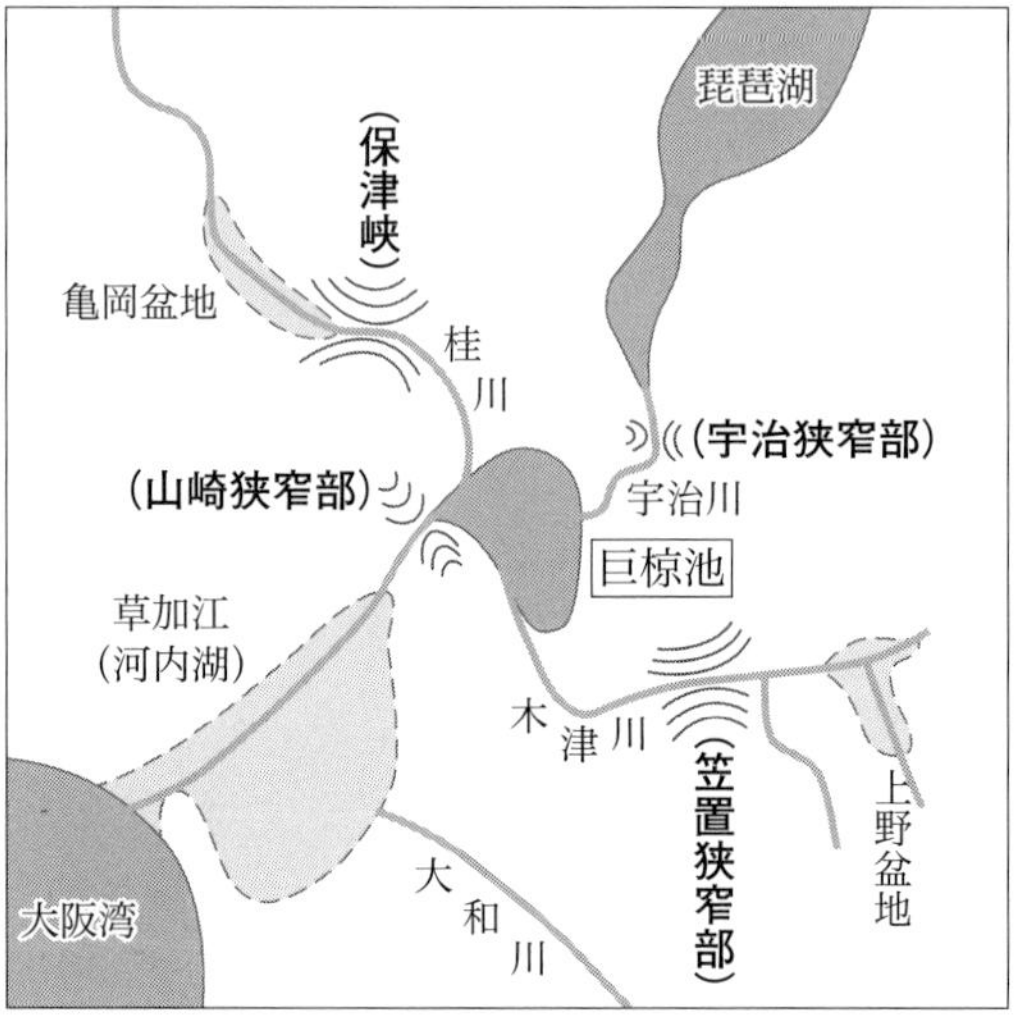

図8-1　淀川概念図

効能を有していた。洪水流はこの池で調整され平滑化されて大阪平野に流下していた。いわば巨大な自然のダムが存在したのである。

それだけでも特異といえるのに、さらに加えて三川それぞれに自然遊水池が備わっていた。宇治川の琵琶湖はいうまでもないが、桂川には保津峡の上流に位置する亀山盆地、木津川には笠置の狭窄部上流に広がる上野盆地があり、それぞれに自然遊水池としての機能を果たしていた。湖と盆地での自然氾濫が洪水流を平滑化していたのである。

その結果、淀川は大河川とはいえ大阪平野を流下する中下流部では飼い慣らされた川とまではいかなくとも、決して荒々しくはなかった。山地河川というよりは平地河川に近い性格を合わせ持っていたのである。

こうした特色を行基集団は間違いなく

熟知していた。三川合流点下流の狭窄部に山崎橋を架けるべく久修園院を開いたのは神亀二〔七二五〕年、第Ⅱ期から第Ⅲ期へ移行する年のことである。[注1] 架橋に向けて調べを進める内に、淀川の流れが大河川にしては大きくは変化しないことに気づいていたはずだ。〈和泉の地〉の山地河川を見慣れた行基集団にとっては、「この川なら和泉の川よりは扱いやすい。何とか手を出せそうだ」と感じたに違いない。その思いが確信に替わったのが天平二〔七三〇〕年。淀川最下流に位置する善源院の建立へとつながった。

ちなみに、現在の淀川は残念ながら全く様相を異にしている。巨椋池は干拓され完全に消滅してしまった。亀山盆地では治水対策が進んで市街地になり、上野盆地では辛うじて一部が人工の遊水池として残されて洪水ピーク時の遊水機能は強化されたものの、洪水全体を通じた遊水効果は逆に減じる場合が生じうる。また琵琶湖でも湖岸堤と流入河川の築堤工事が進み、かつては湖辺で氾濫していた水が湖に閉じこめられるようになり、結果として大阪平野における治水効果は減じる可能性がある。

こうしてダブルの自然遊水機能という安全装置を備えていた淀川は普通の川になってしまった。それだけに洪水に対する脆弱性は大きくなっている。大阪平野の住民はどれだけこの事実を認識しているのだろうか。河川の専門家もコンピューターの数字だけでなく、歴史的な流れに学ぶ必要がある。危うさを感じざるを得ない。

二　行基以前の大阪平野について

行基集団の事業を理解するには、まず行基集団が活動を開始した天平元年当時の大阪平野の地形と土地開発の状況を知る必要がある。当時の大阪平野の復原図としては、多くの歴史家が依拠することになる梶山彦太郎氏と市原実氏による図版（図8-2）、日下雅義氏による図版（図8-3）、服部昌之氏による図版（図8-4）、木原克司氏による図版（図8-5）などが挙げられる。

梶山・市原両氏の研究は、梶山氏が郵便局長を務めつつ建設工事現場を廻っては収集・作成した地質柱状図をもとに、C一四年代測定法による解析結果とシジミ貝などの化石分布を参照しながら海岸線を定めたものである。残念ながら収集できる柱状図は工事現場という他動的要因で決まるため、精粗が場所によって違ったものにならざるを得ない。それにも関わらず淀川中下流域の古代地形を全体として把握する第一歩を記したという意味で貴重なものである。

日下氏の図版（図8-3）は、梶山・市原図版（図8-2）を参照しつつ、主として古代の最も重要な港であった「難波津」を特定するために作成されたもの。これを端緒に難波津の比定を巡って日下氏と千田稔氏の間で論争が繰り広げられたが、[注2]本稿には関わらないので立ち入らない。両図版の大きな違いは、上町台地から延びる砂州の形状と千里山丘陵から延びる吹田砂堆を独立した島（大隅島）と見るか連続した砂堆と見るかの違いである。砂州の形状に関しては、梶山・市原両氏が単体としているのに対して、日下氏は大きく三本に枝分かれしていると見る。砂堆が単独か三本に枝分かれしているかは難波津の位置の特定に関しては大きな意味を持つものの、淀川中下流域の姿を考える上ではあまり影響しない。砂州の存在自体が重要で形状そのものは淀川の流れとは大きく関わらないからである。

しかし、もう一つの違い、吹田砂堆が千里山丘陵から連続した砂堆かあるいは独立した島（大隅島）と見るかは淀川の流れを考える上で大きく影響する。図8-3を見ると、丘陵から連続した砂堆を細く切って流下する三国川（現在の神崎川）が描かれている。これに対して図8-2では三

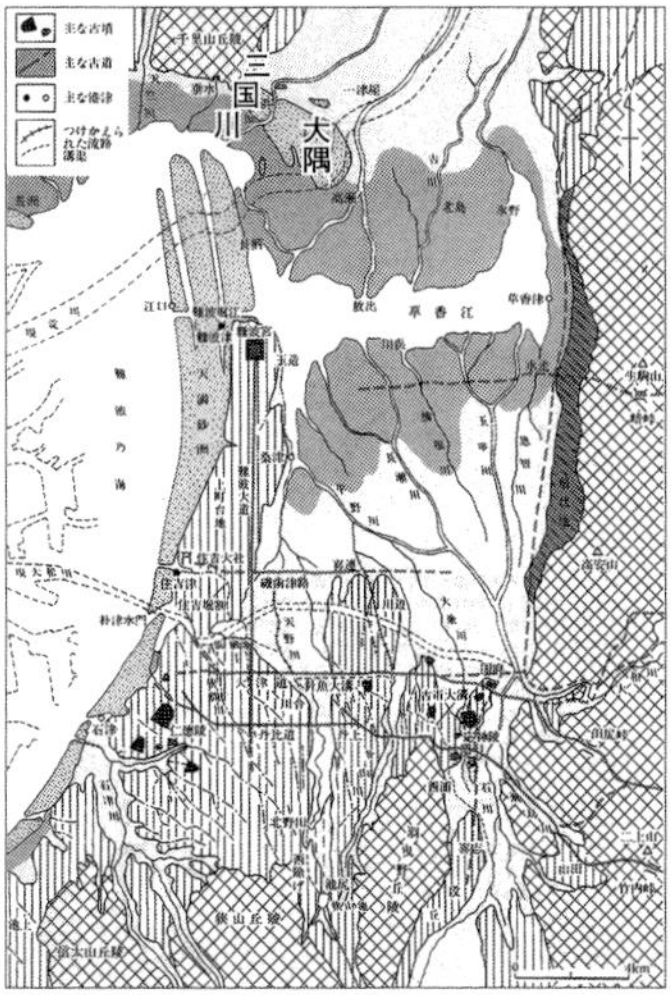

図8-3　大阪平野の復原姿2（日下）

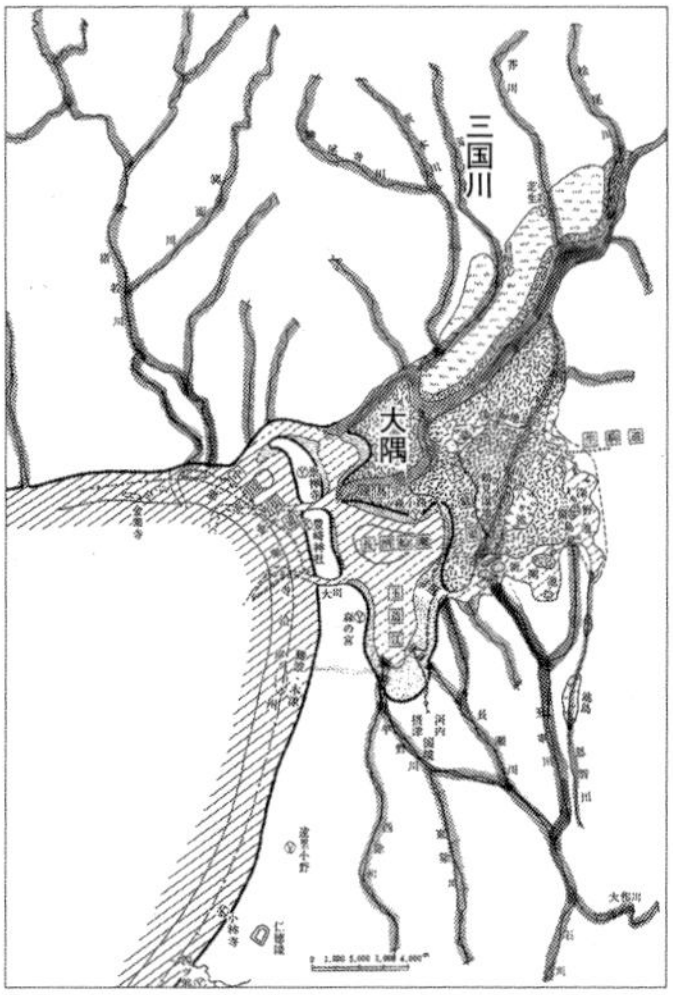

図8-2　大阪平野の復原姿1（梶山・市川）

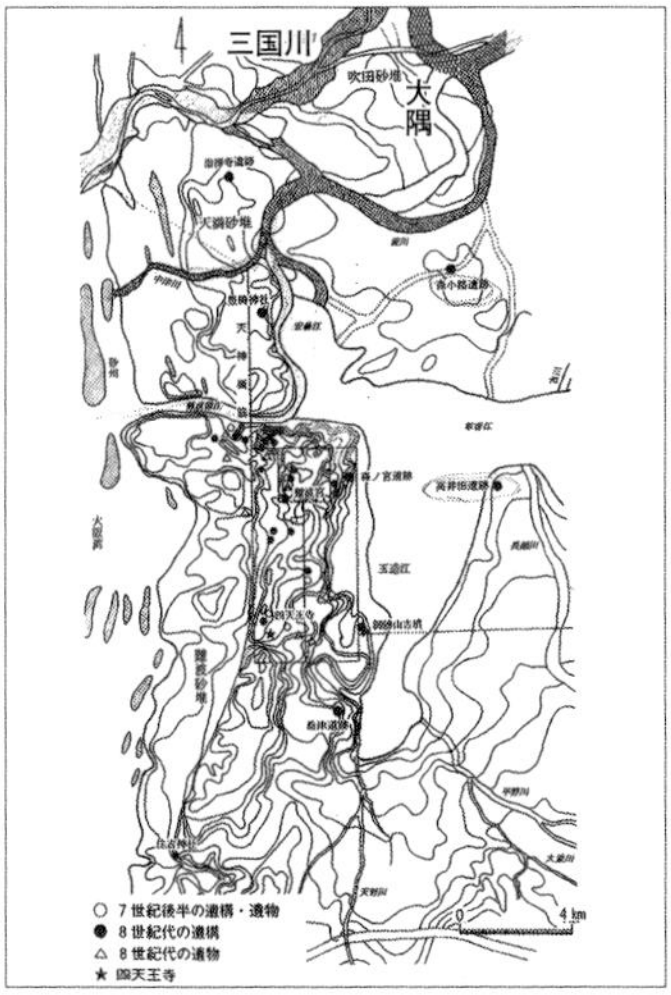

図8-5　大阪平野の復原姿4（木原）

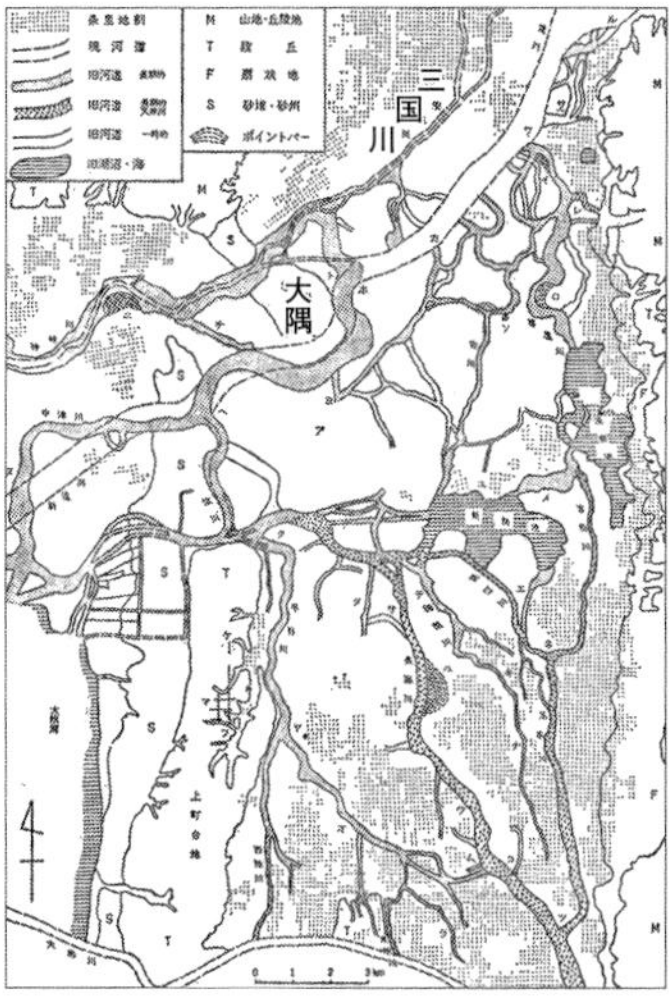

図8-4　大阪平野の復原姿3（服部）

国川を幅広く描き、切り離された土地を大隅島と名付けている。両者ともに吹田砂堆を考えることでは同様で、三国川を太く描くか細く描くかの違いに過ぎないともいえる。あるいは吹田砂堆を神崎川が切り裂いた時代をいつに想定するか、さらには淀川の主流が神崎川に注いだ時代をいつと考えるかの問題に帰着するともいえよう。

次に服部氏の図版（図8－4）である。同図は淀川下流部における条里の状況を当時の河川との関係で比較検討するために作成されたもの。河川の状況は、空中写真を主に利用して旧河道を検出する手法に依っているため、旧河道、特に淀川本川に関わる部分については、明治十八年測量図が示す姿とほぼ重なる。条里地割を見ると、左右岸共に、丘陵地から中小河川に沿って延びる扇状地では、条里が地割りされ、すでに耕作に使われていた様子が読み取れる。この地域の条里は「八世紀後半の段階では、天満砂堆の西方における三角州の形成はかなり進行し、農耕地が展開していた」[注3]と記されるように、行基集団がこの地に入った時には扇状地に加えて低平地でも高い所は耕作地にかわりつつあったであろう。逆に言うと、新たな開発対象となる地域は本川沿いの低平地しか残されていなかったことを意味する。

木原氏が示す大阪平野の復元姿（図8－5）は明治十八年測量図と現在の地形図をもとに、地盤沈下の影響と海面の高さの変動を考慮して作成されたもの。地盤沈下は自然沈下量に昭和十（一九三五）年以降の人工的な地盤沈下の影響を加えて算定し、海面高は遺跡の高さを参考に奈良時代頃の海面高度をOPゼロメートル（干潮時）～OP一メートル（満潮時）程度と推定している（OPは大阪湾最低潮位。東京湾中等水位（TP）より一・三メートル低く、大阪湾での海岸・河川構造物の設計に用いられる基準となる潮位）。[注4] 同図には等高線が示され、往時の地形を思い浮かべるのに大変便利であるが、難波宮特定のために作成された図版ゆえ行基集団の事業対象の全体をカバーしていないのが残念である。

以上、それぞれの検討は労作であり、当時の姿を考える上で極めて有益。しかし梶山・市川両氏の研究からすでに二〇年以上の年月が経ち、木原氏の研究からでも一〇年が経過している。今までに得られた地質情報や遺跡の発掘史料は膨大な数に上っているのに、得られた資料を多様な観点から総合的に俯瞰して往時の姿を復原する努力は継承されていない。例えば、国土交通省の国土地理院と近畿整備局が協力して検討会（例えば「大阪平野の往時の地形を復原する検討委員会」）を設置し、産官学の関係機関が持つ地質情報と遺跡の発掘結果等を持ち寄って総合的に検討を加え、大阪平野全体の詳細な地形復原図を年代別に作成してほしい。大阪平野は近代化以降の地盤沈下を始め地形変遷の影響を色濃く受けている地域である。その補正を施した時代別の微地形復原図ができれば、長い歴史を踏まえた国土管理が可能になるだけでなく、律令国家日本の成立に大きく関わった地だけに、歴史研究を進める有力な利器になるに違いない。

三　淀川・中下流部のコントロール・ポイント

次に行基集団が活動を開始する前の淀川中下流部の河川状況をみてみよう。図8－6を見てほしい。前節でみた先学の成果に淀川の特性を重ね合わせると、淀川中下流の流れを左右する重要な地点、コントロール・ポイントとして次の三地点が浮かび上がる。

(i)巨椋池から淀川中下流域への流出口 ── 山崎地点
(ii)流下してきた淀川を右岸側に撥ねる突堤の役割 ── 枚方地点

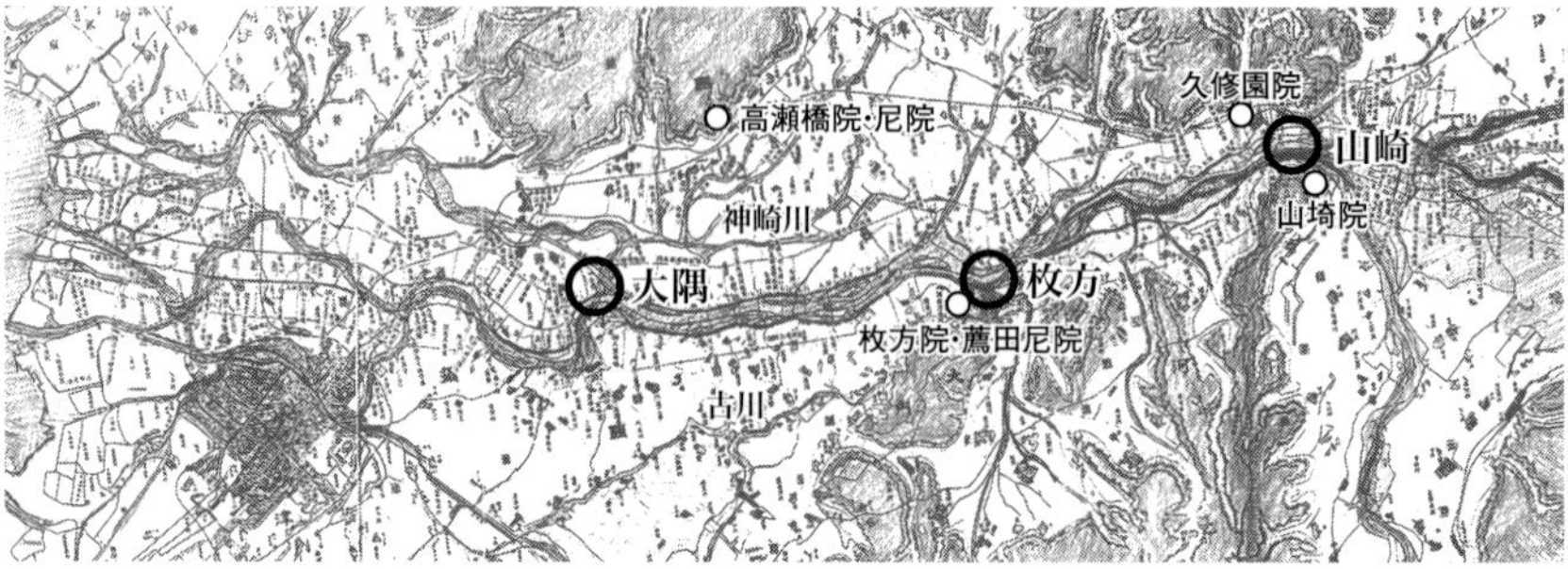

図8-6　淀川のコントロール・ポイント図

(iii)淀川を左右に分流させる役割——大隅（島）地点

山崎地点は、大阪平野を扇とするとその要の位置に相当し、淀川が大阪平野に流れ出る出口を固定する役割を果たしている。行基集団はこの地に二つの道場、左岸側の久修園院、右岸側の山埼院を築いている。この地は、桂川、宇治川、木津川の三川が合流して淀川本川となった後だけに架橋には絶好の地点、橋が一つで間に合う。ここに架ける山崎橋の築造と維持管理という直接的な目的に加えて、大阪平野への流出口を監視する役割をも意識した上での選択に違いない。この地に居ると、淀川の流れのみならず人流と物流、水上交通と陸上交通を同時におさえられる。行基集団が見逃すはずがない。

枚方地点は、大阪平野すなわち中下流域における淀川の流れを左右する最も重要なコントロール・ポイント。流下してきた淀川の洪水流を右岸側に撥ねる突堤の役割を果たすことは明治十八年測量図から明確に読み取れる（図8-7）。しかし土地利用が進み土地の改変が加わった現在の地形図からでは難しい。古い時代の地図の重要さを実感させられる。

撥ねられた後の淀川の流れ具合は、淀川の洪水流と右岸側

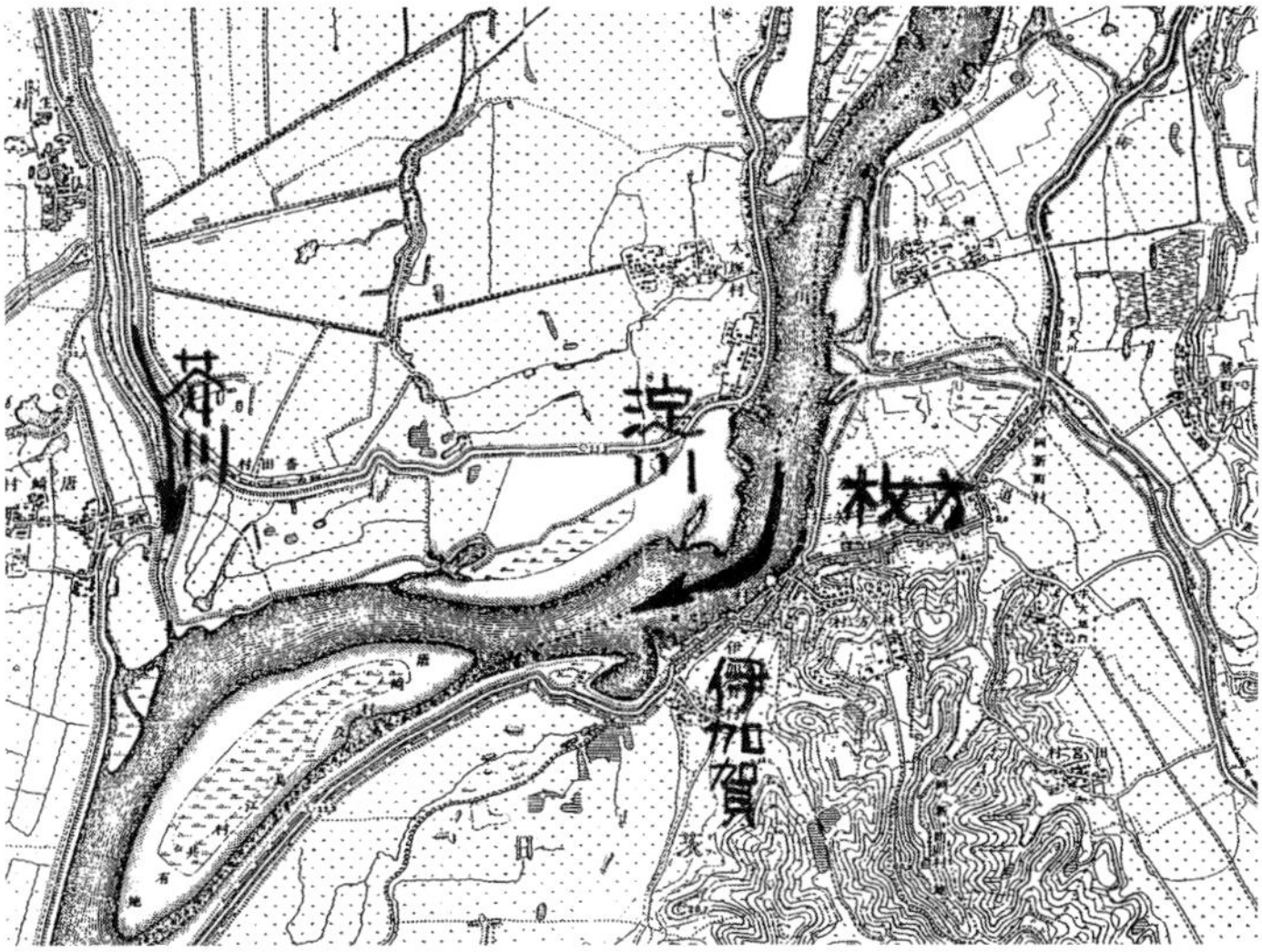

図8-7　枚方（伊加賀）地点の突堤効果

から合流する芥川の洪水流の相対的な力関係によって決まる。芥川の流れが相対的に強い場合には左岸側の古川の方に押され、弱い場合には右岸側の神崎川の方に押される。雨の降り方、洪水の出方によって流れる方向が決まり、洪水ごとに千差万別の流れ方をして土砂を堆積する。その繰り返しで大阪平野が形成されたのである。

行基時代の淀川の主流はすでに現在の流路になっていたと考えられる。後に見るように、行基集団が淀川の流れを神崎川に放流しようと努めたことが何よりの証拠である。

行基集団はこの枚方地点に枚方院と薦田尼院を建立している。これから開墾しようとする地域の最上流に位置し、淀川の中下流部全体を把握できる最重要な地点。ここに拠点となる道場を置いたのである。

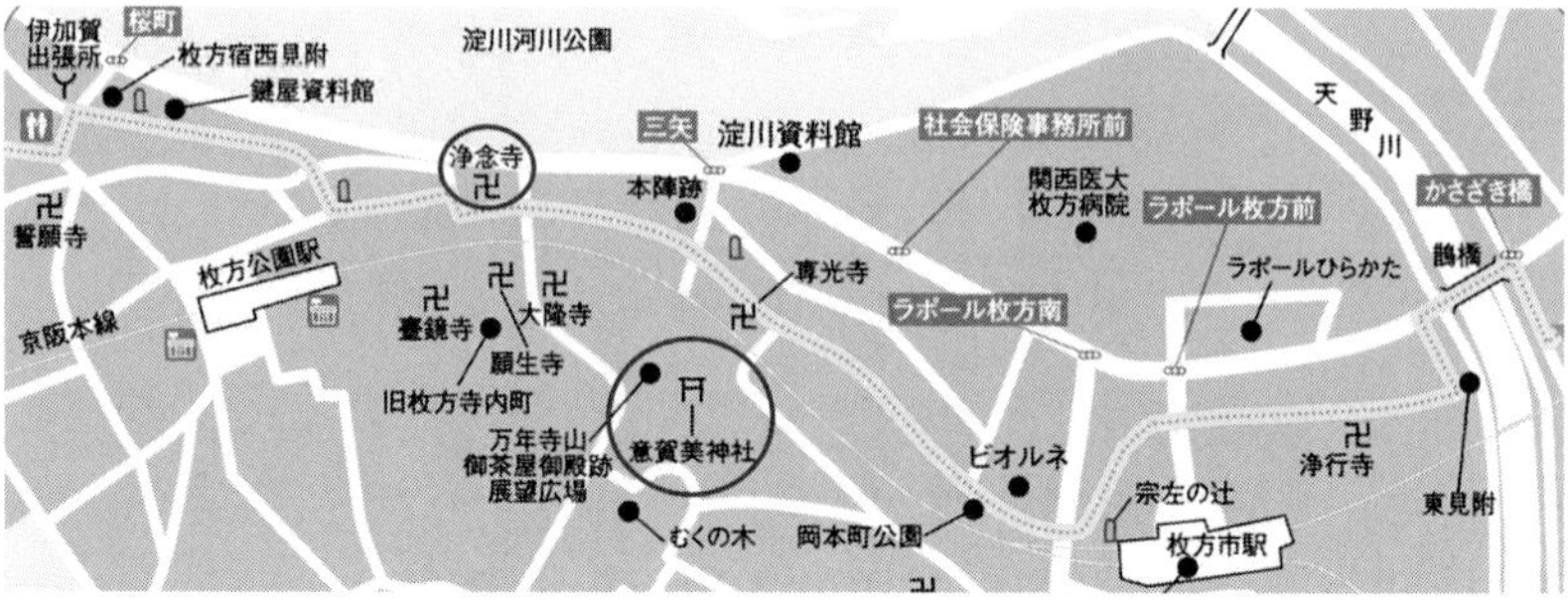

図8-8　枚方宿近辺の寺社

枚方院を現地に訪ねる

枚方院を探訪するため現地に向かうと、多くの寺社が集中している（図8－8参照）。この地は交通体系からみても重要な地点で、淀川の水上交通と京街道の陸上交通の結節点としての機能を担い、近世に至るまで枚方宿として大いに栄えてきた。宿場町との関連で生まれた寺院が多いと想定されるが、行基集団が建立した枚方院と薦田尼院も間違いなくこの中に含まれているはずだ。

行基集団が構える本拠地には幾つかの共通点が見られる。

(i)災害の影響を受けにくい土地
(ii)開墾地全体を見晴らせる高台
(iii)多人数の生活を成り立たせ得る環境（特に水と食糧の確保からみて）

以上の視点からこの地を見ると、枚方院と薦田尼院の建立地は万年寺山をおいては他にない。現在は意賀美神社（式内社）になっているが、宏大な境内には楠の大木が生い茂り行基集団との繋がりを感じさせる（写真8－1）。後に見るように、行基集団の道場には楠がつきもの。現地に立つと行基集

写真8-1　意賀美神社への参道と楠の大木

写真8-2　伊賀美神社から見た淀川

団の思いが胸に去来する。ここから見る淀川の眺めは素晴らしく、開墾対象地が眼下から大阪湾に向けて拡がるさまが一望できる（写真8－2）。

旧版の『枚方市史』には、「行基年譜に……とある。伊香村とは今の伊加賀の事で、恐らくその後身が萬年寺ではなかろうかという」[注5]と行基集団との関わりを窺わせる一文がある。

意賀美神社の正田宮司によると、万年寺は尼寺だったという。となると万年寺は枚方院ではなく薦田尼院と繋がるのだろうが、両院がこの地に並立していたとしても何ら不思議ではない。枚方院と薦田尼院はこの地にあったに違いない。なお同社の由緒[注6]によれば、例大祭は一〇月一五日とする。『年譜』が伝える枚方院の起工日「救（枚）方院　同年十月十五日起」と見事に符合する。単なる偶然とは思えない。

さらに奇妙なことに気がつく、枚方市教育委員会が意賀美神社の境内に立てた案内標識は、「奈良時代創建の密教系寺院の万年寺があったが、明治三（一八七〇）年の廃仏毀釈によって廃寺になり、本尊は三矢町の浄念寺に預けられた」との歴史を教えてくれる。ところが、この地には寺院が多く、万年寺と浄念寺の間には少なくとも大隆寺、願生坊、臺鏡寺の三寺が存在する（図8－8参照）。これらの寺をとばして、

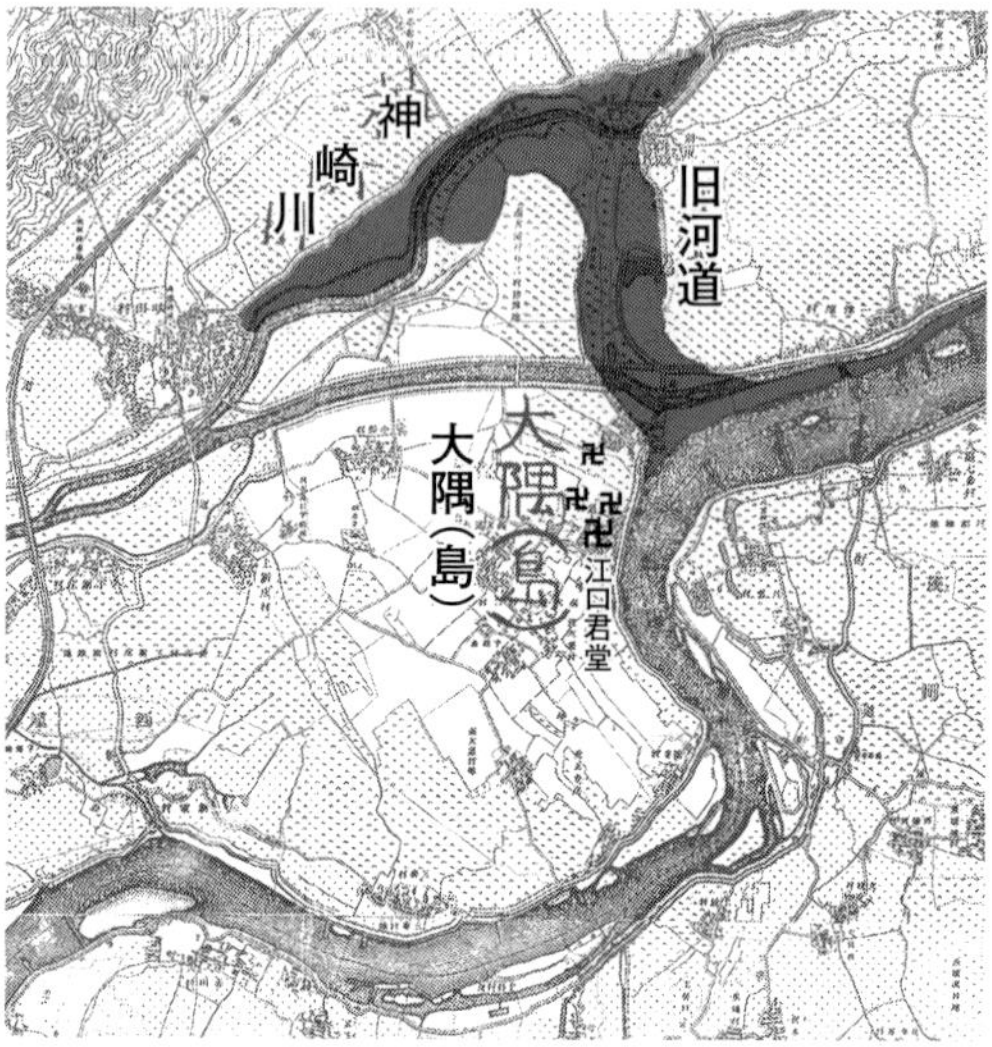

図8-9　大隅地点における旧河道

どうして浄念寺まで行くのだろうか。何らかの理由があるに違いない。

　そこで浄念寺を訪ねると、淀川の堤防のすぐそばに立地し、近くの安居樋門を通じて淀川と繋がる地点である。淀川の本流がまともに当たるため取水には絶好だが、洪水時には枚方山塊で頭水を撥ねられた後とはいえ洪水流が直撃する。それだけの備えがなければならない。後に詳しく検討するように、行基集団はこの地点に堤樋を設けて取水し、下流一帯の開墾地に導水している。この地は開墾対象地を潤すための生命線であると同時に洪水防御の最前線でもある。当然ながら〈現地道場〉(個々の工事を実施・監督する出先の道場。現在の国土交通省でいえば、「出張所」に相当する)を設けたに違いない。その後身が浄念寺だとすると万年寺とは親子関係に相当する。廃仏毀釈にあたって万年寺の本尊が浄念寺に預けられたの

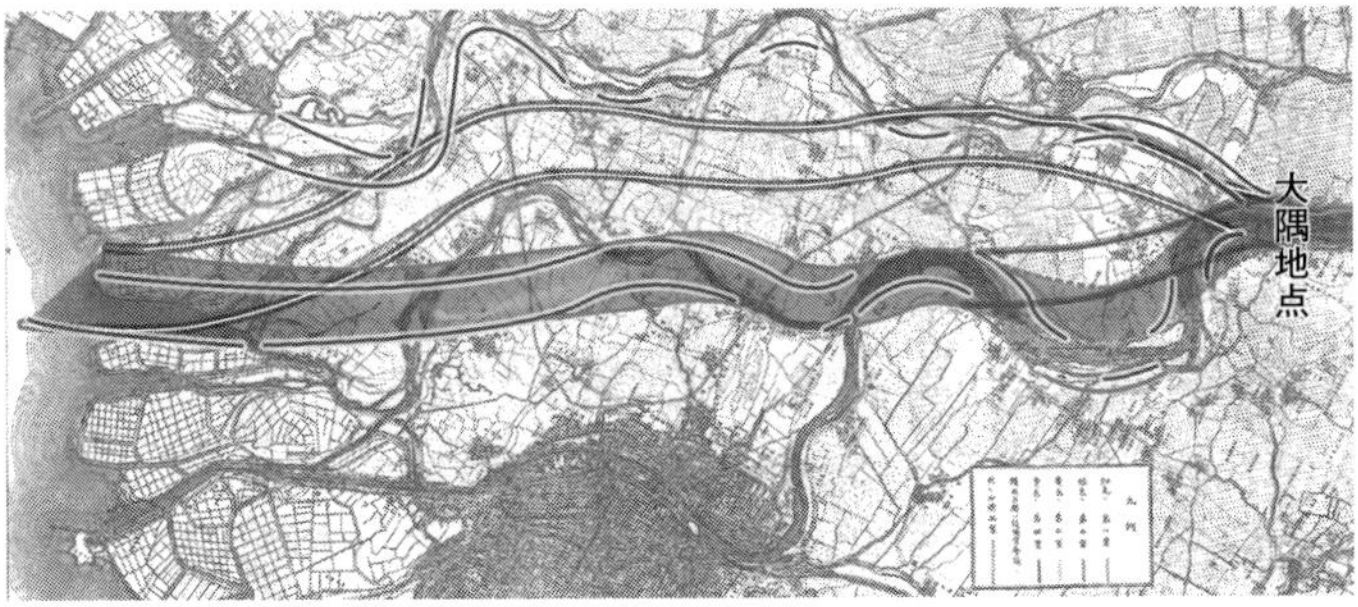

図8-10　淀川改修下流部比較法線入平面図

も当然のこと。途中の寺をとばすだけの理由があったのだ。

大隅（島）を現地に訪ねる

大隅（島）地点は不思議な場所である。明治十八年測量図からは、この地点で淀川の流れが左右に大きく分流していたことが明確に読み取れる（図8－9）。また梶山・市原両氏の研究ではすでに河内湾の時代（約五〇〇〇～四〇〇〇年前）から大隅島を想定し、ここで淀川の流れが左右に分流していたと想定する。[注7] しかし地形図をみる限りでは、この地に淀川の流れを左右に振り分けるだけの抵抗力がある地質にはみえない。普通なら本流がぶつかる水衝部は硬い岩からなる崖地になるはずが、地図の表記はそうではない。

とはいえ、この地点が下流域における淀川の流れを決める重要地点であることは、行基集団と和気清麻呂が実施した放水路事業がこの地に集中していること、さらに言えばはるかに時代が下った明治改修の中心課題の一つがこの地点の放水路計画と河道計画にあったこと（四つの案が比較検討された）が端的に示している（図8－10）。

なお、和気清麻呂の放水路事業は『続日本紀』延暦四年正月十四日条が「遣使、堀摂津国神下・梓江・鯵生江、通干三国川」[注8]と伝えるのみで、所在地を巡ってはなお議論が続いている。現在の通説は、この大隅地点における右岸側への分流部分を新たに掘削した放水路とみなす。[注9] この説に従えば、延暦四〔七八五〕年以前にはこの河道部分は存在しないこととなり、四〇〇〇年前からの存在を考える梶山・市原図版と矛盾する。

しかし和気清麻呂の事業を新たな放水路ではなく、すでにあった旧河道を掘削・拡幅して洪水流下を滑らかなものにしたものと解するなら両立しうる。かつてこの辺りは淀川と神崎川が入り乱れて流下していたはず。旧い時代の河道があちこちに残っていたに違いなく、また先の条では「三国川まで通ぜしむ」と記すだけで新設と言っているわけではない。上記の推論はあり得よう。

さて問題は、この砂堆（あるいは島）の先端部が淀川の流れを真正面から受けても浸食されずに両側に分流させるほどの強固さを持っていたかどうかである。

写真8-3　江口君堂と楠木

大隅を現地に訪ねると、周りはすでに開発し尽くされて高いビルが建ち並び、眺望はきかない。また淀川本川の河道は明治以降の改修工事で大きく変えられた。右岸側への分流部分は締め切って埋められ、左岸側の河道は滑らかな形に整形されている。さらには神崎川放水路が新たに掘削され昔日の面影はない。そんななかでも往時の姿が完全に姿を消したわけではない。かつて淀川の洪水流をもろに受けていた旧堤沿いに四つの寺、江口君堂（普賢院）、光照寺、光明寺、教徳寺が踵を接するように並んでいる。江口君堂は謡曲「江口」の舞台になった場所であるが、行基との関連を追求する立場か

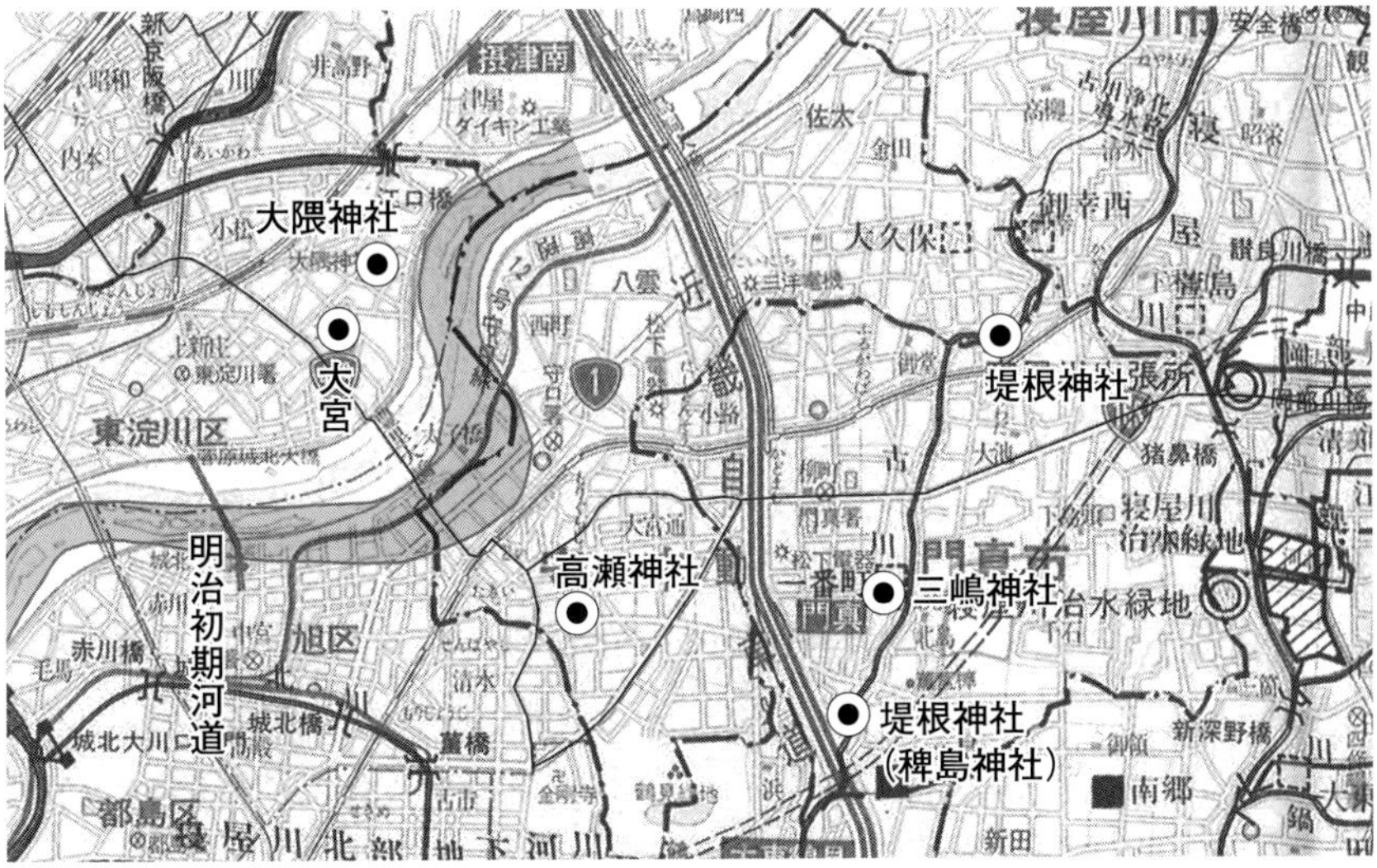

図8-11　淀川中流域を歩く

ら言えば楠の大木があるのがうれしい（写真８−３）。

しかしそんな想像もここまで。大隅が島であったのか、砂堆の一部であったのかはボーリング資料をもとに検討する必要があり、今後の検討課題として残すしかない。とはいえ四つの寺の存在が、この地が洪水の度に河岸浸食を受け、仏の念力を借りてでも防御したい地点であったことを証明してくれる。重要なコントロール・ポイントであったことは間違いない。

淀川中流域を歩く

淀川中下流域をイメージしやすくするために、コントロール・ポイントを訪ねたのに引き続き、『年譜』と「年記」を手に、地名をキーワードにしつつ中下流部を歩くことにする。中下流部の全体像を身体にしみ込ませるためでもある。しか

写真8−4　楠の大木（堤根神社、伝茨田堤）

しこれは必ずしも簡単な作業ではない。地名が時代によって変わり、さらには年記関連施設と対応しない道場名が多く、類推が難しいからである。しかし行基集団は歩くことからすべてをはじめた。都市化が進み、アスファルトとコンクリートで覆われたとはいえ、それでも何かが読み取れるかもしれない。行基に見習っての試みでもある。

淀川中流域を歩いてまず目にはいるのは所々に聳える大きな楠。一本の楠だったり、数本だったり、多い場合には群生しているところもある。そしてその楠木の根本には堤とおぼしき盛土がみられる所も散見される。この状況は、現在の淀川左右岸で共通に見られる風景である。まずは左岸側を古川に沿って上流から下流に向かって歩き、次いで右岸に渡って歩くことにする（図8−11）。

京阪電鉄「大和田駅」近くの堤根神社の裏には、堤の一部が残されており、その上に二本の大きな楠が茂っている。これが大阪府の史跡指定を受けた茨田堤と伝えられる堤防で、「伝茨田堤」の碑が立っている（写真8−4）。

門真市打越町には三嶋神社があり、社中には国指定天然記念物の「薫蓋樟《くんがいしょう》」がある（写真8−5）。立派な楠で、樹齢一〇〇〇年を超えるとされ、行基の時代にまで遡れるのかも知れない。この楠の立っている地盤は盛土になっており、かつての茨田堤の一部とも思わせる。なお、門真市

写真8-5　国指定天然記念物「薫蓋樟」（三嶋神社）

写真8-6　数本の楠（稗島神社））

教育委員会が掲げる案内板にも「都市化が進み、緑が少なくなった現在も遠くから眺められ、新緑の頃は緑の蓋をかけたように美しい」と記している。この楠がこの地域のランドマークになっている様子がここからも覗える。

さらに下ると、もう一つの堤根神社、別名稗島神社に出る。ここにも楠が数本植わっているが、堤防らしきものはない（写真8－6）。ここから西北西に歩くと、京阪電鉄「土居駅」のすぐ近くにある高瀬神社に出る。ここにも見事な楠が群生している（写真8－7）。この地は、後にみるように高瀬大橋の架橋地点と目される所で、「高瀬川跡」と題する案内板が守口市によって掲げられている。「この高瀬川には、僧行基がかけたといわれる橋があり、その橋の遺物と思われる橋杭の石柱が出土したことから、相当大きな川で、かつては淀川の本流であったといわれています」と記されている。この地域を歩くと、要所とおぼしき所には大きな楠が天を覆わんばかりに枝を茂らせている。立派な古木には、注連縄が張られ、そばには小さな社までがある。今も人々の信仰を集めている様子が窺えて興味深い（写真8－8）。

この間の事情は右岸に渡っても変わらない。高瀬神社からほど近くを淀川本川が流れており近代的な豊里大橋が架かっ

写真8−7　鬱蒼と茂る楠（高瀬神社）

写真8−8　注連縄が張られた人家の楠

ている。渡ってしばらく行くと堂々たる楠の大樹が見える。大宮の社である（写真8−9）。さらに少し上流に歩くと大隅神社に出る。ここにも楠はみられるが隣接する公園の楠と較べて見劣りするのが寂しい（写真8−10）。しかしこの感慨は間違っているかもしれない。かつては大隅神社と隣接の公園を合わせた規模の道場がここにあった可能性もあるのだから。

背の高い、大きな木は、高層の建物が建ちならぶ現在になってもランドマークとなっている。元々広い原野、一大沢沼地の当時ではさらに目立ったはずである。「楠を植えてランドマークにする」という発想は行基と弟子たちに似つかわしい。大野寺の土塔と同様の発想である。この地に、楠の大木が流域の所々に植えられ、そこが今では神社や寺社になっている。ここから行基集団のこの地における開発の方式がみえてくるように感じる。

この地域の開発はすべての事業が相互に関連している。開発対象地域はただ一つ、淀川中下流に拡がる広大な低平地域。それも沢沼地で多くは水の下にある。まずは水を抜かなければならない。しかし対象地は極めてフラットで水は滞留して流れ去り難く、排水する先には干満を繰り返す海があ

写真8-9　楠の大樹（大宮）

写真8-10　大隅神社の楠

る。単純な方法では水が抜けない。多様な事業を組み合わせて排水するしかない。さまざまな事業が計画され、実施されたに違いない。それを読み解かなければならない。

加えて大阪近辺は日本でも最も都市化が進み、改変が繰り返された土地。ほぼ全域がコンクリートとアスファルトで覆われ、かつての足跡を訪ねるのは容易ではない。手元にある有力な史料は「天平十三年記」と『行基年譜』。それを徹底的に分析すると共に現地を訪ねて地元に残る微かな情報を探り出して史料と照合するしかない。もちろん先学の研究は貴重であるが、筆者の立場とは方法論が異なる。「土木」の仕事は、人間の活動を支えるインフラストラクチャー（社会基盤施設）の整備にある。それゆえインフラストラクチャーと人間との相互関係を徹底して掘り下げる必要があり、「土木の歴史」を学ぶことがその一助となるのは間違いない。その意味では、「どこにいかなる事業が展開されたのか」は研究の第一歩に過ぎない。「その事業を進めた人間との関係、社会との関係」を解明しなければ、今後に活かすことができない。少なくとも「事業を実施した目的」と「事業を達成するための組織や手段」を明確にしないことには、研究の意義は半減してしまうのである。

四　氾濫農業

さて、農業には水が欠かせない。水を求めてできるだけ川に近づきたい。しかし近づきすぎて洪水にやられては元も子もない。この二律背反の中で世界の農業土木の技術は発達してきた。

エジプトのカイロから飛行機で一時間も飛ぶとルクソールに着く。ここには「王家の谷」を始めとする古代エジプト文明の遺跡がそこ彼処に並んでいる。メムノンの巨像もその一つ。巨大な像が二体、真っ平らな原野に聳え立っている（写真8－11）。高さ二〇メートルを超え、まるで王家の谷を守護するかのようである。

写真8-11　メムノンの巨像

ここで注目して見てほしいのは、巨像ではなく台座に刻み込まれた線。両方の台座に揃って同じ高さに横一文字に刻み込まれている。この線はメムノンの巨像が築造されて以降、毎年繰り返されるナイル川の洪水が長い時間をかけて刻み込んだものである。

ナイルは雨期になると毎年氾濫する。正確にいうなら、一九七一年、上流にアスワンハイダムが完成するまでは氾濫を繰り返した。氾濫というよりは浸水といった方が実態を表していよう。じわじわと押し寄せる水は雨期の終わり頃にははるか後方の丘の麓まで達する。雨期が終わり、乾期に入ると、浸水した水は徐々に河道に戻り始める。その後退にあわせて種を播き、耕作を始め、次の氾濫までには収穫を終わる。そんな農業経営が数千年にわたって続けられてきた。このような洪水氾濫に頼った農業を氾濫農業と呼ぶ。年に一度の収穫はほぼ保証されるが、それ以上の収穫は期待できない。エジプトに限らず、ベトナム、カンボジアなどのアジア・モンスーン地方では今なお続く主要な農業方式。世界全体で見れば、灌漑に依らない自然の雨水による農業経営（天水農業）が農地全体の八三パーセントを占めている。[注10]

一方、日本では氾濫農業は成り立ち難い。氾濫農業は、雨季と乾季がはっきりと分かれ、洪水もゆったりと訪れる地域ではじめて成り立つ方式。日本のように、洪水がいつ起こるのか予測不可能、それでいながらひとたび濁流が襲えば甚大な被害をもたらす。これでは氾濫農業は成り立たない。日本のような気象条件下では、洪水を防ぐ治水対策と灌漑用水を確保する用水対策を同時に進めてはじめて安定した水田耕作ができるのである。

洪水対策と用水対策を同時に進めなければならないという条件は極めて厳しい。これは行基の時代においても何ら変わらない。日本農業が時代を超えて背負わなければならない宿命なのである。この点をしっかりと押さえない限り、淀川中下流部での行基の事業を理解できない。

五　淀川中下流域の開発についての今までの見解

洪水対策と用水対策、この二つを同時に講じるのは簡単ではない。とりわけ洪水対策は大きな水の力と闘わなければならず、いきなり大河川を相手にするのは不可能。当然ながら小河川から始めるしかない。となると水田開発は小河川の流域、それも山水を受けない平地河川から始まる。しかし平地河川では用水の確保が難しい。このため潅漑に重点をおいて整備が進められる。潅漑施設とみられる木板で作った水路の遺構が全国各地の発掘調査で確認される理由はここにある。

大河川にはなかなか手がつけられなかった。懐の広い（上流域に広い山地を持つ）大河川の水流は少々の日照りが続いても簡単には涸れない。それは大きな魅力ではあるものの、洪水対策が一筋縄にはいかない。このため、大河川に何とか手をつけられるようになるのは、全国的にみればやっと戦国時代に入ってからとされてきた。[注11] 戦国時代に入ると、各大名は己の生存をかけて富国強兵策に乗り出す。その基盤をなすのが農業開発。すなわち開墾の促進である。こうして競って大河川流域の水田開発に手をつけることになった。新たに開発できる土地は大河川の周辺にしか残されていなかったからである。こうして一六世紀後半より一七世紀初頭にかけて大河川下流部の氾濫域では治水工事が大規模に展開され、農地化・水田化が大幅に進展したとされる。[注12]

淀川中下流域についても同様とみられてきた。例えば、主に最近一〇〇年の治水対策の歴史を取り纏めた『淀川百年史』では、五世紀頃の難波堀江と茨田堤の改修について述べた後、一気に八世紀の和気清麻呂にとび、次は一六世紀末の秀吉の文禄堤まで三段跳びする。[注13] かくて淀川中下流域でも戦国時代になってはじめて治水対策が進んだように理解されている。淀川も全国の大河川と横並びとなれば、すっきりと割り切れてありがたい限りである。

しかし本当にそうなのか。

第一章で述べたように、『書紀』は仁徳天皇十一（三二三）年の「堀江の開削と茨田の築堤」という一大河川事業の完成を伝える。仁徳天皇十一年という年代はともかく、四世紀から六世紀にかけて淀川中下流の山際では開墾に着手されていた。一方の和気清麻呂が行った三国川開削工事は、淀川の洪水を神崎川に放流して下流域の洪水被害を軽減しようという放水路工事である。『続紀』の延暦四（七八五）年正月十四日の項にその完成を報じる記述があり、大工事が完成していた。[注14] 四世紀から六世紀にかけての難波堀江の開削と茨田堤の築造。そして八世紀後半の三国川への開削工事、この二つの治水事業が実施されたことは正史が明確に語っている。間違いなく古代にも淀川に手がついていたのである。

この二大治水事業の間に行基集団の事業がある。しかし全く顧みられることはない。『行基年譜』という史料が残され、信頼性が高い史料とされる「天平十三年記」も伝わるというのに行基集団の事績は完全に無視されている。ここにも行基に対する思いこみが見られる。「民衆と共に歩む社会活動家の行基」というイメージで、そんな行基に大きな土木工事ができるはずがないという既成概念が醸成され、定着する。加えて、「淀川の開発は少なくとも平安の世になってから」との思い込みも根強く影響しているのだろう。最も大きいのは、『年譜』と「年記」の重みが土木や河川技術の専門分野に正しく伝わらなかったことかもしれない。これでは土木の分野から歴史の分野への投げ返しが起こりようもない。ここでは、そんな先入観は外して、和泉地方で展開された事業との関連も視野に入れつつ虚心に検討を進めたい。

六　淀川中下流域開発には何が必要か

行基の時代を迎える前の淀川中下流域には沢沼地が拡がっていた。川は洪水のたびにのたうつ如くその流路を変えては大阪湾に注いでいた。そんな沢沼地に、堀江を開削して大きな干満差を生み出し、干潮時に水上に顔を出す土地を堤で囲って干陸化する工事が進められて来た。遅々とした歩みではあるが、それでも生駒の山際から半円形にせり出すように堤防が築かれ、新たな農地が創り出されてきたことは繰り返し述べた通りである。[注15]

このような状況下にある淀川中下流域を大規模に農業開発するためには、次に示す三つの難問を解決しなければならない。

(i)淀川の氾濫を防止する治水対策

(ii)沼地となっている地域の干陸化、そのための排水対策

(iii)潅漑施設の整備による用水対策

ここで注意すべきは、この三つの課題が相互に関連していることである。例えば、(i)の治水対策として、淀川本川の洪水位を下げる河道の掘り下げは大きな治水効果を発揮する。それと同時に(ii)の排水対策にも大きな効果が期待できる。また治水対策として堤防を築いて締め切ると、新たな潅漑施設を整備する必要が生じる。それだけに全体の計画を総合的に綿密に練りあげねばならない。

行基集団の構想

行基集団が目を付けたのは、淀川と古川に挟まれた広大な沼地。現在の天野川合流点から下流の豊里大橋までの区間と考えられる、延長約一〇キロメートル、幅二キロメートル、面積約二〇平方キロメートル(二〇〇〇ヘクタール、一八二〇町歩)の広大な範囲である。この一連の沢沼地を一気に農地に変えようというのである。

そのためには、先にみたように次の三つの施策を具体化しなければならない。

①治水対策
この地域では、三方向からの洪水を防御する必要がある（後掲図8－13参照）。
(i)従来からの茨田堤を延ばして、古川右岸からの洪水を防ぐ。
古川の洪水に加えて、当時は古川に合流していた大和川の洪水を防御するため。
(ii)淀川の左岸に堤防を新たに築造し、淀川本川の洪水から防御する。
この対策工事が最も困難な大工事となる。
(iii)下流側を締め切り、下流側からの浸水を防ぐ。

この三つの対策が完成すると、少なくとも河川からの洪水氾濫がこの地域に流入してくることは防げる。いわば大きな輪中が出現することになる。

②排水対策
沼地の水を排除するには、古川か淀川に水を抜く必要がある。洪水時以外は淀川本川の方が、古川よりも水位が低かったはずで、できれば淀川本川に抜く方が効率がよい。

さらに、もし淀川の水位を下げられるなら、排水の効果がより一層上がると期待できる。加えて、河道を掘り下げる対策は、言うまでもなく淀川本川の洪水対策としても大変有効であるのは先に見たとおりである。

具体的には次の対策が考えられる。

(i)沼地の水を淀川に排水するために、新しく排水路を掘削する。
(ii)淀川の水位をできるだけ下げるために、放水路を掘削して淀川の洪水を三国川（現在の神崎川）に放流する。

③用水対策
古川、淀川本川、そして下流からの浸水を防ぐために、三方に堤防を作って締め切り輪中にしてしまうと、域内に潅漑するための施設が新たに必要となる。具体的には、最上流端で淀川から取水して、堤内に幹線水路を設置して最下流端まで導水するのが最も効率的である。

構想の具体化に向けて

行基集団は必要となる対策にどのように取り組んだのか。まずは行基集団がこの地（淀川中下流部）で実施した事業を「天平十三年記」からすべて拾い出してみる。

「天平十三年記（淀川中下流部関連分のみ）」
橋（五所）
山崎橋　在乙訓郡山崎郷、神亀二ノ九月十二日始起、
巳上二所山城国云云
高瀬大橋　在嶋下郡高瀬里
長柄
中河

堀江　並三所西城郡、
　巳上四所在摂津国、
直道（一所）　在自高瀬生馬大山登道、
　巳上河内国茨田郡摂津国云云
溝（一所）
古林溝　長三千二百丈、廣六尺、深四尺、　在河内国茨田郡古林里
樋（三所）
高瀬堤樋　在茨田郡高瀬里、
韓室堤樋　同郡韓室里、
茨田堤樋　同郡茨田里、
　巳上三所在河内国、
堀（四所）
比売嶋堀川　長六百丈、廣八十丈、深六丈五尺、　在西城郡津守村、
白鷺嶋堀川　長百丈、廣六十丈、深九尺、　巳上在西城郡津守里、
次田堀川　長七百丈、廣二十丈、深六尺、　在嶋下郡次田里、
　巳上三所在摂津国、
大庭堀川　長八百丈、廣十二丈、深八尺、　在河内国茨田郡大庭里
布施屋（五所）
大江布施屋　在乙訓郡大江里
泉寺布施屋　在相楽郡高麗里

巳上二所在山城国云云
度布施屋　在西城津守里、
巳上三所在摂津国、
楠葉布施屋　在交野郡楠葉里、
石原布施屋　在丹北郡在原里、
巳上二所在河内国

実に多様な事業がこの地で展開されている。船息、池、池溝を除くすべての事業が展開されている。水上交通に関わる船息は当然として、和泉の地で中心的役割を果たした池と池溝が全く顔を見せないことにこの地の特色がはっきりと出ている。池はこの地域には必要ない。水は有り余っており、その水の排除こそがこの地を開発する際の最重要な命題。和泉の地とは全く正反対なのである。

年記関連事業の実施場所（淀川中流域と下流域）

ここに示した淀川中下流域で実施された事業を、「年記」が示す所在地に基づき、中流部（高瀬大橋近辺）と下流部（津守地域）、左岸側（河内国）と右岸側（摂津国）に四分割して示すと、表8―1のようになる。

中流部の象徴的な事業である高瀬大橋を現在の豊里大橋地点に比定することに異論はない。ただ注意すべきは、現在の河道は明治改修で大きく変わっていること。その意味では、明治十八年測量の地図によるのがより当時に近いとはいえるが、行基の時代と同じである保証はない。とはい

表8-1　行基集団の事業の国別（左右岸別）分類表

所在地	工種	左岸側（河内国）	右岸側（摂津国）
中流部	橋	高瀬大橋（摂津国嶋下郡高瀬里）	
	直道	高瀬生馬大山登道 （河内国茨田郡）	
	溝	古林溝（河内国茨田郡古林里） 長 3200 丈、廣 6 尺、深 4 尺	
	樋	高瀬堤樋（河内国茨田郡高瀬里） 韓室堤樋（河内国茨田郡韓室里） 茨田堤樋（河内国茨田郡茨田里）	
	堀川	大庭堀川（河内国茨田郡大庭里） 長 800 丈、廣 12 丈、深 8 尺	次田堀川（嶋下郡次田里） 長 700 丈、廣 20 丈、深 6 尺
下流部	堀川		比売嶋堀川（西城郡津守村） 長 600 丈、廣 80 丈、深 6 丈 5 尺 白鷺嶋堀川（西城郡津守里） 長 100 丈、廣 60 丈、深 9 尺
	橋		長柄（摂津国西城郡） 中河（摂津国西城郡） 堀江（摂津国西城郡）

え先にみた先人の検討でも、大隅地点までの間の河道については大きな意見の相違はなく、ほぼ明治十八年測量地図の通りと考えられている。この地を中流部として間違いはなさそうである。

下流部を「津守」とするのに異論はみられないが、その比定地には二つの見解がある。千田稔氏は善源院と同尼院の所在地を不明としつつも「現在の大阪市西成区北津守・津守・南津守あたりか」[注16]とする。一方、吉田靖雄氏は『和名抄』の西成郡津守郷は、現在の大阪市西成区に津守町、南・北津守町の名を残しているが、この地は元禄以降開発された津守新田の後身であり津守郷の後身ではない。元々津守の地は、上町台地西方の数流に分かれた淀川川尻の広い範囲をさしており、それは現在の西淀川区から西成区の辺に該当する。津守郷は西成区と浪速区の阪神高速堺線以東の地を含むものと推定されている」[注17]とする。筆者は善源院が担当した事業から考えて、後者の「上町台地西方の数流に分かれた淀川川尻の広い範囲でなければならない」と推定する立場をとる。後にみるようにこの地には比売嶋、白鷺嶋に繋がる地名が残されており、この比定を強く支持するからである。

さて、表8−1に戻ると、次のことが読み取れる。

(i)比売嶋堀川と白鷺嶋堀川は、どちらも淀川下流部に位置し、長さこそ大きく異なるものの幅と深さはほぼ同じ規模の放水路である、淀川が下流域で三本の派川（神崎川、中河、堀江）に分かれることを考え合わせると、二つの堀川の役割は、堀江から中河へ、中河から神崎川へと分流させる役割と推測できる。

(ii)次田堀川は上記二堀川と同じく右岸側に位置する。となると、上記堀川と同じ役割を中流部で担っていたはず。すなわち淀川本川から神崎川への放水路としての役割を担っていたと推定される。

(iii)大庭堀川は、他の堀川とは異なり淀川の左岸側に位置する。川幅も三六メートルと最も狭く、他の堀川とは全く異なる性格を持つと推測される。となると考えられるのは、水田開発の対象地内を流れる排水路（「悪水路」が農業土木の用語ではよく使われる。言い得て妙である）である。水路幅が三六メートルにも及ぶのは、沢沼地の水を干し上げる役割を担っているためで、干陸化が進んだ段階では自然に縮小したに違いない。

必要とされる対策と年記関連事業との対比

先に見た必要とされる対策と対応させて年記関連事業を整理すると次のようになる。なお、淀川本川から神崎川（三国川）に向けての放水路三本の掘削は、①治水・②排水・③用水の各対策のベースとなる根幹的な事業である。

比売嶋堀川　長六百丈、廣八十丈、深六丈五尺、

白鷺嶋堀川　長百丈、廣六十丈、深九尺、

次田堀川　長七百丈、廣二十丈、深六尺、

①治水対策

(i)古川の治水対策

茨田堤樋　同郡茨田里、

(ii)淀川本川の治水対策

高瀬堤樋　在茨田郡高瀬里、

(iii)下流からの浸水対策

韓室堤樋　同郡韓室里、

②排水対策

沼地から本川への排水対策

大庭堀川　長八百丈、廣十二丈、深八尺、　在河内国茨田郡大庭里

③用水対策

古林溝　長三千二百丈、廣六尺、深四尺、　在河内国茨田郡古林里

七　事業工種の意味するもの

行基集団が分類した事業工種の意味する内容を分析しておきたい。行基集団が開発事業を進めた対象地は淀川中下流域。この地を干陸化して水田にすることが目的である。その達成のためにすべての事業が展開されたはずである。それを確認するためにも、この地で展開された事業工種（布施屋・橋・直道・溝・樋・堀）が意味する内容を吟味する。

「布施屋」は道路利用者の利便のための施設で、淀川中下流域の水田開発とは直接の関係はない。ここでの議論からは省くことにする。

「橋」のうち、高瀬大橋は淀川の左右岸を繋ぐためのもの。この地域開発の基幹となる施設であるが、他の三橋については中下流部開発との関係が現段階では不明。後ほどじっくりと検討する。

「直道」は、高瀬大橋を既存の道路に接続するための施設。問題はその接続先である。

「溝」に関しては、すでに和泉地域における検討で検証した通り「水資源を新たに産みだすための施設」であり、決して「産み出した水を配る施設」ではない。行基集団は年記の事業工種を明確に意識して記述していることは先にみた通りである。となると、古林溝がどこを流れたかは検討課題として残るが、水資源開発施設であることは間違いない。

「樋」はこの地にのみ使われる。その意味では、この地を象徴する施設である。標題では単に「樋三所」とするが、個別の施設名では「堤樋」とする。堤防に附属する樋門・樋管であることを明示しており、堤防が築造されたことを意味している。

「堀」も上記の「樋」と同じく、この地だけに用いられる事業工種である。これまた標題では「堀四所」と簡単に記すが、個別名でみると「堀川」と川であることを明確にしている。「堀川」の諸元（規模）をみると、土木家には「放水路」であることは一目瞭然、議論するまでもない。しかし歴史家には違うようで、「運河」とみなされる場合が多い。これではこの地の事業の全体像を大きく見誤る。

まずは「掘川」の意味するものを明確にしておこう。「年記」が諸元を数字で示すのは、この「掘川」と「池溝」のみ。行基集団がいかにこの二つの事業に自信と誇りを持っていたかが窺える。筆者が「掘川」の意味するものを明確に把握できたのも、行基集団がその諸元を明示してくれたからである。年記の記述内容をそのまま転記すると次のようになる。

掘四所
比売嶋堀川　長六百丈、廣八十丈、深六丈五尺　在西城郡津守村
白鷺嶋堀川　長百丈、廣六十丈、深九尺　巳上在西城郡津守里
次田堀川　長七百丈、廣二十丈、深六尺　在嶋下郡次田里
巳上三所在摂津国
大庭堀川　長八百丈、廣十二丈、深八尺　在河内国茨田郡大庭里

比売嶋堀川と白鷺嶋堀川は幅二〇〇メートル級の大水路。次田堀川ですら幅は六〇メートルもある。舟運にはこんなに幅広い水路は全く必要ない。必要がないだけでなく幅が広すぎると横波が立つなどの支障を生じる。例えば、世界遺産に登録されているミディ運河では水面幅は二〇メートルもない（写真8-12）。この間の事情は大阪平野でも同様で、運河として活用された東横

写真8-12　ミディ運河（トゥールーズ・マタビオ駅前）

写真8-13　道頓堀（水路幅20メートル）

堀、道頓堀も現在の水面幅は二〇メートル程度（写真8－13）。江戸期もほぼ同様の様子であったことは大阪細見図から見て取れる（図8－12参照）。

そもそも運河の通行幅は閘門で規制される。このため閘門幅を大幅に超える運河を造ることは意味がない。現在エネルギー・環境政策としても運河の再改修と新築に力を入れているヨーロッパでは、運河幅を決める際には、四・五メートルから最大一五メートル（排水量一五〇〇トン級）幅の船が通れることを目標にして基準を定めて再改修しようとしている。[注18]最大の船でも水路幅は三〇メートルもあれば十分すぎる。比売嶋堀川と白鷺嶋堀川、さらには次田堀川も運河とは異なる水路であることは明々白々である。

幅が広すぎる水路は舟運にとっては無用の長物だが、洪水対策には広ければ広いほど良い。こんなに広い断面の水路は放水路以外にはあり得ない。もちろん、水面ができあがれば、舟運にも使われることにもなる。しかし、それは結果であって決して目的ではない。それを見誤ると事業の全体像が狂ってしまう。「堀川」は間違いなく洪水対策用の放水路である。

図8-12　弘化改正大阪細見図（部分）

八　年記関連事業と道場との関連

次に年記関連事業と道場との関連を検討するために、個々の事業に対応する道場を、『年譜』から拾い出すと表8-2のようになる。ここで事業と道場を結びつけるキーは両者の所在地。同表には淀川本川に関わる摂津国（昆陽地域は次に検討するためにここでは除く）・河内国・山城国に所在する道場を取り上げている。表8-2をみると、淀川流域の道場には年記関連事業と結びつかないものが多いことがわかる。中下流域以外の場所にも数多くの道場が建立されているのである。

このうち、山崎橋（久修園院・山埼院）と泉大橋（泉橋院・隆福尼院）に関わる四道場の役割が架橋にあるのはいうまでもない。しかし法禅院、河原院、大井院、吉田院、布施院・同尼院、大福院・同尼

木材調達	橋	船息	その他
			石凝院(河内国河内郡早村)
	久修園院（河内国交野郡一條内）［山崎橋］		
		船息院・尼院（摂津国兎原郡宇治郷）［大輪田船息（摂津国兎原郡宇治）］	
法禅院檜尾（山城国紀伊郡深草郷） 河原院（山城国葛野郡大屋村） 大井院（山城国葛野郡大井村）	山埼院（山城国乙訓郡山前郷無水河側）［山崎橋］		
吉田院（山城国愛宕郡）			
布施院・尼院（山城国紀伊郡石井村）	発〔菩薩〕院泉橋院・隆福尼院（山城国相楽郡大狛村泉橋院）［泉大橋］		
大福院・尼院（摂津国西城郡御津村）			
			又報恩院（河内国交野郡楠葉郷）

表8-2　淀川中下流域における事業と道場*

時期区分	道場建立年	中流域（高瀬橋近辺）道場	中流域（高瀬橋近辺）年記関連事業	下流域（津守近辺）道場	下流域（津守近辺）年記関連事業
II	養老4年(720)				
III	神亀2年(725)				
IV	天平2年(730)	高瀬橋院・尼院（摂津国嶋下郡穂積村在）	高瀬大橋（嶋下郡高瀬里）、次田堀川（嶋下郡次田里）	善源院・尼院（摂津国西城郡津守村）	比売嶋堀川（西城郡津守村）、白鷺嶋堀川（西城郡津守里）
	天平3年(731)				
	天平5年(733)	救〔枚〕方院・薦田尼院（河内国茨田郡伊香村）	直道（河内国茨田郡摂津国）、高瀬堤樋（茨田郡高瀬里）、韓室堤樋（茨田郡韓室里）、茨田堤樋（茨田郡茨田里）、大庭堀川（茨田郡大庭里）		
	天平6年(734)			沙田院（不知在所、摂津国住吉云云） 呉坂院（摂津国住吉郡御津）	比売嶋堀川（西城郡津守村）、白鷺嶋堀川（西城郡津守里）
	天平12年(740)				
	天平17年(745)			難波度院（摂津国西城郡津守村） 枚松院（摂津国西城郡津守村） 作蓋部院（摂津国西城郡津守村）	長柄、中河、堀江（摂津国）［橋］
	天平勝宝元年(749)				

＊本表には、淀川中下流部開発と直接関係しない施設も含まれている。

院については対応する事業が見つからない。従来の研究でも不明とされてきたものの、御津近辺に位置する沙田院、呉坂院、大福院・同尼院に関しては、「御津」すなわち港との繋がりが指摘されている。注19

筆者は、これらのうち上流部に位置する法禅院から布施尼院までの道場は、木材を確保する目的で設けられたと考える。下流域は一面の沼沢地、木材を手に入れることは不可能。このため上流で材木を伐り出し、淀川を使って輸送して下流で回収するしかない。上流で伐り出しに関わるのが河原院、大井院、吉田院の三道場、下流で回収して製材する役割を担うのが法禅院、布施院・同尼院の三道場と考えている。この当時の主要資材は土と木、まさに「土木」である。土と木の確保は最も大切な仕事。日本人はロジスティックに弱いとされるが、行基集団はこの面でも念入りに準備していたのである。

事業着手の順序

さて事業の進め方について検討する。行基集団はこの沢沼地を耕地に変えるために見事な戦略を立てていた。現地を知悉しており、淀川中下流域の全体像を立体的に思い描けるからこそできること。今からみても見事というしかない。

その過程が表8-2から読み取れる。淀川中下流部の事業は、先にみたように中流部と下流部にきれいに分かれるが、同じ年（天平二〔七三〇〕年）に開始されていることが表8-2からわかる。行基集団は、中流部と下流部の事業を一体のものと強く意識して同時に開始していた。淀川流域の全体が視野に入っており、中・下流部の事業を一体として実施して初めて事業効果が発揮できることを熟知していたのである。

ここで注意してほしいのは、第四章で詳しく分析したように道場（寺院）名が記載されている年が「道場の起工年」を意味すること。すなわち行基集団が現地で活動を開始した年を示しており、決して関連事業の完成年ではない。場合によっては事業の調査に着手しただけで工事着手に至っていないことも充分あり得るのである。この点を見間違うと、行基集団の事業の全体像を見失う。例えば、吉田靖雄氏は「行基が天平二・三年に、都合一五院を和泉を除く畿内に建立したことは、あまりに超人的であって信用しがたい。むしろ神亀末年から天平三・四年における活動を、わずか二年間の仕事のようにまとめて記録したように解される」[注20]とするが、この見解は「当該年に事業が終わってしまう」との仮定の上に成り立つ。しかし『年譜』が伝えるのは単にこの二年間に行基集団が多くの事業に着手したことを意味するだけで、決して完成したとは伝えてはいない。調査または事業の着手だけなら多くの事業に同時に取り掛かっても何ら問題ではない。特に天平二・三年については、第二部で詳述するように特別の事情があったが、それも無視されている。残念というしかない。

さて本論に戻る。事業がどのように展開したのか。年代順にみていこう。

(i)神亀二〔七二五〕年、久修園院を起工して山崎橋に取りかかる。前にも述べたが、この地に道場を構えたことが淀川中下流域と淀川の流れに関するノウハウを集積し始める端緒になり、最終的には淀川中下流域の開発に繋がったと考えられる。現在まで久修園院が存続していることは重い意味を持っている。

(ii)天平二〔七三〇〕年、淀川中下流域の開墾事業に着手するため、下流部では善源院・同尼院、中流部では高瀬橋院・同尼院の建立に着手する。

善源院・同尼院の担当は比売嶋堀川と白鷺嶋堀川の掘削事業。善源院に尼院が併設されていることを考えると、下流部を統括する道場としての性格を併せ持っていたと考えられる。残念ながら善源院・同尼院の所在地は特定できないが、淀川が三派川に分かれている現在の西淀川区から西成区にかけての地域と考えられる。総括道場としての性格を考えると、洪水時の氾濫区域を避けて選定しているに違いなく、必ずしも両堀川の近辺とは限らない。

一方、高瀬橋院・同尼院が担当する中流部では、高瀬大橋の架設と直道の建設、次田堀川の掘削、中流部を洪水から守る築堤（堤防と堤樋）、排水路（大庭堀川）の掘削と用水路（古林溝）の築造という多種多様な事業が展開される。このうち、高瀬橋院と同尼院が直接担当したのは高瀬橋の架橋と次田堀川の掘削と考えるが、立地時期と尼院を併設していることから考えて、最も重要な役割は淀川中下流域全体を統括する業務と考えられる。

(iii)天平五〔七三三〕年、枚方院と薦田尼院の建立が始まる。この道場は高瀬橋院の対岸の右岸側に所在し、その担当は開発対象地域の洪水対策、排水対策、用水対策である。道場は対象地域の最上流端「伊香」[注21]〈以加加〉と発音される）に所在する。すなわち現在の枚方市伊香賀で、香里から延びる丘陵の先端部に位置する。淀川の洪水流を撥ねる突堤の役割を果たしており、洪水のエネルギーを減じる機能を担っている。まさにその地点に道場を建立していたことは、河川の水理を十分に把握した上での選択である。開発対象地域全体を総括するのに最適の地。総括的な機能を持つ道場と考えられる。

(iv)天平十七〔七四五〕年、下流部に難波度院、枚松院、作蓋部院を建立する。この三道場の役割を従来は不明とする。あるいは「〔行基の〕エネルギーの渇乏……建立の容易な地を選んだ」[注22]

とマイナス評価さえ存在する。

しかし行基集団が目的もなく道場を開くはずがない。ここでも明確な目的があった。長柄・中河・堀江の三橋の架設である。第四章で検討した通り、三橋は「年記」（天平十三年）以降に架橋される橋。三道場は、三河川の架橋事業を担当した道場と考えられる。善源院はこの時点でも下流域を統括する道場として機能しており、その出先機関として道場を開いたのであろう。「難波度院」の名称がいみじくも示すように、「難波の度《わたり》」と呼ばれていた地点に開設された道場。まさに架橋のための道場であることを示している。名は体を表しているのである。ただ三河川での架橋事業は、淀川中下流域の開発とは直接には関係しない。次章で検討する摂津・昆陽地域に渡るための施設と考えられるので、次章で詳細に論じたい。

このような事業展開を支えたのが木材調達に特化した道場である。善源院と高瀬橋院に引き続き一年遅れの天平三〔七三一〕年に建立された法禅院、河原院、大井院。その後の事業の本格化に合わせて強化された天平六〔七三四〕年の吉田院、天平十二〔七四〇〕年の布施院・同尼院が担当したと考えている。別項を設けて詳説する。

事業の執行体制

これだけ多種多様な事業が広い淀川中下流域の左右岸で展開されたとなると、事業の執行体制も強固でなければならない。その体制を表8-3に示すように推測している。

中下流域全体の統括は高瀬橋院と同尼院が担ったと考える。尼院を併設し、なおかつ「穂積」という山際に立地し、淀川の洪水の影響を全く受けない好位置に所在するからである。[注23] 加えて、ここからは次章に述べる開発対象地の摂津国昆陽地域への便も良く、この時代唯一の大道・山陽道にも至便。まさに交通の要点に位置しており、統括道場としての条件を十分に充たしている。高瀬大橋と次田堀川の年記関連事業をも担当するが、具体的な施工は現地道場を設けて対応させていたと考えられる。その痕跡が今も高瀬大橋（現豊里大橋）近辺に残る大宮や高瀬神社の楠の大木。行基伝承の寺社と言い伝えられるのも納得できる。

これに対して下流部の総括道場は善源院と同尼院。この院が総括して比売嶋堀川と白鷺嶋堀川の掘削工事を実施したと考えられる。両堀川は幅二〇〇メートルもある大放水路なだけに、現地に道場が設置されたはずで、それが沙田院と呉坂院と考えられる。しかし沙田院の所在地は「不知在所」としたうえで摂津国住吉云々と記され、呉坂院については摂津国住吉郡御津とする。道場と年記関連事業の所在地の住所が異なるために、疑問符つきではあるが両院を比売嶋堀川と白鷺嶋堀川の工事を担当した道場と考えておく。

その後、二〇年近い歳月が流れた後に開設されるのが三派川に架ける三橋を担当する三つの道場と大福院・尼院。いずれもが大きな橋、個々の橋ごとに担当する道場を設けると共にそれを総括的にみる道場として大福院・尼院を設けたのであろう。

中流部の対岸（左岸側）には、枚方院と薦田尼院を設けて年記関連事業の実施を総括させたと考えられる。この地には面的に拡がる多くの事業が実施された。それだけに現在の国土交通省の出張所に相当する現場道場が数多く設けられたはずである。現在でもこの地には楠が生い茂る数多くの神社や寺院が残る。現地には行基に関わる伝承も数多い。ここを訪ねた折に見かけた数多くの楠はこの間の事情を伝える生き証人とも思えてくる。

表8-3　淀川中下流域における道場の種類と執行体制

<table>
<tr><th>統括道場</th><th>総括道場</th><th>準総括道場</th><th>道場</th><th>役割
(年記関連事業)</th></tr>
<tr><td rowspan="6">高瀬橋院・尼院（摂津国嶋下郡穂積村在）
＊淀川中下流部事業の総括、中流域（右岸側）事業の総括
［高瀬大橋］［次（吹）田堀川］</td><td rowspan="3">救〔枚〕方院・薦田尼院（河内国茨田郡伊香村）
＊中流域（左岸側）事業の総括
［古林溝］、［高瀬堤樋］、［韓室堤樋］、［茨田堤樋］、［大庭堀川］</td><td rowspan="2"></td><td>山埼院（山城国乙訓郡郡山前郷無水河側）</td><td>［山崎橋］</td></tr>
<tr><td>泉橋院・隆福尼院（山城国相楽郡大狛村泉橋院）</td><td>［泉大橋］</td></tr>
<tr><td>大福院・尼院（摂津国西城郡御津村）</td><td>難波度院（摂津国西城郡津守村）
枚松院（摂津国西城郡津守村）
作蓋部院（摂津国西城郡津守村）</td><td>［長柄、中河、堀江］</td></tr>
<tr><td rowspan="2">善源院・尼院（摂津国西城郡津守村）
＊下流域事業の総括</td><td></td><td>沙田院（不知在所、摂津国住吉云々）
呉坂院（摂津国住吉郡御津</td><td>［比売嶋堀川、白鷺嶋堀川］</td></tr>
<tr><td>船息院・尼院（摂津国兎原郡宇治郷）</td><td></td><td>［大輪田船息］</td></tr>
<tr><td>法禅院（山城国紀伊郡深草郷）</td><td>布施院・尼院（山城国紀伊郡石井村）</td><td>河原院（山城国葛野郡大屋村）
大井院（山城国葛野郡大井村）
吉田院（山城国愛宕郡）</td><td>木材調達</td></tr>
</table>

九　開墾対象地における事業について

開墾対象地域は（図8-13）に示す広大な範囲に及んだものと考える。それを明示する史料が残されているわけではない。図示したものは以下に述べる検討から導き出された結果である。広大さに驚かないようにしてほしい。論理的に導き出された帰結に過ぎないのだから。

対象事業の地域別分類

「年記」が伝える当該地域の開発関連事業（すなわち布施屋を除く）を、摂津国側と河内国側に分けると表8-2のようになることは前に述べた。対象事業が左右岸できれいに分かれていた。左岸側（河内国）では樋三所、溝一所、堀一所と多様な工種の事業が展開されているのに対し、右岸側（摂津国）では堀のみである。

放水路が掘られただけの右岸側（摂津国側）は開墾対象地にはなり得ない。一方左岸側では樋三所、溝一所、堀一所の多様な事業が実施されており、こちらが開墾対象地域であることは明白である。

開墾対象地と個別施設の検討

開発対象地では、以下の施設が築造された。

(i)堤樋（すなわち堤防）

高瀬堤樋

淀川用水樋水路一般平面圖
縮尺五万分之一
凡例
新設水路
制水門
分水門
揚水喞筒
撤廢樋
河川
主要道路
鐵道
電車
組合區域
高瀬堤樋
古林溝
高瀬堤
茨田堤
古川
高瀬大橋
大庭堀川
韓室堤樋
韓室堤
茨田堤樋
北河内郡
大阪市
中河内郡

図8-13　開墾対象地

韓室堤樋

茨田堤樋

(ii)溝

古林溝　長三千二百丈、廣六尺、深四尺、

(iii)堀

大庭堀川　長八百丈、廣十二丈、深八尺

堤樋すなわち堤防に関しては、名前から高瀬堤が淀川本川沿いの堤防、茨田堤が古川沿いの堤防と推定できる。韓室堤だけは対応する名前が見当たらず名前から類推することはできない。しかし現地の地形をみると下流側よりの浸水を防ぐ堤防が必要となる。前に示した開墾対象図をよく見ると、高瀬橋から南に延びる「劔䁫《つるぎなわて》」と呼ばれる堤防の痕跡を見つけることができる（図8−14）。取り敢えずこれを韓室堤と考えておく。

さて古林溝である。幅（約一・八メートル）と深さ（一・二メートル）から考えると現在でも普通に見られる農業用幹線水路。しかし延長が約九・六キロメートルもある。この長い水路は、開墾対象地の最上流端、現在でいうと浄念寺（枚方院の出先道場）を取水地点に淀川左岸の自然堤防上を緩やかに流下していたと想定すると、末端はうまい具合にちょうど高瀬橋に至る。この間の主要箇所毎で枝分かれする用水路を設ければ、開墾対象地全体の田畑に灌漑用水を供給できる。

この方法を用いると、さらに利点がある。溝を掘削した土を築堤用の土に利用することができる。土は余っても足りなくとも困る。このため、現在でも土の切り盛りバランスをとることは極めて重要である。間違いなく高瀬堤と古林溝は一体のものとして施工されたに違いない。

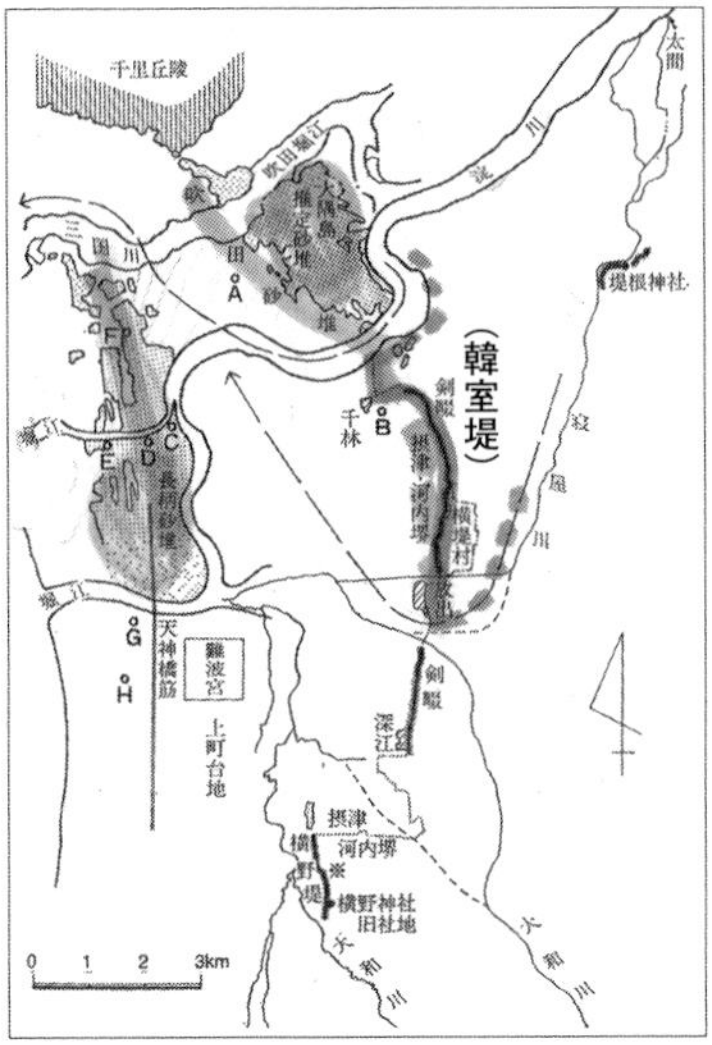

図8-14　下流側からの洪水対策（韓室堤想定位置図）

想定される位置には現在も農業用の幹線水路が通っている。しかし、現在の水路が行基の作った古林溝とするには無理がありそうだ。現在の水路は昭和初期に造られたもので、それ以前は約一〇ヵ所の堤樋を淀川本川沿いに設置して取水し、それぞれのブロック単位で灌漑していたとされるからである。最上流端で一括取水して幹線水路を流下させる方式からそれぞれの地先で取水する方式に切り替わった理由は今となってはわからない。もともと灌漑方式は時代の変遷に併せて変化する。堤樋の築造が容易となり、さらには堤防との一体性が薄れると、個別地先の取水に切り替わったとしても何ら不思議ではない。

最後に大庭堀川。他の三本の堀川が淀川本川からの放水路であるのに対し、大庭堀川は開墾対象地域内の排水用のもの。このため幅は三六メートルと比較的狭いものの延長は約二・四キロメートルと堀川の中では最も長い。沼沢地の干陸化が進むのにあわせて下流側に次々と延長されたものと考えられる。

開墾対象図には大庭堀川の一部と見られる水路が残っており、韓室堤と茨田堤への排出口に相当する堤樋とおぼしき地点も想定できる（図8－13参照）。といっても現在この地はすでに全面的に都市化され、かつての水路を探すことはできない。沼沢地の干陸化が進むにつれてその役割を終え、埋め立てられてしまったと考えられる。

一〇　放水路事業について

堀川（放水路）の役割は河川家には自明だが、専門外には理解が難しいようだ。緩やかに流れる下流部では放水路は河川管理の切り札。単に洪水時に役立つだけではなく、平水時（普通の時の河川）においても大きな効果を発揮する。河川の水位が低下すれば、農地からの排水が容易になるからである。

そしてその効果は、放水地点の下流部だけでなく上流にも及ぶ。図8－15に示すように、放水路に分流して水位が低下すると、その効果は上流部にまで及び、広い範囲で水位が低下する効果をもたらす。洪水時には河川の水位が例え一センチメートル、いや一ミリメートルでも低いことは大きな意味を持つ。かつて長良川河口堰問題を現地で担当していた時、川岸で伺った話が忘れられない。

「ここには、『一本の葦が破堤を招く』という言葉が伝わっているのです。大袈裟だと思われるかもしれませんが、洪水時に堤防の上から巡視していると実感できますよ」

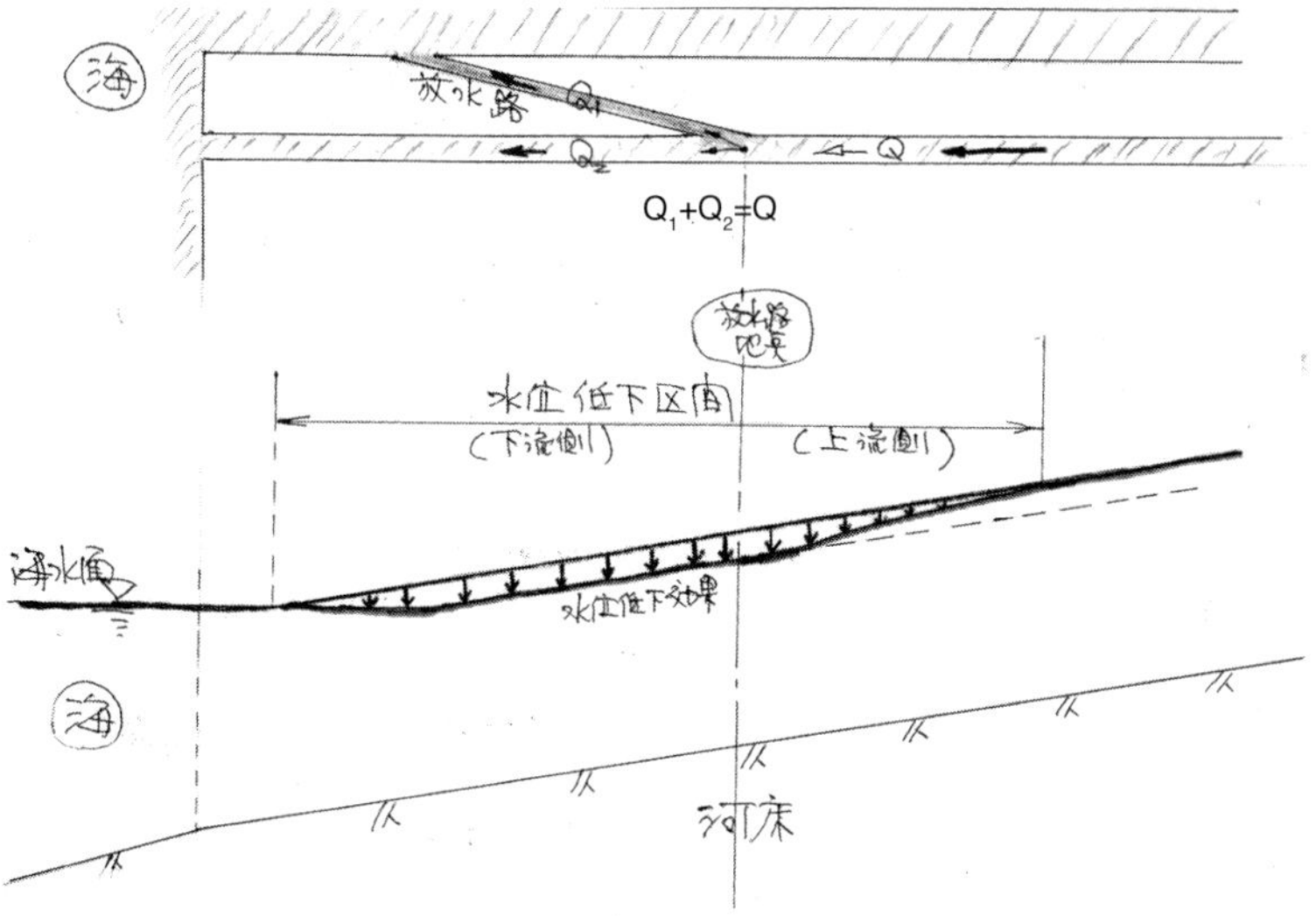

図8-15　放水路の水位低下効果図

確かに限界状態の洪水時では流れと堤防が拮抗して平衡状態にある。一本の葦がその均衡を破る可能性を否定できない。谷を渡る鳥の一声によって雪崩が引き起こされるともいう。水害常習地帯ではそれだけ河川水位に神経を尖らせているのである。

また、平水時の水位低下の効果も大きい。水田耕作では田面の水位高が決定的な意味を持つ。例えば、先に述べた郵便局長をしながら地図を作られた梶山彦太郎氏は戦時中に自ら耕作した経験に基づき、「田植えの時、田んぼの数センチの水位の差が稲作ができるかできないかの別れ道になります。……低地で耕作しているときは排水路の整備は一番重要なことであったことでしょう」[注24]とする。低地においては排水路の整備、そしてその前提となる排水先の河川水位を下げることは最も大事なことになる。その意味では、行基集団が三本の放水路を掘削した主要な狙いはこの排水対策だったかもしれない。いずれにしても行基集団は三本もの放水路を掘った。河川勾配が緩やかな下流域では放水路の掘削は最も効果的な水位低下策。いや、これしかない、他に有効な対策はないと言っても過言ではない。間違いなく行基集団は河川管理の本質を知悉していた。

堀四所の詳細な検討

前の検討で「堀四所」が放水路であることを明らかにするために使ったのは諸元の「廣」。ここでは他の諸元の「長」と「深」を合わせて個別事業の特定を行う。頼りになるのは「長」であるが、「深」についても工学的な検討を加えておく。というのは、土木工学的な見地からは単純な誤記としか考えられない問題から思わぬ議論が展開されているからである。

①「深」の意味するもの

まずは史料の検討である。比売嶋堀川の「深六丈五尺」、すなわち「深さ二〇メートル」が技術的にみてあり得ず、他の堀川の諸元と比較して「深六尺五寸」の誤記とするのが妥当との見方は第三章で述べた。これは井上光貞氏が「一目して伝写の誤りのきわめて多い悪本といわなくてはならないとおもう」[注25]とされる一例である。吉田晶氏はこの「深六丈五尺」を技術的にみて間違いとすると共にこの事例をもって年記が伝える事業諸元そのものの信頼性を疑っておられる。[注26]前半の指摘通り、当時の技術水準からみて二〇メートルの掘削が施工できるとは思えない。地下水の浸透問題、二〇メートルの土圧に耐える土留め工などの難問が待ちかまえているからである。しかし後半部分は賛成しがたい。この誤りを除くと他の諸元がすべて納得できる数字だからである。

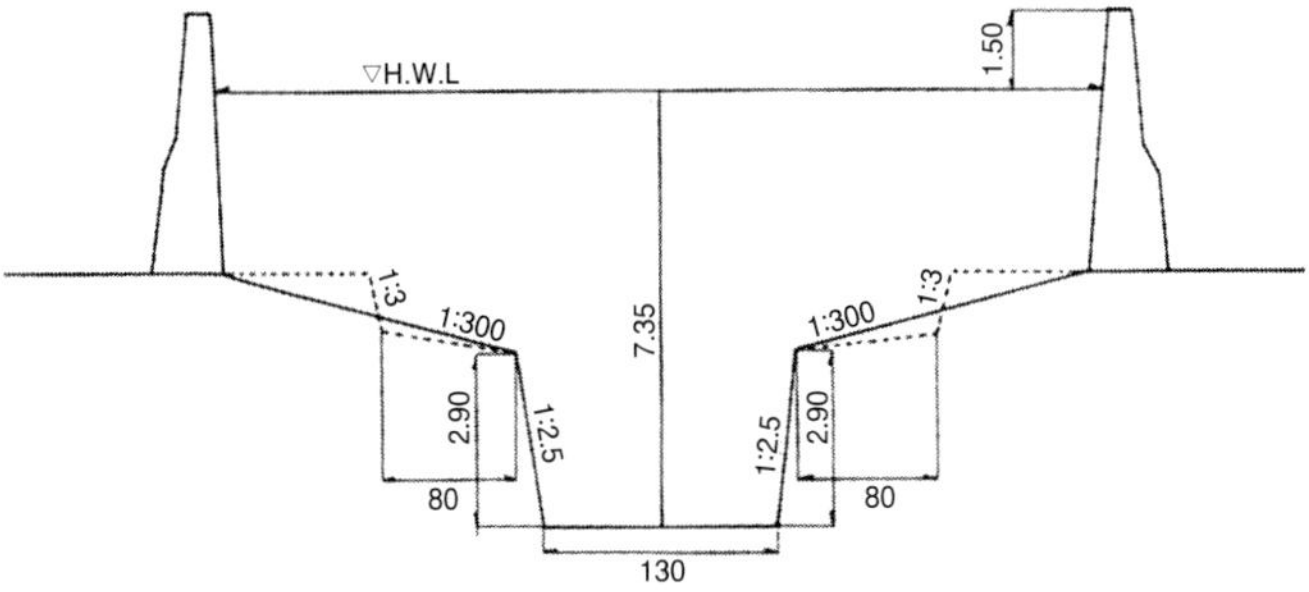

図8-16　大曲捷水路標準横断図

さらに言えば、放水路では「深」は大きな意味を持たない。放水路の位置が決まれば自動的に決まる数字だからである。ごく単純化して言えば、放水路の始点と終点の河床高で決まってしまう。さらには放水路と本川のつなぎ目に少々の段差があっても大きな支障はない。洪水が来れば河川自体が自分で河床を掘削したり堆積して調整してしまうからである。

昭和四十二（一九六七）年、雄物川の中流部の大曲市に完成したばかりの放水路の現場を訪れたことがある。正確にいうと捷水路（曲がっている部分をショートカットする水路）であるが、いかにも人工的な水路が眼前にあった。しかし数年後に訪れると、もう普通の川の顔になっていた。この大曲捷水路の標準的な断面は、図8-16に示すように地盤から河床までの深さは四メートル足らず、決して二〇メートルも掘込んだりはしていない。

少なくとも土木工学的に見ると、小さな数字の伝写の間違いを理由に、重要な意味を持つ事業諸元のすべてを否定するのでは本末転倒というしかない。

②「長」の意味するもの

放水路の位置を推定する上で、「長」すなわち放水路の延長は大いに役立つ。「長」を頼りに個別の堀川の比定を試みる。

ここでまず問題となるのは淀川下流部の分派の様子。先に示した先学の図版では、河川分派の骨格は明治十八年測量図と大きくは異ならない。そこで明治十八年測量図をもとに行基集団が掘削した三本の放水路の復原を試みる。

二つの河川を結ぶ放水路では幾つかの原則がある。

(i)重要度の高い河川から重要度の低い河川へ
(ii)水位の高い河川から水位の低い河川へ（標高が高い側から低い側へ）
(iii)二つの川ができるだけ近づく地点で滑らかに結ぶ
(iv)放水路の起点は水が集まる水当たりを選ぶ
(v)放水路の終点はできるだけ下流側へ

以上の五点を参考にしながら、放水路の延長が該当する箇所を選定すると次の三地点が浮かび上がる。

（次田堀川）

まずは図8-17に示す次田堀川。名称の「次田」は「吹田《すいた》」の誤記とされるが、「年記」が伝えるその延長は約二・一キロメートル。これに対し明治十八年測量図上に残る放水路の延長は約二・四

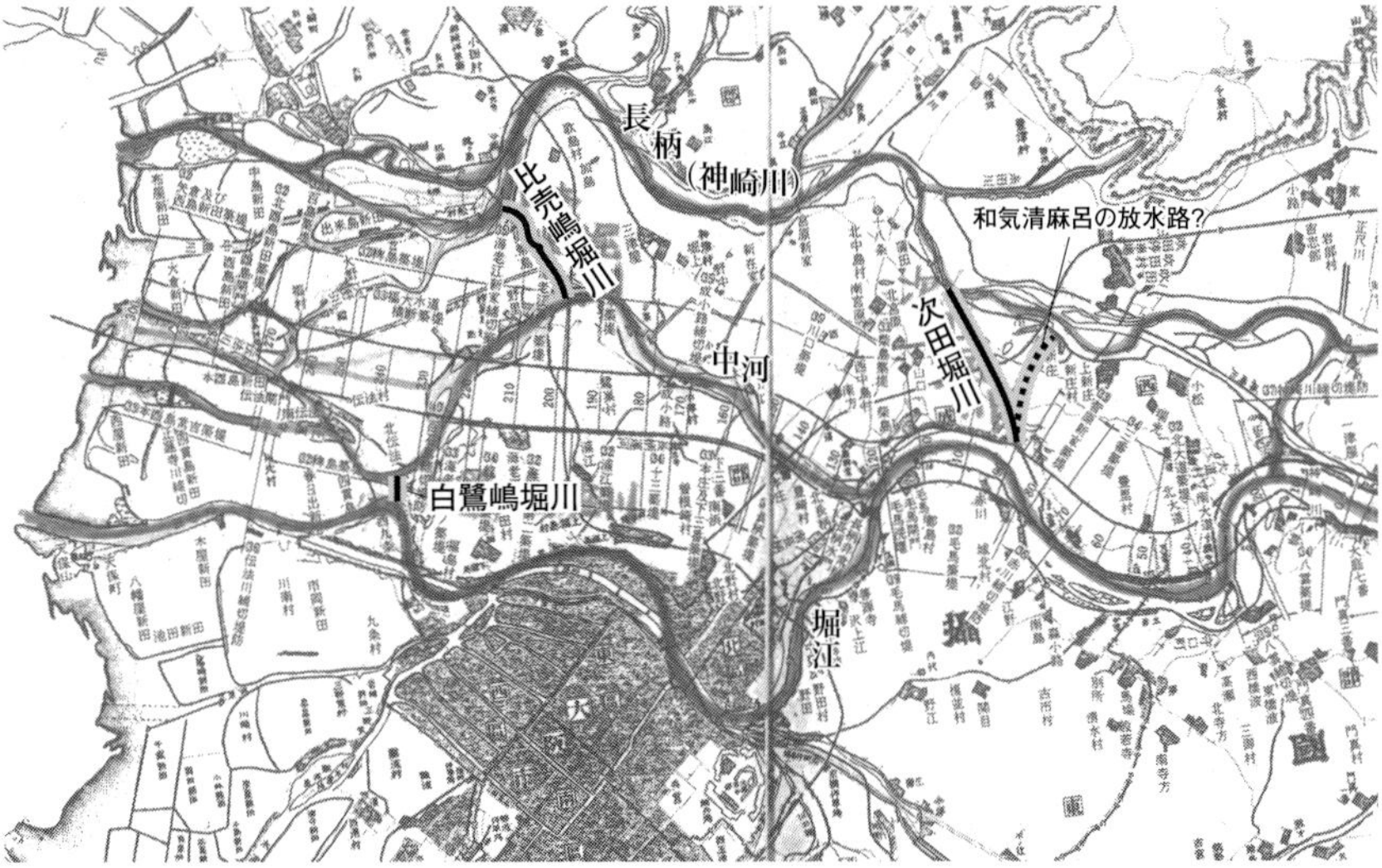

図8-17　三放水路の位置比定図

キロメートル。少々長さが違うが、放水路の法線の取りようによっては約二・一キロメートルに短縮することも可能である。さらに吹田村方向に向かう放水路となるため名称とも適合する。この堀川の比定はすでに服部昌之氏の研究で指摘されている。[注27] 一七世紀の半ばを下らない時期に作成されたとされる「摂津河内両国大絵図」をもとに同図に描かれる逆川址に比定している。

行基から約五〇年後、和気清麻呂が延暦四〔七八五〕年に掘削した放水路はこの地点の上流に位置する。放水路の形状は行基集団の案が先に述べた条件に適っているのに対して、清麻呂の事例では上流側に付け替えており、短いという利点はあるものの水位低下効果は少ない。この間に技術の退化が起こったとしかいいようがない。

写真8-14　姫島神社

写真8-15　澪標住吉神社

（比売嶋堀川）

比売嶋堀川は、図8-17に示すようにさらに中河（中津川）を下った所に掘られた放水路。年記が伝える延長が一・八キロメートルであるのに対し、地図上に引いた上記の条件に最も適合する法線の延長も約一・八キロメートルとピタリと整合する。この辺りは現在の姫島。明治十八年測量図では放水路のルート沿いに道が残されており、堀川の掘削土を使って盛土して造られた道とも考えられる。

なお、現地には姫島神社が在り、神社の由来を「神崎川と中津川との間のデルタの一つで難波八十島の比売島《ひめじま》の産土神《うぶすなかみ》をまつったと考えられる」と比売島との繋がりを記している。かつての半分以下になった敷地には現在も楠木が生い茂る（写真8-14）。行基集団との繋がりを証明するものはないが、比売嶋堀川を担当した道場、さらにいえば下流域に建立された九道場（善源院・同尼院、沙田院、呉坂院、大福院・尼院、難波度院、枚松院、作蓋部院）のうちの後身と思える。しかしこれ以上詮索する資料はなく、今後の検討課題として残すしかない。

（白鷺嶋堀川）

白鷺嶋堀川は幅が一八〇メートルもあるのに長さはたった

の三〇〇メートルしかない。こんな短い放水路は、図8―17に示す中河と堀江との間にしか考えられない。同図から読み取れる河道（旧河道）を当時の河道と考えると、長さ約三〇〇メートルの放水路が浮かび上がる。これ以外には白鷺嶋堀川と比定するに適切な場所はないが他に傍証があるわけではない。ただ一つ言えるのは、この地にも楠木が生い茂る澪標住吉神社が存在すること（写真8―15）。先述の九道場の一つの後身と考えられるが、神社の縁起には行基集団との繋がりを窺わせるものはない。これ以上にはたどれそうもないのが残念である。

一一　木材の調達について

最後に行基集団が万全の準備を整えた木材の調達についてみておきたい。鉄道や自動車輸送が始まるまでは、木材を運ぶのは極めて困難な仕事であった。輸送に多くは河川が使われ、その様子は今も受け継がれている長野県諏訪大社の「式年造営御柱大祭」からも窺える。御柱大祭は勇壮な「山出し」から「里曳き」に至る一連の流れに「川越し」が組み込まれている。木材の輸送に河川は欠かせない。

文献にも木材調達の苦労のほどが残されている。『日本書紀』は、皇極天皇が即位した年（皇極元〔六四二〕年）に宮殿を築造するために出した詔を伝える。[注28] 殿屋材《とののき》（宮殿用の材木）の伐採を国々に命じると共に、役丁（労働者）の徴発を遠江から安芸までの国々に命じている。木材の調達がいかに大事業であったかがよく読み取れる。

淀川を使った木材の輸送を詠んだ万葉歌も残されている。『万葉集』巻一の長歌「五十番歌――藤原宮之役民作歌」である（図8―18）。

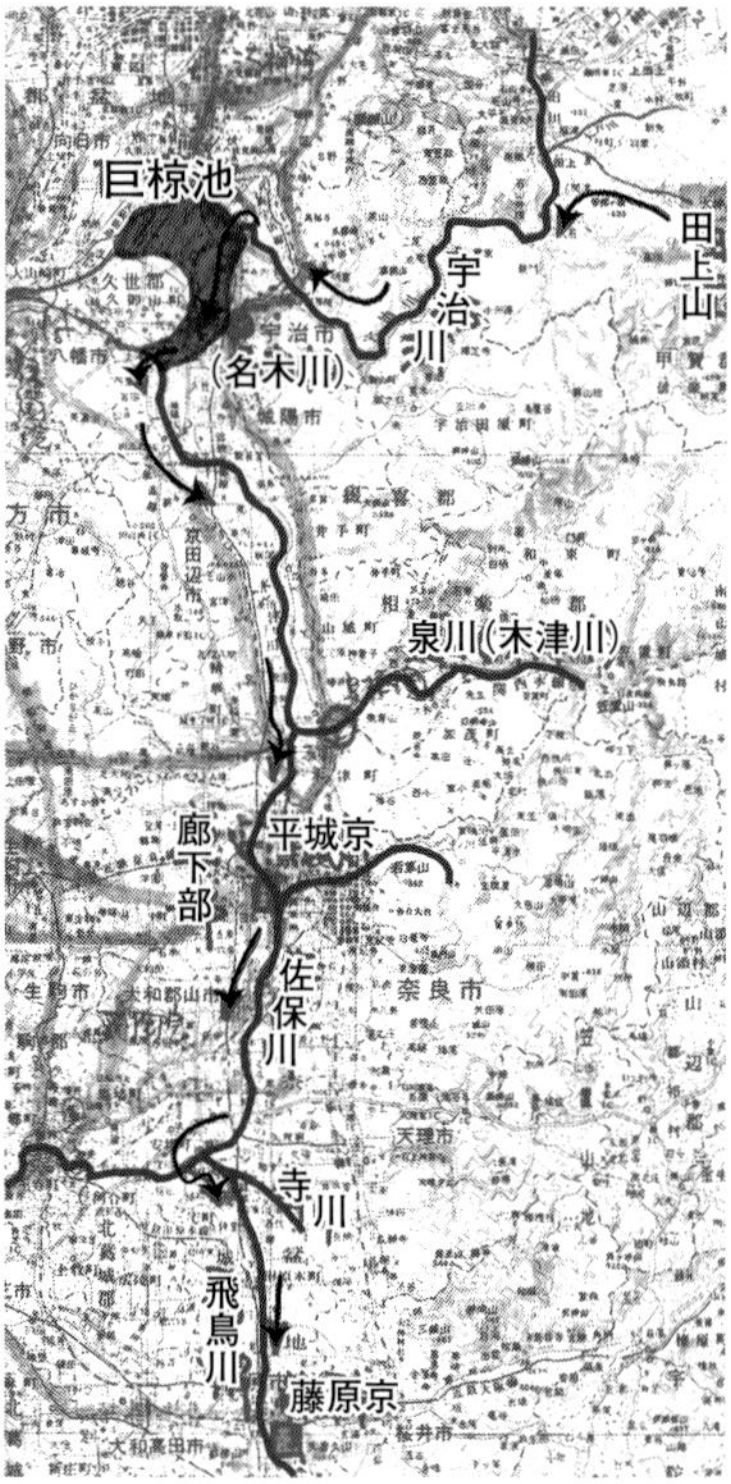

図8-18　琵琶湖から藤原京へ（概念図）

やすみしし　わが大君　高照らす　日の皇子　あらたへの　藤原が上に　食す国を　見したまはむと　みあらかは　高知らさむと　神ながら　思ほすなへに　天地も　依りてあれこそいはばしる　近江の国の　衣手の　田上山の　真木さく　檜のつまでを　もののふの　八十宇治川に　玉藻なす　浮かべ流せれ　そを取ると　騒く御民も　家忘れ　身もたな知らず鴨じもの　水に浮き居て　我が作る　日の御門に　知らぬ国　よし巨勢道より　わが国は常世にならむ　図負へる　くすしき亀も　新た代と　泉の川に　持ち越せる　真木のつまでを　百足らず　筏に作り　のぼすらむ　いそはく見れば　神からならし（巻一―五〇）[注29]

藤原京を築くために、材木を遠く近江国に求め、淀川（宇治川）を使って輸送している。その情景描写は泉川で終わっているものの、近江国の田上山から伐り出した檜を嫣手《つまで》（角のある荒削りの角材）にして宇治川に浮かべ流し、さらに泉川を筏に組んで遡上する様子が詠われている。[注30]川を流下させるときは嫣手のままで流し、遡上するときには筏に編んで曳いた様子が知り得て興味深い。宇治川を流下してきた角材を筏に編むために、水に浮かびながら立ち働く役民の姿が目に浮かぶように活写されている。

これと同じ光景が行基集団でも見られたに違いない。そのために整備されたのが木材調達に特化した道場である。行基集団は、桂川上流で伐採した材木を桂川に浮かべて輸送し、巨椋池に合流する深草近辺で回収して組み直し、巨椋池を経て淀川を使って下流まで輸送したと考えられる。そのため最初に開かれたのが法禅院。木材調達に関する総括道場としての機能を担うとともに輸送の中継基地としての役割を担った。その一〇年後、用材需要の高まりに応じて開かれたのが布施院・同尼院。法禅院の任務を補強するのが任務と考えられる。一方、木材の伐り出しのために桂川の上流域に河原院と大井院が開かれた。その四年後には吉田院を開いて高まる木材需要に対応している。

その後、長柄・中河・堀江に架かる三橋の事業が本格化すると、飛躍的に木材需要が増大する。その調達に関わったのが下流域に開いた大福院・尼院。三橋の工事を総括すると共に上流から供給される材木を三橋に分配する役割を担ったと考えられる。行基集団は用材の確保に細心の注意を払っている。心置きなく仕事を進められる環境を整備するべく慎重に配慮していたのである。

一二　淀川中下流域での事業の総括

この事業での最大の難工事は四本の堀川（三本の放水路と一本の排水路）の掘削と淀川の堤防の築造である。大河川の放水路としては、徳川家康が江戸開府に先立って利根川を東に付け替えた「利根川の東遷」が世に名高い。しかしその八〇〇年も前に行基集団は「淀川の西遷」に取り組み、見事に成功させていた。事業の気宇の壮大さ、計画の総合性、そして現地の地形特性を活かした構想力、どれをとっても他を圧している。そして何よりも大事な点は、単に計画や構想を樹立するだけではなく、実際に施工して実現させているのである。その力はいくら評価してもしすぎることはない。

この沼沢地の開発で最も重要な課題の一つは木材の調達である。行基集団は木材の伐り出しから輸送まですべてを自前で整えるしかなく、木材調達に特化した多くの道場を設けている。それだけに膨大な組織整備をしなければならなかった。その努力の結晶が行基集団の四十九院。これらの寺院は有機的に組み合わされて初めて効率的に機能する。その全体を読み解くことなしには行基集団の事業を理解するのは難しい。

なお現地調査では、淀川資料館の桁永正光マネージャー（当時）、意賀美神社の正田和男宮司に大変お世話になった。ここに記してお礼としたい。

第九章　猪名野開発、本願は「給孤獨園」

「猪名野開発」は、行基集団にとって三番目の開墾地となる。開墾の事業手法そのものは和泉の場合とほぼ同様で特に新味があるわけではない。しかし猪名野開発の最大の眼目は開発を進める思想にある。開墾は単なる手段、その根本にある本願こそが眼目。敢えて「猪名野開発、本願は『給孤獨園』」とする由縁である。

行基が猪名野に創りあげようとしたのは給孤獨園。この言葉は『行基年譜』の「行年七十四歳(天平一三〔七四一〕年)条」に出現する。後に詳しくみるように、聖武帝が泉橋院に行幸した折、行基が給孤獨園を為奈野《いなの》(猪名野)に造ることを申し出る。[注1]『字通』によると、「孤」とは「説文に『父無きなり』とあり、孤児をいう」。「獨」とは「孟子に『老いて子無きを獨と曰ふ』とあり、老いて子無きもの」を意味する。[注2]行基が夢見たのは「孤」と「獨」に給する園、すなわち「身寄りのない老若に給する園」であり、一種のユートピア(理想郷)の創建である。もちろん行基集団の一員として働き、年老いた者、傷つき身の置き所のない者を養う機能も合わせ持たせたに違いない。

なお、「孤独(獨)」は、律令の「戸令」三二条において救済の対象者を限定列挙するなかにも出てくる。同条は、自存できない人たちのために、近親による収養、それが叶わない場合には坊里での安恤《あんじゅつ》(救済)を命じている。[注3]律令は、少なくとも法文上は恵まれない人たちに優しい。律令国家と聞くと、律令で社会を一方的に厳しく律するという冷たく固いイメージを抱きがちだが、温かい側面を有していたことも忘れてはならない。

写真9-1　廃兵院（アンバリッド）

パリのセーヌ左岸に一際目立つ建物が廃兵院（Les Invalidesアンバリッド。invalideの原義は「働けなくなった人」を意味する。写真9-1）。国王ルイ一四世が「王政を護るために生命を賭し血を流した者が残りの日々を静謐のうちに過ごせるように」（一六七〇年二月二四日の王令）と造った施設で、最初の建造物は一六七七年に完成した。廃兵の収容施設（ホスピス）に加え、教会、軍服製造工場、印刷所、軍病院等の多様な施設からなる。増加する廃兵に対応するため工場等はすぐに収容施設にとって代われたが、当初は自立を目指していたことがうかがえる。

アンバリッドをうまく活用したのがナポレオン・ボナパルト。一八〇二年に創設したレジョンドヌール勲章の最初の授与式を翌々年（一八〇四年）にここで挙行する。勲章という虚構の世界には華美な装飾が必須。うまいところに目をつけたものである。

第二次大戦後、戦死者は靖国神社に祀られたが、命をながらえた戦傷者はアコーディオンを手に街角に立って飢えをしのいだ。あちこちに立つ義足の白衣姿は子供心にも痛々しく悲しく焼き付いた。敗戦国の宿命かもしれないが国としての気骨の問題でもあろう。

ところが行基集団は違った。自ら救護・収容施設を造ったのである。律令に定めがあるとはいえ、国からの具体的な援助は期待できなかったのであろうか、経済基盤の自立を目指す取り組みから始めている。水源の確保を手始めに、数々の施設整備を進めて約一五〇町歩の開墾を成し遂げた。給孤獨園を確固たる経済基盤の上に築くことに成功したのである。

一　猪名野における開墾事業と道場との関係

猪名野における開発事業と道場の関係について検討する。この地では、表9-1に示す年記関連事業が実施されている。なお同表には、「年代記」が掲げる道場を併せて記載している。

これに対し、摂津国に建立された道場を起工年順に示すと表9-2のようになる。これらの一院と四尼院のうち、善源院と同尼院は淀川中下流開発に関連する道場。船息院と同尼院は大輪田船息に関連する道場。共に猪名野の開発とは直接的には関連しない。また沙田院と呉坂院は、前章でみたように堀川の掘削に関連する道場と筆者は考えており、これまた猪名野に向かう三橋には関係するものの猪名野の地における開発ではない。残る七道場（六院と一尼院）を所在地を鍵にして年記関連施設と対応させると表9-2の太字のようになる。

このうち三橋と高瀬橋に関連する道場を別にすると、残るのは楊津院と嶋（昆）陽施院の二道場のみとなる。猪名野の地での開発に直接かかわる道場が二つしかないことは、この地の開発が猪名川と武庫川に挟まれた狭い丘陵地で展開されたという特殊性に依っているのであろう。

中心道場はいうまでもなく嶋（昆）陽施院。水資源開発〈池〉と〈池溝〉の築造）と新しい水田の開墾、さらには給孤独園の築造を差配する業務に加え、建設現場の作業実務までを一手に担当した（なお『年譜』では嶋陽施院と表記するが、ここからは地の文では現在使われる昆陽を用いることとする）。

一方の楊津院には対応する年記施設が見つからない。とはいえ行基集団が目的もなしに道場を立ち上げるとは考えられない。楊津院の建立は天平二年、最重要施設である昆陽施院に一年先行しており、先駆的な役割を担ったに違いない。吉田靖雄氏は、楊津院を現在の猪名川町木津付近（猪名川上流の山中）に比定し、「多量の資財（木材）を賄うために造営されたのであろう。即ち、

表9-1　猪名野における年紀関連施設と道場の対照表

分類	年記関連事業	所在位置	年譜関連道場	所在位置	設置年
池	崐陽上池　同下池 院前池　中布施尾池 長江池	河邊郡山本里	嶋陽施院	川邊郡山本村	天平3 (731) 年
	有部池	豊嶋郡箕丘里	(垂氷布施屋)	(豊嶋郡垂氷里)	
溝	崐陽上溝　長1200丈、廣6尺、深4尺、	河邊郡山本里	嶋陽施院	川邊郡山本村	
	同下池溝　長1200丈、廣6尺、深6尺、	在同所	嶋陽施院	川邊郡山本村	
	長江池溝　長60丈、廣深5尺、	在同国（西城郡）	(嶋陽施院)	(川邊郡山本村)	
橋	長柄、中河、堀江	(並三所) 西城郡	難波渡院、枚松院、作蓋部院	西城郡津守村	天平17 (745) 年
			(大福院、同尼院)	(西城郡御津村)	(同上)
	高瀬大橋	嶋下郡高瀬里	高瀬橋院、同尼院	嶋下郡穂積村	天平2 (730) 年
布施屋	崐陽布施屋	川邊郡昆陽里	(昆陽施院)	(川邊郡山本村)	
	垂氷布施屋	豊嶋郡垂氷里			
	渡布施屋	西城津守里	(難波渡院)	(西城郡津守村)	
(木材供給)			楊津院	川邊郡楊津村	天平2 (730) 年

表9-2　摂津国における道場と年紀関連施設の関連表

建立年	道場	所在地	年紀関連施設	所在地
天平2 (730) 年	善源院	西城郡津守村		
	同尼院	同上		
	船息院	兎原郡宇治郷		
	同尼院	同上		
	高瀬橋院	**嶋下郡穂積村**	**高瀬大橋**	**嶋下郡高瀬里**
	同尼院	**同上**		
	楊津院	**河邊郡楊津村**	(木材供給)	
天平3 (731) 年	**嶋陽施院**	**河邊郡山本村**	**昆陽上池、同下池、院前池、中布施尾池、長江池**	**河邊郡山本里**
			崐陽上溝	**河邊郡山本里**
			同下池溝	**在同所**
			長江池溝	**在同国西城郡**
天平6 (734) 年	沙田院	不知在所、摂津国住吉云々		
	呉坂院	住吉郡御津		
天平20 (748) 年	大福院	西城郡御津村		
	同尼院	同上		
	難波度院	**西城郡津守村**		
	枚松院	**同上**	**長柄、中河、堀江**	**(並三所) 西城郡**
	作蓋部院	**同上**		
	(垂氷布施屋)	(豊嶋郡垂氷里)	有部池	豊嶋郡箕丘里

この院は伊丹台地における工事の完成のために必要とされた院であって、布教と修行の根拠地であった四十九院の中では、やや性格が異なっているように思われる」[注4]とする。現在の猪名川町木津には楊津《ようしん》小学校があり、まさに卓見と考えるが、後半部分には賛成できない。吉田靖雄氏は四十九院と年記関連施設との関係を詳細に論じ、多くの院が工事に関係したことを検証しているにも関わらず、この一文を添えるとは、「四十九院は布教と修行の根拠地」との先入観が抜きがたく作用しているのであろう。

残る有部池には対応する道場がない。開墾地の猪名野丘陵とは別の豊嶋郡箕丘里に所在するのに築造を担当する道場が見当たらない。昆陽施院が近隣地ということで直接担当した可能性も考えられるが、和泉地方の開墾では隣接する流域でも別個に道場を建立するのが行基集団。この地でも担当道場を設けたと考えるべきであろう。となると、同じ郡内に設置された垂氷布施屋がその役割を担った可能性も考えられよう。布施屋は街道を往来する旅人に便宜を図るための施設。当然ながら宿泊機能を持つだけに出先機関としての役割も担いうる。通常は、布施屋を建設するためには道場を設けていない。布施屋自体が現場作業所的な任務をも兼ねていたと考えられるからである。となると、垂氷布施屋が有部池を築造する道場的な役割を果たした可能性はあり得る。有部池は垂氷布施屋が担当したと考えておこう。

二　開墾事業〈個別施設〉の検討

さて開墾事業の検討に入る。ここで最も注目されるのは、〈池〉と〈池溝〉との関連である。同じ名称を持つ〈池〉と〈池溝〉を示すと次のようになる。

池

崐陽上池　同下池　長江池　巳上並（五）所河邊郡山本里、

溝（池溝）

崐陽上溝　長一千二百丈、廣六尺、深四尺、　在摂津国河邊郡山本里

同下池溝　長一千二百丈、廣六尺、深六尺、　在同所

長江池溝　長六十丈、廣深六尺、　在同国西城郡

これをみると、奇妙なズレが二ヵ所でみられる。一つは「崐陽上溝」と記されること。これが「崐陽上池溝」の誤記とする点では多くの研究者が一致しており、[注5]筆者にも異存はない。もう一つは、長江池溝の所在地を「在同国西城郡」とすること。この点については、次の「個別施設の検討」において詳論する。

個別施設の検討

猪名野の開墾に関連する個別施設を検討する。この地域の最大の問題は、〈池溝〉を池への導水路と見るか、池からの用水路とみるか、である。未だに議論が収束していない。すでに第七章で詳細に論じたように、〈池溝〉と〈池〉をワンセットにして「河道外貯留方式による水資源開発システム」と考えて論じ尽くした感の深い筆者には今更とも思える。しかしこの地では〈池〉と〈池溝〉が現存しているのに議論が未だに続いている。いわば河道外貯留方式について実物を目前にしつつ論じる格好の教材ともいえる。実地に則しつつ詳論したい。水管理の専門家には自明

写真9-2　昆陽池の風景

の理とも思える問題に決着をつけたいとの思いも強い。和泉の地での検討結果に納得いただいた方には読みとばしていただくとして、まずは〈池〉の検討から始める。

①〈池〉の比定

昆陽上池は、現在も池の姿を留め（写真9-2）、呼称も「昆陽池」とほぼ一致する。といっても現在の姿が往時の姿と同じではない。昭和初期と較べても大きく変貌している。

かつては約五〇ヘクタールの広大さを誇っていた池が、昭和三十五〜三十六（一九六〇〜六一）年に一部が埋め立てられて約三〇ヘクタールに縮小され、さらに昭和四十七（一九七二）年から五十七（一九八二）年にかけての公園化事業で一七ヘクタール（自然池一二・五ヘクタールと貯水池四・五ヘクタール）へと大きく縮んでしまった。[注6] この間、敗戦の痛手から立ち上がった日本経済は高度成長期に入り、農業から工業へ、さらには第三次産業へと大きく変貌する。その影響をもろに受けて昆陽（上）池はその姿を大きく変えたのである。一方、行基の時代から縮小がはじまる昭和初期までの千数百年間は、長年月とはいえ池面積はほとんど変化していない。経済活動の基盤が農業であり続ける限り、その基幹的施設に大きな変化が起きようがないからである。

一方の昆陽下池は、昆陽上池の西方にあったとされる。しかし慶長十三（一六〇八）年、昆陽村・池尻村がこの池の埋め立てを願い出て廃池されてしまった。[注7] 廃池といっても難しいことではない。最も低い所の堤防を切り欠けば溜まった池の水はそのまま武庫川に流れ出る。要は行基集団による開墾以前の地形に戻したに過ぎない。武庫川から直接取水ができるようになると、溜池を農地に転用して作付面積を増やすのが得策となる。技術の進歩が土地利用のあり方を変えたのである。

復原された昆陽池下池図（図9－1）は、元文四（一七三九）年の境界争いの際に描かれた「元文五年池尻村・身田中野村境堤争論絵図」に現在の字名「池尻」、古い小字名「西野字下ノ池入江」、池尻の北側にある横手堤などを参考に和島恭仁雄氏が加筆したものである。[注8] なお昆陽上池との比較のために明治十九年測量図に落とすと、昆陽下池が上池に劣らない規模を持っていたことが見て取れる（図9－2）。

「年記」は、上記の他に山本里の院前池、中布施尾池、長江池と豊嶋郡の有部池をあげる。これらの池の比定を田原孝平氏が池名からの類推をもとに試みていて、[注9] 現地をよくご存知の地元研究者の考察として興味深い。しかし長江池溝の考証から長江池を長池（瑞ケ池の一部）に比定する見解には賛成できない。後ほど詳論する。

②〈池溝〉を巡る論争の経過

昆陽上池溝、同下池溝、長江池溝、とりわけ長大な昆陽上・下池溝について検討する前提として現地の地形を概観しておきたい。

猪名野は、東側を猪名川、西側を武庫川に挟まれた伊丹台地上に位置する（図9－3）。東西両側は発達した段丘崖で区切られ、北側には長尾丘陵が接し、南に向かって緩やかに下っている。その台地の中央部付近に陥没地形があり、ここに築かれたのが昆陽上池と同下池である。陥没地形をうまく利用して池を築造するにしても、台地上の水田に用水するためには地盤よりも高い位

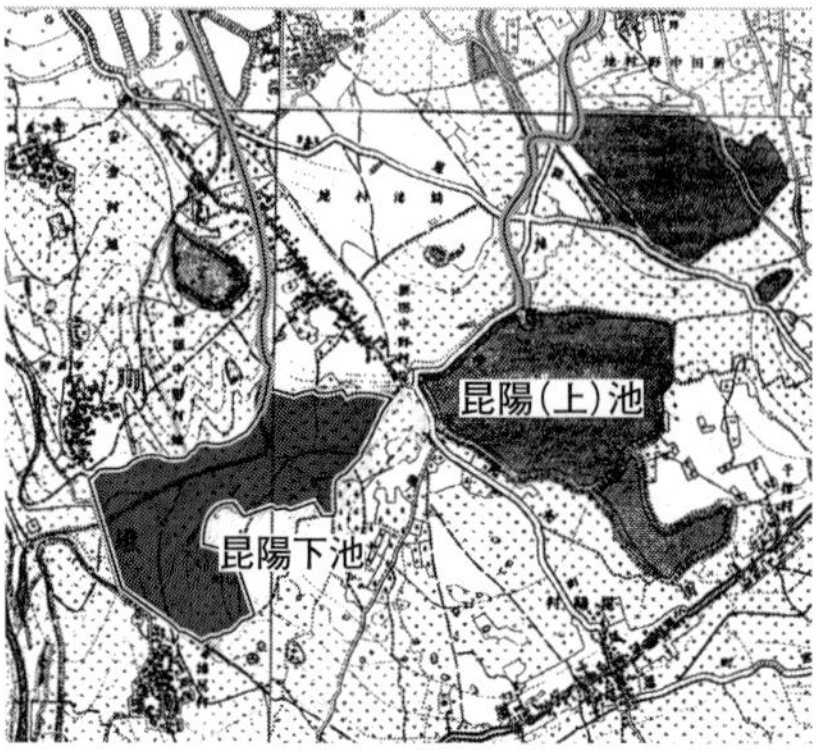

図9-2　昆陽下池復原図

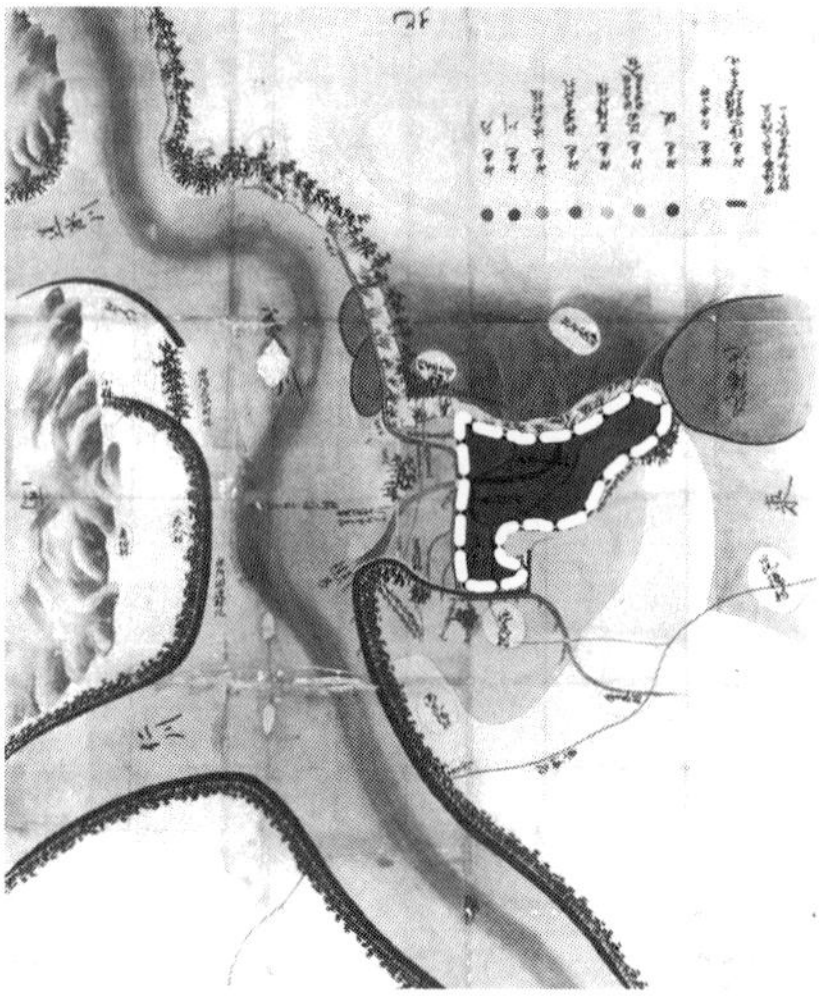

図9-1　昆陽下池復原図

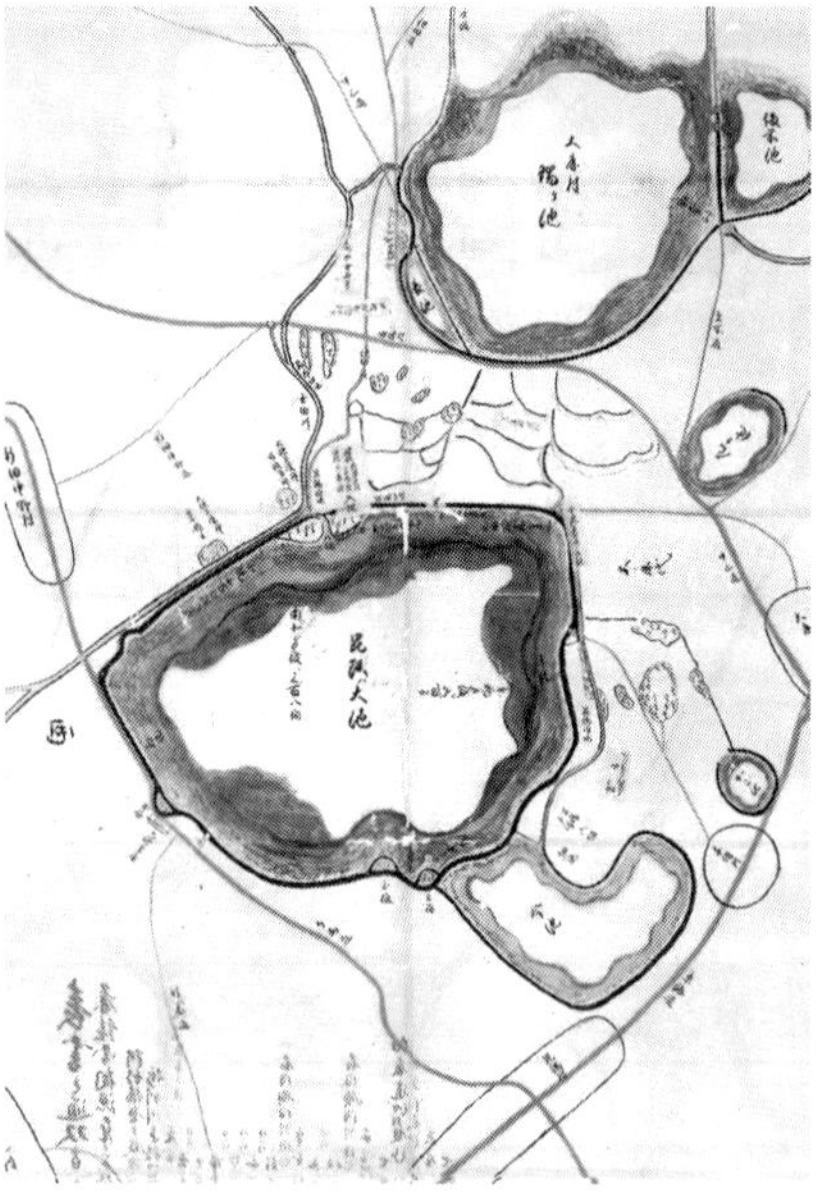

図9-4　昆陽大地（昆陽上池）周辺の絵図（文化３年）

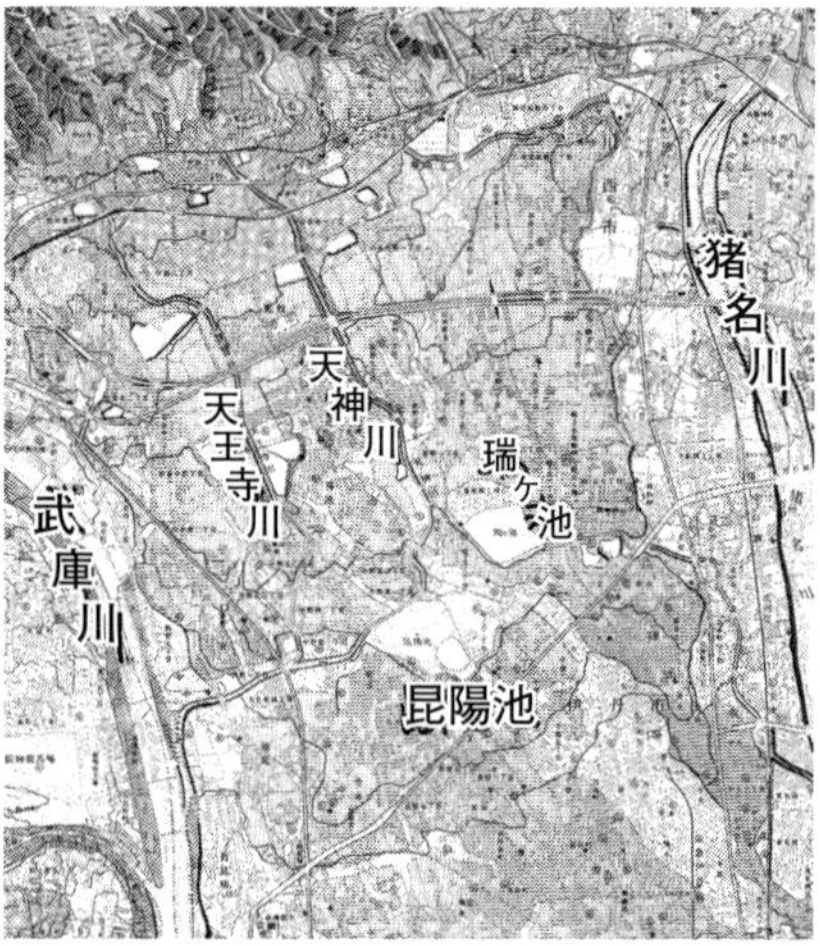

図9-3　猪名野の地形と河川

置まで水を貯める必要がある。このため池の周りに堤が必要となる。図9–4から、実際に昆陽上池では高い堤が周囲全体に築かれている一方で、近辺の瑞ヶ池は南側だけに堤が築かれていることが看取できる。[注10]

伊丹台地の地形から読み取れるのは、中央部分の陥没地形までの間の水田には河川の自流から供給できるものの、それから下流の水田には池に貯留した水を合わせて供給しないと水不足に陥るという状況である。「猪名野の地」の全体を水田化するには池の築造が絶対的条件であったという事実である。

さて、昆陽上池溝、昆陽下池溝である。両池溝ともにほぼ同じ断面、長さは全く同じ一二〇〇丈（三六〇〇メートル）の長大な水路。この池溝を巡って見解が二つに分かれる。

一つは、両池溝を池への導水路と考えて現在の天王寺川と天神川に比定し、他方は池からの灌漑用水路と考える。論争のきっかけは坂井秀弥氏の一九七九年の論文。[注11] 坂井氏は、天神川と天王寺川をそれぞれ昆陽上池溝、昆陽下池溝に比定し、溜池に水を引くための溝とした（図9–5）。根拠として次の三点を挙げる。

(i)両池溝の流路が明らかに人工的に制御されたものであること
(ii)河川流路が直線的で、その方向が条里と一致すること
(iii)流路延長一二〇〇丈が現在の約四二〇〇～四四〇〇メートルとほぼ一致すること

これに対して吉田靖雄氏と田原孝平氏が反論する。主たる根拠は現存の天神川と天王寺川の規模が年記の伝える池溝の規模と違いすぎる点にある。吉田氏は「この比定には無理がある。なぜ

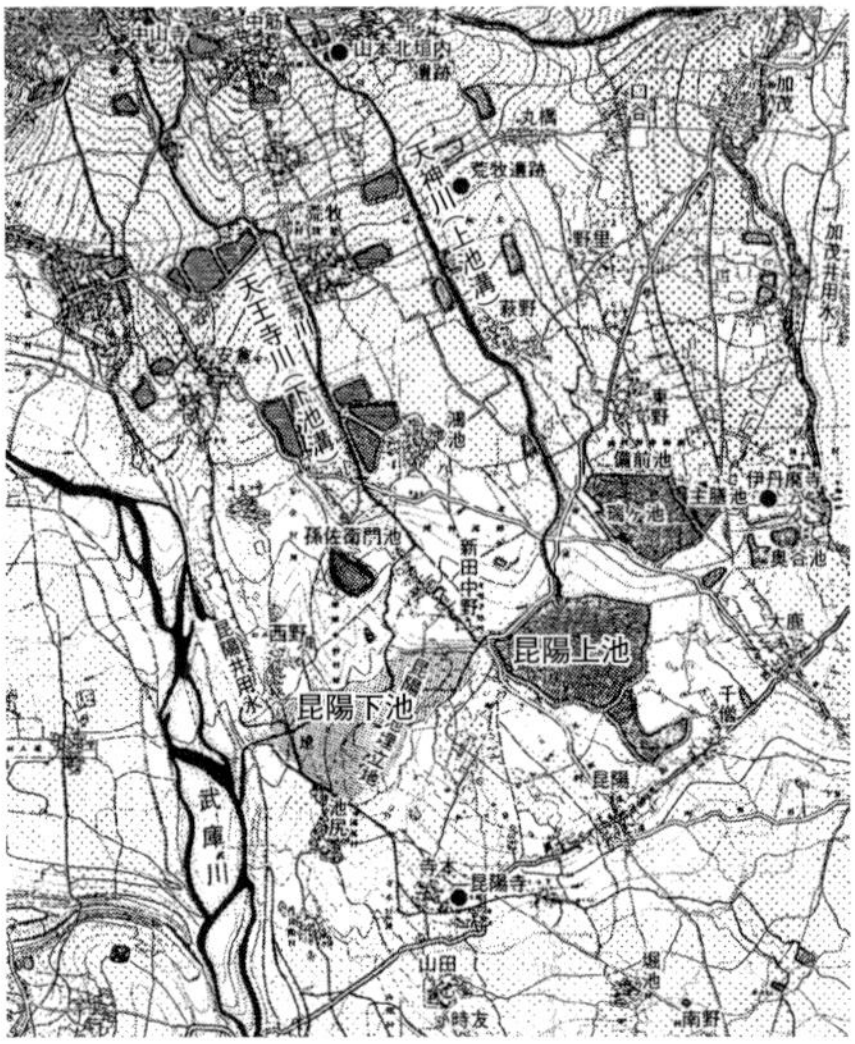

図9-5　伊丹台地の関係図

ならば現在の天王寺川・天神川と、上溝下池溝の規模があまりに違うからである」として、その上で「深さ広さ六尺とする記述が用水路を意味していることは論をまたない」[注12]と両池溝が池からの用水路だと強い調子で主張する。また田原氏はその論旨の延長線上に立って用水路の比定案（図9-6）を提示している。[注13]

その後、坂井氏は論拠として以下の点をあげ、再反論する。[注14]

(i)年譜の規模よりはるかに両河川の現況河道が大きいのは、上流から運ばれる土砂による埋没であり、増水時に備えたもの。平常時の水なら当時の水路断面で十分対応できる。

(ii)もし用水路とするなら、年譜が伝えるすべての池に溝があがってこなければならない。しかし一五ヵ所の池のうち一〇ヵ所の池では溝があげら

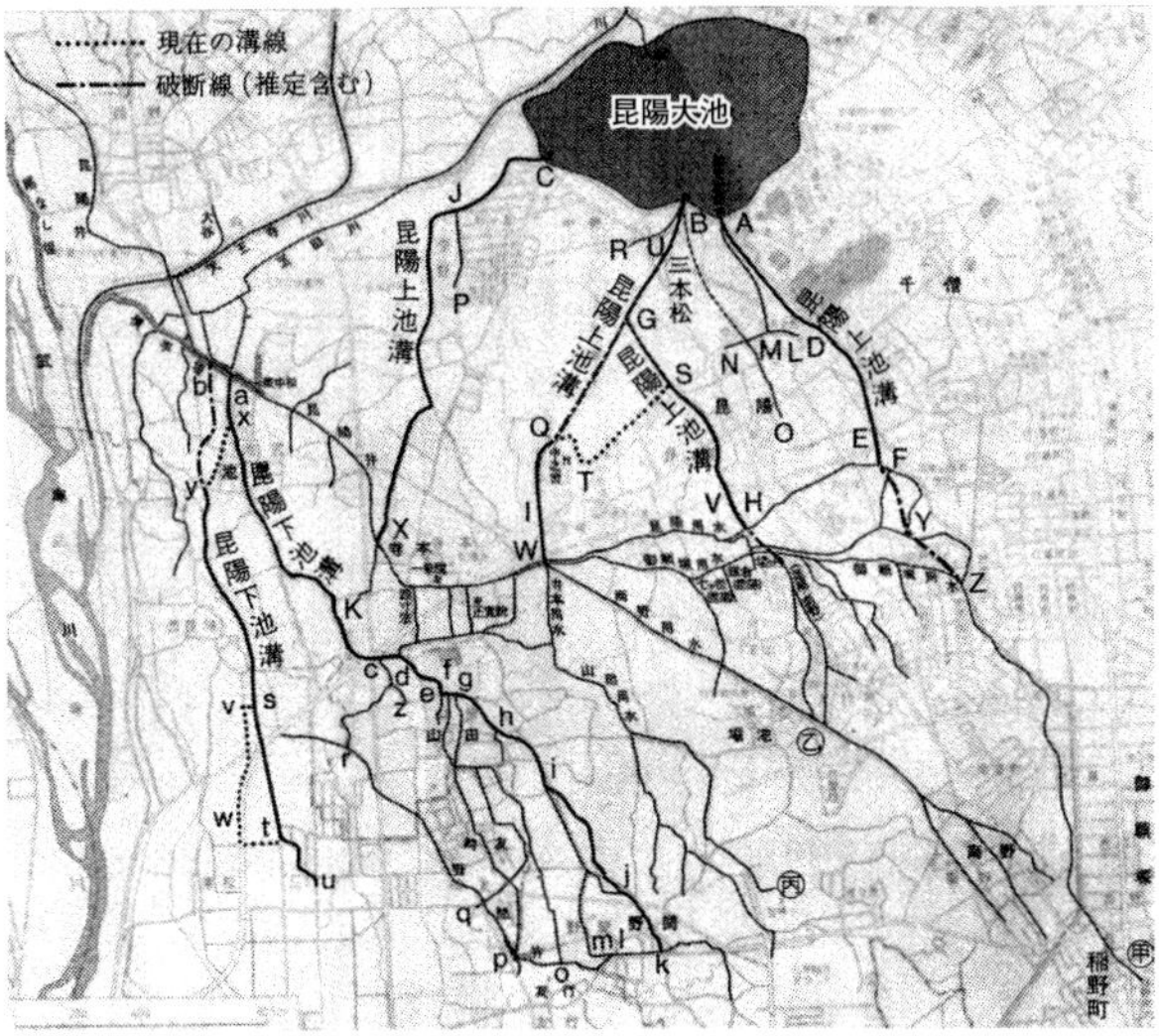

図9-6　昆陽上池溝、昆陽下池溝

れていない。

(iii)このような陥没地形に溜池をつくるためには、築堤するだけでなく、そこに溜める水を引くための溝を同時につくることが不可欠である。

結論として、「行基の二溝は、正確には、天神川と天王寺川の『起源となった人工の溝』といわねばならない。当初掘削・築造された溝が、一三〇〇年間の間に土砂の堆積による流路の埋没、そしてその浚渫、堤防の改修などを繰り返し、現在のような大きな規模の天井川になったものと考えられる」とする。[注15]

③〈池溝〉についての筆者の見解

坂井説の結論部分にも誤認がある。行基の二溝は決して「掘削」されたのではなく、池の近くでは当初から今の高さに「盛土」されていたのである。「和泉の地」

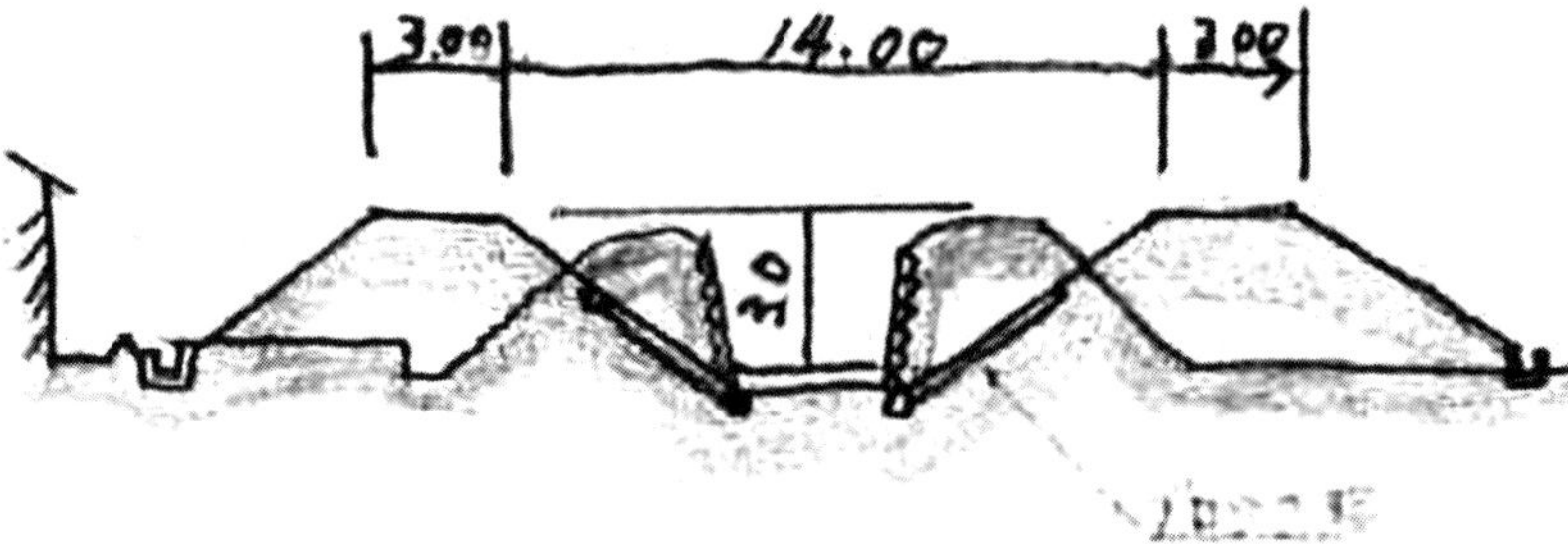

図9-7　災害関連事業で河道が拡大された天王寺川

の〈池溝〉では河川の上流部で取水し、その後は地形をうまく利用しつつ等高線沿いに緩やかに流下する人工水路で池まで導水していた。これに対し、ほぼ一枚板のような丘陵地の伊丹台地では、導水路そのものを盛土で嵩上げしつつ緩やかに流下させるしか他に方法がない。行基集団はその原則通りに築造したのである。

その後の河道改修では、この原則を前提に治水効果を上げるしかなく、選択肢としては横に広げるしかない。この点を踏み外すと、全体像を正確に把握することはできない。

池溝と両河川の規模の違い

論争の焦点になっている事柄は単純な思い間違いから出発している。河川の規模（厳密にいうと河道の規模）が時間の経過で大きく変わることは決して珍しくない。ひょいと跳んで渡れるような川が一度の大洪水で思いもかけない大きな川に生まれ変わる。天神川と天王寺川も例外ではない。昭和三十五〔一九六〇〕年の大水害を受けて災害関連事業が実施されていたのだ。

災害復旧の基本はあくまでも原形復旧、すなわち元の姿に戻すのが原則である。しかし都市化が著しいような場合に

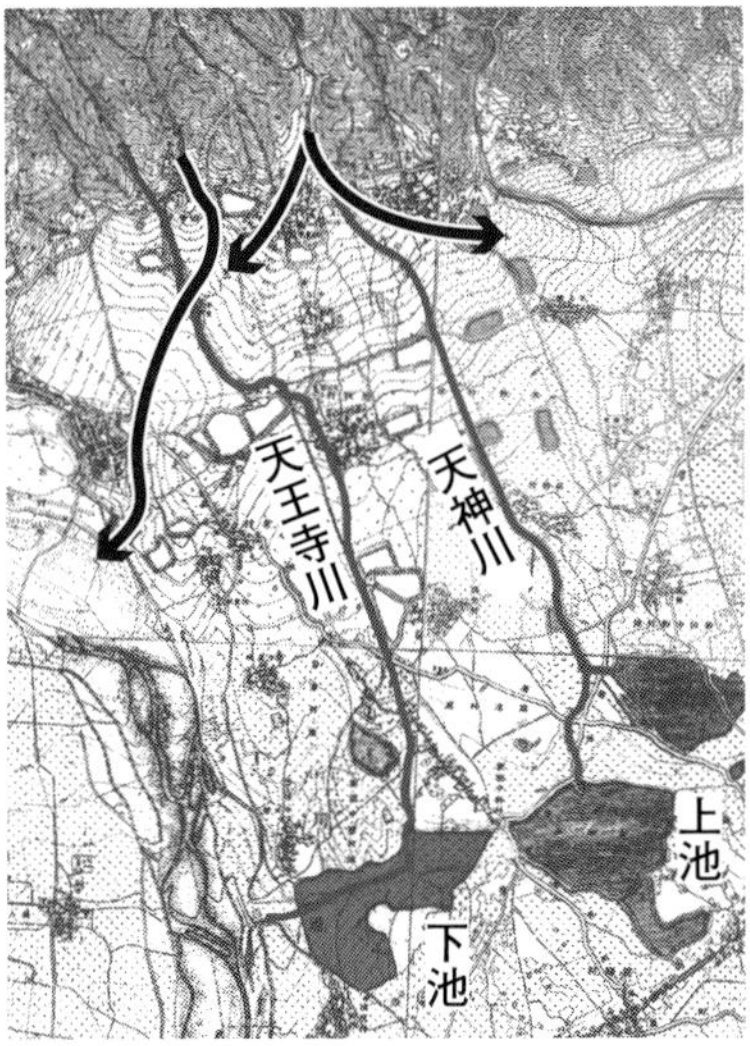

図9-8　元の河道の復原図

は、原形以上の改修を認める改良復旧事業制度が導入され、とりわけ災害復旧助成事業では大規模な改良工事が可能となった。このため昭和三十五年災害を受けた後の天王寺川の川幅は三倍近くに拡大された（図9－7）。川の姿は自然の力と人間の手で常に変わる。時間と共に変化するのが河川。川は生きているのだ。それを知らずに河道断面が大きく異なることをもって両者の関係を否定するのはまさに本末転倒。あまりにも河川の実態を知らない暴論というしかない。

行基集団が築造した池溝はどのような姿であったか

行基集団が築造した池溝を考えるには、着手以前の姿を知る必要がある。明治十九年測量図（図9－8）を見てほしい。もともと水は最急勾配に沿って流れようとする。すなわちできるだけ等高線

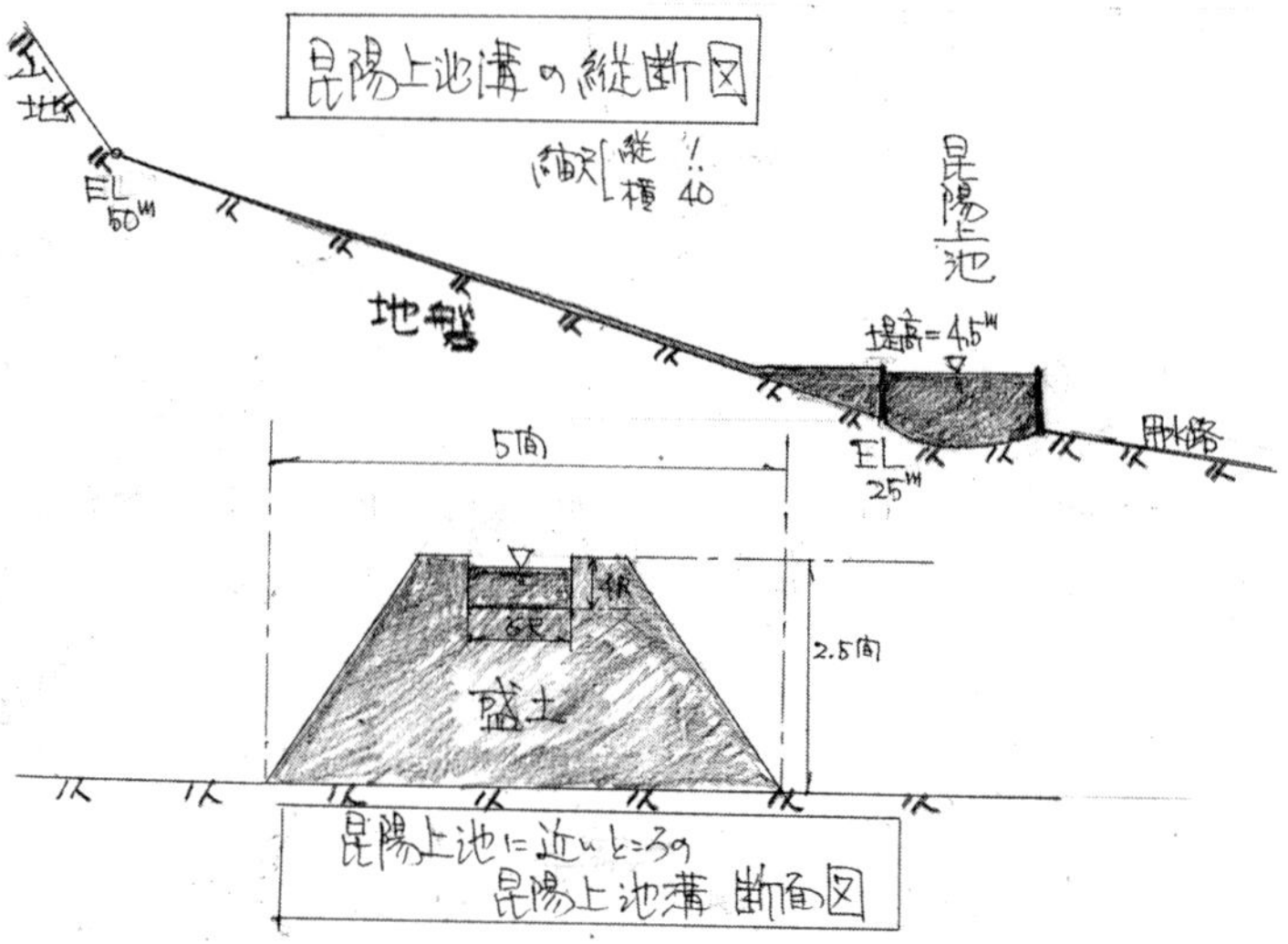

図9-9　昆陽上池溝の縦面図と断面図

に直角に流れようとする。この原理を適応すると、行基集団が付け替える以前の両河川の流れを復原することができる。

天王寺川は山地から台地に流れ出てすぐに右に流れを変え武庫川に注いでいた。まるでかつての記憶が大地に刻み込まれているかのように地形図から明瞭に読み取れる。一方、天神川は、右に曲がって武庫川に合流していたのか、左に折れて猪名川に合流していたのか、あるいは時によって流れの方向を変えていたのかは定かでない。とはいえ、行基集団の事業が実施される前は、両河川とも山地から伊丹台地に流下してまもなく大河川に合流していたことは間違いない。現存（明治十九年当時も）の天神川の河道が人工的に築造されたことが明瞭に読み取れるのである。

さて肝心の〈池溝〉である。先にも述べた通り、陥没地帯に造られた池から配水するには、池の周りに堤を築いて地盤よりも上に水を貯めなければならず、土堤で囲まれた池へ導水するには、土盛りをした上を通すしかない。一見すると自然にできた天井川のように見えるが、行基集団は池に水を貯めるために意図して天井川のような〈池溝〉を造ったのである（図9－9）。

年記が伝える池溝の諸元（幅と深）は、池に水を貯めるのに必要な水量を流せる断面であり、決して構造物としての〈池溝〉の諸元ではない。年記に示された幅と深さを通すための盛土は、図9－9に示すような大規模なものとならざるを得ない。行基集団が築造した〈池溝〉は、今まで想定されていたような掘込み水路ではなく、池の近くでは地上数メートルの上を流れる堂々たる大構造物だったのである。

大水害の後も両河川が天井川であり続けた理由はここにある。治水だけを考えると天井川を切り下げるのが最善の策である。例えば琵琶湖に注ぐ草津川では、河道を切り下げる放水路案が採用された。草津川は典型的な天井河川で東海道本線が川底の下をトンネルで潜っている。沿川の都市化が急速に進み、治水対策の必要性が高まるなかで採用されたのが草津川放水路建設事業。新しい河道を掘削して放水路を築造したのである。

しかし、池への導水が至上命題の天神川では、天井川のままに残さざるを得ない。その上で治水対策を講じるとなると、河道断面を横に拡大するしかない。行基以来連綿と続く昆陽池への導水は絶対的な必要条件であり変えられない大原則であった。河道断面を変えることを「流行」とするなら、導水の確保はまさに「不易」。〈池溝〉なしには昆陽上池・下池は存在し得ない。地元は池と池溝を一体のものとして正しく認識していたからこそ、現在にまで残ったのである。

年記関連事業の時代背景

「年記」は天平十三〔七四一〕年を基準年に作成された文書。必ずしも天平十三年に策定されたとは言えないにしても、少なくとも同時代に作成されたことは間違いない。

この時代の流れを土地政策との関連で整理すると次のようになる。

養老六〔七二二〕年　良田一百万町歩の開墾を計画
養老七〔七二三〕年　三世一身法を定め、開墾を進める
天平十三〔七四一〕年　天平十三年記
天平十五〔七四三〕年　墾田永年私財法を定める

天平十三年は、養老七〔七二三〕年に三世一身法が制定されてから一八年、開墾が大いに進んでいた時代に相当する。次なる土地政策の墾田永年私財法はこの二年後に制定される。すでに立法に向けて準備が始まっていたかもしれない。あえていえば、その資料として行基集団に「年記」の作成が要請されたのかもしれない。

三世一身法では、開墾が新たな水源開発を伴うかどうかがメルクマール。単なる開墾では一身のみの私有であるのに対して、水源開発を伴う場合は三世にわたって認められる。三世とは「孫子の代まで」を意味する。「孫子の代まで祟ってやる」との言葉が「末代まで」を意味するように、一身と三世の差は極めて大きい。良田一百万町歩開墾計画と三世一身法が本来は一体のものであり、かつ「年記」が両者の強い影響下で作成されたことは先述した通りである。となると「天平十三年記」の作成意図は明確。行基集団の開墾事業が水源開発を伴う事業であることを朝廷に認

めさせるためと考えるしかない。

池を築造すること、〈池溝〉と〈池〉を組み合わせた河道外貯留ダムを造ること、大河川からの取水施設を造り幹線水路で導水することなどは、新たに水源開発をしたことを証するために欠くことのできない事績である。しかし池から引く単なる用水路では新たな水源開発とは認められない。田に水を引くためには用水路が必要。単なる用水路を水源開発とするのではすべての開墾事業が三世となってしまう。三世一身法が成立するためには、新たな水開発を伴うかどうかを厳密に審査する必要がある。既存の池からの用水路を設けるのみでは新たな水源開発と認められるはずがない。この点を見誤ると、「年記」が伝えようとした意図すら正しく理解できていないことになる。

長江池と長江池溝について

長江池と長江池溝については、前述のように田原氏が検討している。大鹿村西部絵図に画かれた瑞ヶ池の一部とも思える長池を長江池に比定し、長池と昆陽池を結ぶ水路を長さが符合することから長江池溝に比定する。[注16] しかしこの比定には納得できない。大きな構造物である池溝に対応する池がこのように小さいのでは、わざわざ池溝を築造するまでもないからである。

長江池溝は長さが六〇丈（一八〇メートル）と短いもの。ここで思い出されるのが物部田池溝、長さは同じ六〇丈しかない。物部田池溝を久米多池と物部田池を結ぶ池溝に比定したが長江池溝も同じような性格を持っている可能性は極めて高い。筆者は、端ヶ池そのものを長江池であるとし、長江池溝は昆陽上池の池溝（天神川）から導水する構造物と考えるのである。天神川の流域面積は大きく、昆陽池だけでは池の貯水容量が大幅に不足する。瑞ヶ池（長江池）と長江池溝が不足する容量を補う役目を担ったと考えるのである。この視点に立って古絵図を見直すと、文化三年昆陽池付近絵図には、条件にうまく適合する池溝が画かれている。それが図9-4の中央付近に描かれた昆陽上池溝（天神川）から瑞ヶ池へ導水する溝である。その水路延長は約一八〇メートル。水路延長と見事に一致する。

瑞ヶ池は自前の流域面積がほとんどなく、山水も受けない。他流域からの導水なしには貯水できない池。築造目的はただ一つ、昆陽上池とあわせて昆陽上池溝（天神川）の水を最大限に利用することしかあり得ない。しかし、この池溝はすでに明治十九年測量図では姿を消している。また「瑞ヶ池〈ズガイケ〉」と「長江池〈ナガエイケ？〉」では呼称が一致しない。残念ながら一つの仮説としておくしかない。

閑話休題：久米多池溝、物部田池溝、長江池溝に思いを巡らせている時、久米田池で行基に関連する遺構が発見されたとの新聞報道に接した。現地説明会が平成十九（二〇〇七）年九月二四日に開かれるという。喜び勇んで現地に向かったのはいうまでもない。

多くの参加者が説明に耳を傾けた。出土したのは行基の時代に遡る可能性のある堤と木樋である（写真9-3）。詳細は今後に待つ必要があるものの、説明会資料[注17]によると「次の時期の堤（堤二）は、検出幅約一〇メートル、高さ約一・二メートルを測ります」とある。「高さについては、後世に上部を削られている可能性があります」とも記されるものの、いったん数字が示されるとそれに引きずられてしまい勝ち、注意しなければならない。堤敷幅から考えると、高さは三メートルを越えても不思議ではない。より詳細な調査が望まれるが事態は簡単ではない。発掘調査が街路事業の実施に関連して行われたものだけに工費と工期の縛りがあ

写真9-3　久米田池出土の堤と樋

る。トレンチの高さと幅が限定されているためこれ以上の現地調査は難しいとの説明があった。これだけの発掘調査を実施した街路事業担当者の英断に拍手を送ると同時に、せっかくの調査が尻切れトンボになることに一抹の不満と寂しさを感じる。

この後、久米多池溝を訪ねて極楽寺に向かい、現地でお会いした川上玉諭庵主から桜井勲氏をご紹介いただいた。夕刻にもかかわらず快くお話を伺うことができ、さらには懇切なるお手紙まで頂戴した。私が比定する久米多池溝に相当するような溝は現地では確認されていないこと、さらには伝承もないとのお知らせである。加えて、久米多池溝は久米田池からの用水路に比定されているとのこと、ここでも昆陽池と同じ問題が生じているのである。

久米多池溝を簡単に見つけられるとは思っていないが、いずれは行基に倣って現地を歩き、実地に確かめ、所在場所を確認したいと考えている。とはいえ、筆者にとっては再確認のための作業でしかない。それだけに先延ばしがちとなるが、〈久米多池溝〉を発掘できれば不毛な論争に終止符を打てる。捨て置くわけにもいかないのだが……。

三　給孤獨院

「給孤獨園」という言葉は『年譜』の「行年七十四歳・天平十三年条」に出てくる。同条は、同年三月一七日、泉橋院に行幸した聖武天皇を七四歳の行基が迎えて終日対談し、「大国には給孤獨園があり孤獨の徒を養育するが、吾が日本国には給孤獨園はない。このため為名野（猪名野）を請うて給孤獨園と為したい」と申し出て天皇の宣命を得たとある。[注18]『年譜』が伝える本条の信頼性はどの程度であろうか。

『年譜』作成の資料の一つとされる『行基菩薩傳』では、天平十三年に聖武天皇が泉橋院に行幸して行基と「終日清談」したことは伝えるものの給孤獨園についての記載はない。[注19]『続紀』にも天平十三年三月には関連しそうな条はない。しかし同年十月十六日条で「賀世山の東の河に橋を造る。七月より始めてこの月に至りてすなわち成る。畿内と諸国との優婆塞等を召してこれに役ふ。成るに随ひて得度せしむ。惣て七百五人」と東の河（木津川）架橋の竣工と七〇五名という大人数の得度を伝える。[注20]ここでいう「優婆塞等」は間違いなく行基集団を指していよう。『年譜』によれば、天平十二〔七四〇〕年に泉橋院（山城国相楽郡大狛村）を建立し、泉大橋の架橋に取り掛かっている。となると、行基と聖武天皇が天平十三年三月に泉橋院で邂逅した可能性は十分にあり得る。

後年になるが、『日本後紀』の「弘仁三〔八一二〕年八月条」において「大僧正行基法師が孤独を救うために摂津国に置いた惸獨田一百五十町を国司に耕種させよ」と勅をもって命じている。[注21]少なくとも弘仁の頃には行基集団の給孤獨園は朝廷も公認する存在であった。行基集団は猪名野の地に一五〇町歩の墾田という盤石の経済基盤を築いたうえで給孤獨園を創建したのである。

さて、給孤獨園の存在を示す何よりの証拠は「昆陽施院」という名前そのものにある。「施」は、『字通』に依れば、「シ、イと発音し、なびく、ほどこすを意味する」とする。[注22]また『古語大辞典』によれば、「施（セ）」は、「施し与えること」を意味し、「もと、仏教語で、精神的・宗教的な無形のものを施すことの意にも用いられる」とする。[注23]給孤獨園が昆陽施院の一部なのか、あるいは昆陽施院そのものが給孤獨園なのかは別にして、少なくとも給孤獨園が昆陽施院にあったと考えて間違いない。

四　すべての道は猪名野へ

写真9-4　仏國寺（韓国）の福田函

猪名野開発で忘れてならないのは、猪名野の地に渡るためのアクセスの確保。せっかく「給孤獨園」を築き上げても人の往来に不便では宝の持ち腐れでしかない。この点でも行基集団に抜かりはなかった。はるか後の世に、成田国際空港はできたもののアクセスの確保に四苦八苦しているのとは大違い。みごとな見識というしかない。人間に対する深い慈愛の念、福田の思想が根本にあるからであろうか。

福田は「田の能く物を産せるが如く之に施せば能く福を生ずるもの」をいうとする。[注24]福田思想には仏教の深い教理が籠められているようだが、二〇一五年に韓国で開かれた第七回世界水フォーラムに参加した折に訪れた仏國寺の石窟庵で

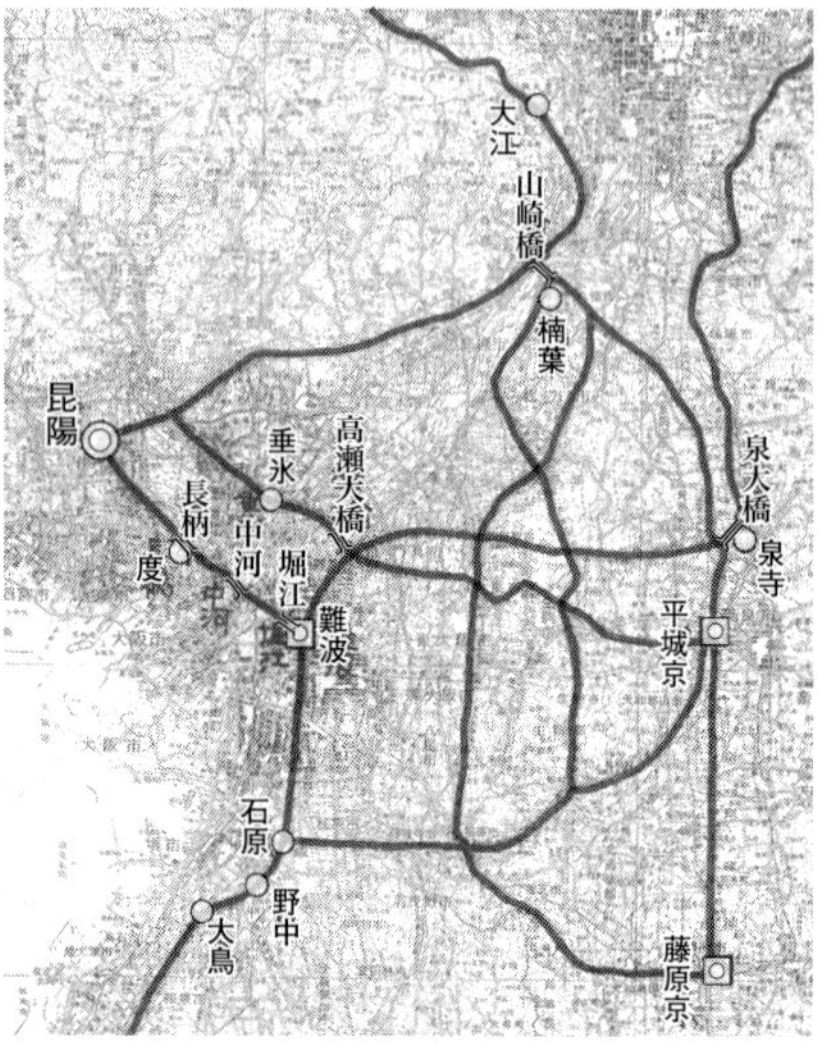

図9-10　布施屋と関連道路

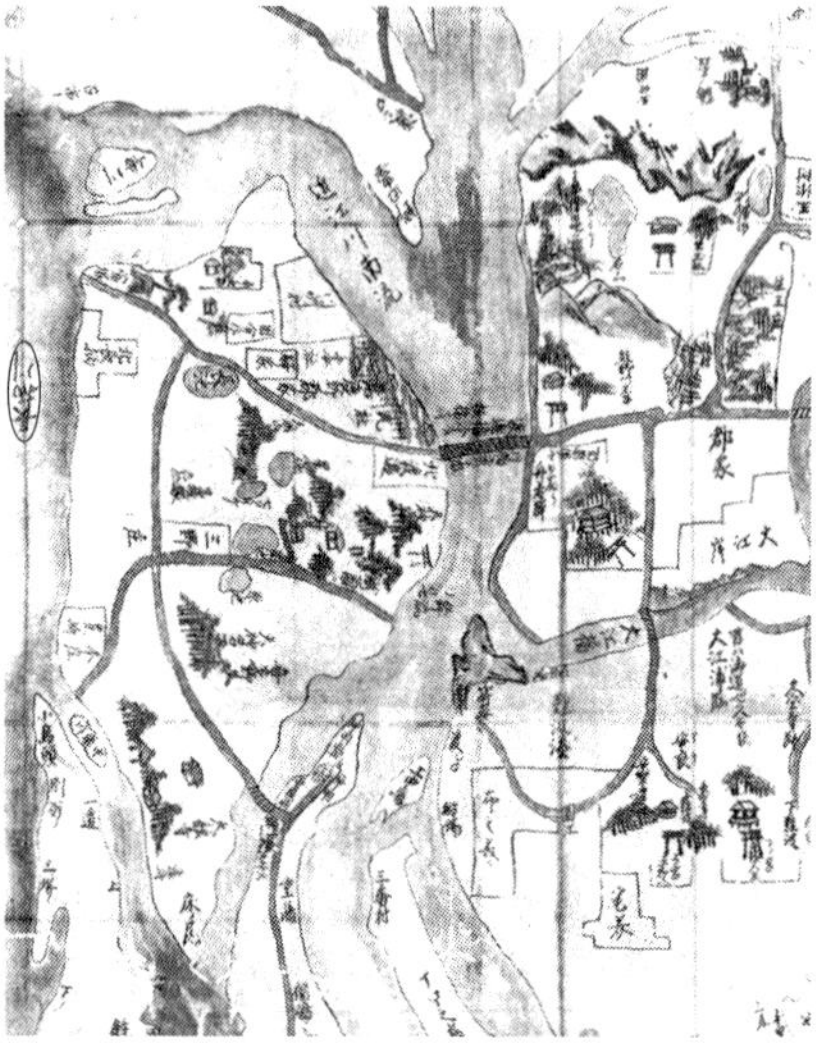

図9-11　難波往古図

目にして驚いたものがある（写真9－4）。賽銭箱に「福田函」と書いてある。福田思想といえば難しそうに聞こえるが、要は「他者への施し」の一語に尽きるのかもしれない。

さて人の往来に大事なのは単に交通路の確保などハードだけではない。宿泊施設の整備などソフト面の整備も欠かせない。この点でも行基集団に抜かりはなかった。彼らが建設した布施屋を図上に落とすとその意図が明瞭に浮かび上がる（図9－10）。この時代の人口集積地は大和と難波。行基集団の主たる活躍の舞台は和泉・淀川中下流・猪名野の三ヵ所。この五ヵ所から給孤獨園を目指す道路上に大江布施屋を除く他のすべての布施屋が位置している。孤獨の人も容易に旅できるように万全の備えがなされていた。

ここで大きな問題が生じる。難波と給孤獨園を最短コースで結ぼうとすると大河である淀川を三ヵ所で越えねばならない。淀川が、淀川（堀江）、中河、神崎川の三派川に分流しているからである。孤獨者が川を渡るのには大変に難渋する。是非とも橋を架けなければならない。このために検討されたのが長柄・中河・堀江に架ける三橋。天平十三年当時にはもちろんまだ架かっていない。実際に工事に取り掛かったのは天平十七（七四五）年。この年に大福院、同尼院、難波度院、枚松院、作蓋部院の五道場が、御津と津守に建立されている。大福院と同尼院は中枢的な道場、残る三道場が三ヵ所の架橋地点に設けられた現場事務所的な道場と筆者は考えている。

堀江は現在の道頓堀川、中河は現在の淀川本川（明治十八年測量図では中津川）と比定するのに問題はない。中河は「中ツ河〈ナカツカワ〉」と発音されていた可能性も考えられる。問題は「長柄（川）」の比定である。上記の推論に従えば神崎川となるのだが確たる証拠がなかなか見つからない。唯一手元にあるのが「難波往古図」。神崎川に相当する川に長柄川と記入されている（図9-11、左端を流れる川。図では左方向が北となる）。この長柄川から中津川が分派しており、現在の神崎川と考えて良さそうである。古絵図だけでは傍証とは成り得ても証拠とは成り難い。なお検討が必要であろう。

さらには、淀川中下流総合開発で述べた

　高瀬橋

　直道　　在自高瀬生馬大山登道、

の二事業も猪名野開発にも関連すると筆者は考えている。図9-10からわかるように、この橋と道を通ると、平城京から猪名野に向かう最短ルートになるからである。単に淀川中下流域の開発のためだけなら、立派な橋を架けることもなく、わざわざ直道を建設する必要もない。直道の記述に「生馬《いこま》登道」とわざわざ注記している理由もこれで氷解する。

さて、以上で行基集団が猪名野の地で実施した事業のすべてを検討した。行基集団が実施したのは、たんにハードの整備のみではなく、利用者たる孤獨者の利便性の確保にも最大限の意を用いていた。まさに痒い所に手が届いているのである。

最後になったが、現地調査に際してお世話になった伊丹市立博物館の和田恭仁雄館長、池添康雄昆陽井水利組合長に心からの御礼を申しあげたい。この地でも「行基さん」が生き生きと息づいていることを教えられた。ありがたいことである。

第二部
行基と長屋王

行基集団の事業を『行基年譜』、とりわけ「天平十三年記」を頼りに、現地に残る事業の痕跡を訪ねて検討を重ねてきた。地域でみると「和泉の地」、「淀川中下流域」、「猪名野の地」において、それぞれの地域の水資源の特徴を最大限に活かした壮大な事業が展開されていた。現在のように土木技術が進み、大型建設機械をふんだんに使えて大規模工事が容易になった時代においてすら、「国営和泉地区大規模開墾事業」、「淀川中下流域総合開発事業」、「猪名野自立型福祉事業」とでも名付けて実施されるに違いない規模と内容を持っている。いずれもが国を挙げて取り組む大プロジェクト、決して都道府県や民間部門のみで実施できるようなレベルではない。

これらの事業がどうようにして実現できたのか。建設省において長年にわたりインフラ整備に携わってきた行政技官の目から見れば、従来の研究で暗黙の前提とされてきたような一民間人のみでできる事業ではあり得ないのは明らかだが、それを実証しようとすると簡単ではない。真相があまりにも深い闇に塗りこめられているからである。ここからは行基集団が成し遂げた壮大にして重層的な事業がどのような政治的背景のもとで実現したかについて解き明かしていく。論拠を示しつつ綿密に検証を進めたい。真実探しの知的な旅となる。先入観を捨ててご一緒いただければ幸いである。

まずは当時の時代背景を大観しておこう。「大化の改新」の詔（改新之詔）が発せられたのは大化二〔六四五〕年、皇極天皇の御代である。其の一に公地公民の原則、すなわち私地・私民の廃止が定められ、其の二に行政組織と軍事制度。其の三に戸籍・計帳・班田収受法。其の四に田の調《みつき》の導入などの税制改正。以上の四つの新施策が打ち出された。[注1]それから五〇年余の年月を経た大宝元〔七〇一〕年に大宝律令がまとまる。これでようやく律令国家としての体裁が整ったことになる。それからさらに約五〇年の後、天平宝字元〔七五七〕年になって養老律令が施行される。律令国家の法整備は約一〇〇年の年月をかけて緩やかに進展したのである。

行基集団の事業はこの間の最終盤、七二〇年代後半から七五〇年に至る四半世紀に実施された。すなわち律令体制が熟すとともに律令国家の内包する構造的な問題、例えば班田用の土地不足などが顕在化してきた時代である。律令制度にはすでに綻びが見え始めていた。

問題は行基集団と朝廷の関係である。行基集団が実施した事業は、現在でも国家事業、国家の直轄事業として施工されるような規模と内容を持っている。何らかの形で朝廷と繋がっていたと考えざるを得ない。しかし『続紀』が伝える行基と朝廷の関係は敵対的なものとして登場する。養老元〔七一七〕年には、「小僧《しょうそう》行基」と名指しで行基を指弾する僧尼令違反の詔が出される。『続日本紀』を通しても個人名をあげて非難する事例は滅多にない。少なくともこの時点で両者の関係が最悪の状態にあったことは間違いない。

その後、行基と朝廷との関係は一変する。天平十七〔七四五〕年正月には行基を大僧正にする詔が出される。[注2]大僧正位はこの時に初めて定められたもの、行基のために創られたと考えるしかない。僧正どころか僧綱の一員でもなかった行基にこのような位が与えられたことは破格の扱いである。少なくともこの時点では行基と朝廷の関係が良好なものになっていたことは間違いない。

敵対的な関係にあった行基と朝廷の関係が最終的にはこれ以上はない密接で良好なものに変わる。この間わずか二八年にすぎない。問題はそれがいつ起こったかにある。従前の解釈では、天平三〔七三一〕年を変曲点とみるのが通例。この年に「行基法師に随う優婆塞・優婆夷等の入道が認められた」と『続紀』が伝えるからである。行基の呼称も「小僧行基」から「行基法師」へと変わり、かつてのような侮蔑の意味合いはなくなる。この後、『続紀』が伝える行基集団の事績はプラス評価のものばかり。この時点で行基集団の活動が公認され、その後徐々に公認範囲が拡大し、最後には大僧正を授けるまでに至ったと考えるのが通例である。

確かに『続紀』が伝える事項を並べると、このような解釈が最も妥当に思える。しかしそれでは行基集団の主要な事業が政府との対立関係の中で進んだことになる。行基集団が最も手広く事業を拡大したのが天平二〔七三〇〕年と天平三〔七三一〕年。前に詳論したように、この両年に現地に多くの道場が開かれている。[注3] その準備となると少なくとも数年前から始まっていると考えなければならない。果たしてそんなことが朝廷と対立する状況下で可能だろうか。先に見たように、行基集団の事業の構想と規模は途方もなく大きく幅広い。その壮麗さ、総合性を考えると、朝廷と対立する中で、朝廷の妨害を受けながら着手できたとは到底考えられない。何らかの秘密が隠されているに違いない。

謎をとく鍵は、僧尼令違反を問う詔と太政官奏にみられる大きな揺らぎ。加えてその間に寺領を得た菅原寺にある。まずは僧尼令違反と行基との関係の検証から始める。

第一〇章　僧尼令違反と行基集団

律令国家における僧尼はどんな存在だったのか。それをみないことにはなぜ僧尼の行動を国家が縛ろうとするのか、僧尼令が置かれた意味が理解できない。

一　律令制度における〈僧尼〉とは

律令制下の僧尼は、僧尼令が規定する統制下に置かれる。その見返りとして、職員令に基づく職員（官人）と同様に刑法上の特権を与えられていた。官人は八虐の罪、すなわち国家・社会の秩序破壊のような極めて悪質な罪を犯さない限り実刑を科されず、除免（除名・免官・免所居官）等の罰を受けるのみ。同様に僧尼も重大な罪を犯さない限り実刑は科されず、強制的還俗（僧尼身分の剥奪）あるいは苦役（寺院で行う仏の功徳のための労働奉仕）を受けるのみという恩典を持っていた。[注1] それだけでなく、租庸調などの課役についても課役免除の特典を持っていたのである。

官人に相当するような特権を僧尼に与える以上、国家が僧尼を厳重な監督下に置くことを目指すのはある意味で当然。そのために設けられたのが僧尼令で、二七条にわたる条項を定めている。[注2] 僧尼を国家の監督下に置くという令の目的から考えると、僧尼「令」とはいえ、令（一般法）よりも律（刑法）に近い性格を持つといえよう。

僧尼の管理は人数管理から始まる。すなわち、僧尼になるための得度は、国家により厳重に管理され、その得度人数は『続記』にも記述される。得度者のすべてを漏れなく載せている訳ではないが、それでも如何に厳重に監視しようとしたかの一端が窺える。

さらには僧尼令に定められている条項、例えば僧尼が還俗した場合、僧尼の名籍から除くことはもちろん、新しく属する戸籍に必ず記名させるために、本人は無論として僧綱にもその履行を求めている。極めて厳格に管理しようとしていたのである。

二　『続紀』が伝える僧尼管理の実態

ところで朝廷は僧尼をどのようにみていたのだろうか。〈僧尼〉という言葉を『続紀』から悉皆的に取り上げると表10－1のようになる。対象期間は大宝元〔七〇一〕年から宝亀六〔七七五〕年までの七五年間。参考のために〈行基〉という言葉が使われる条ならびに僧尼令違反を咎めるとされる条についても取り上げている。

この七五年間に〈僧尼〉が出てくる条項は四六条を数えるが、僧尼令違反に関するのはたったの四条。〈僧尼令〉という言葉そのものとなるとただの一回のみ。それも僧尼令を大安寺で説いたことを伝える条のみである。僧尼令違反を咎める条項で〈僧尼〉という言葉が使われるのは半分の二回。〈僧尼〉が使われるのは僧尼への賜物を伝える条項が大半を占める。厳しく管理されていたというより厚遇されている様子が浮かび上がる。

次に文武天皇元〔六九七〕年から行基の死（七四九年）までの五〇年間の僧と尼の活動に関する事項を拾い上げると、表10－2のようになる。ここで取り上げているのは僧と尼に関する事項のみで寺院に関するものは省いている。

表10－1と表10－2を参照すると次のことに気が付く。

(i)僧尼令違反に関する事項は極めて限定的で、僧尼令違反を幅広く解釈しても四例のみ。
(ii)文武四〔七〇〇〕年の僧・通徳と恵俊に始まる、才芸に秀でた僧の還俗は、和銅七〔七一四〕年まで続くものの、それ以降は絶えてないこと。
(iii)得度を認める人数が、天平十三〔七四一〕年を境に大きく変わること。公験《くげん》（僧尼の身分を認定する公の証書）に依ると思われる事例を除くと一〇〇人以下であった人数が、天平十三〔七四一〕年の泉川架橋に対する七〇五人（七五〇人説もあり）を皮切りに一〇〇〇名台に一気に増加すること。
(iv)僧正に関する人事は必ず『続記』に記載され、三綱の名前も一部の例外を除き記載されること。
(v)優秀な僧が褒賞や各種の施物を受けていること。施物を受けた義淵と玄昉が数年を経ずして僧正に任じられたこと。

それぞれの項目について個別に検討する。僧尼令違反については本論の根幹に関わることなので、最後に述べる。

僧の還俗

『続紀』が伝える僧の能力を活用するための還俗は、七〇〇年から始まり七一四年で終わる。ここに挙げるのは本人の意志ではなく、国家の方針として勅あるいは令により還俗させたもの。これをみると、律令国家の門出に際して人材発掘に腐心していた様子がしのばれる。制度を作ってもそれを動かす人材がないというのは現在でも起こり得ることだが、朝廷が有為の人材を確保

〈僧尼令〉関連事項	〈行基〉関連事項
6/1 説僧尼令	
4/23 犯法令	4/23 小僧行基百姓妖惑
10/10 法師非法、軽皇憲	
7/10 虧皇猷不練戒律	
9/29 深違憲法	9/29（近京左側山原、聚集多人、妖言惑衆）
	8/7 隋逐行基法師優婆塞・優婆夷聴入道
	10/19 於是、行基法師率弟子等、勧誘衆庶（大仏）
	2/21 詔、以行基法師為大僧正
	2/2 大僧正行基和尚遷化……人号曰行基菩薩
	11/20 故大僧正行基法師……（田三町を施入）

表10-1 『続紀』における〈僧尼〉関連の記述

年	〈僧尼〉関連事項
大宝元（701）年	11/4 僧尼賜物（大赦）
慶雲 4（707）年	7/17 僧尼賜物（元明即位）
和銅元（708）年	7/16 僧尼賜物
5（712）年	2/19 僧尼施物（高年者）
霊亀元（715）年	9/2 僧尼賜物（元正即位、改元）
2（716）年	5/15 僧尼莫住（寺院財物管理）
養老元（717）年	4/23 僧尼寺家寂居、僧尼依仏道 5/17 僧尼……聴為童子 11/17 僧尼賜物（改元）
2（718）年	12/7 僧尼湯薬（天下大赦）
4（720）年	1/4 始授僧尼公験 8/1 僧尼賑恤（藤原不比等の快癒を祈る大赦） 8/3 僧尼公験、濫吹（無能力者が偽って公験） 12/25 僧尼自出方法（自分勝手な節回しの読経）
6（722）年	7/10 在京僧尼 11/19 僧尼（元明一周忌供養）
神亀元（724）年	2/4 僧尼賜与（聖武即位、改元） 10/1 僧尼名籍（名籍不備の僧尼への公験発給）
2（725）年	7/17 僧尼金光明経
4（727）年	11/3 僧尼奉賀皇子誕生
天平元（729）年	8/5 在京僧尼之父祖賦皆免（改元）
2（730）年	
3（731）年	
6（734）年	11/21 仏教流伝、必在僧尼……、其取僧尼児……
8（736）年	7/14 僧尼給湯薬食粮（太上天皇の病平癒）
9（737）年	5/19 僧尼賑給（疫痢・干害により） 8/2 僧尼清浄沐浴
11（739）年	2/26 僧尼給湯薬（皇后（光明）病につき賑給）
13（741）年	3/24 僧尼転読最勝王経（国分寺建立詔）
15（743）年	
16（744）年	7/23 僧尼両寺（国分寺・尼寺への寺稲二万束） 10/2 論僧尼之事（道慈の卒伝）
17（745）年	
20（748）年	5/8 請諸寺僧尼（太上天皇に敬禮読経） 12/18 度僧尼各一千（元正の鎮祭）
天平勝宝元（749）年	4/1 僧尼敬問（東大寺行幸の詔） 4/15 僧尼等施物（東大寺行幸） 10/15 河内国僧尼施物（河内国智識寺行幸）
天平宝字元（757）年	4/4 僧尼……施物（立太子、改元）
2（758）年	8/1 僧尼等物布施賜（淳仁即位） 8/1 集諸寺僧尼、欲学戒律（淳仁即位） 8/25 僧尼賓客（八省等の改称）
3（759）年	6/22 僧尼之道（官人と僧尼の意見聴取）
4（760）年	7/26 僧尼写称讃浄土経（皇太后七々斎） 8/26 新京高年僧尼……施物
宝亀元（770）年	7/15 検校僧尼数（疫病変異のため大般若経転読） 9/22 国毎管内僧尼（称徳七々斎） 10/1 僧尼等御物布施賜（改元）
2（771）年	1/4 僧尼之度縁（印の変更）
4（773）年	
6（775）年	9/11 諸寺僧尼……転経・行道（天長節を定める）

年	僧尼令	得度	還俗	三綱人事、没	その他
神亀3（726）年		6/21 太上天皇（元正）不豫、度僧28人・尼2人 7/19 度僧15人・尼2人			
神亀4（727）年					2/18 転読金剛般若経 11/3 僧綱等皇子の誕生を賀す 12/10 僧義淵を褒賞
神亀5（728）年				10/20 僧正義淵没	11/28 智行ある僧を山房に住まわす
天平元（729）年				10/7 三綱人事	
天平2（730）年				10/4 弁静を僧正に	
天平3（731）年		8/7 僧行基に従う優婆塞・優婆夷の出家を許す			
天平6（734）年					3/10 僧施物
天平7（735）年					6/5 寺院の併合を禁止 10/5 親王の斎会には僧100人以内
天平8（736）年		7/14 太上天皇（元正）不豫、度100人			2/7 僧玄昉・道慈に封戸等を施す 10/2 唐僧・バラモン僧らに衣服を施す
天平9（737）年				8/26 三綱人事、玄昉を僧正に	4/8 道慈の申請により大安寺に調・庸を施す 5/1 僧600人読大般若経 8/15 僧700人転大般若経 9/28 京畿の僧と尼に綿・塩を施す 12/27 皇太夫人が玄昉を見る
天平10（738）年				閏7/9 三綱人事	
天平11（739）年				10/17 行達大僧都	

表10-2　僧と尼*に関する『続紀』記載事例表　　＊〈僧尼〉は除く。

年	僧尼令	得度	還俗	三綱人事、没	その他
文武2（698）年				3/22 恵施を僧正	10/3 薬師寺に僧を住まわす
文武3（699）年					11/29 義淵法師に稲を施す
文武4（700）年			8/20 通徳・恵俊	3/10 道照和尚物化	10/8 京畿の高年の僧尼に施物
大宝元（701）年	6/1 大安寺で僧尼令を説かせる		3/19 僧弁紀 8/2 僧慧耀・信成・東楼		
大宝2（702）年		12/13 太上天皇（持統）不豫、度100人		1/25 智淵を僧正	4/8 僧隆観を免罪
大宝3（703）年		3/10 度100人	10/16 隆観	3/24 義淵を僧正	9/25 僧法連に野を給う
慶雲2（705）年					6/27 祈雨
慶雲4（707）年					5/28 学問僧義法等帰国
和銅5（712）年				9/15 三綱人事	
和銅7（714）年			3/10 沙門義法		
霊亀2（716）年					5/28 僧綱に印
養老元（717）年	4/23 詔「小僧行基」			7/23 三綱人事	
養老2（718）年	10/10 僧徒の行動に戒				10/10 僧綱に領袖たる人の推薦依頼
養老3（719）年					11/1 神叡法師、道慈法師に食封を施
養老4（720）年		3/11 度320人			
養老5（721）年		5/6 太上天皇（元明）不豫、度100人			5/5 諸寺の併合を命ず 6/3 僧法蓮を褒賞 6/23 僧行善・道蔵を褒賞 7/10 僧綱の薬師寺常住を命ず
養老6（722）年	7/10 僧尼の違法行為の禁断				
養老7（723）年					2/2 僧満誓に観世音寺を造らす
神亀2（725）年					閏1/17 僧600人読誦大般若経 9/22 出家・転経を命ず

表10-2　僧と尼に関する『続紀』記載事例表（続き）

年	僧尼令	得度	還俗	三綱人事、没	その他
天平 12（740）年					8/29 藤原広嗣、僧玄昉等の排除を求む 11/5 僧二人拘置
天平 13（741）年		10/16 賀世山の東の河の橋を造営、優婆塞 705 人（750 人説もあり）			
天平 15（743）年					1/12 衆僧に金光明最勝王経を読ましむ 3/4 衆僧慰労 10/19 天皇に従い行基が弟子らを率い人々を勧誘
天平 16（744）年		12/8 度 100 人		10/2 道慈卒、三綱人事	3/14・15 僧 200 人転読 9/30 僧綱の印を大臣の下に 11/13 四大寺衆僧僉集
天平 17（745）年		9/19 天皇不豫、度 3800 人		1/21 行基を大僧正に	5/4 平城四大寺の僧に京とすべき処を問う 5/7 衆僧会集 9/23 僧 600 人大般若経読 11/2 玄昉を筑紫観世音寺へ 11/17 玄昉の封物を収む
天平 18（746）年				6/18 僧玄昉死 10/6 数千僧燃灯供養	
天平 19（747）年		1/27 諸国の沙弥尼を当国にて受戒			
天平 20（748）年		12/18 僧尼、各 1000 人（元正鎮祭関連か）			
天平勝宝元（749）年		5/9 宮中にて、1000 人度す（大仏か）		2/2 大僧正行基遷化	

しようとして必死になっている様子が浮かび上がる。何時の世でも人材の確保が最大の課題であることに変わりはないようだ。逆にいえば僧尼の世界に人材が集まっていたことを示している。当時の大寺が現在の大学の役割も果たしていた様子がここからも読み取れる。

往時の朝廷はこれほど人材を求めていたのである。行基のような卓越したカリスマ性をも併せ持つ最優秀な人材を見過ごすであろうか。野に置いたままにしておくだろうか。素朴な疑問が湧いてくる。

得度人数の経過

表10－2の得度には、得度を主体に伝える事項を拾い上げている。これをみると、天皇あるいは太上天皇の不豫（病気）に際して、その回復を願っての得度が圧倒的に多い。天皇、太上天皇の病気回復という朝廷としての最重要事項に得度が使われている。それだけ僧尼が重く受け止められていたのである。

天皇や太上天皇の不豫に関しない事項に絞ると次の六件になる。

(i)養老四〔七二〇〕年三月　勅度三百廿人出家。

(ii)天平三〔七三一〕年八月　詔曰、行基法師に従う優婆塞・優婆夷等は、男年六十一以上、女年五十五以上はすべて入道を許す。

(iii)天平一三〔七四一〕年一〇月　賀世山近くの東河の架橋に使役した畿内及び諸国の優婆塞等に得度七百五人（七百五十とする異本もある）を許す。

(iv)天平一四〔七四二〕年一二月　得度一百人。此夜、金鐘寺及び朱雀路において灯一万杯を灯す。

(v)天平一九〔七四七〕年一月　　七道諸国に令して沙弥尼〔出家はしているものの未だ受戒していない女子〕等を当国の寺において受戒させる。しかし京に入ることは許さず。

(vi)天平勝宝元〔七四九〕年五月　　於宮中度一千人。

このうち、得度対象者が絞り込まれているのが(ii)と(iii)。共に行基に関係している。(ii)は、ずばり行基に付き従う優婆塞、優婆夷等に対する得度。男性は六一歳以上、女性は五五歳以上で、法に定める修行を修めたものという条件が付いているものの、得度人数を定めていない。他のものとは全く異なるタイプの得度である。(iii)も行基を対象にしたものであることは、この橋を架ける作業に従事したのが行基集団であることからみて明らかである。京を除く畿内と諸国からの優婆塞を対象に七〇〇名を超える大量得度を認めている。架橋事業に携わったものすべてに得度が許されたのであろう。

(v)も行基集団を念頭において出されたものと考えられる。この制度は、七道諸国すなわち京・畿内以外の地域の沙弥尼が自国の寺で受戒して尼になることを認めるもの。これで沙弥尼の受戒は格段に容易になる。京に入ることは認められないが、京以外の畿内で事業を展開した行基集団にとって何ら障害になることはない。行基集団の活動をより活発にする役割を担ったのは間違いない。

さらに、大仏造営に向けてのものと考えられる(iv)と(vi)についても、大仏建立と行基集団との関わりの強さと考えると、行基集団を援護する意図が読み取れる。となると、行基集団と直接関係しないのは(i)の公験制導入に関わると考えられるもののみ。特別の目的を持った得度は、ほぼすべてが行基集団を利する意図をもって為された。行基集団のための得度と言っても過言ではない。

さらに言えば、天皇や太上天皇の病気快癒祈願や追悼のために出される得度も、目的こそ違え利益を受けるのは得度者と得度者を抱える集団である。その意味では、七四五年以降の数千人規模の三回、総数六八〇〇人に達する得度は莫大な利益を行基集団にもたらしたことになる。

僧尼の人事

この時代の僧尼の管理は厳格な制度をつくったうえで、具体的な管理は僧尼に委ねるという形を取っている。律令制度の先達である大陸に学びつつも、日本独自の要素を加えて作成されたのが僧尼令。大宝令から養老令にかけて制度としては十分に練り上げられており、後はこの制度の運用如何による。

僧尼の具体的な管理は、最高機関たる「僧綱」(「三綱」とも呼ばれ、僧正・僧都・律師の三者で構成される)を頂点とする僧尼たちに委ねられ、それを国家機関の玄蕃寮が統括していた。となると僧綱の人事は僧尼を管理する上で極めて重要な意味を持つ。玄蕃寮が自ら管理していたのも当然であろう。

もう一つの管理手段が国家の与える叙位、叙勲、褒賞などである。これは今に至るも替わらず、官が民をゆるやかに統御する手段として実に有効に機能している。叙位・叙勲の季節になると、内閣府の担当窓口には会社のトップに少しでも上位の勲位が授かるようにと門前市をなす。そればかりか勲位の決定基準に算定されるという政府の諮問機関などのポストを狙って争奪戦が陰で繰り広げられる。魚心あれば水心。政府側は民間の心の動きを見透かして最大限に有効に利用しているように見受けられる。総理直属の各種審議会などはその好例であろう。

同様のことがこの時代にも見られるようだ。僧正に任命する数年前に義淵と玄昉には施物を賜る。義淵には稲一万束、玄昉には封一〇〇戸と田一〇町。特に玄昉の場合は、入唐して学問を修めたとはいえ三綱に入った経験がない。それを補うためか僧尼に対する施物として初めて田を与え、朝廷の高い評価を世に示そうとしている。僧正位につける前段としての施物であったに違いない。まさに文化勲章を授与する前に文化功労者に認定して年金を支払うようなもの。栄勲に関する制度に古今の差はないようだ。

三 僧尼令違反と行基

いよいよ僧尼令違反を問う詔と太政官奏について検討する。表10-1と表10-2が示すように、僧尼令違反を咎める詔の発出は養老時代に限られている。養老時代の幕開けと共に始まった僧尼令違反への厳しい対応が、養老から神亀に改元されると同時にぴたりと止み、それ以降は絶えて出されることはない。また僧尼から俗界への人材の供給（還流というべきか）の役割を果たした「才芸に秀でた僧」の還俗が和銅七〔七一四〕年で途切れる。養老時代は僧尼令にとり間違いなく潮の変わり目に相当している。

僧尼令違反を問うかにみえる詔がもう一つだけ出されている。天平二〔七三〇〕年九月のこと、盗賊の捉搦と禽獣捕獲の禁断を命ずる項目に挟まれて、安芸・周防の事例と並んで京に近い東方の山に多くの人衆を集めて妖言することを取り締まるように命じている。僧尼に対して出されたものではなく左京職に出された詔とはいえ、文言を読むと、「妖惑百姓」のような僧尼令で出てくるのと同じ文言が使われており、場所が行基集団との深い関連を感じさせる京に近い山原だけに僧尼令違反を問うかのようにみえる。

ところが感じさせるにとどめて行基の名前は明示しない。ここにこの詔の本質が隠されている。現在でも名指しで相手を咎めるのは余程のこと。例えば中国の尖閣諸島や南沙諸島における海洋侵略に対しても、国連での非難決議の採択となると、名指しは避けられる。それなりの配慮がなされているのである。

さて、養老時代に出された僧尼の取締りに関する、三本の詔と太政官奏について詳細にみてみよう。

①養老元年四月二十三日詔

養老元〔七一七〕年に出された僧尼令違反を咎める詔は長文で、三つの主要部分からなる。

(i)勝手に僧の形をすることの禁制

(ii)行基等の僧尼令に違う活動に対する指弾

(iii)僧尼の治療活動に対する規制

(i)と(iii)は行基集団に限らず僧尼一般に対して出された条項である。しかし一括して出されていることは、これらの条項も行基集団を強く意識して書かれていると見なければならない。逆に言えば、このように受け取られかねない活動を行基と弟子たちが行っていた証ともいえる。

(i)に関しては、官許なしに僧尼になられたのでは国家の管理下に置いている僧尼制度が崩れる。加えて、勝手に僧尼の格好をして行基集団になだれ込まれたのでは、行基集団の勢力をますます強める。朝廷として規制しようとするのは当然である。(iii)からは、いかにして行基と弟子たちが民衆の中に入っていったか、その様子が読み取れる。少なくとも朝廷側が行基集団の民衆獲得の原動力をどう見ていたかはこれでわかる。いつの時代であっても「病気平癒」を看板にするのが大衆を獲得する有効手法であることに違いはない。

さて、(ii)の行基とその弟子に対する条項である。重要な詔なので全文を逐語訳で示す。

> 凡そ僧尼は寺家に寂居して教えを受け、道を伝えるものである。令に依って云うに、それ乞食する者があれば、三綱連署して、午前に鉢を捧げて告げて乞え。これに因りて更に余物を乞うことを得ざれ。まさに今、小僧行基並びに弟子等、街中に零ち畳さなりて妄りに罪福を説き、朋党を合せ構え、指と肘を焚き剥ぎ、門をめぐりて仮《いつわり》を説き、強いて餘物を乞う。詐りて聖道と称し、百姓を妖惑する。道俗は擾乱し、四民は棄業す。進みては釈教に違い、退きては法令を犯す。[注3]〔傍点は引用者による〕

ここでは、五〇歳になった行基を「小僧行基」と一言のもとに斬り捨てる。この文書を書いた人間の怒りの激しさが迫ってくる。国家の公式文書に使われる言葉としては、最大級の侮蔑表現であろう。行基集団はこの詔で非難されるような行動をとっていたに違いない。行基の教えを朝となく、昼となく、徒党を組んで平城京の中を説いて回っていたはずである。その思想に関しては、当時我が国に持ち込まれたばかりの三階教や道教との関連に着目する考え方もある。[注4]また「指と肘を焚き、皮を剥ぐ」という表現も、大袈裟ではなく、文字通り、捨身行の一つとして実際に行われていたとされる。[注5]行基集団の活動が過激な一面を持っていたことは間違いない。行基は若い時には山に籠もり、長い思索の時を持っている。また当時朝鮮半島や大陸から入っていた新しい多くの教典を目にする機会にも恵まれていた。そんな行基を「小僧行基」との一言で斬り捨てる。この詔を発するに充分な必然性があってのことに違いない。

普通であれば、このような激烈な禁令が出される前にはそれなりの前触れがあって然るべきであろう。もう一つ注意しておくべきは、この時点では行基の活動はまだその姿を顕していないこと。何よりの証は、『続紀』における〈行基〉の名前の初出がこの詔。それなのに突然に厳しい叱声が飛ぶ。政権内部の焦りが目に見えるようである。

②養老二年十月十日太政官奏

養老二〔七一八〕年に太政官から僧綱に出された告文は、二つの部分から成り立っている。一つは、僧綱に対して優れた僧侶の推挙を求めたもので僧尼令違反とは関係しない。養老元年の詔と対応するのは次に掲げる二段目である。[注6]

法師が法を非《そし》り、還りて仏教を墜すは、是れ金口〔釈迦の教説〕の深くいましむる所なり。道人〔僧尼〕、道に違えて、輙《たや》すく皇憲〔法律〕を軽んずるも、亦玉条〔仏法〕の重く禁ずる所なり。僧綱は宜しく静鑑を廻らして、能く静議に叶うべし。其居は精舎に非ず。行、練邪に乖《そむ》き、意に任して入山し、容易く窟を造るは、山河の清を混濁し、烟霧の彩を雑熅する。又経に曰く、「日々に乞告して市里に穢雑す。情、和光を逐うと雖も、形、窮是に別なること無し」という。斯の如き輩は、慎みて禁喩を加えよ。

この太政官奏を養老元年の行基を名指しで非難している文章と比較すると、言わんとする内容に変化はないものの、表現が抽象的になると共に前とは打って変わって弱くなっている。わざわざ新たな通達を出すなら、前よりも強い調子で、なおかつ前よりも高いレベルで発出しなければ意味をなさない。詔が出てから一年半しか経っていない時点で、詔よりも軽い太政官奏の形式でこのような軽い調子の奏をなぜ発出したのか、全く理解できない。ここにも何か秘密が隠されていそうである。

③養老六年七月十日太政官奏

養老六〔七二二〕年に出された仏教統制の太政官奏は大きく二つに別れる。

最初の部分は、僧綱は常時薬師寺を住居となして、事務処理に精勤するようにとの内容で、僧尼令違反とは関係しない。後半部分が僧尼令違反を咎めるものとなっている。[注7]

化を垂れ、教を設けること、章程によりてまさに通ず。俗を導き人を訓えること、典に違いて即ち妨ぐ。近頃の在京の僧尼、浅識軽智を以て、罪福の因果を巧説し、戒律を練らずして、都裏の衆庶を詐り誘う。内に聖教を汚し、外に皇猷〔法律〕に欠けり。遂に人の妻子をして剃髪刻膚せしめ、ややもすれば仏法と称して、たやすく室家を離れしむ。綱紀に懲ることも無く、親夫を顧みず。或は経を負い、鉢を捧げて、街区の間に乞食し、或いは偽りて邪説を誦して、村邑の中に寄落し、聚宿を常為し、妖訛群を為せり。初は脩道に似て、終には姦乱を挟めり。永く其弊を言《おも》うに、特に禁断須べし。

内容は養老元年の詔、同二年の太政官奏とほぼ同様であるが、その表現はより抽象的で柔らかい。「在京の僧尼」と述べていることを見れば、行基集団を念頭に置いていることは覗えるが、これでは行基集団を糾弾しているのかどうかすら定かではない。

さらに注目されるのは、「妻子の剃髪」を咎めていること。今まで見てきたように、行基集団の道場は「尼院」を多く含む。四十九院のうち一三は尼院である。まさに行基集団の活動の多くが女性によって支えられていた。朝廷としてはこの点も脅威であったに違いない。

『続記』にはないが、この奏には続きがある。『類聚三大格』に所収される太政官奏には具体的な対策がこの後に附記されている。[注8] その内容は、「京城と諸国に判官を分遣し、このような輩があれば罰を加えよ」とする。今までの詔や奏とは違い罰則を用意している。単に詔を出すだけではなく執行体制を整えている。真剣に対処しようとする姿勢がみえる。

さらに注目すべきは、派遣先が京城と諸国であり畿内が外されていること。先に見たように、行基の活動場所は畿内に限られ京城と諸国にはない。まさに行基の活動範囲が注意深く外されているのである。行基集団を対象にした奏に見えながら、行基集団には実害が及ばないように練られている。ここにこそ養老六年の太政官奏の狙いがあったに違いない。どうしてその核心部分を『続記』の記載から除いたのであろうか。単に長すぎるということでは合点がいかない。ここにも読み解く鍵が隠されているに違いない。

状況証拠の一つが先に検討した僧尼令違反を問う朝廷の姿勢の揺れである。揺れの中から朝廷内の権力構造の変化が見えてくる。長屋王の姿がほのかに浮かびあがる。藤原鎌足から不比等まで律令国家の創設に心血を注いできた藤原一門に対抗する皇親勢力の筆頭としての立場である。

当初、不比等が打ち出した僧尼令違反を問う詔は激烈な調子で行基集団を非難していたが、長屋王が議政官ポストの大納言に着任すると急に軟化する。そして不比等の死去により長屋王が議政官筆頭に登るときれいに納まってしまう。といっても、良田一百万町歩開墾計画と三世一身法の制定という大きな節目に奇妙な太政官奏が出されたりはしていた。これについては別途検討することにしたい。

以上の検討から次のことが明確となる。

(i)僧尼と律令国家の関係は養老時代を除いては極めて平穏であった。
(ii)僧尼、あるいは僧尼を騙る徒党に対する指弾が養老元年に唐突に出される。
(iii)その中で、行基と行基集団に対して名指しの厳しい非難、糾弾がなされる。
(iv)しかしその指弾も、翌年に出された太政官奏をみれば、急に萎んでしまう。
(v)その後、養老六年に至り再び僧尼に対する僧尼令違反を咎める太政官奏が出される。内容は養老元年のものとほぼ同様であるが、その対象地域が行基の活動舞台である「畿内」を注意深く外している。
(vi)それを伝える『続記』は、この対象範囲を畿内以外に絞った事実を省略して記述しない。伝えたくない理由が隠されているに違いない。
(vii)その後、律令国家は得度制度を最大限に活用して行基集団を援助する。特に聖武天皇の得度の与え方は、異常とも思えるような増加のさせ方である。

以上をみれば、行基集団に対する弾劾、非難は突然始まり、急に萎んでしまったことがわかる。普通なら一端始めた弾劾を一年半も経たない間に急に取りやめるなどあり得ない。非難の対象となった活動が停止されたのならともかく、続いているだけに全く解せない。養老から天平初期にかけて、政権内部に何らかの対立、軋みがあったように見受けられる。それについてはこれからじっくりと見ていきたい。いずれにしても行基の活動に対する律令国家の弾劾は、少なくとも天平三年まで続いたとする従来の見解とは違い、早い段階で、場合によっては次の年の養老二年には収束していた可能性すら仄見えてきた。

四　行基集団の活動と朝廷の見方

行基集団の活動と朝廷の見方について検討する。これまで述べてきたように、行基集団の活動は大きく分けると次の四期に分類できる。[注9]

Ⅰ期　慶雲元〔七〇四〕年から霊亀元〔七一五〕年まで
行基の生誕地における活動。小さな池の築造等による小規模な開墾。

Ⅱ期　和銅三〔七一〇〕年頃から始まり、霊亀二〔七一六〕年に本格化した後、神亀元〔七二四〕年まで続く期間。
平城京遷都を契機とする、畿内全体を視野に入れた活動に向けての準備期間。

Ⅲ期　神亀元〔七二四〕年から天平元〔七二九〕年までの期間。
良田一百万町歩開墾計画と三世一身法を受けて和泉地域で始まる本格的な活動。

表10−3　行基集団の評価表

年	行基の事業	プラス評価	マイナス評価	朝廷の動き
和銅3（710）年	（第Ⅱ期準備）			
霊亀2（716）年	第Ⅱ期（本格化）			
養老元（717）年			4月：僧尼令違反	
2（718）年			10月：再度、僧尼令違反	3月：長屋王大納言就任
4（720）年				8月：右大臣藤原不比等没
5（721）年		（5月：菅原寺を賜る）		正月：長屋王右大臣就任
6（722）年			7月：再々度僧尼令違反	閏4月：百万町歩開墾の太政官奏、5月：長屋王に巨額の賜物
7（723）年				4月：三世一身法
神亀元（724）年	第Ⅲ期（全盛）			2月：長屋王左大臣就任
天平元（729）年				2月：長屋王自尽
2（730）年			9月：京の左の山原での妖言（行基非難）	
3（731）年		8月：僧行基に従う優婆塞、優婆夷の出家を許す		

Ⅳ期　天平二〔七三〇〕年から行基の死に至るまでの期間

大規模な開墾事業を畿内全域で展開する活発な活動。

第Ⅱ期以降の行基集団に対する朝廷の評価を、プラス評価とマイナス評価にわけてしめすと、表10−3のようになる。なお同表には、朝廷内部の動きも合わせて示している。この表から以下のことが読み取れる。

(i)行基集団の活動範囲が和泉から畿内全般に拡大する時期に合わせるかのように、朝廷が僧尼令違反を楯に厳しく指弾したこと。ほぼ同じ内容の太政官奏が翌年に出されるものの、厳しさが格段に緩和されていること。この間に長屋王が大納言として養老二年三月に議政官に連なること。

(ii)養老五年、行基集団が平城京の宮に近い右京三条三坊に菅原寺を賜ること。

(iii)養老六年から七年にかけて、良田一百万町歩開墾計画、再々度の僧尼令違反を咎める太政官奏、三世一身法とめまぐるしい展開が見られること。一方、長屋王は右大臣、左大臣へと順調に栄進を重ね、さらには莫大な報奨に与かること。

(iv)行基集団が本格的な活動に入る前年に長屋王事変（天平元年二月）が勃発する。その一年後に行基集団の活動に対するとみられる誹謗非難が出されること。しかしその翌年の天平三年になると、一転して行基集団の優婆塞、優婆夷の得度を認める優遇策が取られること。

以上から、長屋王の動向が政権内部での行基集団への評価に大きな影響を与えたことがみえてくる。さらには、僧尼令違反を咎める詔や太政官奏が繰り返し出される間に、行基が平城京内に菅原寺を賜わるという矛盾するような事実も生じている。朝廷内部に大きな矛盾を抱えているようにみえる。

第一一章　菅原寺

僧尼令違反を指弾する詔と太政官奏の経過をたどると、朝廷の態度に生じた大きな揺らぎがみえてきた。加えて指弾を受けたばかりの行基集団が平城宮に極めて近い場所に菅原寺の寺領を賜わるという不可思議なことが起こっている。この奇妙な動きに影響を与えうる存在として長屋王の姿がほのみえてきた。長屋王の動向が政権内部の行基集団に対する評価に大きな影響を与えたようだ。その姿を追いたい。

行基集団と朝廷との関係に関する従来の研究について

行基集団と朝廷との関係を考察する前段として従前の研究結果を整理しておこう。

井上薫氏は、天平三〔七三一〕年の行基法師に従う優婆塞・優婆夷らの得度を認める詔を以て官の政策の譲歩とし、政府が行基の宗教活動を認めざるを得なくなったとする。その理由として行基が弾圧に屈せずに伝道を続けたことを挙げると共にこの間の政情の変化を考慮しなければならないとする。[注1] ここでいう政情の変化は、行基を弾圧したときの政府首班の藤原不比等が養老四〔七二〇〕年八月に病死したのに替わって長屋王が座ったことから始まり、天平元〔七二九〕年の長屋王の変と藤原武智麻呂等の後押しによる光明子の立后までの政治過程を指している。井上薫氏は、行基弾圧が藤原不比等によってなされ、政権首座が長屋王に替わることによって和らいだとみなしている。

井上光貞氏は、朝廷の禁圧は天平に入ると弱まり、その徴候が天平三年の詔であるとする。三世一身法の発布が行基の運動を急速に発展させ、僧尼令的宗教政策をしだいに空洞化させた。その仕上げが「天平十三年記」であり、朝廷がこれまでの行基禁令をやめ、その私的土木事業を公認するための資料であるとみなしている。[注2]

吉田靖雄氏は、天平三年の詔をもって行基の活動が部分的に公認され、天平十五〔七四三〕年の大仏造立勧進をもって公認とする。これは行基集団と朝廷の関係の改善を最も遅い時期とする見方である。なお、行基弾圧の経過に関しては、「養老元年の教界粛正の詔は、不比等の意を体したものであったとみてよいであろう」とする一方で、「不如法僧尼に対して容赦のない抑圧策を講じた長屋王と比較すれば、不比等は仏教に対しては柔軟な態度を持していたとしてよいだろう」とする。[注3] この不比等と長屋王の比較は、養老二年の太政官奏と同六年の太政官奏に基づいている。不比等政権が教団の自浄機能に期待し僧綱の主体性を尊重しようとしたのに対して、長屋王政権には教団の自浄機能や僧綱の主体性を尊重しようとする姿勢がみられないとする。その上で、長屋王政権が僧綱に対して厳しい態度で臨む以上、一般僧尼の不法行為を犯す者に対してはより峻厳であるとする。[注4] 井上光貞氏とは逆に長屋王政権の方が不比等政権よりも行基集団により厳しかったとみなしている。

千田稔氏は、『令集解』「古記」の注が「行基大徳の行う事の類是」と記すことをもってその評価が大きく変化したとみなし、その「古記」が成立した天平十〔七三八〕年頃をもって積極評価に変わったとする。[注5]

行基集団と朝廷との関係を考える従前の研究では、僧尼令違反を咎める詔と太政官奏だけを検討対象として取り上げ、行基集団が実施した事業の規模と内容に対する評価が反映されていない。わずかに井上光貞氏が、行基集団の事業を仏教でいうところの慈善救済を越え、畿内先進地帯の開発と交通という生産的な土木事業を中核としたものであったして、

(i)バラバラな工事事業でなく、数種の灌漑施設を総合したより大きな総合的農業施設の造営であった。

(ii)また交通施設も処々に船瀬や道を開いたということではなく、多くの事業が関連した大きなスケールを持った事業であった。

とする。その上で「朝廷の弾圧の対象であった行基の存在が、想像以上に巨大なものであったとみなくてはならなくなる」[注6]とする。卓見だと考えるが、その壮大なスケールを持った事業が朝廷との対立関係の中で実施可能であったかどうかは論じていない。先に述べたように、朝廷との融和的な関係の可能性を匂わしてはいるが、それ以上の踏み込みはない。行基集団が実施した事業を正確に評価できていないことが大きな隘路になっていたのであろう。

行基集団と朝廷の関係が正しく評価されないもう一つの理由は、「菅原寺」が考慮されていないからである。井上光貞氏は、『行基年譜』の「年代記」は「天平十三年記」と比較して史料的価値が格段に低いとしてその使用をあきらめている。[注7]このため、養老五年または養老六年という早い時期に平城京内に菅原寺が建立された事績は論究の対象になっていない。しかし「年代記」の史料としての信頼性は、繰り返し述べているように、大野寺から「神亀(四)年(丁)卯年二月」の銘が残る軒丸瓦の一部が発掘されたことにより格段に高まった。大野寺の起工は第Ⅲ期、すなわち良田一百万町歩開墾計画と三世一身法を受けて和泉地方での本格的な活動が開始された時期に

相当する。天平二年から始まる畿内一円を視野に入れた本格的な活動期の先駆けとなる時期でもある。[注8] さらに第四章で述べたように、近年の発掘調査で「年代記」の信頼性は飛躍的に向上している。文献的研究によって信頼度が高いとされる「天平十三年記」よりも高い信頼性をもつ可能性すらありそうだ。

そんな背景のもと、菅原寺について検討する。

一　菅原寺

僧尼令違反を指弾する詔と太政官奏を検討する中で、菅原寺が極めて重要な鍵として浮上してきた。〈菅原〉という字句には長く重い歴史が秘められているが、今まで意識されることは少なかった。いや、意識して避けて来たようにすら思える。

行基集団が実施した事業は、国家が主体となって実施するような大事業であることはすでに検証した。従前の研究では行基集団の事業の全体像を的確に捉え切れずに過小評価してきた。このため、地方政府との結びつきは想定するものの、中央政府との結びつきに言及するものは管見では見かけない。行基の事業を高く評価する井上光貞氏は、「行基のこのような土木事業は、少なくとも地方官憲と在地豪族層の被護がなくては不可能であるが[注9]」と中央政府との関連を「少なくとも」に籠めているように見受けられるが、明言はしていない。背後にあるのは、『続紀』が伝える行基と朝廷の関係であろう。先にみたように、養老元〔七一七〕年には、「小僧《しょうそう》行基」と名指しで行基を指弾する僧尼令違反の詔が出される。それからまだ四年が経過したに過ぎない。敵対関係が変化するには短すぎると考えるのが普通であろう。

『年譜』と「舎利瓶記」が伝える菅原寺

まずは菅原寺そのものについてみていこう。

菅原寺は、『年譜』では二度も登場する。これが菅原寺に関する信頼性を損ねている感があるが、まずは菅原寺に関する「年代記」の記述内容をみてみよう。注10

行年五十四歳辛酉

元正七年、養老五年辛酉五月三日、命交朝廷参上、京都二人得度、寺史乙丸以己居宅奉施菩薩、即立精舎號菅原寺、……

行年五十五歳壬戌

元正八年、養老六年壬戌喜光寺

菅原寺　二月十日起、讃曰、最後涅槃所也、

在右京三條三妨、九坪、十坪、十四坪、十五坪、十六坪、

そのままに解釈すれば、養老五年に寺史乙丸の居宅の奉施を受けるや直ちに精舎を立てて菅原寺と号し、翌年に改めて正式に菅原寺（喜光寺）の建立に向けて起工したとなる。

急いで寺を立てる必要性が生じていたとするなら、まず仮の精舎を急いで造り、その後本格的な寺の工事に取り掛かるという流れは充分にあり得ることである。その意味で注目されるのは、菅原寺とされ菅原院ではないこと。行基の四九を数える道場の内、寺がつくのは恩光寺、菅原寺、大野寺の三ヵ所だけ。他はすべて院と称される。この使い分けには特別の意味がありそうで

ある。

さらには寺号である。菅原寺か喜光寺か。『年譜』によると、養老六年の時点ですでに両方の名があったことになる。本当にそうなのか。

『行基菩薩伝』では、菅原寺と号したのは養老五〔七二一〕年五月三日、聖武天皇が喜光寺と号させたのが天平二十〔七四八〕年一一月二六日、と明確に区別している。注11 これを踏まえて「年代記」を子細に見直すと、行基の行年に引き続いて記載される道場名は行を改めて記されるのが通例であるのに対し、ただ一つの例外としてこの喜光寺の項がある。となると、「喜光寺」の三文字は後の世に書き加えられたもので、天平二十年以前の道場名は「菅原寺」のみと解すべきであろう。

聖武天皇によって喜光寺と号することを許された天平二十年以降は喜光寺の名で呼ばれることが多かったのかもしれない。現在の菅原寺のパンフレットでは「法相宗別格本山　喜光寺　行基さんの寺」と記され、喜光寺が使われている。注12 聖武天皇に与えられた寺号となるとそれだけありがたさも増すというものである。

行基が菅原寺を所有していたことは、根本史料とされる行基の骨壺に記された「舎利瓶記」に一生を終えた場所として「右京菅原寺」と明記されており、疑いの余地はない。注13 行基の没年は天平勝宝元〔七四九〕年二月二日。『行基菩薩伝』が伝えるように聖武帝が天平二十年に喜光寺の寺号を贈ったとすると、その二ヵ月後のことになる。この時点でも敢えて「菅原寺」が使われていた。行基集団は「菅原寺」に強い愛着と誇りを持っていたに違いない。

また起工年に関しても、『年譜』の「年代記」が伝える養老五年あるいは養老六年とすることに管見では今まで特段の異論はない。となると、養老元年に「小僧行基」との厳しい指弾を受けて

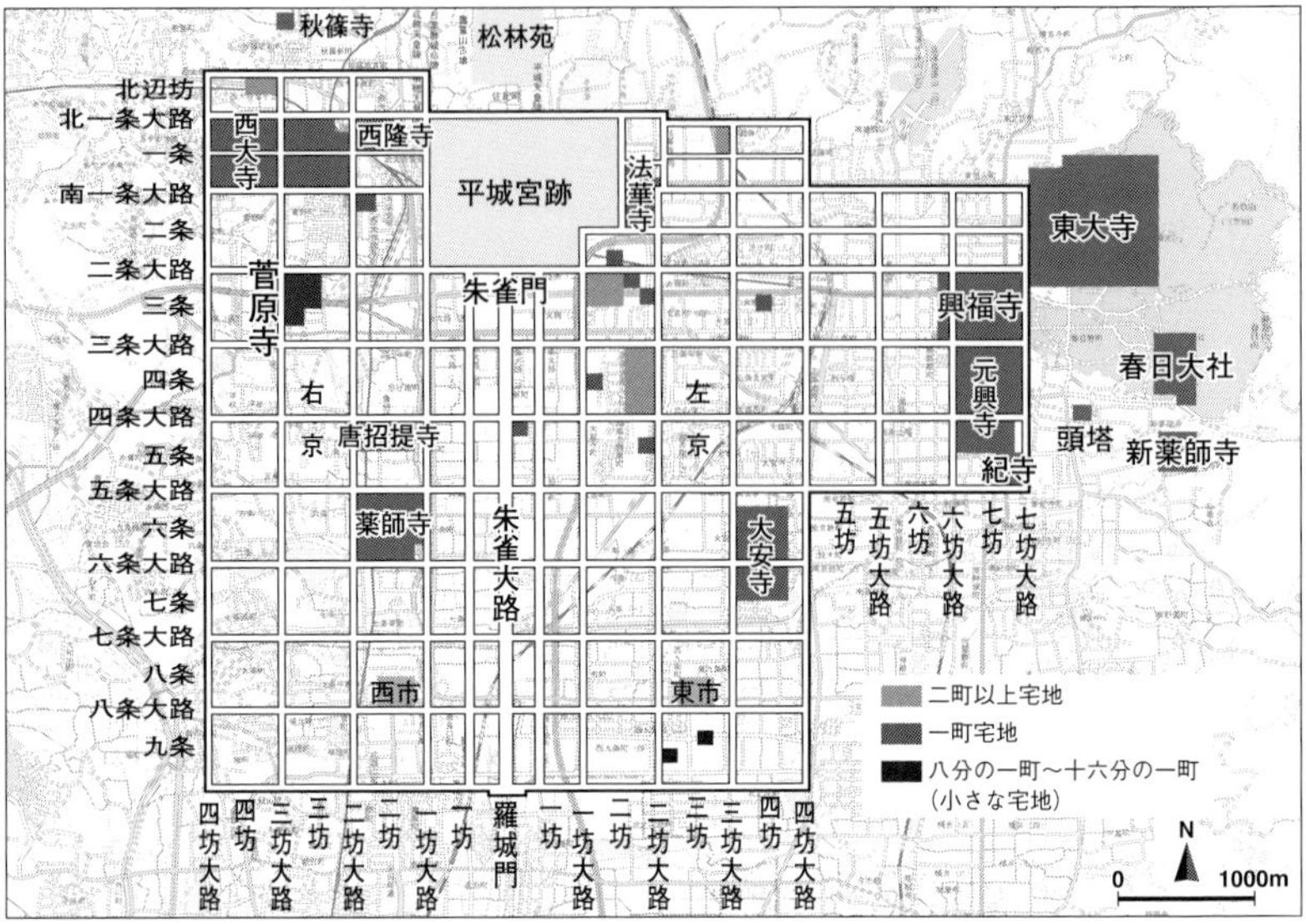

図11-1　平城京の概略図

から四、五年しか経たない時点で平城京内の一等地ともいえる場所に広大な敷地を確保したことになる。果たしてそんなことが可能なのだろうか。

二　平城京の条坊制度

菅原寺の寺領についての検討の前に平城京そのものについてみておこう。平城京は言うまでもなく和銅三〔七一〇〕年から延暦三〔七八四〕年までの間、恭仁宮と難波宮に遷都した五年間を除いて律令国家日本の宮都として栄えた。後にみるように極めて短期間に建設された人工都市である。

平城京は縦横に走る大路によって仕切られていた。縦すなわち南北に走るのが坊大路、横すなわち東西に走るのが条大路で、二つの坊大路と条大路によって区分けされる四角な土地は「坊」と呼ばれ

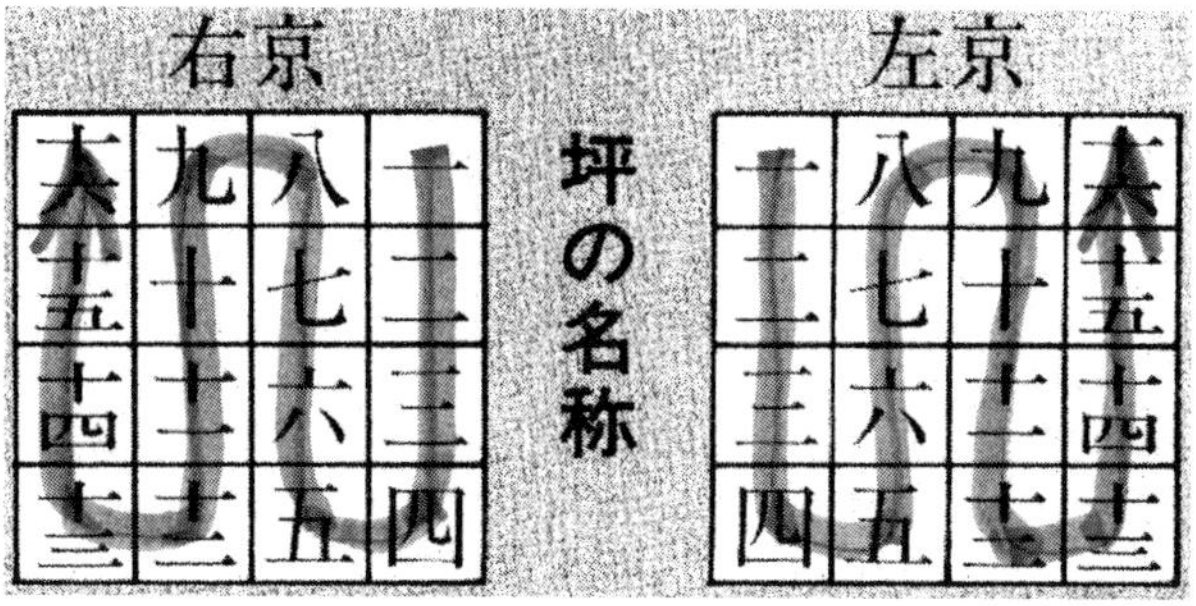

図11-2　坪の名称

た。例えば、二条大路と三条大路との間は三条、西二坊大路と西三坊大路に挟まれた土地は三坊となり、右京三条三坊と指定すればその所在を特定できることになる（図11－1）。

さらに坊は、四×四の一六分の一の土地に分割され、それぞれの一区画が「坪」と呼ばれた。坪には数字で名前が付けられ、図11－2に示すように一筆書きで回っていた。廻り方が左京と右京で対照形になっているのが面白い。さらに一坪が四等分され、それが官人に与えられる宅地の最小単位とされた。ちなみにこの当時の官人は約七〇〇人、平城京の人口が四万～五万人であったことを考えると約一パーセント程度と極めて限られていた。[注14] また位置を特定するのではなく、単に大きさ、広さ表す時には「町」が使われ、「賜右大臣宅地四町」というように表記される。先の一坪の大きさが一町に相当する。

こうして土地の区割りが定まる。京内は一八〇〇尺（約五三一メートル。復原基準尺では一尺＝〇・二九五メートル）四方に区割り（坊に相当）され、道路の幅によって増減があるが、一坪は約一二〇メートル～一三〇メートルの正方形となり約一万四〇〇〇平方メートル（＝一・四ヘクタール）の広さを持つ。平城京の道路幅は、朱雀大路で二四丈（側溝の中心間距離。約七二メートル）、大路は一二丈から五丈、小路でも二丈の幅をもっており、現在の首都東京と比較して決してひけはとらない堂々としたものであった。[注15]

閑話休題：このような、広大な土地を東西と南北の座標軸で次々に分割して「一塊の土地」に細分化して名前を与え、その中を地番で割り振るという古代宮都の住所表示方式は現在でもそのまま使われている。

大きな土地の塊から順次小さな土地の塊へと絞り、最後はどんな規則で決まったのかわからない地番で特定する。碁盤目に区切られたような規則正しい土地なら兎も角、現在のように無秩序に細分化された土地ではこの方式で家を探し出すのは至難の業。外国人に限らず、日本人でも住所だけで見知らぬ家を探し当てるのは不可能に近い。それでもこの方法を不思議にも思わず使っているのは、この当時からの長い歴史があるからだろう。

欧米では、都市内のどんな小さな通りにも名前が付けられ、その両側の建物に奇数と偶数に分けた数字が順序よく割り当てられている。このため、通りの名前と地番さえ手元にあれば地図を片手に必ずたどり着ける。さらには「偶数日には偶数番号側だけに駐車を許す」等のソフトな都市内の施策にも有効活用されている。

ちなみに、この「一塊の土地」を基本とする住所表記法は中国や韓国でも同じように見受ける。北東アジアに共通の表記法なのであろうか。

表11-1　平城京内の大寺の諸元と建立経過

寺院名	設立年	坪数	旧名（藤原京）	出典等
興福寺	和銅2（710）年〜養老7（723）年	20	厩坂寺	「不比等、厩坂寺を平城京に移し、興福寺とする」（扶桑略記・興福寺縁起）
大安寺	霊亀2（716）年	15	大官大寺	「始めて元興寺を左京六条四坊にうつし建つ」（続紀）
元興寺	養老2（718）年	22	法興寺	「法興寺を新京に遷す」（続紀）
薬師寺	養老2（718）年	15	本薬師寺（存続）	「この年、薬師寺を平城京に移す」（薬師寺縁起）
菅原寺	養老5（721）年	5		（行基年譜）
東大寺（若草山房、金鐘寺）	神亀5（728）年〜天平5（733）年	（京外）		「智努王を造山房司長官とす」（続紀）
唐招提寺	天平宝字3（759）年	6		「鑑真、戒院を設け、唐律招提寺と称する」（招提寺建立縁起）
西大寺	天平神護元（765）年	31		「天皇、西大寺を創建」（扶桑略記・西大寺資材流記帳）
西隆寺	神護景雲元（767）年〜	4		「伊勢老人を造西隆寺長官とす」（続紀）

三　菅原寺の所在地と敷地面積

さて本題の菅原寺に戻る。まずはその特色を見てみよう。

建立時期

平城京内には四十数ヵ所の寺院があったとされるが[注16]、そのうち主だった寺の創建時期を一覧にすると表11-1のようになる。平城遷都によりまず藤原京にあった大官大寺などの大寺が順次平城京に移設され、その後に東大寺や唐招提寺などの大寺が新たに平城京に建立されたのである。

菅原寺は遷都後に創建された大寺の中では最も古株である。それにも関わらず、菅原寺の創建を伝える記事は正史である『続紀』や『扶桑略記』には一切出ないで『行基年譜』が伝えるのみ。この寺の特異性がここからもうかがえる。

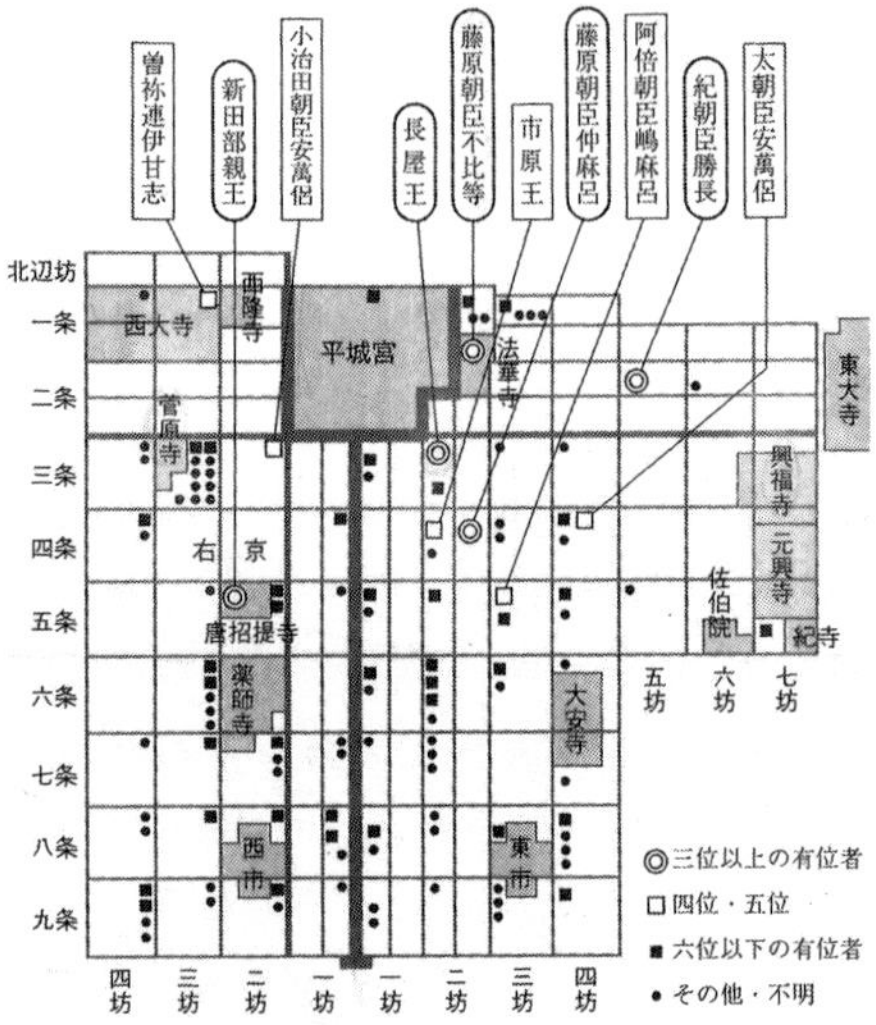

図11-3　官位別の宅地分布図

寺領の所在位置

菅原寺の寺領「右京三條三坊　九坪、十坪、十四坪、十五坪、十六坪」の所在地を他の大寺と比較すると（図11-1参照）、極めて宮に近い場所に立地していることがわかる。当然ながら平城京でも宮に近い土地ほど格式が高い人に与えられる。平城京の住人のうち名前とおおよその住所がわかる人を「正倉院文書」などから拾い出し、官位別に住居を表記したのが図11-3である。「明らかに位の高い人が北の方、つまり宮殿に近いところに住んでいたことがわかる」[注17]。特に五位以上の高位者はすべて五条大路より北に居を構えていた。同じ考え方が寺院にも適用できるとすると、菅原寺は他の大寺と較べても格式が高いことになる。

写真11-1　菅原寺本堂全景

敷地面積

菅原寺の広さは五坪、約七ヘクタール（七〇〇〇〇平方メートル）と東京ドーム球場の一・五倍もある広大なもの、現在の姿（写真11-1）からは想像もできない。かつての菅原寺の寺領は、表11-1が示すように他の大寺と比較すると少々小振りではあるものの官寺である唐招提寺とほぼ同じ広さを持っていた。決して小さな寺ではない。

菅原寺の評価と位置づけ

これだけの寺領を提供したのが、『年譜』では寺史乙丸とする。吉田靖雄氏は、「三条三坊という宮への近さから考えて寺史乙丸は、無位の白丁であったとは思われず、少なくとも下級官人に属する階層であったことは確かだろう」とする。そして「三条三坊には……寺史姓の数戸が居住していたことかが確認される」として、寺史乙丸が居宅を奉施したものとする。[注18] 果たして、そんなことが可能だろうか。当時、京内の土地は班給されていた。残念ながら平城京の班給基準は伝来しないが藤原京のものは『書紀』が伝える。持統五年一二月八日に詔として出された。[注19]

右大臣	宅地四町
直広弐（従四位下）以上	二町
大参（正五位上）以下	一町
勤（正六位上）以下無位	
上戸	一町
中戸	半町
下戸	四分之一町

王等も亦此れに准じる。

なお、上戸・中戸・下戸は成年男子（丁）の人数で区別され、『令集解』の「古記」が伝える「慶雲三年格」では「八丁以上為大戸、六丁為上戸、四丁為中戸、二丁為下戸、一丁不在計例」とする。[注20] この藤原京の班給基準をみれば、無位の下戸の官人でも四分の一町、三七〇〇平方メートル余りの宅地が班給された。今では到底想像できない広さ、大きさである。当時の役人はうらやましいほどに恵まれていた。

さて上記は藤原京のものであるが、平城京でもほぼ同様の班給基準が使われていたとされる。京内での発掘調査で確認された宅地を図11-1にあわせて記入しているが、これをみても右大臣に相当する長屋王の宅地が四町、この他に二町の宅地と一町の宅地が平城宮近くで確認されており、上記想定を裏付けている。[注21]

となると、下級官人が持ちうるのは上戸でも一町。下戸となると四分の一町しかなく、菅原寺の所領の五坪（五町）には遠く及ばない。右大臣でも班給されるのは四町、菅原寺の所領には及ばないのである。下級官人が関わり得る範囲を遥かに超えており、寺史乙丸が下級官人とするなら、己の居宅を奉施してできるような話ではない。

ここで忘れてならないのは京内の土地は班給されたということ。天皇から官位に応じて賜る宅地である以上、大官の子供と雖も官位が低い時にはそれ相当の宅地しか与えられなかった。このため、発掘で見つかる宅地は同じ土地が奈良時代を通じてさまざまに変化して使われていた。[注22]すなわち京内の土地は官により厳重に管理されていたのである。単に班給だけではなく売買される宅地にも縛りが掛かっていた。「田令」宅地条で「宅地の売買は所部の官司を経て申牒〔上申〕して許可を求めなければならない」[注23]ことになっており、官の許可なしには売買もできなかった。特に京内の宅地には左・右京職の厳しい監視の目が光っていたのである。となると、京内の一等地といえる右京三条三坊に五坪という広大な土地を確保するのは通常でも容易ではない。ましてやそれが行基集団となると、四年前に出された詔で「小僧行基」と名指しで厳しく指弾されたばかり。朝敵ともいえる集団に京内の土地、それも平城宮に近い所を使わせるなど通常ではあり得ない。

さらには、この時期には藤原京から移転する大寺の建築工事が大車輪で進んでいた。当然ながら寺院の建立と管理にはより厳しい目が注がれていたに違いない。たとえ右京職大夫といえども単独で許可できたとは到底考えられない。当然朝廷、それも天皇に限りなく近い存在の許可、さらにいえば天意を受けることなしにはあり得なかったはずである。

〈菅原の地〉の持つ特別の意味

加えて〈菅原の地〉は並みの土地ではない。朝廷にとって特別の意味を持つ土地柄なのである。それを次にみておこう。

『日本書紀』で〈菅原〉が出てくるのは推古天皇一五〔六〇七〕年条。[注24]

倭（大和）国に高市池・藤原池・肩岡池・菅原池を作り、山背国に栗隈大溝を掘り、河内国に戸刈池・依網池を作った。

図11－4を見てほしい。大和川は、北流する数多くの支川を王寺近辺で合わせ、「亀の瀬」の狭窄部を通って大阪平野に流れ出る。この地（明日香、桜井、天理、橿原）は表11―2に示すように長らく歴代の宮であり続けた。この最も古くから開けた地域に作られた池が高市池などの五つの池である。これに対して、菅原池だけは唯一同じ大和川流域とはいえ南流する支川・佐保川の最上流部に作られた。すなわち大和盆地のなかでも後進地の北部地帯の北辺に作られた池ということになる。なぜこのような土地に池が築造されたのだろうか。

池田源太氏は、この地には土師氏の一族が少なくとも四世紀後半の頃には多く居住しており、「王家の凶儀に関わり、王家と格別に密接な関係を持ち続けていたであろう」[注25]とする。すなわち王家の佐紀古墳群の築造に当たっていたと推測するのである。となると、佐紀古墳群の管理に関わる土師氏の生産基盤を安定させるために、推古天皇時代に作られたのが菅原池と考えて無理はなさそうだ。少なくとも菅原の地は古い時代から朝廷と深く結びついていたのである。

表11-2　歴代の宮と比定地

天皇	宮の名	比定地
10 崇神	磯城瑞籬宮	桜井市金屋付近
11 垂仁	纒向珠城宮	桜井市穴師付近
12 景行	纒向日代宮	桜井市穴師付近
13 成務	志賀高穴穂宮	大津市坂本穴太町付近
14 仲哀	（穴門豊浦宮）	下関市豊浦町付近
	（橿日宮）	福岡市東区香椎町付近
神功皇后	磐余若桜宮	桜井市池之内付近
15 応神	明宮（軽島豊明宮）	橿原市大軽町付近
	難波大隅宮	大阪市東淀川区西大道町付近
16 仁徳	難波高津宮	大阪市中央区大阪城付近
17 履中	磐余稚桜宮	桜井市池之内付近
18 反正	丹比柴籬宮	松原市上田町付近
19 允恭	遠飛鳥宮	高市郡明日香村付近
20 安康	石上穴穂宮	天理市田町付近
21 雄略	泊瀬朝倉宮	桜井市脇本付近
22 清寧	磐余甕栗宮	桜井市池之内付近
23 顕宗	近飛鳥八釣宮	高市郡明日香村上八釣付近
24 仁賢	石上広高宮	天理市石上町付近
25 武烈	泊瀬列城宮	桜井市出雲付近
26 継体	樟葉宮	枚方市楠葉付近
	筒城宮	京田辺市多々羅付近
	弟国宮	長岡京市付近
	磐余玉穂宮	桜井市池之内付近
27 安閑	勾金橋宮	橿原市曲川町付近
28 宣化	檜隈廬入野宮	高市郡明日香村檜前付近
29 欽明	磯城嶋金刺宮	桜井市金屋付近
30 敏達	百済大井宮	北葛城郡広陵町百済付近
	訳語田幸玉宮	桜井市戒重付近
31 用明	磐余池辺雙槻宮	桜井市池之内付近
32 崇峻	倉梯宮	桜井市倉橋付近
33 推古	豊浦宮	高市郡明日香村豊浦付近
	小墾田宮	高市郡明日香村豊浦付近
34 舒明	飛鳥岡本宮	高市郡明日香村岡付近
	田中宮	橿原市田中町付近
	厩坂宮	橿原市大軽町付近
	百済宮	北葛城郡広陵町百済付近
35 皇極	小墾田宮	高市郡明日香村豊浦付近
	飛鳥板蓋宮	高市郡明日香村岡付近

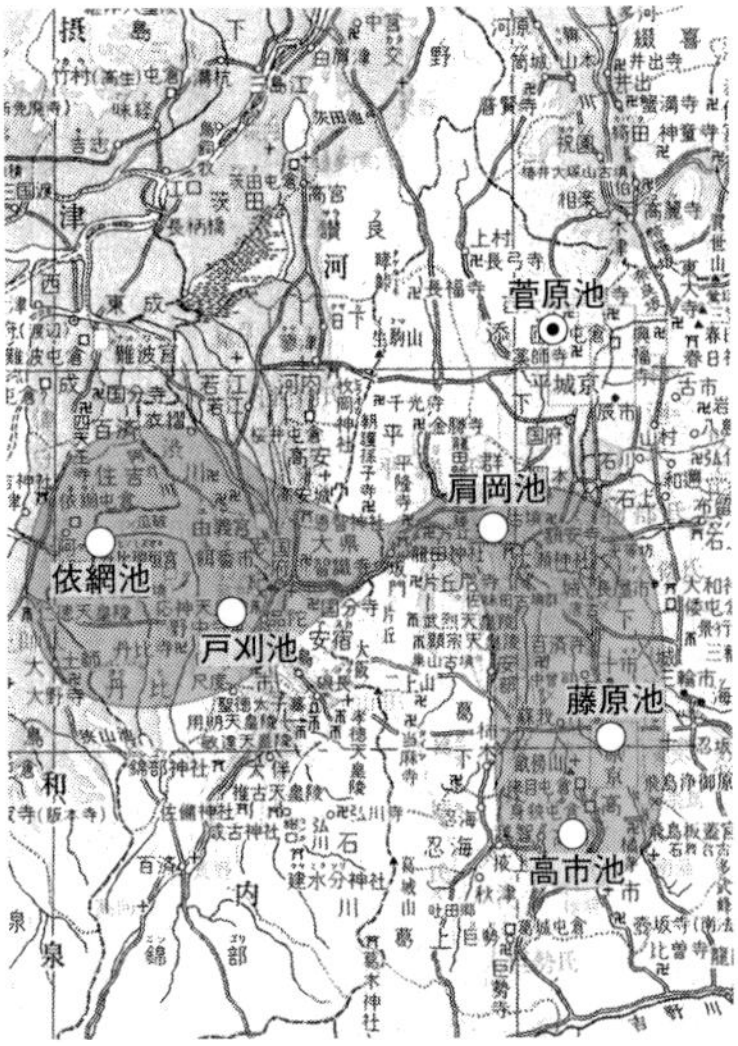

図11-4　『日本書紀』推古天皇15年条の池

平城遷都に際しての〈菅原の地〉の持つ意味

『続記』によれば、平城遷都は慶雲四〔七〇七〕年二月、文武天皇によって諸王臣に議されたことで幕を開けるが、それから四ヵ月後の六月に文武天皇は薨去してしまう。その後即位した元明天皇は、翌和銅元〔七〇八〕年の二月に平城遷都の詔を発する。詔は元明帝の逡巡をそのままにあらわしたものであるが、それでも「平城之地、四禽叶図、三山作鎮、亀筮並従。宜建都邑」との言葉で遷都が決定される。その後の経過は表11－3に示すように、ほぼ二年間で遷都まで一気呵成に進行する。表は『続紀』に記載された遷都に関連する事項をすべて拾い上げたものであるが、ここで気がつくのは〈菅原の地〉の特別扱いである。

元明帝が即位後の最初の行幸に選んだのが菅原の地。和銅元〔七〇八〕年九月一四日に菅原に行幸。その後に平城、岡田離宮、春日離宮を巡幸し二八日に藤原京に還っている。これをひと繫がりの行程だったとすれば、一四日から二〇日まで七日間も菅原の地に留まったことになる。狭い菅原の地は特別の景勝地というわけではない。異例の長逗留といわなければならない。あるいは菅原への行幸は九月一四日だけの日帰りだったかもしれない。となると、わざわざ菅原の地だけに行幸したという特別の重みを持つ。いずれにしても、菅原の地が格別の意味を持っていたことにかわりはない。巡幸が終わるのを待っていたかのように造平城京司の長官以下の人事が発令される。どうもここまでが一連の流れのように考えられる。〈菅原の地〉の問題が解決するまでは遷都事業に取りかかれなかったに違いない。

〈菅原の地〉の問題が用地問題であることは、一一月七日の条から読み取れる。この日、菅原の地の民・九十余家が遷《うつ》され、布と穀とを給わっている。現在の言葉に直せば、この日に菅原の地の九十余軒の用地移転問題が解決し、用地補償費が支払われたことになる。ここで注意すべきは

表11-3　平城遷都の経過表

年	月日	遷都に関する事項	主な関連事項
慶雲4（707）年	2月19日	王臣に遷都のことを議させる	
	6月15日		文武天皇没
	7月17日		元明天皇即位
和銅元（708）年	2月15日	平城遷都のことを詔する	
	3月13日		石上麻呂を左大臣、藤原不比等を右大臣に
	9月14日	菅原に行幸	
	9月20日	平城を巡幸、その地形を観る	
	9月22日	山背国岡田離宮に行幸	
	9月27日	春日離宮に至る	
	9月28日	藤原京に還る	
	9月30日	造平城京司長官等を任命	
	10月2日	伊勢神宮に平城宮造営を奉告	
	11月7日	菅原の地の民九十余家を遷す。布・穀を給う。	
	12月5日	平城京地を鎮祭	
和銅2（709）年	8月28日	車駕平城京に幸	
	9月2日	天皇、新京の百姓を巡撫	
	9月4日	造営関係者に賜物	
	9月5日	藤原京に還る	
	10月11日	平城京内の墳墓の扱いについて勅する	
	10月28日	遷都をめぐる人民の動揺により調・租を免除	
	11月2日		長屋王、宮内卿
	12月5日	平城京に行幸	
和銅3（710）年	3月10日	平城京に遷都	

当時の家の人数。例えば、「第五八回正倉院展」で展示された「豊前国仲津郡丁里戸籍」では、一戸当たり総勢三〇人を数える。注26 これを平均的な数値と仮定すると、九十余では約三〇〇〇人にもなる。さらには班給されていた口分田。この戸籍の場合には三町七段二四歩（四・二ヘクタール）である。これを平均値とみると、九十余家では約四〇ヘクタールもの農地が必要となる。

宅地と農地の代替地の確保なしには移転はできない。現在でもダム建設のように大量の住民移転を生じる事業では、移転対象住民の合意が得られるかどうかが事業の成否の鍵を握る。元明帝自身が乗り出しても不思議ではない大問題だったに違いないが、〈菅原の地〉にはさらなる問題が隠されていた。それを次に検証したい。

なお本章の執筆に際しては、菅原神社（天満宮）の中村信清宮司からお話を伺うことができたばかりでなく、『伏見町史』の借用をお許しいただいた。ここに記して心からなる御礼としたい。

第一二章　「菅原の地」、「佐紀の地」そして「佐保の地」

「菅原の地」は、前章でみたように深く朝廷と結びついていた。平城京への遷都に際しては元明天皇が自らこの地に足を運び、住民移転問題の解決に向けて取り組んでいる。さらに言えば、古くは『書紀』が伝えるように推古天皇の時代に菅原池が築造されていた土地。まさに菅原は朝廷と因縁浅からぬ土地である。その地を譲り受けて行基は菅原寺を建立していた。相当の後ろ楯が控えていない限りあり得ない話でなかろうか。

平城遷都以前のこの辺りの景色を想像することから始めたい。土地利用が進み、遷都以降の姿ですら思い描くことは容易でないように思える。しかし幸いなことに、平城宮内に関しては遺跡の発掘調査が進められ、現在では総面積一三五ヘクタールのうち約三〇パーセントが終わっている。[注1] 少なくとも宮内に関しては相当量の情報が集積されている。一方、京内となると状況は全く異なる。何らかの開発行為が計画されるたびに遺跡の事前調査が実施されてきたものの計画的な発掘調査はされていない。それなりの情報は蓄積されているものの、小さな飛び地ごとの情報でしかない。調査済み面積もわずか二・三パーセントにとどまり、[注2] 平城京の土地利用を見極めるのは極めて難しい。

さて菅原寺が現存する地域一帯が長らく〈菅原〉と呼ばれていたことは確からしい。行基集団が建立した道場の名称は多くが地名から取られており、創建当時の寺領が〈菅原〉と呼ばれていたことは容易に想像がつく。さらに発掘調査によって現在の菅原寺が創建当時の寺に繋がることが確認された。すなわち、現在の所在地（右京三条三坊一五坪）において建物基壇（東西二八メートル、南北二二メートル）が検出され、創建当時の本堂の前身建物とされる。[注3] 創建当時にこの地が〈菅原〉と呼ばれていたのは間違いない。

その後も引き続き〈菅原〉と呼ばれ続けたことは、延長五〔九二七〕年に撰進された『延喜式』巻二十一「諸陵寮」に「菅原伏見東陵」の名があり、[注4] 以下に参照する明治二十年測量地図（明治二十年測量、同二十二年製版、同年十二月二十四日出版、同二十五年再版）でも菅原村が確認され、現在も奈良市菅原町としてその名が残っていることから考えても問題はない。

問題は、この地がいつから菅原と呼ばれるようになったかである。私は、『続紀』が伝える和銅元〔七〇八〕年十一月乙丑条「遷菅原地民九十余家。給布・穀」を文字通りに解して、「菅原の地に住む九十余家の民が、平城京の建設予定地に引掛かることとなり、移転を余儀なくされた。その後、〈菅原の民〉が移住した場所も菅原の民に因んで〈菅原〉と呼ばれるようになった」と考えてきた。後半部分は、北海道には明治以降に移住してきた人たちの出身地に因んだ市町村名が現在でも数多く残されていることからの類推である。

どこから移住してきたのかが問題となるが、幸い強制移住させられた前の土地には然るべき条件があり、対象範囲がおのずから絞られてくる。
(i)まずは移転の必要度の高さである。平城宮とその周辺では絶対に移転させなければならないが、京周辺の土地ならそのまま居住させても大きな支障にはならない。すなわち、平城宮を中心にその近辺を探せばよいことになる。
(ii)九十余戸という纏まった家屋を移転させている。当然ながら広い農地を耕作していたはず。となると水源となる池があったに違いない。幸いにも『書紀』は菅原池が推古一五〔六〇七〕

年に築造されたことを伝える。この菅原池を水源にして水田耕作していたのが菅原の民。その地を潰さざるを得なくなったに違いない。

調査範囲は相当に絞り込まれてきた。場所と調査対象物が特定されたのである。しかし菅原池を探し出す議論に入る前に隣接する「佐紀の地」と「佐保の地」について検討しておきたい。

「菅原の地」と「佐紀の地」は相互に補完し合う関係にある。「佐紀の地」にも狭城池が築造され、古くから古墳が造られるなど、共通する点も多い。また、「佐保の地」は「佐紀の地」に隣接し、長屋王に繫がる地でもある。

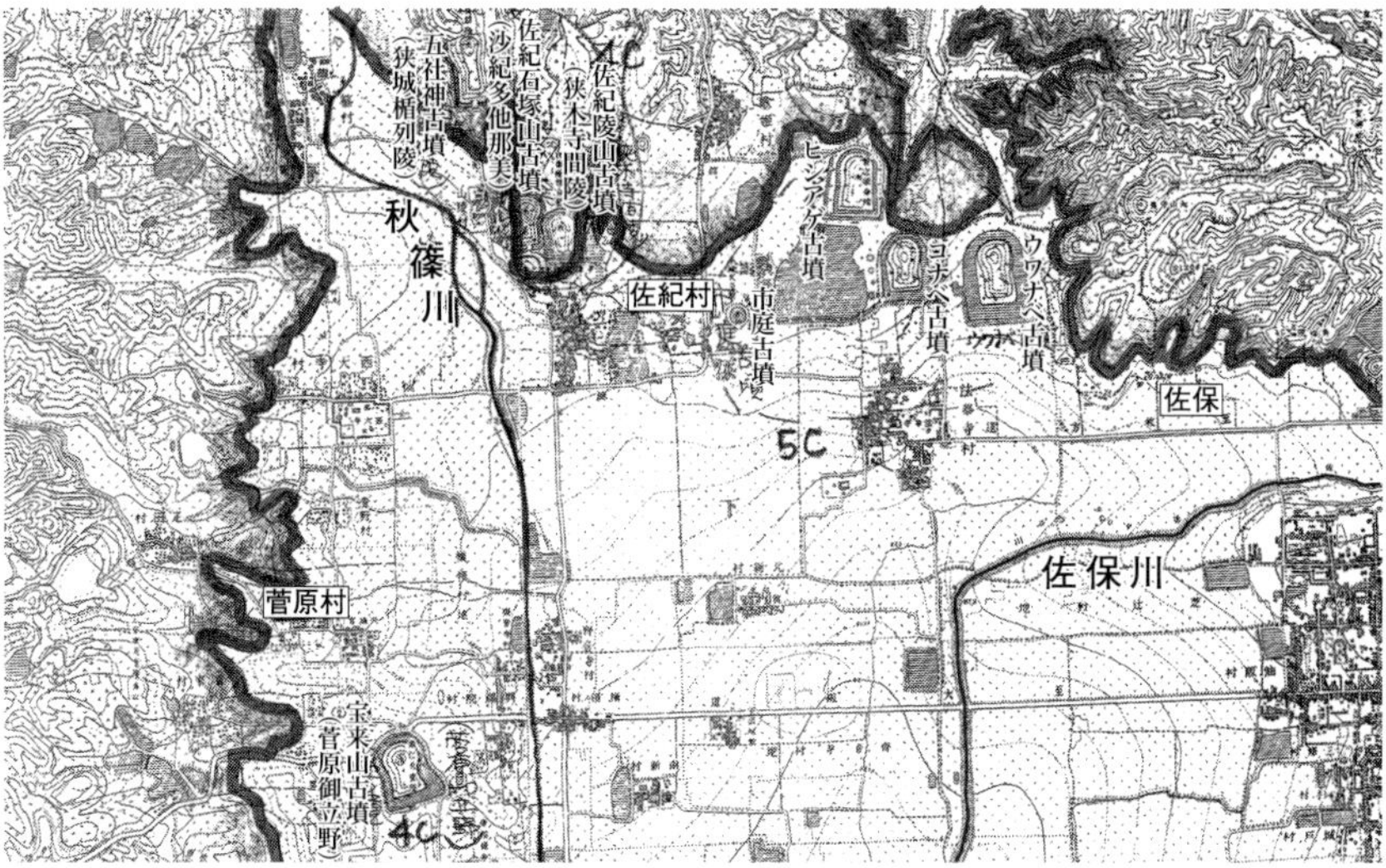

図12-1　「菅原の地」と「佐紀の地」

一　「佐紀の地」と「菅原の地」

明治二十年測量地図を見てほしい。現

表12-1　『記紀』『続紀』に見る〈菅原〉と〈佐紀〉

年	菅原	佐紀（狭城、狭木、沙紀、佐貴）
垂仁天皇35（西暦6）年		作倭狭城池及迹見池（紀）
垂仁天皇99（70）年 （153歳）	葬於菅原伏見陵（紀） 御陵、在菅原之御立野中也（記）	其大后比婆須比売命、此后者、葬狭木之寺間陵也（記）
成務天皇60（190）年 （95歳）		葬于倭国狭城盾列陵。盾列、此云多多那美（紀） 御陵、在沙紀之多他那美也（記）
仲哀天皇69（269）年 （神功皇后100歳）		皇太后、葬狭城盾列陵（紀） 皇后、御年一百歳崩。葬干狭城楯列陵也（記）
安康天皇3（456）年 （56歳）	三年後、乃葬菅原伏見陵（紀） 御陵、在菅原之伏見岡也（記）	
推古天皇15（607）年	於倭国作高市池・藤原池・肩岡池・菅原池（紀）	
和銅元（708）年	九月壬申行幸菅原（続紀） 十一月乙丑遷菅原地民九十余家。給布・穀（続紀）	
宝亀元（770）年		八月丙午、葬高野天皇〔称徳天皇〕於大和国添下郡佐貴郷高野山稜（続紀）

地の地形を想像しやすいように、標高八〇メートルの等高線を強調している（図12‐1）。これを見ると、佐紀村は秋篠川の左岸（東側）、菅原村が右岸（西側）に立地していることが読み取れる。秋篠川の左右岸を菅原と佐紀で呼び分けたかのように思える。しかしそれでは以下の検討が示すように、あまりに短絡的に過ぎるようだ。

『記紀』が伝える佐紀と菅原

さて「菅原」と「佐紀」の両地名は、『記紀』と『続紀』に少なからず登場する。それを拾い出して分類すると表12‐1のようになる。[注5]

これを見ると、「菅原」が必ず〈菅原〉と表記されるのに対して、「佐紀」には〈狭城〉、〈狭木〉、〈沙紀〉、〈佐貴〉の四種類の異なった表記が出てくる。まるでバラバラ、これが同じ地名かと思わせられる。加えて現在の表記である〈佐紀〉は、不思議なことに『記紀』には一度も出てこないのである。さらに、『書紀』と『古事記』を比較すると全く事情が異なる。『書紀』では同じ〈狭城〉のみを三度繰り返して使っているのに対し、『記』では〈狭城〉、〈狭木〉、〈沙紀〉と異なる表記を用いている。なお、『続紀』では〈佐貴〉と綴り、サ音もキ音も今まで全く使われていない文字を当てている。古代のキ音には甲と乙の区別があるが、ここで用いられる文字はすべて乙類。その意味では音と表記の間にブレはなく、同じ音を違った文字で表記したにすぎないことになる。要するに、「佐紀」は〈サキ〉という音と強く結び付いて意識され、それに適う万葉文字が適宜に選定されて使われていることになる。

ついでのことに『万葉集』の表記方法についてもみておく。[注6]『万葉集』では、「菅原」は「菅原里」が一度出てくるだけなのに対し、「サキの地」は多くの歌に読まれている。

「菅原」は「須我波良（スガハラ）」と万葉仮名で表記され、『記紀』とは全く異なる表記が用いられている。一方、「佐紀」は、ここでも〈咲〉、〈生〉、〈開〉、〈佐紀〉とさまざまな文字で表記される。一文字表記を〈サキ〉と読むのは、「をみなへし」や「かきつはた」の枕詞を伴う場合で、枕詞を伴わない場合には〈佐紀〉と表記する。また一文字表記のキ音を見ると甲類で仮名遣いはあわない。枕詞と一体となるからこそ成立する用法であろう。注目すべきは、「佐紀」表記が出てくるのは『万葉集』が初めてということ。とはいえ、『万葉集』でも「佐紀」の表記は、〈サキ〉という音が強く意識されていることには変わりはない。

「菅原」と「佐紀」の意味するもの

「菅原」が和語の菅（スガ）と原（ハラ）を組み合わして構成され、発音も〈スガハラ〉と元のイ

表12-2　古墳名と御陵名

年代	古墳名	被葬者（宮内省治定）	古事記表記	書紀表記
4世紀中頃	五社神古墳	神功皇后	狭城楯列陵	狭城盾列陵
	佐紀陵山古墳	日葉酢媛	狭木寺間陵（比婆須比売）	
	佐紀石塚山古墳	成務天皇	沙紀多他那美	狭城盾列陵
	宝来山古墳	垂仁天皇	菅原御立野	菅原伏見陵
5世紀前半	市庭古墳	平城天皇		
	ヒシアゲ古墳	磐之媛		
	コナベ古墳			
	ウワナベ古墳			
不明		安康天皇	菅原之伏見岡	菅原伏見陵

メージをそのまま残しているのに対し、「佐紀」は音の〈サキ〉と強く結びついて理解され、音に適う文字が適宜に選択されていることになる。すなわち、音としての〈サキ〉が意味する内容は忘れ去られてしまっているのだ。〈サキ〉は何を意味するのだろうか。

それを考えるために、まずは先ほどの図12-1を見直してほしい。同図には、『記紀』が伝える御陵名と古墳名をあわせて記載している。なお菅原と佐紀に位置する古墳の一覧を整理すると表12-2のようになる。この地の古墳の相当部分は御陵名との関係もつかないままに残されている。陵墓の発掘調査ができない悲しさである。それはさておき、同図を見ると、〈サキ〉の名を戴く御陵はいずれもが丘陵地の突端部分に位置し、菅原の名を被せられる菅原伏見陵は丘陵地から秋篠川の氾濫原へ移り変わる部分に位置していることが読み取れる。

となると、「菅原」が菅（スガ）の生える原（ハラ）、すなわち河川の氾濫原を意味するのに対し、「佐紀」すなわち〈サキ〉は和語の「崎・先」を意味し、丘陵地の先端部分を指すと理解されよう。

写真12-1　佐紀にある池のひとつ。池堤を写したもの。（堤高3メートル程度）

写真12-2　佐紀にある池のひとつ。池堤より池面を写したもの。（池面には鴨が遊ぶ）

このように考えるとこの地の風景が見えてくる。秋篠川の氾濫原には菅が生い茂り、その氾濫原に浮かぶように丘陵地が延びている。氾濫原が「菅原」と呼ばれ、丘陵地が「サキ」と呼ばれていたのである。

これがこの地の原風景であり出発点である。

四世紀頃の風景

四世紀中頃になると、この地に二〇〇メートルを越える大きな古墳が築かれる。寺沢薫氏によればこれはヤマト政権の大王墓であり、古墳群の建設地が柳本から当地に移ったとされる。[注7]これだけの古墳群を造るとなると、相当数の技能集団がこの地に長期にわたって定着したに違いない。それを可能にしたのが、『書紀』が伝える垂仁天皇三十五（西暦六）年条「作倭狭城池及迹見池」の狭城池である。もちろん、築造年とされる西暦六年をそのままには信用できないが、四世紀中頃には築かれていたのではなかろうか。

築造場所は、池の名称「狭城池」からいっても丘陵地上になければならない。また技術的に見ても、秋篠川の氾濫原、すなわち「菅原」に降りての耕作は常に洪水の危険を伴う。この時代に大規模な低地への進出は不可能であった。

丘陵地を歩くと小さな池が散在している（写真12－1、写真12－2）。水源を他に求めようもないこの地では、ひとたび築造された池は極めて貴重な存在。変わることなく使われ続けたに違いない。「狭城池」を特定することはできないが、これらの池のうちの一つとして今も残っている可能性は極めて高いであろう。

七世紀初頭の風景

時代をさらに進める。五世紀に入っても古墳の建設は着実に進められ、建設地は東側へと拡大する（図12－1参照）。新しい建設地は丘陵地と言うよりは氾濫原との境界と言った方が当たっている。古墳そのものが氾濫原に降りようとしていたのである。不思議なことに四世紀末の築造とされる垂仁天皇陵だけが「菅原の地」に造られる。生駒山系に繋がる丘陵地から秋篠川の氾濫原に移ったところに位置しており、他の古墳群とは完全に孤立した存在である。この他に『記紀』は安康天皇陵についても「菅原」とするが比定地が確定しておらず検討の対象にはできないのが残念である。

この頃には「佐紀の地」すなわち丘陵部の水田開発はほぼ限界にまで拡大していたはず。小さな丘陵地であり、水源となる溜池も大きなものはつくれない。仮に造れたとしても水が溜まらない。背後地が極めて限られているからである。

そこで築造されたのが菅原池。文字通りに「菅原の地」すなわち秋篠川の氾濫原の開発を目指した池と考えられる。

二 「菅原池」の所在地

『書紀』の推古十五〔六〇七〕年条「於倭国作高市池・藤原池・肩岡池・菅原池」が伝えるように、七世紀初頭は倭（大和）国に池を築造して水田開発を進めていた時期である。南部が主体の中で、北部で唯一対象になったのがこの菅原池。その意味では極めて特異な池である。その「菅原池」はどこに造られたのであろうか。

菅原池が、(i)平城宮内またはその近辺で、(ii)名前からみて秋篠川の氾濫原（スガハラ）に造られた池、と考えられる。というと、何を馬鹿なことを言うかとの声が聞こえてきそうだ。氾濫原を開墾するのにどうして池が必要なのか。周りは水で埋め尽くされているではないか、というわけである。一見もっともに聞こえるがそれは違う。現代の日本人が水問題の本質を理解できなくなっているだけのこと。論より証拠、格好の事例を引きたい。水と闘ってきた長い歴史を持つ木曽川に育った松尾國松元岐阜市長の声である。輪中の民であった氏の言葉は聞く人の胸に重く響く。『濃尾に於ける輪中の史的研究』から抜粋する。[注8]

私は輪中に住み、水禍に遭い、不作不毛の為め父母の嘗めたる惨苦を幼少より味いたる体験者である。後述する様に、私の生育地は、三方川に囲まれ、田畑三十町歩ばかりの小部落であって、農蚕を主業として生計を立てねばならぬ。加ふるに水旱の両難交々到るという恵みの少ない部落である。私の幼時には九十戸ばかりであったが、住民も屡々の水難・旱害で疲労の極み、祖先伝来の土地に対する愛着も断ち切って他へ転住し、今は六十戸位に減じた。

> 又部落に実力がないため、堤防も弱小で少し強い風雨には必ず堤防が破潰せられ、その都度浸水し、明治四十年頃までは一カ年三回位水難を見たことも度々ある。僅か一日の風雨で破堤浸水し、田畑住宅忽ち水に洗われ、営々の努力一朝にして烏有に帰することも屡々である。而もその反面一週間の晴天が続くと、忽ち旱魃に見舞われ、水車・釣り桶の揚水等にて灌漑すること連夜に及び、蚊に悩まされて徹夜の灌漑労作をしなければならない。〔旧仮名遣い、旧漢字を改めている。〕

氾濫原とは大雨が降れば洪水が襲い、雨が降らなければすぐに乾燥してしまう、極めて扱い難い土地であることを理解してもらえたに違いない。氾濫原でも水を確保する必要があることも納得いただけたであろう。先に見たように、行基集団の淀川中下流域総合開発計画でも事情は全く同じ。[注9] 堤防を築くと共にここでは用水路の整備を進めて本川より取水できるようにしている。日本のような国土では、洪水対策と用水対策を同時に進めなければならない。まさに両面の敵に備えなければならないのだ。

さて本論に戻る。宮を含む地域で池を探すには、平城遷都前の宮付近の地形を復原することが最重要課題となる。幸いなことに、八賀晋氏が発掘調査結果に基づき詳細な図を作成されている。[注10] この図を明治二十年測量地図に重ね合わせてみると、遷都前の地形が明瞭に浮かび上がる（図12－2）。

これを見ると、宮の北西部に大きく掘り込まれた谷地形が刻まれている。この谷はそのまま上流まで延びている。この谷地形はどのようにして刻まれたのであろうか。丘陵地から流れ出る谷水ではこれだけ深い谷を刻むことはできない。となると考えられるのは秋篠川本流しかない。も

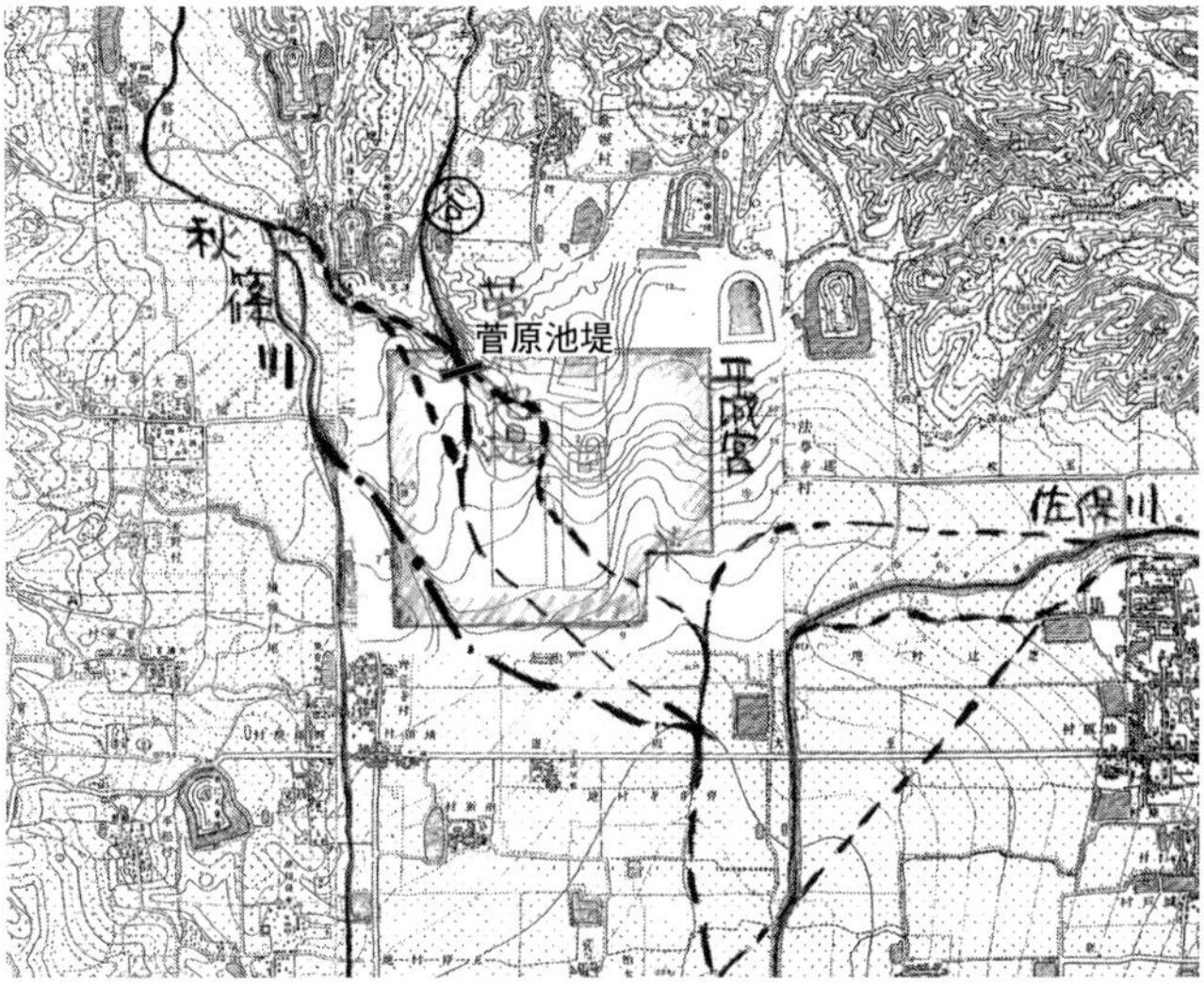

図12−2　平城宮の元地形に見る秋篠川と佐保川

ともと秋篠川は生駒山系から延びる丘陵部を流下した後は、この菅原の氾濫原を縦横に暴れつつ流下していた。洪水の度に流路を変えては土砂を置いて氾濫原を形成してきたのである。最も東側に寄った時には、図12−2に示すように巨大古墳が並ぶ丘陵地の足下を流れていたであろう。その痕跡は明治二十年測量地図からも読み取れる。図12−2に示すように、埋め戻されても残る等高線の波形がその当時の流路を示している。

この時に本川の河床に引き摺られて谷の河床も下がったのである。本川河床は、一洪水の間にも大きく変動する。洪水のピーク時に最も下がった河床は洪水のピーク後に埋め戻されるが、小さな谷ではそうはいかない。洪水流出はすぐに終わり、そのままに深く掘り込まれたままに残ることとなる。

そしてこの谷地形に池が造られたこと

を八賀晋氏は指摘する。[注11]　この池こそが間違いなく菅原池であろう。しかし、この池堤は秋篠川本川を横断して築造されたものではない。七世紀初頭に秋篠川本川を締切る工事ができたとはとても考えがたい。時代が下った行基集団の事業でも山地河川（山地を流域に持つ河川）を締め切って築造した池堤はない。大河川を締め切る大きなダムを築けるようになるのは近代に至ってからでしかない。

参考になるのが狭山池堤である。狭山池の最も古い堤は、少なくとも推古二十四〈六一六〉年までは遡るとされる。[注12]　菅原池とほぼ同年代ということになる。となると、最も古い時代の狭山池と同じ大きさの池堤（堤高五・四メートル、敷巾二七メートル）すなわち高さ五〜六メートル程度なら菅原の地でも施工できたに違いない。なお狭山池は本川を締め切って造られたように見えるが、初期の段階では違っていた。本川の隣の谷に堤を造っていたに過ぎない。後に池堤が大きく嵩上げされて上流部で本川が池面と結びつき一種独特の河道外貯留ダムの様相を呈するに至ったのである。[注13]

菅原池にもどる。秋篠川本川を締め切れないとするとどうしたのか。二つの可能性が考えられる。一つは、池が築造された時点では秋篠川本川はすでに流路を変え、例えば図12‐2の一点鎖線の河道であったと想定するのだ。この可能性は高い。平城宮の発掘調査でも「旧秋篠川水系の河道であろう」としている。[注14]　二つ目は、本川の流路を人工的に変えることである。本川を締め切ることは至難でも、流路を変えることなら可能性はある。うまく水を撥ねる構造物を設ければよい。これなら当時の施工能力でも可能性はある。

ここまでくれば、後は池溝（水を池に導く水路）を造るだけである。図12‐2に示す点線の旧河道沿いに導水すれば充分な高さの水を確保することができる。

「菅原の民」は、この川の氾濫原（スガハラ）に菅原池の水を使いながら耕作を続けてきた。菅

写真12-3　秋篠川（右手の古墳は成務天皇陵）

原池ができてから平城遷都までの約一〇〇年。この間は渇水の時でも安定した水利用が可能となり水田耕作を続けられたのである。菅原池を活用して広い土地が開墾され、一大耕地になっていたはず。その「菅原の民」を「スガハラ（菅の原）から現在の菅原町へ」遷したのである。元明帝自身ができる限りの誠意を尽くしたのは当然のことと頷ける。

秋篠川と佐保川

現在の秋篠川は深く掘り込まれて流れているが（写真12-3）、今の状態になったのは比較的最近のこと。明治二十年測量地図を見ても深い掘り込み河道にはなっていない。

因みに、東側から流下する佐保川も流路を変えている。図12-2に示すように、もっと北側を流れていた時もあれば、もっと南側を流れていた時代もあった。それが平城京を築造するための大幅な土地改変にもかかわらず等高線の波形となってあらわれている。平城京は、秋篠川と佐保川が洪水を繰り返して創り上げた氾濫原に築かれている。この両河川をうまく処理することが平城京建設の出発点であり、基盤となった。

「菅原の地」の別解釈

『続紀』の和銅元年十一月乙丑条「遷菅原地民九十餘家。給布・穀」に関して別の解釈があり得るという。菅原地民が移住させられたと考える必要は必ずしもないという説である。奈良文化財研究所において、井上和人氏より平城京内の水処理問題に関して話を伺った折り、ご紹介いただいた同所都城発掘調査部史料研究室研究員山本崇氏からの教示である。「菅原の地」には屯倉《みやけ》があったと考え、平城遷都によりその屯倉が廃された。すなわち遷されたと解する。遷されたのは「菅原の民」ではなく、屯倉だとされる。そして、菅原に屯倉があった論拠として、元明帝が一週間も滞在しながら離宮が作られていないことを挙げる。朝廷の直轄地としての屯倉があったので新たに離宮をつくる必要がなかったとする。

この地（スガハラ）に屯倉があったとしても今まで述べてきた論旨には矛盾を生じない。というよりも菅原池を中心とする一大耕地を屯倉とするなら、その重要性はより強まることとなる。

ここで問題となるのは、元明帝の一週間の滞在をどう捉えるかである。菅原の民が遷されたと考えないことには、帝の長期滞在の説明がつかないのではなかろうか。屯倉を遷すのならば単なる朝廷内の出来事、天皇が直接乗り出すことはない。ましてや一週間も留まる必要はないはず。この辺りは、ダムの水没予定者との交渉に当たった経験に基づく推論である。農民の土地に対する思いの強さの捉え方の違いであろう。

三　「菅原の地」と「佐保の地」

ここで「佐紀の地」に隣接する「佐保の地」について考えてみたい。両地は佐保川と秋篠川が氾濫を繰り返しながら造り上げた土地で、その境を定めることすら難しい。その両地の上に平城京が造られたのである。

行基と佐紀

行基が王爾の家系に繋がる帰化人に生まれたことは、「大僧正舎利瓶記」が「父は高志才智、母は蜂田古爾比売。高志氏は百済王子王爾の子孫」とし、『行基菩薩傳』が「母蜂田薬師古。百済王胤也」とすることから確度が高いとされる。

一方、『年譜』は「文武天皇九年（慶雲二〔七〇五〕年）に行基が生母を引導して右京の佐紀堂にて孝養を尽くした」と伝える。平城遷都の詔が出されるのは和銅元〔七〇八〕年、まだ平城遷都は官人の口の端にのぼることもない時期である。

どうして行基は佐紀の地を選んだのであろうか。佐紀の地は同じ帰化人の一統である土師氏と縁が深い。土師氏の一族が少なくとも四世紀後半の頃には多く居住し、大王家の佐紀古墳群の築造に関わっていた。注15

また行基の母の地である蜂田の近くには、四腹（四系統）とされる土師氏の一腹が居住しており、母を通した土師氏との繋がりも想定される。注16 母と最後の貴重な時を過ごす地として佐紀の地を選んだのは母との縁を考えたからであろうか。

いずれにしても行基にとって、佐紀の地は故郷とも呼ぶべき土地の一つであった。

長屋王と佐保

その「佐紀の地」に隣接する「佐保の地」は長屋王に繋がる。長屋王家は佐保の地に蔬菜類を栽培する園地を所有していた。長屋王宅から出土した木簡から、王家が和銅年間に御田司ないし御薗司と呼ばれる蔬菜類を生産する出先をこの地に置き、そこから左京二条二坊の王宅に収穫物を送っていたことが明らかになったのである。[注17]

加えて長屋王は「佐保宅」と呼ばれる別邸をこの地に所有し、海外からの客人を招いてはしばしば宴席を開いた。我が国最初の漢詩集である『懐風藻』はこの佐保宅で詠まれた数多くの漢詩を今に伝える。長屋王にとって「佐保の地」は殊のほかなじみの深い土地であった。

佐保宅の成立は平城遷都後まもなくとされる。[注18] となると、長屋王は平城遷都以前からこの地をしばしば訪れたことであろう。長屋王と行基、二人が初めて出会ったのはこの地ではなかろうか。あくまでも可能性に過ぎないのだが。

筆者が中学時代に球拾いに降りた池は〈サギイケ〉と呼ばれていた。白鷺か青鷺がよく飛んでいたので何の疑いもなく「鷺池」と思っていた。しかし「狭城池」が訛ったのではとの思いが今になって急に頭に浮かんだ。中学時代は野球場としてしか見ていなかった。一塁側にファールを打ち上げると池に落ちた玉を拾うのが大変。その思いしかなく、池の持つ意味にまで頭は回らなかった。古代は意外と身近にあるのに気付かないだけなのかもしれない。

第一三章　長屋王と行基集団

いよいよ行基と長屋王との関係について考察する。ここまでの検討で、朝廷側の相方として長屋王の姿が朧気ながら浮かび上がってきた。その姿をできるだけ鮮明にさせたい。それはとりもなおさず長屋王の従前の評価の見直しという側面を持つことにもなる。

長屋王が最初の官職である宮内卿に就くのは和銅二〔七〇九〕年。その後、式部卿を経て養老二〔七一八〕年に大納言として初めて議政官に連なり、その三年後の養老五〔七二一〕年には右大臣に登る。この時の左大臣は空席、名実ともに朝廷の行政筆頭に着いたのである。さらに神亀元〔七二四〕年には左大臣。まさに位人臣を極めたとはいえ皇親としては別の感慨があったかもしれない。しかしその座も長くは続かない。神亀六〔七二九〕年には誣告を受けて自尽に追い込まれる。この間わずかに二〇年、議政官に連なってからでは一一年間しか過ぎていない。

短いとはいえ中身の濃密な時間ではあった。この間に良田一百万町歩開墾計画と三世一身法を制定して大規模な開墾事業を始動させ、今日に繋がる日本社会の礎を築いたのである。しかしそこに〈長屋王〉の名前を読み取ることはできない。王の自尽によりすべてが歴史の闇に塗り込められたからである。

一　行基集団と朝廷 —— ここまでの検討結果の総括

行基集団と長屋王との関連を検討する前段として、ここまでの検討で浮かびあがった行基集団と朝廷との関係を振り返っておく。まずは大きな流れについてみておきたい。全く違った立場にいる行基と長屋王が交わらざるを得なかった時代背景ともいえる。

大きな流れ

行基集団が主要な事業を展開した七二〇年代後半から七五〇年にかけては時代の大きな変曲点に当たる。大化の改新（六四五年）で始動した律令国家日本は、おおよそ一〇〇年をかけて大宝律令（七〇一年）、養老律令（七五七年）と律令体制の整備を進め、八世紀中頃には律令国家としての骨格が定まり、円熟期を迎える。その一方、班田用の耕地不足が目立ち始め、新たな開墾が社会全体として求められるようになる。行基集団が活動した時代はまさにそのような転換期に当たり、彼らが展開した事業はこの時代の要請に応えたもの。時の流れに後押しされていたのである。となると、中央政府である朝廷との間に何らかの接点があっても不思議ではない。

一方、行基集団が実施した壮大な事業規模と内容を考えると、少なくとも第六章で見た事業区分の第Ⅲ期まで（天平元〔七二九〕年以前）には何らかの繋がりが始まったと考えざるを得ないのである。

問題点の整理

行基集団と長屋王の関係を考えるには、長屋王が初めての官職（宮内卿）に就いた和銅二〔七〇九〕年から自尽に追い込まれた神亀六〔七二九〕年までの二〇年間を対象とすれば十分であろう。平城京遷都が和銅三〔七一〇〕年であることを考えると、まさに奈良時代の幕開きの期間に相当する。行基集団からみれば、事業区分の第Ⅱ期から第Ⅲ期にかけての期間にあたる。すなわち畿内

全般における事業展開への準備期間である。[注1]

この間の主たる出来事を年代順に要約すると次のようになる。

(i)行基集団の活動範囲が和泉から畿内全般に拡大する様相を呈する。これに対し、朝廷は養老元〔七一七〕年四月に僧尼令違反を理由に行基を厳しく指弾する。ところがその翌年の養老二年一〇月に出された僧尼令に違反する行基集団を咎める太政官奏は腰砕けの内容となる。この間、長屋王は議政官の大納言に就任する（養老二年三月）。

(ii)養老四〔七二〇〕年八月に右大臣藤原不比等が死去したのをうけ、翌年の正月に長屋王が右大臣に昇任。一方、行基集団は同年五月に平城宮に近い右京三条三坊に菅原寺を賜る。

(iii)養老六〔七二二〕年から七〔七二三〕年にかけて大改革が実施される。養老六年閏四月に良田一百万町歩開墾計画、同年七月に再度の僧尼令違反を咎める二つの太政官奏、養老七年四月に三世一身法、とめまぐるしい展開を見せる。この間、長屋王は養老六年五月に莫大な報奨に与かり、その後、一連の改革が完了した神亀元〔七二四〕年に左大臣にのぼる。

(iv)行基集団が本格的な活動に入る前年の天平元年（神亀六〔七二九〕年）二月に長屋王事変が突発し、長屋王政権は崩壊する。その一年後の天平二〔七三〇〕年九月に行基集団の活動に対する誹謗非難が出されるが、翌年の天平三〔七三一〕年になると一転して行基集団の優婆塞、優婆夷の得度を認める優遇策が取られる。

以上の経過を見ると、行基集団の事業展開と長屋王の昇進との間に相関関係が浮かび上がる。そして不思議な揺らぎも見えてくる。一つは良田一百万町歩開墾計画と三世一身法の複雑な経過。もう一つが僧尼令違反の詔に現れる微妙な変化。この二つが複雑に絡み合っていることは第五章、第一〇章に述べた通りである。

二　行基集団と長屋王との関係

いよいよ行基集団と朝廷との対立関係がどのようにして解けたのかを考える段階に達した。律令国家の朝廷といっても所詮は人間が動かすもの。どこに権力が存在し、誰が実権を握っているかを知ることが鍵を握る。

ところがこれが複雑怪奇というしかない。大化改新以前の豪族がヤマト朝廷との関係で所持していた権力構造（大夫合議制の伝統）がそのまま納言合議制に引き継がれていたのである。その結果、具体の行政は中務省、式部省、治部省、民部省、兵部省、刑部省、大蔵省、宮内省の八省をそれぞれ統括する卿が所掌するが、衆務を統理するのは議政官（左右大臣と納言）となる。[注2]すなわち議政官の構成が時の朝廷の権力構造そのものを表すことになる。文武天皇以降の議政官を『続紀』から拾い出すと、表13−1のようになる。

議政官人事の流れ

①文武帝

文武天皇が即位したのは文武天皇元（六九七）年。その四年後、大宝元（七〇一）年になって時の左大臣多治比真人嶋に加え、新たに阿倍御主人を右大臣、石上麻呂、藤原不比等、紀麻呂を大納言とする人事を定める。その翌年（七〇二年）には大伴安麻呂、粟田真人、高向麻呂、下毛野古麻呂、小野毛野の五人を朝政に参議せしめる。自前の議政官をもったようにみえるが、実体は持統上皇が指図してのことであろう。多くの議政官を勅任したのは。上皇の眼鏡に適った人材を配置して競わせつつ文武帝を補佐させようとしたのであろう。

新たな議政官が定まるのを待っていたかのように同年（七〇一年）七月に左大臣多治比真人嶋、翌年（七〇二年）には持統上皇、翌々年（七〇三年）には右大臣安倍御主人があい続いて世を去り、旧来の首脳が一掃された形となる。

その翌年慶雲元〔七〇四〕年に石上麻呂が右大臣に登り実権を握る。そして翌年の慶雲二〔七〇五〕年には粟田真人、高向麻呂、阿倍宿奈麻呂の三人を中納言に昇格させるが、このうちの二人は参議からの登用。新規は阿倍宿奈麻呂だけで特段の新味があるわけではない。なお参議筆頭であったと思われる大伴安麻呂はこの人事では登用が見送られるが、同年七月に大納言紀麻呂が死去すると、八月に大納言となる。四月時点ですでに紀麻呂の逝去が見越されていたのかもしれない。

この慶雲二年の布陣は文武帝と右大臣石上麻呂の合作と思われるが、大きな流れとしては持統上皇が引いておいたラインに沿ってのものであろう。

②元明帝

慶雲四〔七〇七〕年六月に文武天皇が二五歳の若さで薨去すると、文武帝の実母である元明天皇が即位する。まさに緊急事態への対応と考えられるが、この当時としては特別に異常とまではいえない。女帝時代とも呼ぶべき時勢になっており、すでに推古女帝に続き皇極、斉明〔皇極重祚〕、持統と女帝が続いていた。文武帝が病弱だっただけに元明帝としても覚悟はできていたに

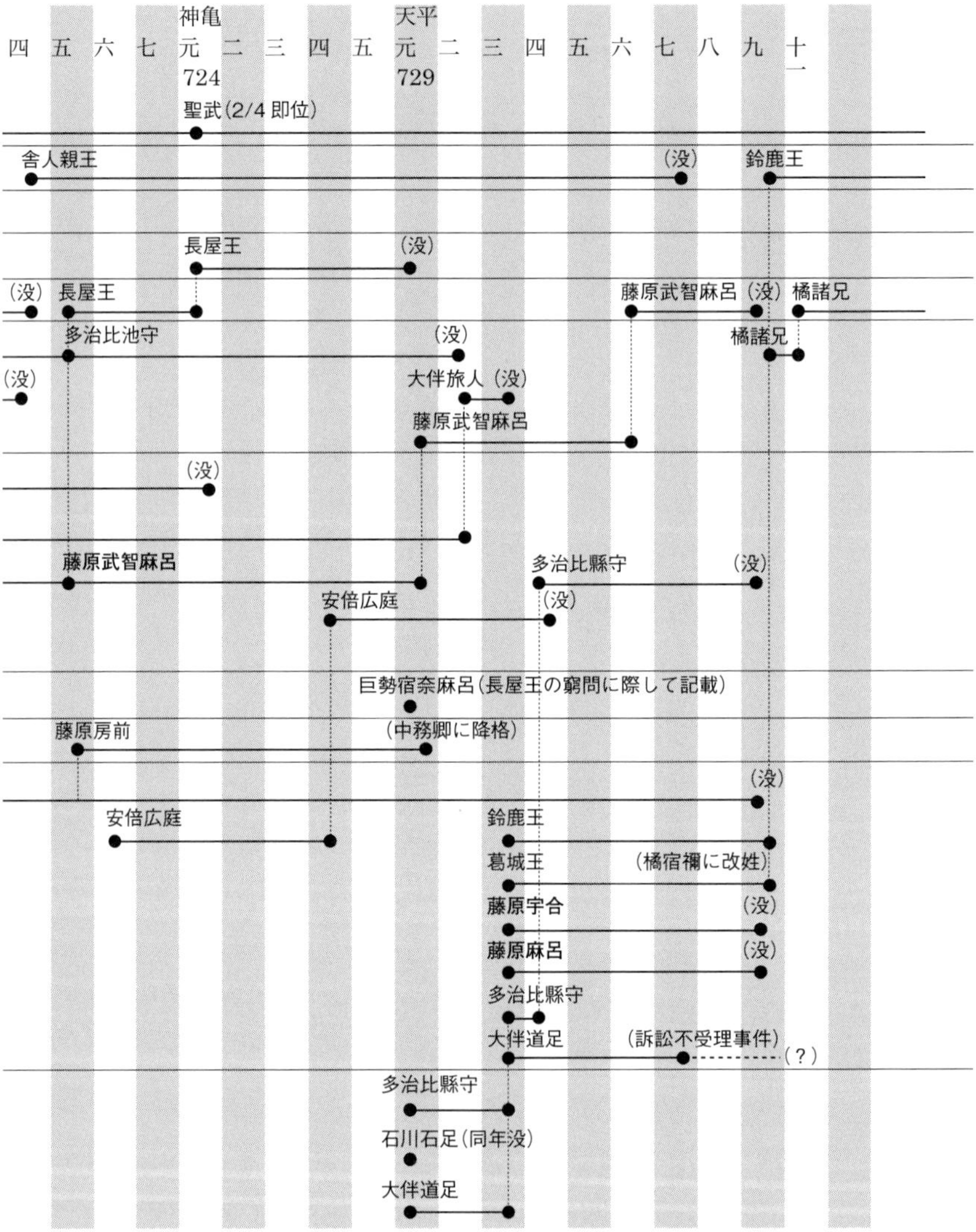

神亀
天平
四 五 六 七 元 二 三 四 五 元 二 三 四 五 六 七 八 九 十一
724
729
聖武(2/4 即位)
舎人親王
(没)
鈴鹿王
長屋王
(没)
(没)
長屋王
藤原武智麻呂
(没)
橘諸兄
多治比池守
(没)
橘諸兄
(没)
大伴旅人
(没)
藤原武智麻呂
(没)
藤原武智麻呂
多治比縣守
(没)
安倍広庭
(没)
巨勢宿奈麻呂(長屋王の窮問に際して記載)
藤原房前
(中務卿に降格)
(没)
安倍広庭
鈴鹿王
葛城王
(橘宿禰に改姓)
藤原宇合
(没)
藤原麻呂
(没)
多治比縣守
大伴道足
(訴訟不受理事件)
(?)
多治比縣守
石川石足(同年没)
大伴道足

表13-1　議政官人事の流れ（大宝元年〜天平11年）

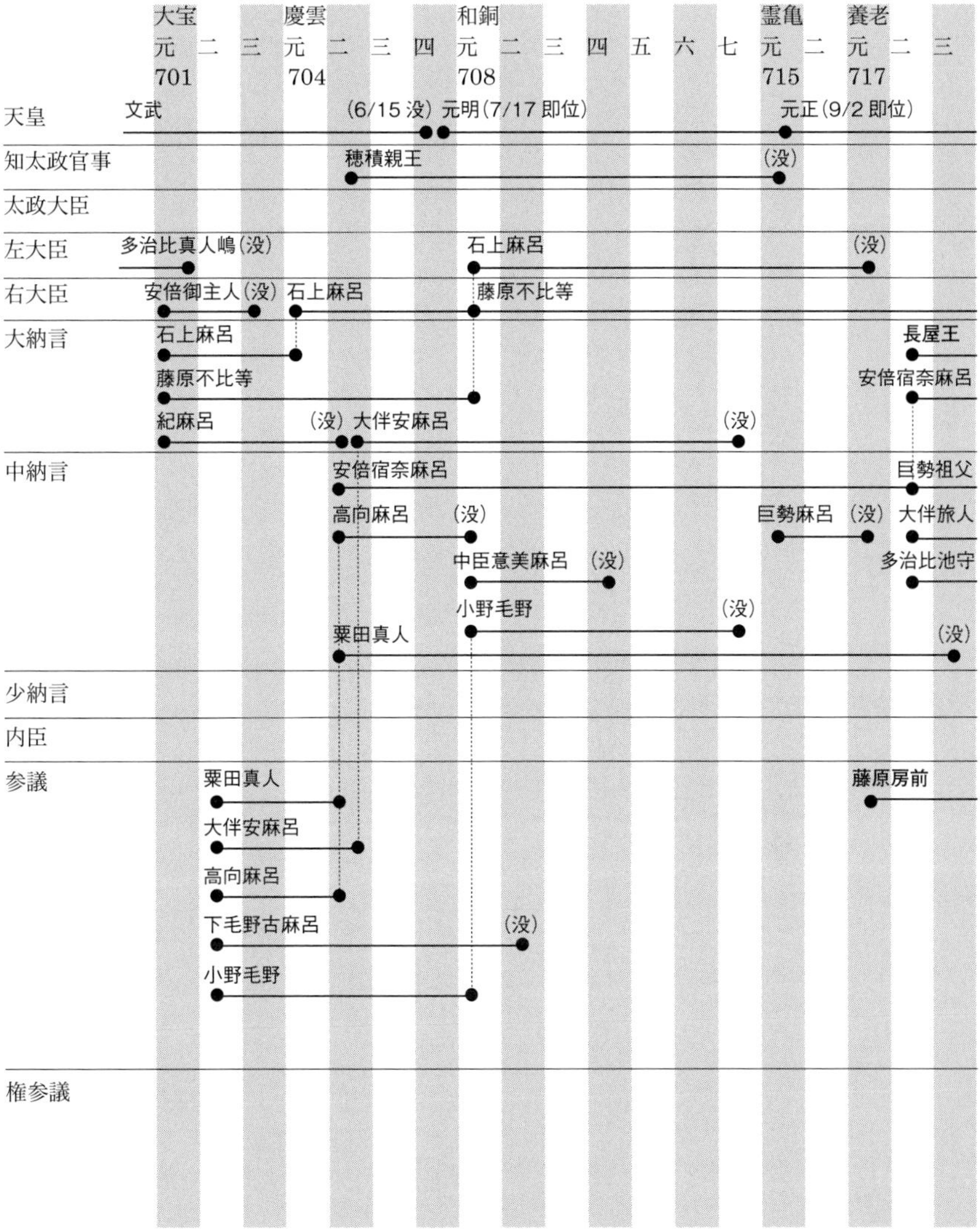

違いない。

その証ともいえようか、翌年（七〇八年）には新たな議政官を定める。右大臣石上麻呂を左大臣に昇格させて後釜に藤原不比等を据える。この時すでに石上麻呂は六九歳、歳からいえば実権は不比等に移ったかのように思えるが違うようだ。この後、養老元〔七一七〕年まで左大臣を足かけ八年間も勤めあげて世を去る。七八歳の長寿であった。

石上麻呂は壬申の乱を近江朝廷（大友皇子）側で闘い、大友皇子が自死した折に最後まで君側に従った忠臣である。左右大臣はじめ群臣が皆散亡した中での出来事、並みの人間にできることではない。さらには、その後は敵方であった天武朝に仕え、最後は議政官筆頭の左大臣に登る。本人の抜群の力量はさることながら、大きな後ろ楯の存在を感じさせられる。

それを解く鍵は小さな人事に隠されている。石上麻呂の逝去に際し、元正帝は式部卿長屋王を私邸に赴かせる。政権筆頭の左大臣の薨去に際しての弔使役として式部卿では軽すぎる。かつて左大臣多治比真人嶋が薨去した際には刑部親王と大納言の石上麻呂を差し向けている。となると、元正帝の長屋王に対する信頼の深さだけではなく、麻呂と長屋王の間に特別の関係があることを承知していたからこそと考えなければならない。長屋王の父高市皇子は壬申の乱における天武天皇側の最大の功労者。行軍途中で弱音を洩らす父の大海人皇子（天武天皇）を励ますさまは『書紀』に活写されている。英雄は英雄を知る。敵味方に分かれていたとはいえ、石上麻呂と高市皇子の間に強い絆があって不思議ではない。それを踏まえての元正帝の指示と考えるべきであろう。

③元正帝

次の大きな議政官の異動は養老二〔七一八〕年三月。霊亀元〔七一五〕年の元正天皇即位を受けての人事であるが、内実は元明上皇との合作であろう。二人の思いが伝わるような思い切った陣容である。右大臣藤原不比等はそのまま留任させるものの、大納言に長屋王と安倍宿奈麻呂を据え、中納言には巨勢祖父、大伴旅人、多治比池守の三人を新たに登用するという清新な陣容である。注目すべきは、留任の右大臣藤原不比等と大納言に昇任する安倍宿奈麻呂を除き、長屋王（大納言）と中納言の三人を合わせた四人が新任であること。間違いなく遠からず訪れる長屋王政権を頭に描いた人事である。

皇子または王が議政官になるのは太政大臣を勤めた高市皇子以来である。いうまでもなく二人は親子。元明上皇と元正天皇の頭には長屋王の将来がはっきりと思い描かれていたはずである。

さらに注目されるのは、この人事に先立ち養老元〔七一七〕年一〇月に藤原房前（不比等の次男）を参議に任じていること。房前は藤原四兄弟の内では他の兄弟とは違う色合いを持っていた。武智麻呂（不比等の長男）とは異なり長屋王に近い。養老五〔七二一〕年一二月に死期を悟った元明帝が最期に呼び寄せて後事を託したのは長屋王と房前。それを考えると藤原房前の参議登用も長屋王政権を見越しての人事であったに違いない。

清新な議政官が発足して間もなく、旧来のメンバーである宿奈麻呂が養老四〔七二〇〕年一月に亡くなる。さらには、右大臣藤原不比等まで同年夏八月には薨去してしまう。

これで長屋王の先輩たちは一掃された。待ち兼ねたかのように、養老五〔七二一〕年正月に長屋王を右大臣、多治比池守を大納言に昇格させる人事が発令される。名実ともに長屋王政権の誕生である。新たに中納言となった藤原武智麻呂を除けば、すべてが養老二年に議政官になった仲間。加えて元明上皇は長屋王の母（御名部皇女）の妹で、長屋王の正妻（吉備内親王）の母にあたる。また元正天皇は吉備内親王の同母の姉妹。長屋王は天皇と上皇に極めて近く、これ以上は望めないほど恵まれた立場にいた（次章図14－1参照）。
その後、神亀元〔七二四〕年に聖武天皇の即位に合わせて長屋王は左大臣に登る。この人事は聖武帝の発意とは思えない。間違いなく元正帝の推輓によるのであろう。元正帝が長屋王と吉備内親王により深い親愛の情を抱いても何ら不思議ではない。兄文武帝の子供である聖武はともかく、その正妻である光明子は藤原不比等の娘で皇親ではない。長屋王と吉備内親王の組み合わせにより深い愛情を感じるのが当然であろう。

長屋王と行基

ここまで述べた議政官人事の流れを背景にして長屋王と行基との関係について考える。このため、養老年間を中心に開墾関係と僧尼令違反に関する事項をまとめると表13－2に示すようになる。これをみると不思議な符合に気がつく。

(i)僧尼令違反で行基集団を厳しく叱責する詔が出されるのが養老元年四月二三日。ほぼ二ヵ月前の三月三日に左大臣石上麻呂が薨去しており、この時の議政官は右大臣の不比等に中納言の粟田真人と安倍宿奈麻呂を加えた三人のみ。藤原不比等が政権を完全に掌握し、自由に政策選択をできる状況下になって最初に打ち出した施策が行基集団を僧尼令違反で糾弾すること。行基集団の指弾はまさに藤原不比等その人が欲したのである。
大宝律令の撰定に中心的な役割を果たした不比等にとって、僧尼令違反を重ねる行基集団は決して見過ごすことのできない存在だったに違いない。政権を名実ともに掌握した不比等が僧尼令違反を正そうとしたのは至極当然のことである。

(ii)翌年の養老二年一〇月一〇日に再び僧尼令違反を咎める太政官奏が出されるが、その詰問の厳しさは大幅に低下し、言わんとすることすら理解し難いほどに腰砕けとなる。この間の養老二年三月に、長屋王を大納言に据える大胆な人事が断行され、次の政権を担うのが誰かが官人なら容易に察知できる状況になった。こうなると官人の軌道修正は早い。長屋王の僧尼令違反に対する見方に合わせるような言動に切り替えていく。かといって右大臣の不比等を無視するわけにもいかない。そこで取られたのが、何を言わんとするのかわからない太政官奏を出すこと。これで少なくとも朝廷の僧尼令違反に関する見方が従前とは異なることをさりげなく天下に示せる。この推論に従うと、長屋王の僧尼令違反に対する見方が不比等とは全く違うことになる。

(iii)その逆のことが起こったのが良田一百万町歩開墾計画と三世一身法の場合である。本来なら一体として発出されてしかるべき計画とそれを担保する法が分割して出され、さらには両者の間に僧尼令違反を咎める太政官奏が挟まっている。不思議なことと言わなければならない。何が起こったのか。

関連するのが養老五年の議政官人事。死去した不比等に換わって中納言となった藤原武智麻呂は藤原家の長男として藤原家と光明子(この時はまだ聖武夫人、後に皇后)の意向を代表して頑張らざるを得ない立場にいた。それだけでなく、長屋王自尽の顛末をみると、武智麻呂自身も律令国家の信奉者として積極的に行動したのであろう。藤原家、とりわけ不比等直系の立場からいえば、律令国家の根幹である公地公民制を根底から揺るがしかねない三世一身法は認められない。提案者が議政官筆頭の長屋王と雖も、不比等の長子である武智麻呂としては一歩も引けない立場にいたのである。

開墾関連事項	僧尼令違反事項	年譜事項
		［神鳳寺］
		［草野仙房］（平群郡生馬）
		恩光寺（平群郡床室村）
	僧尼令違反（詔）「小僧行基」	
	僧尼令違反（太政官奏）	隆福院（添下郡登美村）
		石凝院（河内郡早村）
		菅原寺（精舎）（右京三条三妨）
良田一百万町歩開墾計画	僧尼令違反（太政官奏）	菅原寺　　　（同上）
三世一身法		
		清浄土院（大鳥郡葦田里今□穴郷） 尼院（大鳥郡早部郡高石村）
		久修園院（交野郡一條内）
		檜尾池院（大鳥郡和田郷）
		大野寺（大鳥郡大野村） 尼院（同所、今香琳寺敷）
	（4月3日）僧尼令違反者への断罪（勅）	
	妖言行為の禁止（詔）	善源院（西城郡津守村） 尼院（同上） 船息院（兎原郡宇治郷） 尼院（同上） 高瀬橋院（嶋下郡穂積村） 尼院（同上） 楊津院（河辺郡楊津村）
		狭山池院（丹北郡狭山里） 尼院（同上） 嶋陽施院（河辺郡山本村） 法禅院（紀伊郡深草郷） 河原院（葛野郡大屋村） 大井院（葛野郡大井村） 山崎院（乙訓郡山前郷無水河側） 隆福尼院（添下郡登美村）

表13-2　開墾関係と僧尼令違反に関する事項

年	月日	朝廷関連事項	長屋王関連事項
和銅元(708)年	2月15日	平城遷都の詔	
和銅2（709)年	11月2日		長屋王：宮内卿
和銅3（710)年	3月10日	平城遷都	
霊亀元(715)年	9月2日	元明天皇譲位、元正天皇即位	
霊亀2（716)年			
養老元(717)年	3月3日	石上麻呂：没	
	4月23日		
養老2（718)年	3月10日		長屋王：大納言
	10月10日		
養老4（720)年	8月3日	不比等：没	
養老5（721)年	1月5日		長屋王：右大臣
	12月7日	元明上皇：没	
養老6（722)年	閏4月25日		
	5月20日		長屋王：稲・籾賜う
	7月10日		
養老7（723)年	4月17日		
神亀元(724)年	2月4日	元正譲位、聖武即位	
	同日		長屋王：左大臣
神亀2（725)年			
神亀3（726)年			
神亀4（727)年			
天平元(729)年	2月10日	長屋王の変	(2月12日)長屋王：自尽
天平2（730)年	9月29日		
天平3（731)年			

そこで出てきた知恵が計画と法を分離してその間に僧尼令違反を咎める太政官奏を挟みこむ妥協案。両者を分離することにより革新的な意味合いが薄まり、なおかつその間に挟まれた僧尼令違反を咎める太政官奏が際立つだけに、武智麻呂の立場を擁護する効果を持つ。これで長屋王と武智麻呂の両者の顔が立つ。官人が考え出しそうな知恵である。調整役で飛び回る役は房前が務めたのであろうか。もしそうなら、房前を内臣に登用した元明帝の人事は、まさに将来を睨んだ慧眼の一手ということになる。

以上の考察を総合すると、養老年間に行基と長屋王が繋がっていたと考えざるを得なくなる。それを裏付けるような発掘調査がなされている。次にそれを見ておこう。

三　発掘調査が指し示す長屋王

行基集団が建立した道場の発掘調査については、すでに第四章第四節で述べた。その結果、「年代記」の信頼性が格段に高まったのに加え、長屋王の存在が大きく浮かび上がったのである。菅原寺の出土瓦を検討した大西貴夫氏は、平城宮・京で使用される瓦もみられることから、禁圧を受けながらも一方では寺院造営の援助を受けるという複雑な状況が浮かび上がると述べている。その上で、官の行基集団に対する禁圧を「官としては規制を行うものの全否定をするわけではなく、僧尼令の範囲内では援助をおしまなかった」とする可能性や、「禁圧に屈しない行基の強い活動であった」可能性を考えておきたいとする。[注3] 長屋王との繋がりについての直接的な言及はないが、官側との関係を想定している。

隆福院とみなされる追分廃寺の出土瓦を検討した坪之内徹氏は、追分廃寺が隆福院（養老二〔七一八〕年建立、添下郡登美村）との前提のもとで、長屋王との繋がりを次のように分析する。注4

(i)追分廃寺出土の瓦は、ほとんどの出土例が京になるいわゆる「京の瓦」であり、その分布は長屋王邸を中心として、帯状に南北に拡がりを見せている。

(ii)出土の軒丸瓦は、奈良時代初頭に「長屋王との私的な関係において」短期間に製作され、量は多くないが京の瓦として、建設途中の都城の景観形成に一定の役割を果たした。

その上で、少なくとも神亀六〔七二九〕年の長屋王の変まで、長屋王あるいはその周辺の勢力を形成する人々と行基とが何らかのつながりがあったと考えざるを得ないとする。なお、ここでいう長屋王周辺の勢力は王を中心とする皇親政治を支持する上級貴族を意味する。また長屋王をはじめとする王臣家・上級貴族は、その家の内に瓦当笵製作者たる工芸家を抱えており、そういった貴族たちは独自の瓦当文様をもつ軒瓦を、宮や京内外の官衙や官の寺へ、ある程度の自由意志によって供給できたと推察している。

以上みたように、菅原寺の出土瓦に平城宮・京で使用される瓦がみられ、また追分廃寺（隆福院）からは長屋王宅に連なる軒瓦が出土したことで、禁圧されている期間にもかかわらず朝廷、なかんずく長屋王宅との関連が考古学的にも浮かび上がったのである。もちろん、出土瓦の共通性、あるいは同笵例のあることが、そのまま家主間の直接的な関係を意味するわけではない。しかし、行基集団と朝廷との関係が厳しい緊張関係にあることを考えれば、両家主間にも然るべき了解がなければあり得ないことである。少なくとも、何らかの関係を想定しても不自然とはしない状況が生じたのである。

『続紀』が伝える個々の条項を繋ぎ合わせて紡ぎ出した全体像が、発掘調査結果により考古学的に裏付けられた。後は発掘調査で行基と長屋王との関係を直接裏付ける木簡などの資料が出てくることを期待するのみである。

第一四章　長屋王自尽

長屋王と行基との関係は何の前触れもないまま突然の終末を迎える。それも両者とは直接関係しない力が働いてのこと、長い日本の歴史でも最大級の謎であるが、その本当の姿を解明した者はいない。いや問題意識すら持たれたことはないようだ。タブーなのかもしれない。その詮索は後に回し、まずは『続紀』が伝える一連の流れからみていこう。

一　『続紀』が神亀六年二月条で伝えること

続紀が伝える神亀六〈七二九〉年（八月に改元されて天平元年）二月の条は次に掲げるものに尽きる。すなわちすべての条が長屋王事変に関係する。朝廷の関心事は、二月の間はこの一件にのみ向けられていた。なお一月の条をみると、恒例の正月行事と六人部王の卒を伝えるのみ。静かな年の初めである。それが二月一〇日の密告を受けて事態は一変する。[注1]

一〇日　漆部造君足と中臣宮処連東人が「左大臣正二位長屋王がひそかに左道を学びて国家を傾けむと欲する」と密告する。

同夜　遣使して三関を固守させる。

式部卿藤原朝臣宇合、衛門佐・佐味朝臣虫麻呂らを遣し、六衛の兵を率いさせて長屋王の宅を囲ませる。

一一日　多治比真人縣守、石川朝臣石足、大伴宿禰道足を権《かり》に参議とする。
巳時（午前一〇時）、舎人親王・新田部親王・多治比真人池守・藤原朝臣武智麻呂・小野朝臣牛養・巨勢朝臣宿奈麻呂らを遣り、長屋王宅にてその罪を窮問させる。
一二日　長屋王を自尽させる。
その室の吉備内親王、子息の膳夫王、桑田王、葛木王、鉤取王らが自経（自ら首をくくること）。
一三日　長屋王家内の全員を捉えて左右の衛士・兵衛などの府に監禁。
同日　遣使して長屋王・吉備内親王の屍《かばね》を生馬山に葬る。
「吉備内親王に罪なし。葬送令に准じて葬送せよ。ただ鼓吹は止めよ。その家令・帳内は放免せよ。長屋王は犯に依り誅に従う。罪人に准じるとはいえその葬を醜くすることなかれ」との勅を出す。
一五日　薨伝「長屋王、天武天皇の孫、高市親王の子。吉備内親王、日並知皇子尊の皇女」
「長屋王は忍戻昏凶〔むごく、ねじれ、くらく、わるい〕。……国司は三人以上が集まることなきようにせよ」との勅を出す。この勅を一二日付で施行するよう命じる。
一七日　「上毛野朝臣宿奈麻呂ら七人が長屋王と交わり通うに坐して流罪、餘の九十人は免罪」
一八日　石川朝臣石足を長屋王の弟・鈴鹿王宅に遣わし、「長屋王の兄弟・姉妹・子孫・妾は男女を問わず全員を赦免」との勅を宣らさせる。
同日　百官に大祓い。
二一日　左右京に局赦（地域限定の赦免）。

同日　長屋王事変で徴発した百姓の雑傜を免除。
同日　告者の君足と東人に外従五位下を授位、並びに封三〇戸、田一〇町の賜物。漆部駒長に従七位下の授位ならびに賜物。
二六日　長屋王の弟、姉妹、併せて男女らの存命者には従来通りの禄に預からせる。

一〇日に密告を受けてから一三日の生馬（生駒）に長屋王と吉備内親王を葬るまで一気呵成に進む。まるで事前に予定していたような段取りの良さである。

密告を受けた一〇日に遣使して三関を固守し、式部卿・藤原朝臣宇合らに六衛の兵を率いて長屋王の宅を囲ませる。翌日（一一日）には多治比真人縣守らを仮に参議に任じる。手薄になりかねない議政官を補充するためであろうか。その上で一品舎人親王らを王宅に遣って長屋王の罪を窮問させる。そして次の日（一二日）には長屋王を自尽させ、正室の吉備内親王、子息の膳夫王、桑田王、葛木王、鉤取王らを自経させる。また長屋王家内の全員を捉えて左右の衛士・兵衛などの府に監禁する。その次の一三日には長屋王・吉備内親王の屍を生馬山に葬る。ここまでの進行にはいささかの揺るぎもない。すべてが事務的に流れるように仕組まれている。事前の周到な準備なしにはこのように順調に進むはずがない。すべてが慎重に練り上げられた進行案に基づいて実行されたに違いない。

ところが一三日になって思わぬ横やりが入ったのか、突如として「吉備内親王に罪なし」として「葬送令に准じた葬送をするように」との勅命が下る。長屋王に対してすら「罪人に准じるとはいえその葬を醜くすることなかれ」とする。これで流れが一気に澱んでしまう。

考えられるのは元正上皇の存在。上皇と吉備内親王は同母（元明帝）の姉妹である。上皇は生涯独身、子供はいない。それだけに吉備内親王の長子である膳夫王を吾子のように可愛がっていたのではなかろうか。いずれは高御座に登らせる日すら夢みていたのかも知れない。それを知るだけに今回の事変の首謀者は上皇には固く秘していたに違いない。上皇が知らされたのは、長屋王と吉備内親王たちが自尽した後であろう。こうなると上皇にできることは限られる。『万葉集』に左大臣長屋王の死を悼む倉橋部女王の作歌に続いて作者未詳の歌が配されている。

悲傷膳部王歌一首[注2]

世の中は　空しきものと　あらむとそ　この照る月は　満ち欠けしける（巻三―四四二）

右一首、作者未詳

筆者は本歌を元正上皇の作と考える。『万葉集』の巻三から巻一六の編纂は八世紀半ばとされる[注3]。長屋王事変とほぼ同時代、この時点で作者を元正上皇と明記するのでは生々し過ぎる。朝廷内の不協和音が外に漏れ出てしまう。作者未詳として採録するしかなかった。照る月の光を浴びながら吾子同然の膳夫王をひとり傷む上皇。その胸には己が夢みたことがもたらした最悪の結果に臍を噛む思いが交錯したに違いない。その思いを月の満ち欠けに重ね合わせている。上皇の胸の内が推し量れるような歌である。

これを境に『続紀』が伝える首謀者の動きは乱れに乱れる。一五日には、長屋王を強烈に非難中傷する言葉を並べた上で三人以上の集会を禁じる勅を出す。なおかつその施行日を一二日に遡らさせる。まるで一三日に出した「吉備内親王と長屋王の葬送を醜くするな」との勅を否定するかのような不自然な動き。強烈な逆ねじが巻かれたのであろう。

その延長線上にあるのが一七日の勅。上毛野朝臣宿奈麻呂ら七人を長屋王と交わり通うとの理由で流刑に処す。その一方で六衛府に拘束した他の九〇人はすべて免罪とする。勅が右左に大きく振れている。なお流刑に処された「上毛野朝臣」は「下毛野朝臣」とともに毛野地方（北関東）の豪族の出身。[注4] 朴訥な気風が真実を捻じ曲げることを拒み、長屋王を徹底的に庇ったのであろうか。

厳しい方向に舵を切ったかと思えば、翌一八日には石川朝臣石足を長屋王の弟・鈴鹿王宅に遣わして「長屋王の兄弟・姉妹・子孫・妾（召使の女）は男女を問わず全員を赦免」との勅を宣らせる。長屋王、並びに吉備内親王との間の男子さえ排除できれば他には累を及ぼしたくない。そんな首謀者の本音が浮かんでくるようだ。

この後は事後処理となる。同じ一八日に百官への大祓い。二一日には面倒をかけた左右京への局赦（地域限定の赦免）。この事変で徴発された百姓への雑徭の免除。加えて密告者（君足・東人・駒長）に授位と莫大な施物。これで幕を閉じる。君足と東人に下された授位（外従五位下）と施物（三〇戸と田一〇町）は法外なもの。例えば君足への授位は七階級の特進。普通の役人生活なら一〇〇年を必要とするという。[注5] 首謀者の秘められた意図がここからも匂い立つ。そして二六日、長屋王一族の存命者は従来通りの禄に預かることを明記する。一八日の赦免を伝える条を補完する処置であるが、この間に八日を要している。存命者のチェックに時間を要したのであろうか。いずれにしても以上で長屋王事変に直接関係する事項はすべて終了する。

二　神亀六年三月以降の出来事

三月に入ると、三日に天皇は群臣を松林苑に招いて毎年恒例の曲水の宴を催す。四日には大極殿において石川朝臣石足などに授位する。昇位者をみると、権《かり》に参議に任じられた三人（多治比真人縣守・石川朝臣石足・大伴宿禰満足）が全員対象となり、また藤原朝臣麻呂が含まれているのも注目される。とはいえ特筆すべきは中納言藤原朝臣武智麻呂を大納言に昇任させたこと。昇任人事は武智麻呂のみ。恒例の授位人事に潜り込ませて最大の功労者にこっそりと報いている。報いたい気持ちとそれを目立たせたくない気持ち、それを両立させるための工夫であろうか。武智麻呂を大納言にして議政官を掌握させるという必要性はあるものの、この時点では大納言多治比池守が存命、急いで武智麻呂を大納言に昇格させる必然性はない。こんな無理難題を裁くのが人事担当官人の腕の見せ所。長年人事に関係したひとりとして、この時の人事担当者の苦労のほどが偲ばれる。

これで通常に戻ったのかと思うと、四月三日に不思議な勅を発する。詳しくは行基集団との関係を検討する次節で述べるが、まるで僧尼令違反を問うかのような内容を含んでいる。行基集団に対する朝廷の態度は一変し、厳しい対立関係に戻ったかのようである。

この日には奇妙な太政官処分も出される。知太政官事の舎人親王が朝庁に参内する時に、所司は下座（敬意を表するために座を下りること）する必要はないとする。通常なら儀制令に従い下座しなければならないのに、その必要がないというのである。舎人親王は長屋王の窮問に向かったメンバーの筆頭格。本来なら報奨を受けて然るべきところである。それなのに珍妙な罰が課されたとは、窮問の過程で皇親の一人として長屋王に同情でも示したのだろうか。こんな珍妙な実害を伴わない処分でもそれなりの効果を発揮する。舎人親王は反発するどころか、新しい権力者の武智麻呂に平伏したようだ。八月に挙行された光明子の立后に際して聖武帝の勅を宣る役を殊勝に勤めている。次章で詳述するように、「知太政官事」という役柄は行事に重みを与えるお飾り的な名誉職に過ぎず、それに似つかわしい人物が登用されているようだ。

これをみても、窮問に出向いた一行のうち、舎人親王と新田部親王（天武の皇子、母は藤原鎌足の女）が皇親を代表するように見えても、お飾り的な存在の舎人親王と藤原の血をひく新田部親王。議政官をみると長屋王に次ぐ立場の大納言多治比真人池守はすでに老齢、翌年にはこの世を去る。となると窮問の現場を仕切ったのは間違いなく藤原朝臣武智麻呂であり、小野朝臣牛養・巨勢朝臣宿奈麻呂がそれを助ける役割を担ったとみられる。窮問団の人選もあらかじめ練りに練られたに違いない。

八月五日、大極殿で詔を発する。皇太上天皇（元正）に追従とも思える最大級の言葉を連ねた上で、「卿らが問い来た政事や官への登用について、〔皇太上天皇の〕教え導かれるままに天下の政を行い敷く間に、京職大夫藤原朝臣麻呂が吉祥図（『天王貴平知百年』と読める）を負う亀一頭を献ずる」との奏上を受け、「これは太上天皇の厚く広き徳を蒙り、高く貴い行いにより顕れた大瑞」と詔る。元正上皇に対してこれ以上はないと思えるほどの持ち上げようをみせる。その上で、吉祥を持つ亀の出現を瑞祥として神亀六年を天平元年に改めるとの詔を宣る。[注6] 皇太上天皇（元正）に対する諂いが度を越しており、これでは首謀者の底意が見えみえ。次の光明子の立后に向けた準備工作としか見えない。

聖武帝としては、これで一連の長屋王事変に終止符を打ち、世の気分を一新したいと願ったのであろう。改元を機に大盤振る舞いを惜しまない。まずは広く天下に大赦する。百官には主典より上に冠位一階を上げると共に施物を賜る。上は親王から下は宮人にいたるまで手厚い。また天下の百姓に対しても八〇已上の高年者から始まり、孝子・順孫・義夫・節婦まで賜物が和銅改元に際しての基準により手広く下される。その他にも諸国の天神・地祇の祭の挙行を長官に命じるなど、打てる手を総動員している。国を挙げての祭事にしたいとの思いに満ち溢れている。

その上で五日後の八月一〇日、藤原夫人(光明子)を皇后とする詔を発する。二四日には内裏に五位以上と諸司の長官を招集して舎人親王に詔を宣らせる。宣命体の長文であり、「藤原夫人を皇后と定めることと即位後六年を経るまで皇后を定めなかった理由を述べる第一段」と「藤原夫人については元明の特別な配慮があったので、これを皇后とすると述べる第二段」からなる。なお第二段にはさらに、臣下の女を皇后にした先例のあることがつけ加えられている。「全体として弁明に満ちた宣命[注7]」である。

聖武帝が光明子を賜った日の祖母天皇(元明帝)の言葉を引いて光明子立后の正当化を試みている。しかし原文をみると、「(光明子に)過ちがなく罪がなければ、捨てますな。忘れますな[注8]」と述べているに過ぎない。「捨てるな。忘れるな」とは述べたものの決して「皇后にせよ」とは言っていない。これで光明子の立后を図ろうとするのではこじつけも甚だしい。

それはともかく、ここで注目すべきは元明帝の言葉を引いていること。先の天平への改元では元正帝を誉めそやしていただけに奇異な感じも受けるが、ここでは元明帝の言葉を持ち出すことで娘の元正上皇に沈黙を強いる効果を狙ったと思われる。光明子の立后を良しとしないグループに、元正上皇も理解を示していたはずだからだ。とはいえ長屋王と吉備内親王との間の子たちを根絶された今では上皇に打つ手がない。というよりも今やすべて詮無きこと。彼らを取り戻すことは叶わない。元正上皇の悲傷が伝わる。

光明子の野心はさらに拡大する。立后に際して皇后宮職という新たな組織が初めて設置されたのである。『続紀』はそれを皇后宮大夫の発令（八月二八日付）を通して伝える。新たに皇后宮大夫に任じられたのは小野朝臣牛養。[注9]当然ながらその人選には皇后の意向が強く作用したに違いない。現在でも大臣秘書官（事務担当）の人選は慎重の上にも慎重になされる。大臣が退任の後もその繋がりは切れず、その省と元大臣との連絡役を務めることが多い。それだけ深い絆が築かれるのである。とすれば牛養が光明子のお気に入りであったのは間違いない。ところが驚いたことに、牛養は長屋王事変で王宅を囲んだ窮問使の一員。それも藤原朝臣武智麻呂の次に名前が挙がる重要人物。窮問使の選定にも光明子の差配が及んでいたのである。

三　『続紀』が時をおいて別途に伝えること

ここでは長屋王事変について、事変から年数が過ぎてから記述された事項を検証する。どの時点で何が伝えられたかを知ることは、逆にいえば天平元年時点では記載が憚られたことが何かを教えてくれる。長屋王事変そのものを考えるうえでも重要な情報である。

子虫と東人

天平元年の長屋王事変が誣告で始まったことを伝えるのが天平十〈七三八〉年七月一〇日条。事変より九年後のことである。かつて長屋王に仕えて恩遇を受けた大伴宿禰子虫が刀を以て中臣宮処連東人を切り殺す。二人はたまたま任務の間に碁を打っていて長屋王の事変に話が及ぶ。この時、子虫が憤りを発して罵り、遂に東人を斬殺したと伝えた上で、最後に「東人、即誣告長屋王事之人也」とさりげなく書き添える。[注10] 事変が誣告であることを正史に書き加えるには、九年後ですらこのような細心の心遣いが必要だったのである。

『続紀』の編纂は延暦十六〔七九七〕年。事変から約七〇年たった編集時点では、長屋王事変を誣告と明記できる情勢になっていた。しかし、それでも天平元年の長屋王事変を伝える記事に〈誣告〉と書き込むことは憚られたのか、記載はない。聖武帝を誹謗するように受け止められるのを恐れたに違いない。編纂者の苦労がしのばれる。

四人の子たち

もう一点は自経して果てた四人の王についてである。その内実を伝えるのは天平宝字七〔七六三〕年十月十七日条、不比等の息女との間に生まれ、事変のあとも生き延びた長屋王の子、参議礼部卿従三位藤原朝臣弟貞（元の山背王）の薨伝である。弟貞が長屋王の子であることを述べた後、長屋王の自尽について記述する。「子息の従四位下膳夫王。无位桑田王。葛木王。鉤取王は皆自經する。時に安宿王。黄文王。山背王。ならびに女教勝。復た罪に従うべきところを、藤原太政大臣の息女が生んだことを理由に、特に死を賜らなかった」と書き添える。裏からの記述であるが、四人の王が自経を迫られた理由が吉備内親王の子息であることを匂わせる。岩波版『続日本紀』では「以下は吉備内親王所生の男。藤原不比等の女が生んだ男女は助命された」[注11] とする。なお自経した四人のうち、桑田王については石川虫丸の娘との間の子とする説がある。[注12] ここで大事なことは吉備内親王との間の男子がすべて自経したこと、他に自経した王があったかどうかは首

図14-1　血縁関係

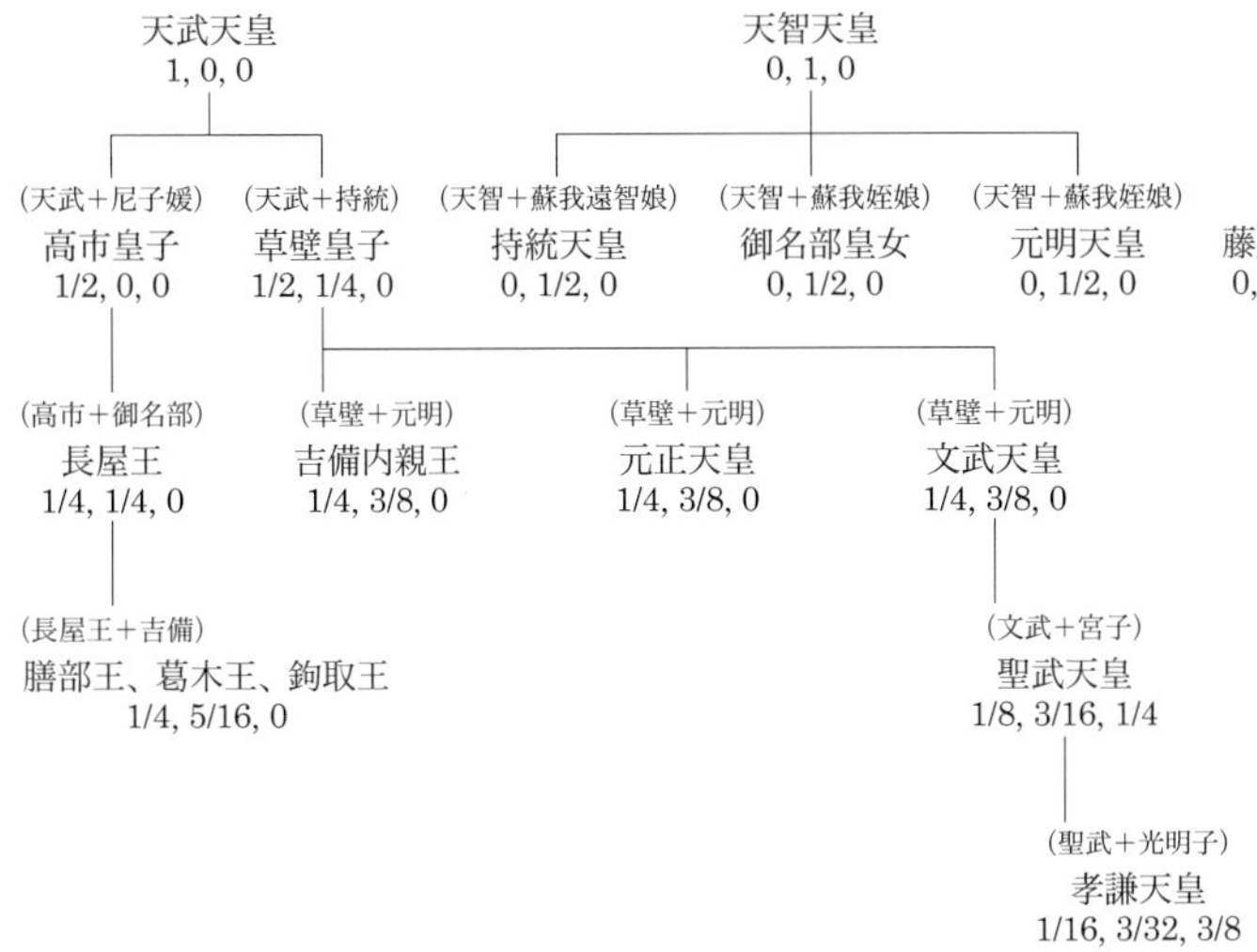

＊名前の下の数字は、左から天武天皇、天智天皇、藤原不比等との血縁関係の濃さを表す。

謀者にとっては問題ではなかった。

これまた天平元年の長屋王事変を伝える条で述べるには生々し過ぎた。事変を仕掛けた者の真意が白日の下に曝されるからである。首謀者の狙いはあくまでも長屋王と吉備内親王、さらに二人の間に生れた子を一人残らず葬り去ること。

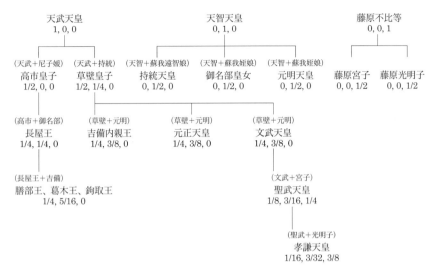

彼らは聖武帝の後を襲うに十分な資格を持つ。とりわけ長屋王と吉備内親王の子たちは、聖武帝と光明子との間の子でも遠く及ばない濃い血の繋がりを天皇家と持っている。この時代には天皇家との血の繋がりと生母の身分がそのまま皇位へ繋がっていたのである。

血縁の濃さ

天智天皇・天武天皇・藤原不比等との血の繋がりの濃さをみると図14-1のようになる。長屋王と吉備内親王の間の子は、天武帝とは四分の一、天智帝とは一六分の五、不比等とは〇。一方、聖武帝と光明子との間の子は、天武帝とは一六分の一、天智帝とは三二分の三、不比等とは八分の三。天智・天武両帝との血の繋がりをみると、長屋王・吉備内親王の子が三二分の一八に対し、聖武帝・光明子の子は三二分の五しかなく、四倍近い差がある。これこそが首謀者の恐れたこと。長屋王事変で王宅を囲み、徹底的な捜索をして長屋王と吉備内親王、そして二人の間の子をすべて死に追いやった理由はここにある。長屋王宅の全員九〇名を六衛府に拘束して徹底的に調べ上げたのも、見逃した対象者がいないことを確認するためと考えられる。この点を読み飛ばすのでは長屋王事変の真相を読み解くことはできない。

四　『続紀』が総体として伝えること

ここまで長屋王事変について『続紀』が伝える内容を子細に検討してきた。事実関係を綿密に調べ上げた結果である。そこには従来の研究では言及されなかった内容が浮かんできた。

光明子と聖武帝

これまでの検討結果を総合的にみると、長屋王事変の首謀者は光明子。共謀者あるいは協力者は藤原四兄弟（武智麻呂、房前、宇合、麻呂）と考えざるを得なくなる。根拠の一つは長屋王と吉備内親王との間の血統を絶やすことへの執拗さ。これだけの執念を燃やせるのは吾子を何としても天皇にしたい光明子をおいて他にない。首謀者とみる根拠はここにある。

聖武帝の立場は微妙である。とはいえ事変の実行を最終的に受け入れたのは間違いない。聖武帝の承諾なしにはこの計画は成り立たないからである。受け入れたものの聖武帝自身には迷いが

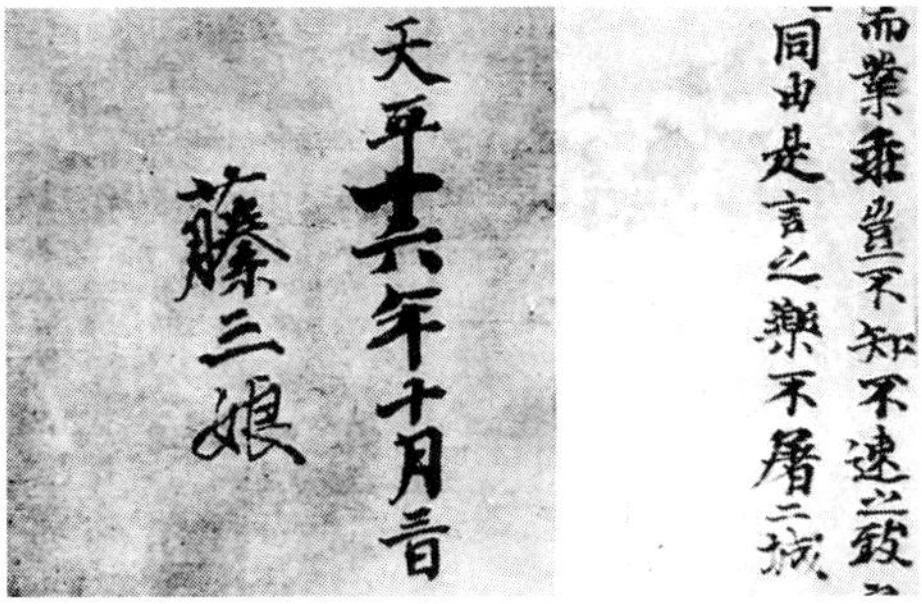

写真14-1　光明子筆による「楽毅論」

あった。これが最高権力者として打つ手に迷いを生じさせ、首尾一貫しない勅の連発に繋がったのである。聖武帝は文武帝と藤原宮子（藤原不比等の子女）との間に生まれ、藤原光明子（藤原不比等の子女）を妃としている。皇親としての立場と藤原家の立場に引き裂かれていた。最終的に聖武帝が受け入れたのは光明子に篭絡されてのことであろう。少なくとも取り込み役を演じられるのが光明子以外にあり得ないことだけは明々白々である。

筆者が光明子を首謀者と考えるのは光明子が長屋王事変からの最大にして唯一の受益者だからである。すなわち臣下の娘として初めて皇后位に登り、自分の子供を皇位につけるという女親としての執念に加え、藤原家を天皇家に結びつけるという藤原家の悲願を吾が手で実現できる。藤原家に強い誇りと執着をみせる光明子には、この上ない喜びであったに違いない。光明子は長屋王と吉備内親王には何の関係もない。長屋王に繋がるのは父・不比等の娘が側室に入っていることのみ。その一統さえ救えるなら光明子の障害とはなり得ない。

光明子は、臨書した『楽毅論』の末尾に堂々と「藤三娘」と署名する（写真14－1）。それも天平十六（七四四）年一〇月三日のこと。この時に光明皇后はすでに四四歳、齢一六で首皇子（聖武帝）の妃になってから二八年、立后してからでも既に一五年が過ぎている。[注13] それでも「藤原」の〈藤〉と不比等の三女を意味する〈三娘〉を組み合わせて署名に使うとは、藤原家への異常な執着というしかない。筆遣いをみると、実に力強く堂々としたもの。聖武帝を叱咤激励して長屋王事変という一種のクーデターを完遂させるに充分な胆力を感じさせる。藤原家を代表する気概と藤原家への強烈な愛着を持つだけに、長屋王事変を起こすに何のためらいも持たなかったに違いない。

藤原四兄弟——房前の立ち位置

藤原四兄弟の中で何よりも気になるのが藤原房前の立ち位置である。従来は房前を長屋王事変の首謀格とみるのが主流の見解、なかには「明らかに総〔房〕前が右大臣長屋王の権力を越えて、下位にありながらも実質的権力をすべて掌握したことを意味している」[注14]とする見方まである。房前を祖とする藤原北家が後世に最も栄えたことが影響しているのかもしれないが、次に見るように最も大事な事実が見落とされていた。今まで誰も気付いていないのが不思議であるが、房前は事変の後に明らかな降格人事という処分を受けていたのである。他の三人が揃って昇進するだけにその差が際立つ。

さらには降格人事を踏まえた心打たれる歌の交換が大伴旅人との間でなされている。その背景には、次に述べるように房前がきわめて珍しい内臣という令外官を勤めたことが大きく影響している。房前の運命を決めたといっても過言ではない。その経過をたどることから始めたい。

①令外官「内臣」

前章の表13-1を見てほしい。大宝元年から天平十年までの議政官の変遷を示したものである。本表から、「内臣」という律令制度に規定のないポスト（令外官）があり、この約二〇年間で就任したのは房前しかいないことがわかる。また房前が藤原四兄弟の二番目にもかかわらず、長男の武智麻呂よりも四年も前に議政官についていることにも気づく。武智麻呂の場合には最初の議政官ポストが中納言なので、参議に就いた房前とでは実質的には四年の差はない。しかし議政官に連なるのとそうでないのでは得られる情報量に雲泥の差を生じる。国全般の動きを直接肌で感じとれる、国の命運をかける決定に直に参加できる、という機会は滅多にあるものではない。現在でも、内閣改造時に総理官邸に呼び込まれた入閣待望組は、満面の笑みで車寄せから玄関をくぐるのである。

それはともかく、どうして房前は内臣を命じられたのだろうか。まずは経過を見ておこう。

養老五年一〇月一三日、長屋王事変よりも八年前のこと。元明太上天皇は、右大臣長屋王と参議藤原房前を招き入れ己の喪葬について火葬するよう命じると共に職務を滞らせないようにとの詔を述べる。そして一六日にも再度呼び入れて薄葬を命じる。[注15]

その上で同月二四日に「汝卿房前、内臣となりて内外をはからい、勅に准じて施行し、帝の業を輔翼して永く国家を寧《やす》みすべし」[注16]と元正帝が詔る。筆者は最後の詔も元明太上天皇の意を体した勅と考える。天皇の勅として発出し重みを加えるために、元明上皇の言葉を元正帝がそのまま詔として伝えたのであろう。元明上皇には、己が去り、さらに元正帝から聖武帝へと皇位が引継がれた後の様子がありありと見えていたのかもしれない。死の床にある元明上皇には最も信頼する長屋王と房前にその思いを託すしかなかった。

表14-1　官位相当表（殿上人以上、一部抜粋）

		神祇官	太政官	中務省	式部省など7省	太宰府
正一位			太政大臣			
従一位						
正二位			左大臣			
従二位			右大臣			
正三位			大納言			
従三位			（中納言）			帥
正四位	上			卿		
	下		（参議）		卿	
従四位	上		左大弁 右大弁			
	下	伯				
正五位	上		左中弁 右中弁	大輔		大弐
	下		左少弁 右少弁		大輔 大判事	
従五位	上			少輔		
	下	大副	少納言	侍従 大監物	少輔	少弐

②房前の降格人事

元明・元正の両帝の信頼が厚かった房前は、長屋王事変の収まった天平元年九月に厳しい降格人事を受ける。この時点での房前の官位は正三位、ところが発令されたのは中務卿。その官位は正四位上にすぎない。表14-1の官位相当表にみるように、正三位とでは二階級の差がある。[注17] 房前が正三位に登ったのは、武智麻呂と同じ神亀元〔七二四〕年二月。正三位は大納言に相当する官位であり、現に武智麻呂は五年後の天平元年三月に正三位のまま大納言に昇任している。その半年後に房前は中務卿に発令されたのである。

同じ時点（神亀元年二月）に正三位を発令された房前と武智麻呂。その五年後の神亀六（天平元）年になると、一方の武智麻呂は三月に大納言へ昇任、房前は九月に中務卿へ降任。これでは明暗があまりに酷すぎる。官人には耐え難い人事。明らかなる報復としかみえない。

官人には人事が最大の関心事。だからこそ『続紀』も官人の人事を詳細に伝える。これは現在でも変わらない。官庁詰めの新聞記者にとって幹部人事での「落ち」は許されない。国会明けの幹部人事の季節になると、手に入れた情報の裏を取るために大臣室への記者の出入りが急に忙しくなる。

降格人事が極めて異例であることは現在でも変わらない。良くも悪しくも降格人事をしないことを前提に官人や役人の組織は動いている。筆者も建設省時代、二年後輩の後釜を仰せつかったことがあり、その時には「何かあったのですか」と旧知の職場の仲間におずおずと尋ねられた。それだけに人事を担当する立場になって、長良川河口堰問題で二階級の降格としか見えない異動案を作成した時には神経を使った。まさに余人をもって代えがたい人物であり、当人にも良かれと考え抜いた案であったが、未だにこの人事のことが忘れられない。それほど現在の公務員でも降格人事には気を使うのである。

四兄弟の次男である房前の名前は、長屋王事変が勃発する神亀六年二月一一日から降格人事を伝える九月二八日まで一切出てこない。ところが他の三兄弟をみると、長男の中納言・武智麻呂は窮問使として長屋王を自尽に追い込み、三男の式部卿・宇合は式部省の所掌業務とは一切関係しないにも関わらず、六衛の兵を率いて長屋王宅を囲む。四男の京職大夫・麻呂は、事変後の八月に瑞祥の亀を献上する役を担っている。想像を逞しくすれば、京職大夫として密告を取り次ぐ役も演じたのかもしれない。この時、麻呂は通常は左京・右京に分かれるはずの京職を左右京職大夫として一手に束ねていた。

ここまでくれば、藤原四兄弟それぞれの立ち位置が明確となる。房前は、少なくとも光明子と武智麻呂の目には非協力的に映った。房前が具体的にどのような行動をとったのかは文献からは読み取れないが、光明子と武智麻呂から不審の目で見られたのは間違いない。だからこそ報復的な降格人事が発令されたのだ。その人事も、正四位下葛城王を左大弁〈従四位上相当職〉に任命する人事から始まる中に潜り込ませているだけに、後世になると気付く人もなかった。ここにも作為が凝らされている。通常の人事案件は高位者・高職位者から順に記載されるが、正三位房前の中務卿〈正四位上相当職〉への人事は五人の中の三番目、真ん中にさりげなく配されている。[注18] 降格人事を目立たせたくない。長屋王事変の首謀者の意図はここからも匂い立つ。

五 『万葉集』に秘められた世界 ―― 旅人と房前、そして長屋王

天平元〔七二九〕年九月二八日に出された藤原朝臣房前を中務卿に命じる辞令が降格人事であることを物語る歌が『万葉集』に残されている。

大伴宿禰旅人が日本琴一面に添えて房前に贈った文〈歌二首を含む〉とそれに房前が答えた返書〈歌一首〉である。[注19] そこには「大伴淡等謹状」との表書が旅人の文であることを証し、「天平元年十月七日　附使進上　謹通　中衛高明閤下　謹空」との添書から文の書かれた日付が天平元年一〇月七日であることがわかる。

房前の中務卿への降格人事は九月二八日、その知らせは遠く筑紫にも即刻知らすべく使者が遣わされたに違いない。朝廷の高官人事は地方にとって最大の関心事であり、行政遂行にとっても欠かせない情報である。

『延喜式』「兵部省」の巻には街道別・諸国別の駅馬のリストが示されており山陽道には五六駅

がある。[注20] また『養老令』の公式令給駅伝馬条によれば速者は一日一〇駅以上と規定されている。[注21] すなわち平城京から筑紫まで六日もあれば情報は伝達される。となると、九月二八日の人事は遅くとも一〇月三日には旅人の手許に届いたであろう。

なお宛先にも配慮がなされているようだ。中務卿への辞令が出たばかりの房前が中衛高明閣下のはずがない。中衛府が令外官として初置されたのは神亀五〔七二八〕年八月のこと。[注22] この万葉歌を根拠に、房前を中衛府の初代大将とみる考えもあるが、[注23] 大将の相当官位は従四位上でしかない。内臣の房前はすでに四年前から正三位、とても房前が就く官職とは考え難い。とすると、「中務高明閣下」とするのを避け、敢えて「中衛高明閣下」としたのではなかろうか。旅人の房前を思いやる気遣いが感じられる。

房前の降格人事に接して驚くとともに深く憂いた旅人は早速に書簡を準備する。とはいえ真情をそのまま書き記すわけにはいかない。ことは房前の降格人事だけでなく、クーデターとも呼ぶべき長屋王事変そのものに関わる。そこで使われたのが日本琴に仮託して想いを真綿に包んでそこはかとなく伝える手法である。

まずは内容を岩波書店版『萬葉集』の現代語訳でご覧いただきたい。[注24] なお歌は原文（万葉仮名を用いて一音一字で書かれたものを漢字交り文に直したもの）のままにしている。

大伴旅人が謹んで申し上げます。

梧桐の日本琴一面（対馬の結石山の孫枝です）

この琴は私の夢に娘の姿となって現れ、次のように言いました。「私は梧桐として遥かな島の高い山の上に根を張り、太陽の麗しい光に幹を曝しておりました。いつも靄や霧を帯びては山川のくまぐまを歩みゆき、風に立つ波を遠くに眺めながら雁や凡庸な木々と交わっていたのでした。ただ、百年の寿命の尽きた後には谷間で空しく朽ち果ててしまうのかと、そればかりを心配しておりました。ところが、幸いにも立派な工匠に出会うことができて、削られて小さな琴となりました。生まれつきが悪く、音の乏しいことは顧みず、君子のそばに置かれる琴になりたいものと、いつも念願しているのです」そして歌ったのでした。

　いかにあらむ　日の時にかも　音知らむ　人の膝の上《へ》　我が枕かむ

私は詩を返してこう詠みました。

　言問はぬ　木にはありとも　うるわしき　君が手馴れの　琴にしあるべし

琴の娘は答えました。

「お言葉ありがたく承りました。重々忝いことです」まもなく目が覚めてみますと、夢の中の娘の言葉に感じ入って、そのまま黙って済ます気持ちになれません。そちらへ往く官使に特にこの琴を託して、お手元にお届けする次第です。（謹み記しましたが意を尽くしません）天平元年十月七日、使いに託して奉り、謹んで中衛府の高明閣下にお便りします。謹んで余白とします。

これに房前が次のような便りを送る。

跪いて美しいお便りを頂戴し、まことにありがたくも嬉しくも存じます。それにつけても、高徳の家の御恩の、私ごとき鄙しい身の上に厚いことを知り、恋しくもそちらの方を望み見る特別の思いは、常の心の百倍にも余ります。謹んで白雲に運ばれ至った御詩に奉和して、拙い歌をお聞かせする次第です。房前が謹んで記しました。

言問はぬ　木にもありとも　我が背子が　手馴れのみ琴　地《つち》に置かめやも

十一月八日、筑紫に還る使いの大監に託して、謹んで尊家の書記にお便りをお届けします。

旅人と房前、二人が交わした文から何が読み取れるのか。九月二八日付の降格人事を踏まえた二人の麗しい真情の遣り取りが匂い立つ。房前の心情を気遣って贈られた見舞いの文であるからこそ、旅人の心遣いが房前に殊のほか響いたのである。それが「常心百倍」の一文に籠められている。

しかし、それだけではない。琴を主題に詠まれた歌三首を並べて見てみよう。

いかにあらむ　日の時にかも　音知らむ　人の膝の上《へ》　我が枕かむ　　旅人
(それはいつの日のことでしょうか。琴の音を知る人の膝を私が枕にするのは)
言問はぬ　木にはありとも　うるわしき　君が手馴れの　琴にしあるべし　　旅人

（言葉を話さない木ではあっても、立派な君子が親しく手にして馴染まれる琴に違いありません）
言問はぬ　木にもありとも　我が背子が　手馴れのみ琴　地《つち》に置かめやも　房前
（言葉を話さない木であるにしても、あなたが手に馴れ親しんだ御琴を、地面に置くようなことをいたしましょうか）

このように三首を並べると、旅人と房前の思いが浮かび上がる。琴（娘子）が枕にしたいと望む膝の人、琴を手馴れにする人、琴を手馴れにする我が背子。ここに出てくる三者は誰であろうか。そのままに読めば、一首目の人は琴（娘子）が夢見る人、二首目は房前、三首目は旅人、のように解されよう。

しかし、それは違う。そのように見せつつも、三首に出てくる「人」はすべて長屋王である。そう考えてはじめて三首の意味が繋がり、響き合う。旅人と房前は他人にはわからないように、二人で長屋王への親愛と憐憫そして無念の情を歌い上げる。それは友情であり、愛しき人への思いでもある。そんな密やかな思いを旅人と房前の二人は共有している。長屋王は、琴（娘子）には膝を枕に貸してくれる人であり、旅人には「うるわしき君」であり、房前には「我が背子」と意識されている。長屋王との距離感がそれぞれの言葉に見事に表れているのである。

そう考えないと、「旅人を総前の左琴として置いてほしい（帰京後の身の振り方に配慮してほしい）ことの願いが読み取れることも事実であり[注25]」という皮相的な解釈が出てくる。失意の人に自分の昇進を願うような者があるだろうか。そんな望みを聞き入れる人がいるだろうか。それもこれも房前の降格人事を読み取れないことから発している。

三人の関係を見ると、房前は二人に先駆けて半年前に参議として議政官になったものの、いわば同期の桜。それぞれに深い絆で結ばれていた。それを何よりもこの三首が伝えてくれる。『万葉集』の編纂者の一人である大伴家持は旅人の子。それだけに二人の親密さを知り、長屋王への深い思いも感得したに違いない。さりげなく本歌を『万葉集』に採録したその心配りに打たれる。

六　大伴旅人の立ち位置

さて、以上の検討について、旅人が大宰帥として赴任するのが長屋王の右大臣時代（神亀五（七二八）年頃）とされることから、旅人を大宰府に異動、悪くいえば都から追い落としたのが長屋王ではないか。クーデターとも呼ぶべき事変が勃発しようとする緊迫した状況なのに、遠い大宰府に旅人を異動させたのは左遷ではないか。それを考えると、長屋王は旅人を重視していなかったのではないかなどの疑問が生じるかも知れない。

さらにいえば、旅人が天平二年一一月（三八九〇番歌の題詞による）に大納言として都に戻るのは藤原武智麻呂が大納言として議政官筆頭の時代であり、旅人は長屋王よりも武智麻呂に近かったとみるべきとの反論も聞こえてきそうである。

その旅人と武智麻呂を筆頭とする藤原一族との関係を推し量れる興味深い歌一〇首が残されており、直木孝次郎氏による優れた解釈がなされている。[注26]その内容を見ていこう。

天平元年、大宰少弐（従五位下相当職、大宰府内の序列は三番目）小野老を迎えて大宰府では宴席が設けられ、その場で次の歌一〇首が交わされる。『万葉集』では、巻三－三二八番歌～三三七番

歌として収録されている。[注27]

あをによし　奈良の都は　咲く花の　薫ふがごとく今盛なり　小野老
やすみしし　我が大君の　敷きませる　国の中には　都し思ほゆ　大伴四綱
藤波の　花は盛りに　なりにけり　奈良の都を　思ほすや君　大伴四綱
わが盛り　またをちめやも　ほとほとに　奈良の都を　見ずかなりなむ　大伴旅人
わが命も　常にあらぬか　昔見し　象の小川を　行きて見むため　大伴旅人
浅茅原　つばらつばらに　物思へば　古りにし里し　思ほゆるかも　大伴旅人
忘れ草　わが紐に付く　香具山の　古りにし里を　忘れむがため　大伴旅人
わが行きは　久にはあらじ　夢のわだ　瀬にはならずに　淵にてありこそ　大伴旅人
しらぬひ　筑紫の綿は　身に着けて　いまだは着ねど　暖けく見ゆ　沙弥満誓
憶良らは　今は罷らむ　子泣くらむ　それその母も　我を待つらむそ　山上憶良

まずは小野老の口火を切る歌である。奈良の栄華を詠った歌として有名であるが、筑紫で詠まれているのだ。直木氏は「奈良の政界は藤原氏のものとなり、老の前途は洋々である。この心境が『あおによし奈良の都は』の歌を作らせたのであろう」とする。それを受けて四綱は「奈良の都を思い出されますか」と問いかけて旅人を呼び出す役をつとめる。旅人は「私の盛りが返ってくることがあるのだろうか。奈良の都を見ずに終わるのではなかろうか」と一応は答えた上で、その後の四首では、吉野、明日香、香具山、吉野、と奈良の都を離れてしまう。

直木氏は「長屋王が没落し藤原氏が権をふるう都は、文化の花が咲き匂っていようとも、年老いた旅人には魅力がなかった。希望に満ちて若い日を送った飛鳥・藤原、そしてその南の緑の山深く、清らかな川の流れる吉野の地がひたすら恋しくなるのであった」とする。そのうえで四人の歌を「小野老は平城京の栄えを謳歌し、大伴四綱はそれに追随して都の美しさをたたえ、大伴旅人は都の繁栄を歯牙にもかけずに、吉野と飛鳥・藤原の故郷に心を寄せ、満誓は旅人に同調して筑紫の良さをうたっている。藤原氏が政権をにぎる奈良をことほぐかどうかで、はっきり二つに分かれている」とする。その白けた座をお開きにするために、憶良が泣く子と母を持ち出した一首を詠んで、なごやかに宴は閉じられた。

まさに卓見である。ここから旅人の藤原一族に対する心情が浮かび上がる。旅人は長屋王事変を決して快く思ってはおらず、心は事変の後も長屋王と共にあった。

長屋王と旅人の関係

大伴氏は物部氏と共に、遅くとも六世紀初頭から大王（天皇）を「大連」として支えてきた一族である。その族長としての旅人からみれば、藤原一族は新興勢力に過ぎない。だからこそ、琴を贈られた房前は、旅人への返書で、「高徳の家の御恩の、私ごとき鄙しい身の上に」と書き記す。大伴一族は藤原一族から見ると、まさに「高徳の家」なのである。

長屋王と旅人との関係について、直木氏は「二人の関係は緊密であったとは思われないが、和歌と漢詩をたしなむ教養の深い貴族として、二人は相互に敬意あるいは親愛の情を抱いていたと思われる」と推測する。

筆者の見解はすでに述べている。両者の歌の交換がいみじくも示すように、長屋王は旅人と房前にとっては〈君〉であり、〈背子〉であったと考える。敬愛や親愛の情を越えた憧れに近い慕情

表14-2 『続紀』にあらわれる太宰帥一覧

名	補任（不明の場合は初見）	官位
（筑紫総領）		
石上麻呂	文武天皇4（700）年10月15日任	直大壱
（大宰帥）		
石上麻呂	大宝2（702）年8月16日任	正三位
大伴安麻呂	慶雲2（705）年11月28日兼大宰帥	大納言従三位
粟田真人	和銅元（708）年3月13日任	従三位
多治比池守	和銅8（715）年（霊亀元年）5月22日任	従三位
大伴旅人	［神亀5（728）年6月23日］*	［正三位］
藤原武智麻呂	天平3（731）年9月27日兼大宰帥	正三位大納言
藤原宇合	天平9（737）年8月5日薨**	参議式部卿兼大宰帥正三位

*『続紀』には記載がなく『万葉集』（巻5—793番歌）での初見
**任時は『続紀』には記載なし

を抱いているようにすら思える。

旅人の大宰帥への異動は左遷か

大宰帥は従三位相当職で議政官以外では最高位のポスト。表14-2に示すように、石上麻呂、大伴安麻呂、粟田真人、多治比池守などいずれも錚々たる人材が座り、次は大納言に昇格している。表に出てくる大伴安麻呂は旅人の父。大宰帥への異動は、大納言に就く前の職として順調な人事であり、決して降格ではない。

長屋王は旅人をどうして筑紫に送り出したのか

長屋王が自尽させられる事態は、長屋王としてはまさに青天の霹靂。全く想像もしていなかったに違いない。予想しているなら、長屋王、吉備内親王、並びに二人の間のすべての子が一網打尽にされるはずがない。事変を仕組んだ側は周到に準備していたであろうが、襲われる方は想像外の出来事、備えようがない。長屋王が旅人をいかに重要に考えていたとしても、想像すらできない事象に備えて手元に残しておきようがない。

この頃、朝鮮半島では風雲急を告げていた。新羅は、六六三年に百済、六六八年には高句麗を滅ぼし、七三五年に朝鮮半島を統一する。旅人が起用されたのは、新羅の統一が最終段階を迎えた時期に相当する。朝鮮半島との交渉の最初の窓口となる大宰帥には熟達の人物を起用する必要があり、老齢とはいえ旅人を起用せざるを得ない。これまた、まさに余人を以て代え難い人事であった。

第一五章　長屋王事変後の朝廷と行基集団

長屋王事変を行基はどのように受け止めたのであろうか。ここまでみたように行基集団の事業は長屋王と組むことにより進んできた。その事業が一大飛躍をしようというまさにその時に長屋王事変が起きる。行基集団にとって大きな衝撃であったことは間違いない。事変をどのように受け止め、次の行動に結びつけていったのか。それを考えるために、まずは『続紀』が伝える経過を見ていこう。

一　長屋王事変後の朝廷と行基集団――確執の軌跡

神亀六〔七二九〕年（天平元年）二月一〇日から同月末まで続いた長屋王事変そのものに関して行基集団に打てる手は何もなかった。朝廷側の代表として行基集団を支えた長屋王を喪うことは限りなく大きな痛手である。とはいえ皇位継承をめぐる暗闘には行基といえども手の出しようがない。只ただ息をのんで推移を見つめているしかなかった。

神亀六年（天平元年）四月三日の勅

そんななか四月三日に不思議な勅が出される。その前の三月に入ると、朝廷も長屋王事変にのみ忙殺される状態からようやく脱し、通常の業務にも取り組めるようになっていた。三月早々に事変への報奨人事を決めると共に、武智麻呂を大納言に昇格させる。これで議政官筆頭の左大臣長屋王亡き後の議政官の骨格が固まり、業務を遂行する体制が整った。

新たな体制下で最初に出されたのが三月二三日付けの太政官奏。二段よりなり、第一段は、幅広のアシギヌ（太い絹糸で織った品質の悪い絹織物）を廃して狭い幅のアシギヌに統一すること。第二段は口分田の班給のあり方を見直し、班給し直す時には口分田をすべて収公した上で班給し直す方式に改めることを奏して、共に許可される。どちらも長屋王事変以前からの案件を引き継ぎ、処理したものであろう。

続いて四月三日に長屋王事変を踏まえた勅が発せられる。かつて養老六〔七二二〕年七月に出された僧尼令違反を指弾する太政官奏を彷彿させるような内容を持つ。それが武智麻呂が大納言としての権限のもとで進めた最初の仕事である。まずは『続紀』が伝える内容をみてみよう。[注1]

勅は大きく三段に分かれている。第一段は文武百官と百姓に対して出されたもの。異端や幻術を学習して人を害傷する者への刑罰で、首謀者は斬殺、共謀者は流罪とする。第二段は山林修行者・僧尼を対象とするもの。偽って仏法を説く、自己流の教化をなす、身勝手な伝習をして業を授ける、書府（呪文などの書付）を書き封印する、薬を調合して毒を造る、万人に怪をなして勅禁に違反する者があれば、第一段と同様の刑罰を科する。第三段は俗と僧尼の両者に出されたもの。妖書を作成したものに対して五〇日以内の自首を求め、期限後に告発された場合は流罪。告発者には絹三〇疋を与え、その費用は罪人から徴する。まるで密告を奨励するかの如くである。

参照文献の注釈が「行基集団を意識したものか[注2]」とするように、養老時代の僧尼令違反を問う一連の経過を合わせ考えると、明らかに行基集団を狙ったものであろう。これでは養老六年以来絶えていた僧尼令違反を問う詔の再来。妖書に対する密告の奨励を考えると、より厳しい逆風が行基集団に吹きだしたことになる。新たな政権との間に緊張関係が生じたのは間違いない。それだけではなく、第一段は長屋王が強く意識されており、第二段と結びつけることで行基と長屋王を同類と捉えて禁断したいとする事変の首謀者の思惑が透けて見える。この頃には事変が誣告によるものとの噂が密かに囁かれていたのかもしれない。

天平二年九月二九日の詔

神亀六年（天平元年）四月三日の詔の後、ほぼ一年半の間には行基集団との関係をうかがわせるような特段の動きはない。

ところが天平二（七三〇）年九月二九日になって不思議な詔が発せられる。内容は三段からなっており、そのうちの第二段が行基集団に関わる条である。注3

第一段は京と諸国に対して盗賊の取締まりを命ずるもの。第三段は狩猟の制限を命じるもの。この二つの段に挟み置かれた第二段は、安芸・周防二国の国人が妄りに禍福を説いて多くの人々を集めて死魂を妖祠して祈る者があるとする。加えて「京に近い左側の山原に多くの人を聚集させて妖言して衆人を惑わす。多いときは万人、少ないときでも数千人という」としたうえで、このような者らは深く憲法（国家の法、ここでは律令）に違反している。もし因循（ぐずぐず）するなら害をなすことが甚だしい。今後はこのようなことを許してはならない。これらの点を諸道に通達して禁断するようにとの詔である。

第二段が詔の伝えたい本題であろうが、その前後に怪しさを感じさせる事柄を並べ、本題部分にも安芸・周防のいかがわしい事件を書き加える。全体をおどろおどろしいトーンで包み、山原での集会に面妖さを感じさせたいとの思いがうかがえる。「京に近い左側の山原……」の部分に

写真15-1　飛火野から若草山を望む

ついて、岩波書店刊行の『続日本紀』では「行基の集団か」[注4]と注記され、講談社版も「(行基集団を指したものか)」[注5]との注を文中に挿入する。「京に近い左の山原」とは現在の若草山から飛火野の辺りを指すのであろう。数万人を集めるのに好都合の場所であることは、筆者が子供のころの遊び場だけに間違いないと請け負える（写真15－1）。

行基集団が数千から万人のつどう大集会を開き、事変の首謀者がそれを恐れて禁断しようとしていた様子が読み取れる。行基集団の名指しを避けていることと詔の湾曲的な言い回しから、朝廷内に様々な見方が存在したことも窺える。

天平三年八月七日の詔

先の詔からほぼ一年間は無音に過ぎる。そして天平三年八月七日、詔を発して行基法師に従う優婆塞・優婆夷のうち条件を満たすものの出家（入道）を認める。すなわち「法令に従い修行する者は、男・年齢六一已上、女・年齢五五以上は悉く入道を許す。その他の鉢を持って路を行く者は所管の司に申して厳しく捉搦《そくだく》〔からめ捕らえる〕せよ。ただし父母・夫の喪に遇い、期年〔満一年〕以内の修行する者は論《あげつら》うことのないように」との詔である。

本条は朝廷内での対立がやっと決着したことを意味する。それにしても、「行基法師に従う優婆夷・優婆塞のうち、法令に従い修行する者は男女それぞれ所定の年齢に達すれば入道（出家）を認める」との主文に、今更ながらの「持鉢行路者（托鉢する優婆塞・優婆夷）」[注6]を持ち出して非難するとは、議論が沸騰した様子が滲み出ていて興味深い。

これで長屋王事変の後に噴出した行基集団を禁断する条項は絶える。行基集団の活動に対する評価が定まり、弾圧派と支持派の間に一定の妥協が成立したのである。

二　行基集団と長屋王事変――『行基年譜』が伝えること

行基年譜が長屋王事変について語ることは何もない。しかしその影響の痕跡を明瞭に残している。それをまず検証しておこう。

神亀五年・天平元年の空白

『年譜』が伝える神亀元〔七二四〕年から天平三年にかけて起工された道場を整理すると次のようになる。

神亀元年	清浄土院　和泉国大鳥郡葦田里
	尼院　同郡早部郷高石村
神亀二年	久修園院　九月起工　河内国交野郡一條内
神亀三年	檜尾池院　和泉国大鳥郡和田郷
神亀四年	大野寺　二月三日起　和泉国大鳥郡大野村
	尼院　同所
神亀五年	（なし）
神亀六（天平元）年	（なし）
天平二年	善源院　三月十一日起　摂津国西城郡津守村
	尼院　同所
	船息院　二月廿五日起　摂津国兎原郡宇治郷
	尼院　同所
	高瀬橋院　九月二日起　摂津国嶋下郡穂積村
	尼院　同所
	楊津院　摂津国河邉郡楊津村
天平三年	狭山池院　二月九日起　河内国丹北郡狭山里
	尼院　同所
	嶋陽施院　三月廿日起　摂津国河邊郡山本村
	法禅院　九月二日起　山城国紀伊郡深草郷
	河原院　山城国葛野郡大屋村

大井院　山城国葛野郡大井村
山埼院　山城国乙訓郡山前郷無水河側
隆福尼院　十月十五日起　大和国添下郡登美村

これをみると、神亀五年、神亀六（天平元）年（八月五日に改元）と二年続いて起工を見送り、そのためか天平二年と三年には数多くの道場を起工している。先に見たように神亀六年（天平元年）四月三日に僧尼令違反を問うかのような勅が出されたにも関わらず、一年も経たない天平二年になると、二月二五日に船息院、三月一一日に善源院と相続いて起工する。勅命を無視するような行動に見えるが、起工した道場の所在地を見ると、すべての道場が畿内では平城京から最も離れた摂津国に限られている。朝廷内の動きを慎重に注視しつつ進めていたのである。

とはいえ新しく道場を起工するには、多くの人数を平城京から差し向ける必要がある。そのために労務者を派遣するための大きな集会が幾度か開かれたはずである。なかでも九月二日に起工された高瀬橋院は淀川総合開発事業の中心をなす道場。[注7]大動員がかけられたに違いない。それが天平二年九月二九日の太政官奏に繋がった可能性も十分に考えられる。

大きな流れの中で捉える

次に行基集団の事業の大きな流れのなかで長屋王事変が与えた影響について検討する。表15－1を見てほしい。本表には、『年譜』が伝える「年代記」、すなわち行基集団が起工した道場を年代別に示すとともに、『続紀』が伝える僧尼令違反に関係する詔、議政官の構成をあわせて一覧にしている。

まず二年間の中断についてである。『年譜』の「年代記」を見ると、霊亀二〔七一六〕年から天平六〔七三四〕年まで毎年のように続いていた道場の起工が、神亀五年から神亀六年（天平元年）にかけての二ヵ年間は休止している。二年続けて道場の起工が休止するのは、この二〇年間でこの時のみ。極めて異例な事態が起きていたのである。

この影響を受けて、天平二〔七三〇〕年には七道場、三年には八道場と数多くの道場を起工する。天平二年には三尼院、同三年には二尼院が含まれており、実質的には四道場と六道場といえるが、それでも例年と比べると図抜けて多い。二年間に亘って起工できなかったしわ寄せが明らかにきていると考えるしかない。

神亀四〔七二七〕年の大野寺と同尼院の起工で、和泉の地で絶え間なく続いていた水田開墾は一段落を迎える。大野寺は土塔を持つ「和泉の地」の開発事業を象徴する総括道場。[注8]それだけに『年譜』では大野寺とする。〈院〉ではなく〈寺〉の字を当てる。修行の場としての機能も充実させたのであろう。行基集団としては、これで晴れて「和泉の地」を離れ、より大きな舞台に向かう準備が整ったことになる。

行基集団の事業区分でいえば、第Ⅲ期が終わり、第Ⅳ期の淀川中下流部の開墾事業と猪名野総合開発事業に向けて歩き出す時期に相当する。[注9]神亀五年を準備にあて、神亀六年（天平元年）から新たな道場の起工に取り掛かろうと目論んでいた。まさにその時に長屋王事変が勃発したのである。さすがに行基集団も、朝廷の動向を見極めるために新たな道場の起工を見送らざるを得ない。このため、大規模な開墾事業に取り掛かって以来初めてとなる二年続きの道場の起工見送りを余儀なくされたのである。

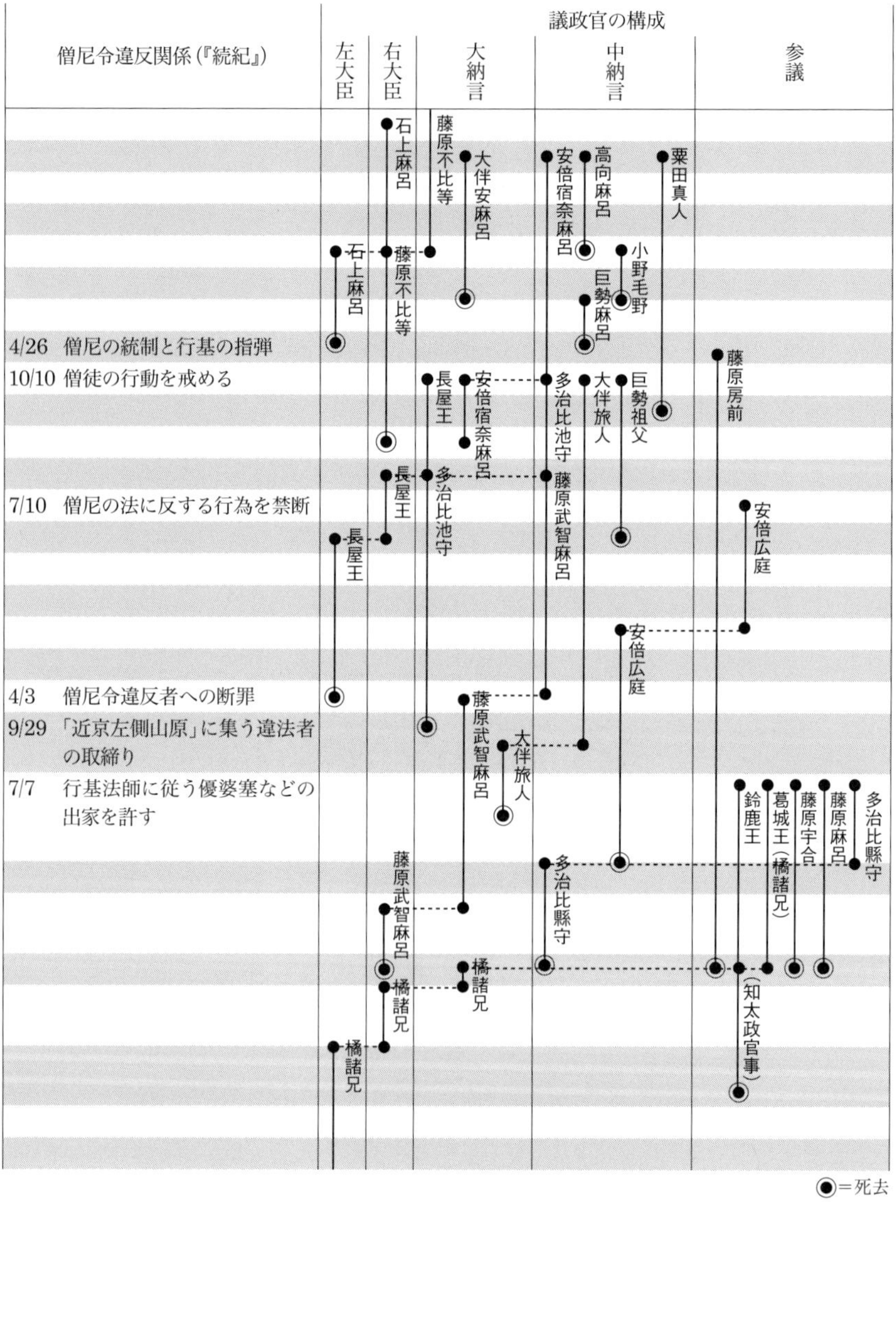
議政官の構成
僧尼令違反関係(『続紀』)
左大臣
右大臣
大納言
中納言
参議
石上麻呂
藤原不比等
大伴安麻呂
安倍宿奈麻呂
高向麻呂
粟田真人
石上麻呂
藤原不比等
小野毛野
巨勢麻呂
4/26 僧尼の統制と行基の指弾
藤原房前
10/10 僧徒の行動を戒める
長屋王
安倍宿奈麻呂
多治比池守
大伴旅人
巨勢祖父
長屋王
多治比池守
藤原武智麻呂
7/10 僧尼の法に反する行為を禁断
安倍広庭
長屋王
安倍広庭
4/3 僧尼令違反者への断罪
藤原武智麻呂
9/29 「近京左側山原」に集う違法者の取締り
大伴旅人
7/7 行基法師に従う優婆塞などの出家を許す
鈴鹿王
葛城王(橘諸兄)
藤原宇合
藤原麻呂
多治比縣守
多治比縣守
藤原武智麻呂
橘諸兄
橘諸兄
(知太政官事)
橘諸兄

◉=死去

表15-1　行基集団の道場と僧尼令違反、議政官構成の一覧

	道場名・所在地（『年譜』）
慶雲 1（704）年	［家原寺神崎院］
慶雲 2（705）年	大□忠〔修恵〕院高蔵（和泉国大鳥郡大村里大村山）
慶雲 3（706）年	［蜂田寺］（和泉国和泉郡横山郷内）
慶雲 4（707）年	［生馬仙房］
和銅 1（708）年	［神鳳寺］（首麻呂家、今大鳥神宮寺）
和銅 3（710）年	［生馬草野仙房］
霊亀 2（716）年	恩光寺（大和国平郡床室村）
養老 1（717）年	
養老 2（718）年	隆福院登美（大和国添下郡登美村）
養老 3（719）年	
養老 4（720）年	石凝院（河内国河内郡早村）
養老 5（721）年	菅原寺（精舎）
養老 6（722）年	菅原寺（右京三条三妨）
神亀 1（724）年	清浄土院高渚（和泉国大鳥郡葦田里今□穴郷）・尼院（同郡早部郡高石村）
神亀 2（725）年	久修園院山埼（河内国交野郡一條内）
神亀 3（726）年	檜尾池院（和泉国大鳥郡和田郷）
神亀 4（727）年	大野寺（和泉国大鳥郡大野村）・尼院（同所、今香琳寺歟）
神亀 5（728）年	
天平 1（729）年	
天平 2（730）年	善源院□堀・尼院（摂津国西城郡津守村）、船息院・尼院（摂津国兎原郡宇治郷）、高瀬橋院・尼院（摂津国嶋下郡穂積村）、楊津院（摂津国河邊郡楊津村）
天平 3（731）年	狭山池院・尼院（河内国丹北郡狭山里）、嶋陽施院（摂津国河邊郡山本村）、法禅院（山城国紀伊郡深草郷）、河原院（山城国葛野郡大屋村）、大井院（山城国葛野郡大井村）、山埼院（山城国乙訓郡山前郷無水河側）、隆福尼院（大和国添下郡登美村）
天平 5（733）年	救〔枚〕方院・薦田尼院（河内国茨田郡伊香村）
天平 6（734）年	澄池院久米多（和泉国泉南郡下池田村）、深井尼院（香琳寺）（和泉国大鳥郡深井村）、吉田院（山城国愛宕郡）、沙田院（不知在所、摂津国住吉云々）、呉坂院（摂津国住吉郡御津）
天平 9（737）年	鶴田池院（和泉国大鳥郡凡山田村）、頭施院（菩提）・尼院（大和国添下郡矢田岡本村）
天平 12（740）年	発〔菩薩〕院泉橋院・隆福尼院（山城国相楽郡大狛村）、布施院・尼院（山城国紀伊郡石井村）
天平 20（748）年	大福院御津・尼院（摂国西城郡御津村）、難波度院・枚松院・作蓋部院（摂津国西城郡津守村）
天平勝宝 1（749）年	又報恩院（河内国交野郡楠葉郷）、長岡院（菅原寺西岡）
天平勝宝 2（750）年	大庭院（行基院）（和泉国大鳥郡上神郷大庭村）

三　行基集団と朝廷 ―― 養老時代の僧尼令違反

神亀六〔七二九〕年〔天平元年〕二月の長屋王事変の後の四月三日の僧尼令違反を問う詔について検討する前に、養老年間の僧尼令違反を指弾した事例について再考しておきたい。比較してはじめて見えることが多いからである。

養老元年四月二六日勅と養老二年一〇月一〇日の太政官奏

養老元〔七一七〕年四月二六日に出された勅は、すでに詳細に検討したように養老元年三月三日に左大臣石上麻呂が逝去し、右大臣藤原不比等が議政官筆頭となったのを絶好機と捉えて出されたもの。[注10] 同年一月一八日には中納言巨勢麻呂も没しており、不比等にとってはうるさい御意見番がこの世を去り、思い通りにことを運べる状況が生じていた。

一方、表15-1に示すように行基集団は和泉国での活動に一応の区切りをつけ、前年の霊亀二年一〇月には大和国で恩光寺を起工している。平城京も視野に入ってきていた。こうなると行基集団の活動が朝廷側にも目に入りやすくなる。律令制度の確立に懸命に取り組んできた不比等には、僧尼令に違反する活動を見過ごすわけにはいかない。放置したのでは律令制度そのものの破壊に繋がり兼ねない。早めに芽を摘み取りたいと考えるのも当然のことである。

その流れは翌年の養老二年一〇月一〇日の太政官奏に引き継がれる。ところがその内容が大きく後退するだけでなく、形式も詔から太政官奏へ格下げされる。普通なら二回目の攻撃は初回よりも強烈でなければならない。さもないとわざわざ出す効果はない。今回のように後退するのでは、再び出す意味も必要もない。[注11]

といって行基集団が最初の勅で怯んだかというとそうではない。表15‐1が示すように、行基集団は養老二年四月に平城京にほど近い登美村に隆福院を起工する。活動は弱まるどころか、さらに勢いを増している。本気で止めにいくなら、僧尼令違反を糾弾するトーンを大幅に強めねばならないのに、逆に減退している。これでは逆効果というしかない。

この変化を引き起こしたのが養老二年三月一〇日に発令された議政官人事。長屋王を大納言に任命して議政官に加えるとともに、多治比池守、巨勢祖父、大伴旅人の三人を中納言として新たに議政官に登用している。さらには前年末の一〇月二一日に藤原房前を参議に任用している。以前からのメンバーは、藤原不比等（右大臣）、阿倍宿奈麻呂（この時に大納言に昇任）、粟田真人（中納言）の三人のみ。粟田真人は翌年の養老三年、宿奈麻呂は翌々年の養老四年には逝去する。不比等自身も翌々年の養老四年には逝去する。議政官の古いメンバーは代替わりの時期を迎えていた。まさに時代は大きな曲がり角をまわり、新しい時代に向けて動き出していたのである。

養老六年七月一〇日の太政官奏

ところが、四年後の養老六年七月一〇日には、僧尼令違反を咎める太政官奏が再度出される。これまた前に綿密に検討したように、良田一百万町歩開墾計画と三世一身法を通すために長屋王が苦労を重ねて妥協点を探った結果である。[注12] とはいえ、その種を播いたのは養老五年一月五日の人事。長屋王が右大臣に登り、その後に多治比池守が大納言に昇格する。その後に中納言として藤原武智麻呂が新たに議政官に任用されていた。議政官筆頭の右大臣を務める長屋王が、前任者である不比等の意向を忖度したことが招いた混乱ともいえよう。

一方で行基集団の活動はますます活発になっている。表15‐1に示すように、養老六年二月には平城京内の一等地（右京三条三坊）に菅原寺を起工する。平城宮に近いだけに官人の大きな関心を集めたに違いない。この頃になると、長屋王を筆頭とする議政官が行基集団の協力を求めて百万町歩の開墾を進めていることが世に知られるようになっていたのであろう。現場の実態を中央政府が直接汲み上げる何らかのチャネルを持たない限り、大開墾事業を官民共同で進めるという発想が出てくるはずがない。さらには良田一百万町歩開墾計画と三世一身法を組み合わせるという大胆な施策を打ち出すことはできない。最重要な施策は現場第一線からのみ生みだされるのである。

そのなかで武智麻呂の立場は極めて微妙。新しく議政官に加わった新参者としての立場と、藤原不比等の長男として藤原家を代表する立場との間で揺れていた。武智麻呂は、律令制度の崩壊に繋がりかねないと考えてきた僧尼令に違反する集団を、簡単に見逃すわけにもいかないのである。

四　行基集団と朝廷 ―― 神亀六年（天平元年）以降の僧尼令違反

いよいよ長屋王事変後の行基集団と朝廷との関係を考える準備が整った。まずは勅が出された神亀六（七二九）年（天平元年）四月時点における議政官の構成を見てみよう。表15－1を参照しながらお読みいただきたい。

神亀六年（天平元年）四月時点の議政官

神亀六年四月時点の議政官は次のとおりである。長屋王事変以前の布陣と比較すると、議政官筆頭の左大臣長屋王が消えたこと、中納言であった藤原武智麻呂が大納言に昇任したこと、及び多治比縣守、石川石足、大伴道足の三人が権《かりの》参議に任じられたことが違うのみ。それぞれの議政官の立ち位置をみていこう。

知太政官事　舎人親王
大納言　多治比真人池守、藤原朝臣武智麻呂
中納言　大伴宿禰旅人、阿部朝臣広庭
内臣　藤原朝臣房前
権参議　多治比真人縣守、石川朝臣石足、大伴宿禰道足

知太政官事の舎人親王は天武帝の皇子で、母は天智帝の皇女大江皇女。血筋は立派そのもので議政官を牛耳る立場に思える。しかし知太政官事というポストの実態はどうか。「政治的な立場は首班ではなく、議政官の一員とみるべき」[注13]とする見方がある一方、知太政官事が置かれた理由を「大宝令によって太政官体制が確立して議政官の職掌・権限が拡大されたことに対し、天皇権力の側がこれを掣肘することにあったとみられる」[注14]と高く評価する見解もある。

知太政官事は、刑部（忍壁）親王、穂積親王、舎人親王、鈴鹿王の四人が務めたものの、第一三章の表13-1をみると、養老時代以降に知太政官事が任命されるのは、議政官筆頭の右大臣が逝去して右大臣が空席になった時に限られる。例えば舎人親王の場合は、右大臣藤原不比等が他界した翌日の発令。また鈴鹿王（高市皇子の子、長屋王の弟）の場合は、右大臣の藤原武智麻呂が天平九年七月二五日に逝去した二ヵ月後の九月二八日の任命。二ヵ月の空白があることをみると、武智麻呂の最期が予期せぬものだったことがうかがえる。それはともかく、舎人親王と鈴鹿王の知

太政官事への任命は、次の右大臣に適任者がなくすぐには任命できない時に置かれる形式的な臨機の官職とみて間違いない。

知太政官事に就いた刑部親王、穂積親王、舎人親王、鈴鹿王の四人はともに本人の逝去まで知太政官事の職に留まる。逆にいえば、新任の右大臣にとって邪魔にならない存在であることを意味する。毒にも薬にもならぬ人物が務めるポストということになろうか。前章でみたよう舎人親王の扱いは極めて軽い。議政官会議に列席はするものの実質の審議には加わらない存在と考えられよう。

となると議政官会議を実質的に動かすのは大納言の二人。それぞれについてみていこう。

大納言多治比真人池守が議政官に初叙されたのは養老二〈七一八〉年三月一〇日。巨勢祖父と大伴旅人をあわせた三人が同時に中納言に就任する。この時に長屋王も大納言への就任という違いはあっても、初めての議政官となる。長屋王、池守、祖父、旅人の四人はいわば同期の桜である。現在でも同時に大臣を勤めた閣僚は折々に集まり元総理を囲むという。国家公務員の同期入省組も退官した後でも同期会を楽しむ者が多い。池守が長屋王に仲間意識を持っていても不思議ではない。とはいえ先に見たように、長屋王を窮問するために長屋王宅に向かっている。勅命とあればやむを得ないのだろうが、複雑な思いが胸に去来したであろう。その池守もすでに老齢。翌天平二年九月にはこの世を去る。

一方、藤原朝臣武智麻呂の大納言への昇任は長屋王事変直後の天平元年三月。池守が大納言への昇叙（養老五年）されてから八年も後のこと。同じ大納言とはいえ大きな違いがある。ちなみに養老五年の池守の大納言への昇任は、長屋王の右大臣への昇任に伴うもの。この時に武智麻呂も中納言として初めて議政官に加わる。議政官の人事は、芋ずる式に繋がらざるを得ないのだ。

天平元年四月時点での二人の大納言を比べると、池守がはるかに先輩で主導権を握っていて当然。しかし池守はすでに老齢、翌年には逝去する。武智麻呂は若年の大納言とはいえ聖武帝と光明子の信任が厚く、一種のクーデターを成功させて大納言に昇任した。時の勢いがあり、実質的な権限は武智麻呂が握っていたと考えられる。

中納言もこの時は二人。大伴宿禰旅人はすでに老境に入っており、池守の跡を追うように天平三年には逝去する。また大宰府の帥を兼ねていたため遠く筑紫に駐在しており、議政官会議には出席できない。阿倍朝臣広庭は養老六年に参議として議政官となる。二年前の養老四年に逝去した阿倍宿奈麻呂の後任としての扱いであろうか。この時の議政官筆頭は右大臣の長屋王。中納言へ昇任した神亀四年の議政官筆頭も左大臣に昇格していた長屋王。どちらの昇任にも長屋王が議政官筆頭として絡んでいる。長屋王との関係が悪いとは思えない。父は右大臣をつとめた阿倍御主人。古くから大伴、物部、蘇我に次ぐ名家の出身であるだけに簡単に事変の首謀者に取り込まれたとも思えないが、これまた三年後の天平四年には他界する。どれだけの迫力を保てていたのだろうか。

内臣の藤原朝臣房前については前章で述べた。房前の立位置は極めて微妙なものの、旅人とのきめ細やかな哀感あふれる歌の遣り取りをみると、長屋王の意志を継ぎたいとの思いが読み取れる。議政官の経験は誰よりも長く、聖武帝や元正上皇とも近い。まさに房前がキーマンであったと考えられる。

以上の議政官に加え、長屋王事変に際して急遽任命された三人の権参議についてもみておこう。多治比真人縣守、石川朝臣石足、大伴宿禰道足の三人は、本来は律令制度にない「権（カリの）

参議」というポストを設けてまで密告の翌日（二月一一日）に任命された面々である。長屋王を自尽に追い込んだ勢力が議政官の動向に自信を持てず、自派を補強するために取った措置であろう。

ここまでみた大納言・中納言・参議のうち、はっきりと首謀者側に色分けされるのは武智麻呂ひとり。なんとしても首謀者側を増やす必要に迫られていた。このため権参議の三人は揃って神亀六年三月に官位を上げ、同年八月に逝去してしまう石足を除く縣守と道足の二人は、二年後の天平三年八月に参議に任命される。少なくとも縣守と道足の二人は、首謀者の思惑通りに行動したことは間違いない。特に縣守は参議に任命されてから三ヵ月も経たない天平四年一月に中納言に昇任する。首謀者にとって特に好ましい存在であったに違いない。

神亀六年長屋王事変から天平三年の大団円へ

神亀六年（天平元年）二月の長屋王事変から同年四月の僧尼令違反を厳しく問う詔、天平二年九月に出された不可思議な勅を経て、天平三年七月に出された勅では行基集団の優婆塞・優婆夷の入道を認める。この間わずか二年五ヵ月。それでも多事多難であった全期間を通じて、議政官には逝去した多治比池守と石川石足を除くと変更はない。メンバーはこの八名に尽きている。

しかし忘れてならないのは聖武帝と光明子の存在。前章でみたように、長屋王事変の首謀者を光明子、協力者を聖武帝と考えるからである。ところが光明子の関心は長屋王と吉備内親王、そして二人の間の皇子がすべて自経することで満たされた。加えて天平元年八月一〇日に皇后位に登ると長年の懸案が一気に解決する。まさに満願成就、それもすべてが聖武帝の名の下で実行され、光明子の名前が表に出ることはない。多くを手に入れた者は守りに入る。己の行く末が気になり始める。光明皇后が行基集団の事業に危険を冒してまで執着するとは考え難い。

皇位にある聖武帝の立場は光明子とは大いに異なる。長屋王とは同じ天皇家の一員として血が繋がるだけでなく、天皇と議政官筆頭として律令国家の創設に向けて共に手を携えて歩いてきたのである。長屋王を自尽に追い込んだ後は、心に平安を感じる時はなかったであろう。それだけに長屋王を通して繋がりを感じる行基集団にも、いたたまれなさと悔悟の念を抱いていたに相違ない。そうでなければ聖武帝一世一代の大事業である東大寺創建の勧進を行基に依頼するまでに二人の関係が発展するはずがない。憶測をたくましくすると、長屋王の鎮魂を密かに行基に託したのかもしれない。

長屋王事変の首謀者と協力者の背景を考えると、二人に行基集団の事業遂行を阻む必然性もなければ必要性もない。となると、議政官はトップの意向を忖度することなく、行基集団の事業を純粋に行政の立場から検討して判断することができる。さてその議政官の色分けである。武智麻呂に権参議三人を加えた行基集団を危険分子とみなすグループ。房前が亡き長屋王の意向を汲んで主導する池守、旅人、広庭のグループ。この二つに分かれていたと考えられる。とはいえ天皇と皇后の立場が中立となると、両グループは官人同士として妥協案を作成するのに大きな痛痒は感じない。そんな朝廷内の権力構造が、天平二年の不可思議な勅から翌天平三年の大団円へと一気に進めたのであろう。

そもそも長屋王が密告を受けた「私学左道、欲傾国家」（密かに左道を学び、国家を傾けんと欲す）に含まれる「左道」という言葉は、神護景雲二（七六八）年一二月四日僧基真に対して用いられた他には『続紀』に用例がない。まさに長屋王を弾劾するために探し出された言葉である。これに対し、行基集団を糾弾するための言葉「百姓妖惑」と「巫術」を組み合わせると「巫術をもって百姓を妖惑する」となる。まさに「左道」と相似形をなす。長屋王を悪者に仕立て上げるために、王が行基集団と繋がりがあることを強く匂わせて民衆の間に恐怖心を煽る。そのために見つけ出して用いられた言葉が「左道」でなかろうか。

そもそも長屋王事変は誣告の上に成り立っている。何もない所に煙を立てねばならない。そのためには、おどろおどろしいイメージや恐怖感を掻き立てるしかない。行基集団は養老元年四月の詔が述べるように、「徒党を組んで指臂を焚き剥ぐ」というような行為も行っていた。『指臂を焚き剥ぐ』行為は、事実であったとみなければならない」[注15]との見解があり、「古いインド仏教でおこなわれたという」[注16]との注釈もある。その行基集団の持つ負のイメージ、身皮を剥いで写経するというようなまがまがしさを朝廷が利用しようと考えても何ら不思議ではない。

それを行基集団側から見るとどうなるか。神亀五年を新しい事業に向けた準備の年に当て、満を持して動き出そうと目論んでいた神亀六年、その年頭の二月に長屋王事変が起こる。さすがに神亀六年、八月に改元されて天平元年となる一年間は動きを止めるしかなかった。しかし行基集団を目指して畿内はもちろん、七道諸国から集まる百姓の流れは止まらない。行基集団としても受け入れを拒否する訳にはいかない。といって神亀六年に予定していた淀川中下流域総合開発事業は休止せざるを得ない。押し寄せる優婆塞・優婆夷希望者を捌くには、「近京左側山原」で大集会を繰り返すしかなかった。勅を以て禁断されようとも止めるわけにはいかなかったのである。

その一方で朝廷側との折衝も続けていたはずである。その窓口は間違いなく藤原房前と考えられる。その代償が天平元年九月二八日の降格人事。それでも房前は一向に怯まなかったに違いない。彼には心強い仲間がいる。前章でみた大伴旅人との優雅で深い心の交流が何よりも雄弁に物語っている。

天平三〔七三一〕年、行基集団と朝廷の間に妥協が成立する。それからは一瀉千里。行基の死後もその活動は継続された。平成に至るも日本の中核を担う淀川左岸開発の嚆矢となる良田開墾事業や、今も現役の施設として機能している池（狭山池、久米田池、鶴田池、昆陽池）などの土木施設は、一三〇〇年になんなんとする命脈を保ち続けて日本の発展を支えてきた。

運命を甘受して夢なかばで果てた長屋王、以て瞑すべし。

補章

行基集団の事業の位置づけ——水関連事業の系譜

行基集団の実施した事業が、日本の水関連事業のなかでどのような意味を持つのか、いかなる位置を占めているのかを検討したい。参考となる主たる史料は、『日本書紀』、『古事記』、『続日本紀』に限られる。『行基年譜』が行基集団の活動を伝える私的な史料であるのに対し、ここで用いる『記紀』と『続紀』は朝廷が作成した公式史料。そこから何がみえてくるのだろうか。視点を変えれば、朝廷が行基集団の事業をいかに評価していたかを探る試みでもある。本章を最後に置く所以である。

一 『紀記』と『続紀』が伝える水関連事業の系譜

『紀』と『続紀』が伝える水関連事業（本章では橋を除く）を一覧にすると表補-1のようになる。『紀』に関しては、応神・仁徳以降の天皇はほぼ実在、記載される内容も史実に基づくものが増えてくるとされる。[注1] 史書の編纂に際して、水関連事業のような朝廷内の政争や権力闘争とは一線を画す分野では、政治的な配慮が加わる可能性は少ないと考えられる。それでもすべてを史実とすることはできないであろう。このため、ここでは個々の事業ではなく大きな全体の流れに着目して分析する。いわばビッグデータによる解析である。

と言いながら、まずは個別施設の話題から始めたい。『紀』は最も古い水関連事業として崇神

	工事種別					
	池築造	溝	築堤	堀江	災害復旧事業	エネルギー
		○	○			
		○				
	○					
			○			
				○		
		○				
	○					
国作戸刈池・依網池	○	○				
						○
	○					
		○				
東山、累石為垣		○				
	○		○			
						○
	○					
	○					
					○	
					○	
					○	
	○					
				○		
				○	○	
			○		○	
並決			○		○	
	○	○				
		○			○	
	○	○			○	
千二百余人給糧修築			○		○	
	○					
			○		○	
				○		
			○		○	
二十三万余人給粮従事			○	○		

表補-1　水関連事業総括表（仁徳～延暦10年、橋梁を除く）

年月	水関連事業
『日本書紀』	
仁徳 11（323）年　冬 10 月	堀宮北之郊原、引南水以入西海、……茨田堤……堀江……
仁徳 12（324）年　冬 10 月	掘大溝於山背栗隈県以潤田
仁徳 13（325）年　冬 10 月	造和珥池
是月	築横野堤
仁徳 14（326）年　冬 11 月	堀小橋（椅）江
是歳	掘大溝於感玖、乃引石河水、而潤上鈴鹿・下鈴鹿・上豊浦・下豊浦
履中 2（401）年　11 月	作磐余池
履中 4（403）年　冬 10 月	堀石上溝
推古 15（607）年　冬	於倭国作高市池・藤原池・肩岡池・菅原池。山城国堀大溝於栗隈。河内
推古 18（610）年　3 月	造碾磑
推古 21（613）年　冬 11 月	作掖上池・畝傍池・和珥池
大化 3（647）年（是歳）	誤穿溝涜、控引難波、而改穿疲労百姓
斉明 2（656）年	使水工穿渠、自香山西至石上山。以舟二百隻載石上山石、順流控引於宮
天智 3（664）年　是歳	於筑紫、築大堤貯水、名曰水城
天智 9（670）年　是歳	造水碓而冶鐵
『日本続紀』	
養老 7（723）年　2 月	始築矢田池
天平 4（732）年　12 月	築河内国丹比郡狭山下池
天平 13（741）年　夏 4 月	(検校河内与摂津国相争河堤所)
天平 14（742）年　5 月	(遣使畿内、検校遭澇百姓産業)
天平宝字 5（761）年　5 月	(使物部山背、日佐若麻呂、行視五畿内陂地・堰堤・溝洫之所宜)
秋 7 月	遠江国荒玉河堤決三百余丈。役単功卅万三千七百余人、充粮修築
天平宝字 6（762）年夏 4 月	河内国狭山池堤決。以単功八万三千人修造
6 月	河内国長瀬堤決。発単功二万二千二百余人修造
天平宝字 7（763）年　8 月	(遣使覆損於阿波・讃岐両国、便即賑給飢民)
9 月	(尾張・美濃・但馬・伯耆・出雲・石見等六国年穀不稔。並遣使覆損)
天平宝字 8（764）年　8 月	遣使、築池於大和・河内・山背・近江・丹波・播磨・讃岐等国
神護景雲 2（768）年　8 月	下総国言、……毛野川……仰両国掘。……一千余丈
神護景雲 3（769）年　9 月	尾張国言……鵜沼川。今年大水。……望請……遣解工使、開掘復其旧道
宝亀元（770）年　秋 7 月	修志紀・渋川・茨田等堤。単功三万余人
宝亀 3（772）年　8 月	自朔日雨、加以大風。河内国茨田堤六処、渋川堤十一処、志紀郡五処、
9 月	(遣・・於東海道、……、分頭覆損。毎道、……。但西海道者、……)
宝亀 5（774）年　9 月	令天下諸国修造溝池
	(遣使、覆損於天下諸国)
	遣使於五畿内、修造堤池。並差三位巳上、以為検校。国一人
宝亀 6（775）年　2 月	遣使於伊勢、修繕度会郡堰溝、……
11 月	遣使於五畿内、修造溝池
宝亀 10（779）年　11 月	駿河国言、以去七月……、大雨汎溢、決二郡堤防、……応役単功六万三
延暦 2（783）年　夏 4 月	授……物部……。以築越智池也
延暦 3（784）年　閏 9 月	河内国茨田郡堤、決十五処、単功六万四千余人、給粮築之
延暦 4（785）年　春正月	遣使、掘摂津国神下・梓江・鯵生野、通于三国川
10 月	河内国破壊堤防卅処、単功卅万七千余人、給粮修築之
延暦 7（788）年　3 月	中宮大夫・・和気清麻呂言、河内・摂津両国堺、堀川築堤、……。単功

写真補-1（右上）　アルクフラダム（紀元前2600年から2700年頃）
写真補-2（左上）　ペルセポリス
写真補-3（左下）　アミールダム堰

六十二〔紀元前三六〕年秋七月二日条で「農は天下の大本なり。民の恃みて生く所なり。今し河内の狭山の埴田水少なし。是を以ちて、其の国の百姓、農の事に怠る。其れ多に池・溝を開りて、民の業を寛めよ」[注2]と詔る。そのうえで、冬十月条で依網池、十一月条で苅坂池・反折池の築造を伝える。水関連事業が池という水を貯留する施設の築造から始まっているのは象徴的であるが、史実とは見なされていない。紀元前後の時代に池を築造する技術が日本にあったのかどうか。加えて同名の池が推古十五〔紀元前三六〕年是歳冬条にも出てくることが疑いを深めているのかもしれない。[注3]

　世界でいえば当然ながら池を作る技術はあった。例えば、エジプトのカイロの近くで発掘されたアルクフラダムは紀元前二六〇〇年から二七〇〇年頃の築造と推定されている（写真補－1）。[注4]世界遺産に登録された中国の都江堰の原型は、紀元前三世紀に造られたとされる。岷江に設けられたダム（堰）で、岷江の水を左岸一帯へ分水する施設である。[注5] また、イランが誇る世界遺産のペルセポリス（写真補－2）の繁栄を支えたのは今も現役のアミールダム堰（写真補－3）。最も古い堰の築造は三〇〇〇年前まで遡るという。[注6]

となると、紀元前後の日本で池を作る技術があっても何ら不思議ではない。同名の池が二度出てくることも、崇神時代に造られた池が推古帝の時に再改修されたとの解釈が成立しうる。しかし考古学上の物証がない現状では、応神・仁徳時代以前の事績が信用できない事例の一つとしておくのが無難であろうか。

さて本論に戻る。書紀と続紀が伝える水関連事業を一覧にした表補－1をみると、朝廷による事業が天平宝字五〔七六一〕年に大きく転換したことが読み取れる。同年秋七月十九日条で、決壊した遠江国荒玉河（現在の馬込川。天竜川の古い時代の本流の一つ）の堤防の復旧に対して単功（一人一日当たりの標準的な作業量。現在の標準歩掛に相当）三〇万余人を充てて復旧に乗り出したことを伝える。[注7] その後も大きな災害があると大きな単功を充当しつつ復旧に当たっていることは表補－1に見る通りである。

それ以前は池・溝の築造に当たっていたのが、この時点から既存施設の復旧、それも堤防などの治水施設の復旧に重点が置かれるように劇的に転換する。この大転換が我が国における水関連施設の整備の進展過程を教えてくれるのである。

二　水関連災害の発生

別の視点から見てみよう。水に関連する災害（以下、「水関連災害」と呼ぶ）そのものに着目する。まずは『紀』と『続紀』が伝える水関連災害を拾い上げて原因別に整理してみる。結果は表補-2のように膨大な数にのぼるが、これを一〇年毎に区分けして原因別に災害個数を数えあげると表補-3のようになる。

表補-2を作成する単純な作業をしていて当時の人たちの悲惨さを思わざるを得なかった。ご覧いただくように、時代を追って災害が増大する。七六一年以降の三一年間をみると、水関連災害を全く受けていないのは、七六一年、七八三年、七八六年、七八七年のわずか四年のみ。文字通り毎年のように水関連災害が発生している。とりわけ宝亀五（七七四）年には、二月から八月まで毎月全国のどこかで災害が起こっている。

これではまるで水関連災害と同居しているようなもの。安定した生活はあり得ない。東アジアの発展途上国では現在でも毎年のように水関連災害に苦しんでいる。毎年水害を受ける状態では、百姓が安心して生産に勤しめるはずがない。これが経済発展を阻み自立を妨げる最大の要因になっているが、政治家など政策決定者の認識は深まらず、必要な施策が講じられることもない。加えて先進国など海外からの援助は道路建設など援助国の利益に直結する施設整備に向かいがち。前途は多難である。

現在の日本があるのは、この時代の苦難を歯を食いしばって頑張り抜き、災害を飼い慣らそうと労苦を重ねてきた結果である。もちろん水関連災害を完全に飼育できているわけではない。それでも毎年大被害が続くような事態だけはなんとか克服した。「大災害でも克服できる」という

表補-2　水関連災害の年別整理　　●＝津波、△＝土砂ダムの崩壊

年	被災内容（被害が発生した主な水関連災害）	不作	大雨	旱	霖雨
『日本書紀』					
欽明 28（567）年	郡国大水飢。或人相食。転傍郡穀以相救	○	○		
推古 9（601）年	5月：大雨、河水漂蕩、満干宮庭		○		
推古 31（623）年	自春至秋：霖雨大水。五穀不登	○	○		○
推古 34（626）年	自3月至7月：霖雨。天下大飢之	○			○
推古 36（628）年	自春至夏：旱之。比年五穀不登、百姓大飢	○		○	
舒明 8（636）年	5月：霖雨大水、是歳：大旱、天下飢之	○	○	○	○
舒明 10（638）年	9月：霖雨、桃李華				○
舒明 11（639）年	1月：大風而雨				
皇極元（642）年	3月、4月：霖雨、6月：大旱、8月：大雨、11月：大雨雷	○	○	○	○
皇極 2（643）年	2月：霰傷草木華葉、4月：雹天寒、7月～9月：茨田池異変				○
白雉 3（652）年	4月：連雨水。至干九日、損壊宅屋傷害田苗、人及牛馬溺死者衆	○	○		
天智 5（666）年	7月：大水。是秋、復租調	○	○		
天智 9（670）年	4月：大雨雷震		○		
天武 5（676）年	夏：大旱。不雨。五穀不登。百姓飢之	○		○	
天武 6（677）年	5月：旱之。於京及畿内雩（雨乞）之			○	
天武 8（679）年	6月、7月：雩			○	
天武 9（680）年	7月：雩之。8月：是日始之三日、雨大水		○	○	
天武 10（681）年	6月：雩之			○	
天武 11（682）年	7月：信濃国・吉備国、霜降亦大風五穀不登	○			○
天武 12（683）年	7月：雩之。是月始至八月旱之。百済僧道蔵雩之得雨			○	
天武 13（684）年	6月：雩之、10月：大地震、山崩河涌、人民多死傷。11月：土佐、大潮高騰、海水飄蕩。由是運調船多放失	○	●	○	
朱鳥元（686）年	3月：雩之。6月：雩之			○	
持統 2（688）年	7月：大雩。旱也。命百済沙門道蔵請雨。不崇朝、遍雨天下			○	
持統 4（690）年	4月：始祈雨於所々。旱也			○	
持統 5（691）年	6月：京師及郡国四十雨水。詔「此夏陰雨過節。……」。自4月：雨、至干是月		○		○
持統 6（692）年	5月：祠名山岳涜、請雨。閏5月：大水。遣使……。6月：請雨	○	○	○	○
持統 7（693）年	4月：祈雨、7月：詣諸社祈雨。請雨			○	
持統 9（695）年	6月：詣京師及四畿内諸社請雨			○	
持統 11（697）年	5月：詣諸社請雨。6月：詣諸社請雨			○	
『続日本紀』					
文武 2（698）年	4月：祈雨也。5月諸国旱。因奉弊干諸社。6月：祈雨			○	
大宝元（701）年	4月：祈雨、6月：令四畿内祈雨。8月：播磨・淡路・紀伊大風潮張	○		○	
大宝 2（702）年	9月：駿河・伊豆・下総・備中・阿波五国飢	○			
大宝 3（703）年	7月：以災異頻見、年穀不登	○			
慶雲元（704）年	4月：讃岐飢。備中等苗損。5月：武蔵飢。6月：祈雨。7月：雨不降、祈雨	○		○	
慶雲 2（705）年	4月：水旱穀不登、6月：祈雨、8月：炎旱。是歳、諸国二十飢疫	○		○	
慶雲 3（706）年	2月：河内等七国飢。4月：河内等七国飢疫。6月：祈雨。7月：諸国飢。太宰府九国旱	○		○	
慶雲 4（707）年	4月：天下疫飢。丹波・出雲・石見三国尤甚。5月：畿内霖雨損苗	○			○

年	被災内容（被害が発生した主な水関連災害）	不作	大雨	旱	霖雨
天平宝字 6（762）年	3 月：参河・讃岐等九国旱。4 月：河内国狭山池堤決。遠江国飢、尾張国飢。5 月：京師及畿内、伊勢、近江、美濃、若狭、越前等国飢	○	○	○	
天平宝字 7（763）年	1 月：詔曰、五穀不登、飢斃者衆。2 ～ 12 月まで毎月：出羽等諸国飢。旱也	○	○	○	○
天平宝字 8（764）年	1 月：播磨・備前両国飢。3 月：摂津等五国飢。比年水旱。4 月：美作飢。淡路疫。旱也	○		○	
天平神護元（765）年	2 月：和泉等飢。多年亢旱。伯耆国飢。参河等五国旱。左右京等諸国飢	○		○	
天平神護 2（766）年	4 月：淡路等三国飢。5 月：祈雨。6 月：河内国飢。左右京及大和国頻年不登。7 月：多褹嶋飢。9 月：志摩飢	○			
神護景雲元（767）年	2 月：淡路頻旱。尾張等飢。12 月美濃亢旱、五穀不稔	○		○	
神護景雲 2（768）年	3 月：雨雹。5 月：奉幣於畿内群神。旱也。7 月：壱岐島飢	○		○	
神護景雲 3（769）年	2 月：下総・志摩国飢。8 月：尾張国海部・中嶋二郡大水	○	○		
宝亀元（770）年	4 月：対馬嶋飢。6 月：美濃国霖雨。京師・土左国飢	○			○
宝亀 2（771）年	2 月：石見国飢。6 月：旱也	○		○	
宝亀 3（772）年	2 月：旱也。6 月：旱也。8 月：河内国茨田堤等決。9 月：尾張飢。10 月：豊後国山崩。不流積十余日忽決	○	○	○	
宝亀 4（773）年	2 月：志摩等二国飢。3 月：近江等三国飢。左右京飢。参河国大風民飢。5 月：旱也。6 月・8 月：霖雨	○		○	○
宝亀 5（774）年	2 月：京師・尾張等国飢。3 月：讃岐国飢。大和国飢。参河国飢。能登国飢。4 月：美濃国飢。近江国飢。5 月：河内国飢。6 月：志摩国飢。飛騨国飢。7 月：若狭・土左・尾張飢。	○		○	
宝亀 6（775）年	2 月：讃岐飢。5 月：備前飢。6 月：旱也。7 月：参河・信濃・丹後飢。8 月：和泉飢。伊勢等九日異常風雨。9 月：霖雨也	○	○	○	○
宝亀 7（776）年	4 月：勅、災異荐臻。5 月：大祓。6 月：大祓京師及畿内諸国。旱也	○	○	○	○
宝亀 8（777）年	2 月：讃岐飢。霖雨也。6 月：隠岐飢。7 月：伯耆飢。8 月：霖雨。是冬：不雨井水皆涸	○		○	○
宝亀 9（778）年	3 月：土佐去年七月風雨、人畜流亡。6 月：特詔、風雨調和	○	○		
宝亀 10（779）年	4 月：夜暴風雨。7 月：駿河飢。8 月：因幡六月暴雨、人畜漂流。11 月：駿河大雨	○	○		
宝亀 11（780）年	3 月：駿河国飢疫。5 月：伊豆国疫飢	○			
天応元（781）年	1 月：下総国飢	○			
延暦元（782）年	3 月：武蔵等三国飢。4 月：祈雨。6 月：和泉国飢。詔、去歳無稔	○		○	
延暦 3（784）年	9 月：京中大雨、壊百姓廬舎	○	○		
延暦 4（785）年	5 月：畿内祈雨。周防飢。6 月：出羽等穀不登。9 月：河内洪水、百姓漂蕩・乗船・寓堤上	○	○	○	
延暦 7（788）年	4 月：畿内祈雨。10 月：雷雨暴風、壊百姓廬舎	○	○	○	
延暦 8（789）年	4 月：美濃等去年五穀不稔。5 月：安房・伊豆等飢。7 月：伊賀等飢。	○	○	○	
延暦 9（790）年	3 月：六国飢。4 月：備前・阿波飢。和泉等十四国飢。5 月：祈雨。8 月：太宰府飢民八万八千余人。11 月：板東諸国旱	○		○	
延暦 10（791）年	5 月：天下諸国頻苦旱疫。太宰府言、豊後・日向・大隅等飢。紀伊飢。6 月：旱也。祈雨。	○		○	

表補-2　水関連災害の年別整理（続き）

年	被災内容（被害が発生した主な水関連災害）	不作	大雨	旱	霖雨
和銅元（708）年	7月：隠岐国霖雨大風	○			○
和銅2（709）年	3月：隠岐国飢。5月：河内・摂津・山背・伊豆・甲斐五国、連雨損苗。6月：雩干畿内	○		○	○
和銅3（710）年	4月：祈雨。参河等三国飢	○		○	○
和銅4（711）年	4月：大倭・佐渡二国飢。6月：詔曰、去年霖雨、今夏亢旱、	○		○	
和銅6（713）年	4月：讃岐国飢	○			
和銅7（714）年	6月：詔曰、祈雨			○	
霊亀元（715）年	5月：丹波・丹後二国飢。摂津等五国飢。遠江国地震、山崩壅麁玉河。6月：太政官奏、旱・祈雨	○	△	○	
養老元（717）年	4月：祈雨干畿内。6月：自四月不雨、至干是月			○	
養老3（719）年	9月：六道諸国遭旱飢荒	○		○	
養老6（722）年	7月：今夏無雨、苗稼不発。自五月不雨至七月。8月：詔曰、今年小雨、禾稲不熟	○		○	
養老7（723）年	4月：太宰府言、穀不登、時有飢疫	○		○	
神亀3（726）年	12月：尾張国、稼傷飢饉、遠江国五郡被水害	○	○		
神亀4（727）年	10月：上総国、山崩圧死百姓七十人				
神亀5（728）年	5月：左右京百姓遭澇被損七百余烟	○	○		
天平2（730）年	6月：縁旱令検校四幾内水田・陸田。閏6月：亢陽稍盛。年穀不登	○		○	
天平4（732）年	5月：五畿内祈雨。6月：夏陽旱雩。7月：両京四幾内請雨。8月：大風雨壊廬舎。是夏小雨不稔	○	○	○	
天平5（733）年	1月：讃岐・淡路等国昨年不登。百姓飢饉。2月：紀伊旱損。大倭河内五穀不登。飢饉。是年左右京及諸国飢疫者衆	○		○	
天平6（734）年	5月：天平四年亢旱以来、百姓貧乏			○	
天平7（735）年	比年：国内弊損、百姓困乏。是歳：年頗不稔。自夏至冬	○			
天平8（736）年	10月：農事有廃、五穀不饒。11月：京四畿内及二監国、秋稼頗損也	○			
天平9（737）年	5月：疫旱並行、田苗燋萎、祈雨。7月：大倭・伊豆・若狭三国。伊賀・駿河・長門三国飢疫	○		○	
天平13（741）年	3月：詔、年穀不豊。8月：佐渡国、自去6月至今月、霖雨不止	○			○
天平14（742）年	1月：陸奥国雨赤雪平地二寸。9月：大風雨。壊宮中屋墻				
天平15（743）年	5月：三月至五月不雨、祈雨。6月：山背宇治河水涸。7月：出雲雷雨異常。8月：上総大風雨	○		○	
天平16（744）年	5月：肥後国雷雨。6月：雨氷				
天平17（745）年	5月：自四月不雨。祈雨。7月：祈雨			○	
天平18（746）年	7月：遣使於畿内祈雨。10月：日向国風雨共発、養蚕損傷	○		○	
天平19（747）年	2月:亢旱穀不稔。大倭等十五国飢饉。4月:紀伊疫旱。5月:近江讃岐飢。7月：京師亢旱祈雨	○		○	
天平20（748）年	7月：河内・出雲二国飢。8月：近江・播磨飢	○			
天平勝宝元（749）年	1月：頻遭亢陽、五穀不登。上総国飢。2月：下総国旱、蝗飢饉	○		○	
天平勝宝2（750）年	5月：京中驟雨、水潦汎溢。伎人・茨田等堤、往々決壊。6月：備前国飢	○	○		
天平勝宝5（753）年	9月：摂津御津村大吹潮水暴溢。漂没百姓五百六十餘人。12月：西海道諸国秋稼多損	○	○		
天平勝宝6（754）年	是年8月：風水。畿内及諸国一十、百姓産業損傷	○	○		

表補-3　水関連災害概括表

年代	発生被害	大雨	旱	霖雨
560～	1	1		
570				
580				
590				
600		1		
610				
620	3	1	1	2
630	1	1	1	2
640	1	1	1	2
650	1	1		
660	1	1		
670	1	1	3	
680	2	2*	6	1
690	1	2	6	2
700	9		5	3
710	5	1**	6	
720	4	2	2	
730	6		5	
740	6		5	1
750	3	3		
760	8	3	6	1
770	10	5	7	5
780	7	4	4	

*津波１を含む
**土砂ダムの崩壊による出水を含む

経験を発展途上国の指導層に対し的確に伝えることが、最も役に立つ援助になるのかもしれない。問題は我々自身がその古くからの体験を忘れ去り実感できなくなっていることにある。まず我々自身が自分たちの歴史に学ばなければならない。

次に表補-1、表補-2をみて目につくのは、「雩《う》（あまごい）」[注8]が頻出すること。目の前の旱害に対しては雨乞いをするしかなかった。もちろん、長期的な対策としては池と溝の築造が考えられる。このため、表補-1に示すように古い時代から多くの池が築造されている。しかし眼前に迫る旱害には「雩」しか他に対策がないのは今も同様。かつては雨乞いの儀式に黒毛の馬が使われたのに対して、現在では馬の絵馬が使われることが違う程度であろうか。雩祭に参加する人が真剣そのものであることは今も全く変わらない。

水関連災害の分析

水関連災害を発生原因との関係で分析すると、(i)大雨による洪水、(ii)少雨による旱害、(iii)霖雨(長雨)による冷害、に大きく三分類される。それぞれが当時の最大にして唯一の産業である稲作を襲う災害である。いずれが起きても「五穀不登(稔らず)」「百姓困乏」となり、飢えは必定、甚だしい場合には『紀』が伝える欽明二十八(五六七)年条「郡国大水飢。或人相食。転傍郡穀以相救」すなわち「人が相い食む」という事態にまで追い込まれる。[注9] これは『紀』の伝える最も古い水関連災害の記録でもある。この時は多くの地域で大水が襲い大飢饉となり、人が人を食らうまでに至った。それでも隣の郡から穀物を運んでお互いに救いあったとの記述には救われる思いがする。

それ以降は、次の推古九(六〇一)年まで三四年間もとぶ。この間にも災害は発生したであろうが、「人相食」というような広範囲に深刻な被害を及ぼした災害はなかったのだろう。また、朝廷内に日々の記録が残されるようになるのが推古以降であることも影響していよう。さて推古九年災害は、大雨で河水が溢れて宮庭にまで水が満ちたとする。しかし被害の発生については語らない。その後は同じ推古三十一(六二三)年。春から秋まで続く霖雨と大雨によって五穀が不登と伝える。多くの人が飢えたに違いない。その後、推古三十四年、同三十六年と災害が相続く。三十四年災害は三十一年災害と同様に霖雨によるもの。「天下大飢之」とその被害の甚大さもあわせて伝える。さらに三十六年災害は春から夏まで続く旱による。これまた多くの人が苦しんだはずだが、『紀』は被害の様相を伝えない。

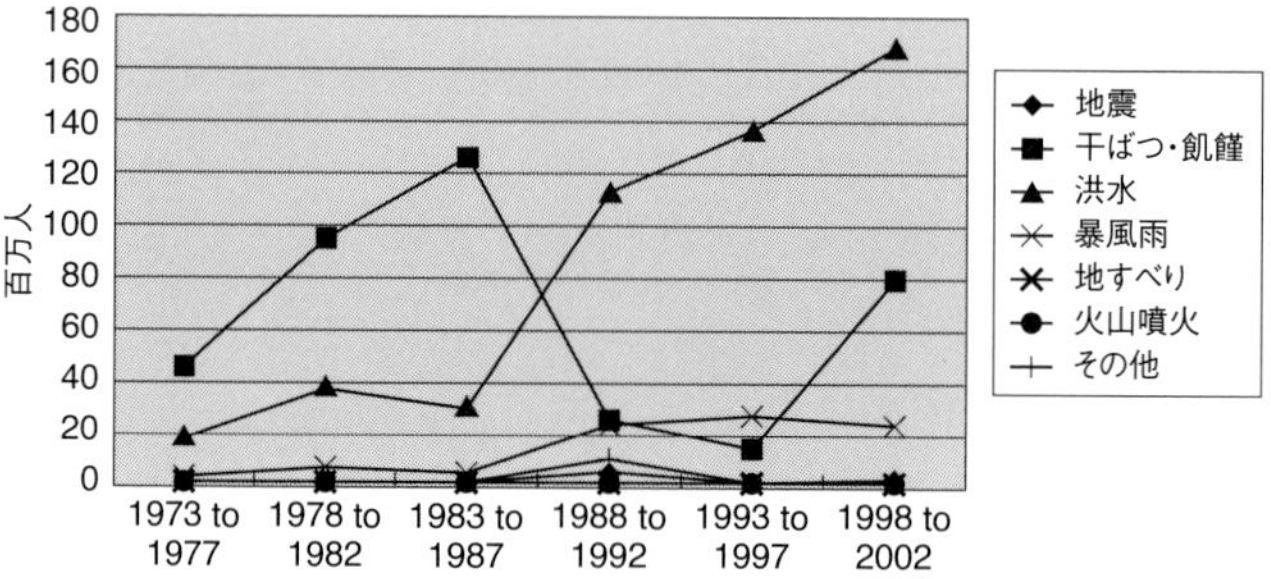

図補-1　災害別年平均被災者数比較図

この後も、表補-2が示すように、旱と霖雨がやや少ないものの、三種の災害がほぼ一〇年に一度の頻度で発生する。この傾向が六七〇年代に入って一変する。「旱」が急増するのである。そしてその後七五〇年代以降になると今度は大水による被害が増大をはじめる。

最初の変化は、天水に頼る農業から池・溝などを使った灌漑農業へと発展する過程で生じたと考えられる。池と溝による灌漑農業は水利用を限界まで推し進めることになり、結果として旱に対する脆弱性を増加させるからである。降水量の小さな変動が旱害を広い範囲に拡大させるのである。表補-1をみると、確かに六〇〇年代後半では数多くの池と溝が築造されており、上記の推論を裏付けている。

次の変化も人為的な要因によっているに違いない。考えられるのは土地利用の発展。常に水に浸かっていた沼沢地を耕地に変えると少しの降水でも被害を生じさせるようになる。堤防を築き土地利用を高めた結果が洪水被害の増大に繋がったのである。

図補-1を見てほしい。災害別に世界の年平均被災者数を示したものであるが、洪水被害者数だけが過去三〇年間ほぼ右肩上がりに増えている。一九八三年から八七年にかけての五年間だけがわずかに減少しているが、これには世界的な少雨現象が影響している。同図が示すように、この間に旱魃・飢饉が頻発しているのだ。

どうして洪水被害だけが一定の割合で伸びているのか。地球温暖化による影響が懸念されているが、現状でこんな顕著な影響を及ぼすことはあり得ず、人工的な要因以外には考えられない。この間に大幅に伸びたのは世界の人口。一九七〇年の約四〇億人から二〇〇〇年の約六〇億人へと五〇パーセントも激増している。この間に増えた約二〇億の過半が発展途上国に集中しており、とりわけメガポリスと呼ばれる大都市で顕著である。しかし大都市周辺部にはこの人たちを安全に受け入れる土地はもうない。必然的に洪水の被害を受け易く、従前は使われていなかった土地に住まざるを得なくなる。こうして洪水被災者数は増加の一途をたどることになった。土地利用の変化に不可欠な治水対策が追い付いていない現実がそのまま顕れているのである。

さて本題に戻る。となると、水害が増え始める七五〇年に先立つ期間に治水事業が進んでいなければならない。しかしそれは『記紀』、『続紀』からは読み取れない。伝わる水関連事業は養老七（七二三）年の矢田池を作ること、天平四（七三二）年の狭山下池を築くこと程度でしかない。河川の氾濫を防ぐ堤防、あるいは洪水を減ずる放水路（堀川）の掘削などの記載は見当たらない。時を遡っても仁徳十一（三二三）年の堀江と茨田堤まで目立った事業がない。途中には、大化三（六四七）年に間違って溝を穿ち、難波に引き入れてしまい改めて穿ち直して百姓を疲労させてしまった[注10]、というような馬鹿げたこともやっているが、本格的な治水事業に手をつけた形跡は見いだせない。時代を降っても、延暦四（七八五）年になって始めて淀川から三国川への放水路が出てくるに過ぎない。

となると思い出されるのが行基集団の事業である。活動は慶雲元〔七〇四〕年の家原寺の建立に始まり、本格化するのは淀川中下流部の開墾計画に着手した天平二〔七三〇〕年以降のこと。まさに七〇〇年から七五〇年にかけての期間に相当する。

行基集団の事業は、養老六〔七二二〕年に打ち出された良田一百万町歩開墾計画とそれを具体化させる政策としての三世一身法（養老七〔七二三〕年制定）に深く裏打ちされていることはすでに述べた。確かに行基集団の事業は実に幅広いのだが、ここまで述べてきたように事業実施は畿内に限られていた。果たして畿内以外でも同じような取り組みが展開されていたのであろうか。

しかし『続紀』は何も語らない。いかにして既存の水関連施設が建造されたのかは謎のままである。となると災害復旧事業そのものにあたるしかない。表補-1を災害復旧事業の推移に絞って見直してみる。同事業が始まることはすでに既存事業の築造がある程度進んでいることの何よりの証明。既存施設なしには災害復旧事業があり得ないからである。

災害復旧事業

災害復旧事業は多様な施設に対して適用される。災害によって被害を受けるのは単に河川管理施設だけでなく道路などの幅広い公共施設に及ぶからだが、ここでは河川管理施設に絞って検討する。『続紀』が伝える災害復旧事業も主として河川（水）管理施設に限られており、災害と河川・水管理が密接に関連しているのは律令時代も現在も変わらない。

災害復旧事業は被災の実態調査から始まる。これは現在も変わらず、災害の程度を調査する「災害査定」から復旧事業は動き出すことになる。『続紀』に最初に出てくる災害復旧事業の記述は天平十四〔七四二〕年五月三日条。「使いを畿内に使わして大水に遭える百姓の産業を検校せしむ」[注11]。この頃までには行基集団の淀川中下流部の事業はほぼ完成していたと考えられる。天平二〔七三〇〕年に開始された事業も多くが竣工していたに違いない。となると、行基集団が実施した堤防や放水路など多彩な治水施設が被災したと考えると整合が取れる。

なお本条には前段がある。天平十三年四月条で「巨勢朝臣奈弖麻呂等を遣わして河内と摂津国との相争える河堤の所を検校せしむ」[注12]。河川堤防をめぐって争論が起こったことは、堤防がすでに竣工しているか完成にほど近く、現地に堤防の姿が見えていることを意味する。いずれにしても淀川中下流部で事業が進捗していたことは間違いない。

さらに天平宝字五〔七六一〕年になると現地調査が一層の進展をみせる。「物部山背、曰佐若麻呂をして、五畿内の陂地・堰堤・溝洫の宜しき所を巡り視《みさ》しむ」[注13]。五畿内を対象に水関連施設の現地調査が積み重ねられてきたのである。

その上で、朝廷は動く。同じ天平宝字五年のこと、「遠江国の荒玉河の堤が三百余丈にわたって決〔決壊〕した。単功卅〔三十〕万三千七百余人を役して、粮を充てて修築せしむ」[注14]。三〇万を越える単功は膨大である。決壊した堤防の延長は三〇〇余丈、すなわち約一〇〇〇メートル。一メートル当たりの単功は三〇〇人となる。単功一人の作業量を示す史料がなく推定するしかないが、例えば現在の標準歩掛で試算すると築堤一立方メートル当たりの歩掛は約一・六人となる（人力土砂掘削一・〇、土砂運搬〇・三、盛土・締め固め〇・三と見積もっての積算）[注15]。これを用いると断面積二〇〇平方メートル程度の築堤が可能となる。もちろん、単功三〇万人のすべてが築堤に振り向けられたわけではない。半分と見込むと断面積は一〇〇平方メートル、堤防天端幅六メートル、法面一：二の台形として、高さ五メートル程度の堤防を築くに充分な数量である。

逆にいうと、これだけの大規模な堤防がすでに畿内を遠く離れた遠江国で築かれていたことを示してくれている。

災害復旧事業に膨大な人員〈単功〉を投入した事例はこの後も続く。

天平宝字五〈七六一〉年　遠江国荒玉河堤決。単功三十万七千余人。

天平宝字六〈七六二〉年　狭山池堤決。単功八万三千人

同年　河内国長瀬堤決。単功二万二千二百余人

宝亀元〈七七〇〉年　志紀・渋川・茨田堤修理。単功三万人余人。

宝亀十〈七七九〉年　駿河国二郡の堤防決。単功六万三千二百余人。

延暦三〈七八四〉年　茨田郡堤、十五処決。単功六万四千余人。

延暦四〈七八五〉年　河内国破壊堤防三十。単功三十万七千余人。

これを見ると、行基集団が果たした役割の大きさがまざまざと感じとれる。七回の災害復旧事業のうち、実に過半の五回は畿内、それも淀川中下流域で実施されている。狭山池を含めて行基集団が手掛けた事業と深く関わっているのである。

同時に、堤防決壊が必ずしも畿内に限られていないこともわかる。最初である七六一年の遠江国、七七九年の駿河国と地方の大河川でも災害復旧事業が実施されている。ということはこれらの地で大堤防がすでに築かれていたことを意味する。行基集団の事業が畿内に限られることは先に見た通り。となると、これらの大きな治水事業を遂行した集団が他になければならない。しかし畿内以外で築堤工事を行った主体は必ずしも行基集団のような民間とは限らない。中央政府である朝廷が直接関わらないにしても、地方政府である国・郡が関わった可能性も考えられるから

である。

しかし不思議なことに、当時の河川管理施設について定めた法律の「営繕令」では堤防が毀壊したときの国郡司の修営に関しては定めを置くものの、築造に関する規定はない。[注16] 今の感覚でいうと、災害復旧事業や維持修繕事業は日の当たらない事業。新しく堤防を築いたり、ダムを竣工させる方に世の注目が集中する。現在の国土交通省水管理・国土保全局（旧建設省河川局）で見ても、災害復旧を担当する防災課よりも新規事業を担当する治水課の方が華々しい感じを与えている。ところが大災害が発生すると事態は一変する。水管理・国土保全局が局をあげて対応するにとどまらず、時には省をあげての対応となる。

考えてみれば、大災害が起こった後の対応は緊急を要する。何をさておいても速やかに復旧しなければならない。放って置いたのでは人心は離れ社会暴動すら引き起こしかねない。この間の事情は今も昔も変わらない。一党独裁の中国ですら、大水害が発生すると国家主席が現地に足を運ぶのだ。

一方、堤防などの新設は必ずしも急を要しない。少なくとも表面的にはそう見える。洪水が起こるまでは、行政の不作為がもたらす重大な錯誤に気付く人は決して多くはない。また一度起こった災害の教訓も残念ながら長くは続かない。喉元過ぎれば熱さを忘れる。かくて災害は忘れた頃にやってくる。

このため、将来の水害に備える治水対策に国家財政が計画的に継続して充当されることは少ない。それが安定した発展を阻害する最大要因なのだが、平時にそれを認識することは容易ではない。

さらに河川管理の主体に関しては、日本でも「治水対策は地方の仕事」とする考え方が最近まで続いていた。営繕令が示すように、河川管理は国郡司の仕事、すなわち地方行政庁のものとされてきた。この考え方は近代に入っても受け継がれる。明治二十九〔一八九六〕年制定の河川法では、「河川ハ地方行政庁ニ於イテ其ノ管内ニ係ワル部分ヲ管理スベシ」と定め、国が関与するのは特例としてきた。これが変わるのは昭和三十九〔一九六四〕年の河川法改正、重要な河川は国が直轄管理することになったのである。

国家が河川管理に直接乗り出したのは、我が国の長い歴史の中でわずか半世紀前のことでしかない。私たちはともすれば眼前の景色に目を奪われがち。建物が建て替わると前の景色すら思い出せない。同様に大河川の河川管理は国の仕事と思い込みがちだが、一〇〇〇年以上にわたって地方が管理する体制を維持してきたのである。

さて畿外の七道諸国で新しく堤を築くなどの治水事業を実施した主体は誰か。中央政府すなわち朝廷でないことは確からしいが、国郡司が主体であったとも考えられない。あくまでも営繕令が定めるのは堤防が毀壊したときの修営に関しての役割だけである。

良田一百万町歩開墾計画と三世一身法の流れをみると、民間が開発主体と考えるのが最も相応しい。しかし果たして行基集団のような組織力と実行力を持った組織が地方にあったのかどうか。茫漠としてその姿は見えてはこない。

三　行基集団事業の位置づけ

本章では、『記紀』と『続紀』が伝える水関連災害の記録を要因別に分類整理し、水関連事業と比較することで国土利用の歴史的な流れと水関連事業との関係を解明しようとした。それを踏まえて水関連事業の大きな流れ――水関連事業の系譜――に行基集団の事業を位置づけることを試みた。ビッグデータで解析する手法を応用したことになる。

池と溝の築造事業がその後の旱害被害の激増に繋がり、次いで堤防や放水路の建設が新たな堤防決壊という災害を産み出し洪水被害を増大させたこと。さらには災害復旧事業という事業が新たに必要となったことを明らかにした。初期の災害復旧事業には、行基集団が築造した淀川中下流部の堤防が被災し、それを修復した事例が過半を占めている。それだけ行基集団が実施した事業が大きな比重を持つことを意味するとともに、律令国家を発展させようとする努力が新たな災害を産み出したことをも示している。社会の発展の裏には、新たな危険が常に内包されているのである。

作業を進める中で、『記紀』と『続紀』を隅から隅まで目を通さざるを得なかった。そこで気が付いたことがある。ここでは論じていないが、打ち続く災害の度に天皇は己の不徳を責め、税の減免などの処置を講じている。その流れは今に至るも続いている。大災害のたびに現地を訪れ、被災者と膝を屈して話される皇族方の真摯な姿に重なる。

激甚な災害には地方のみでは対応できない。全国的な対応が必要で、中央政府の果たす役割は極めて重要となる。「大きな政府」があってはじめて機能しうるともいえよう。

行基集団が築造した堤防の維持管理に、国家が実施する災害復旧事業が重要な役割を演じた。逆にいえば、行基集団が創出した社会資本施設が、律令国家日本の進展と深化に大きな役割を果たしたことを意味する。行基集団の果たした役割の大きさに、今更ながら襟を正すしかない。

行基もまた瞑すべし。

【主要参考文献一覧】

［主な史料］

『古事記』：山口佳紀、神野志隆光校注・訳『古事記』新編古典日本文学全集第一巻、小学館、一九九七年

『日本書紀（一）（二）（三）』：小島憲之、直木孝次郎、西宮一民、蔵中進、毛利正守訳・校注『日本書紀（一）～（三）』新編古典日本文学全集第二～四巻、小学館、一九九四年、一九九六年、一九九八年

『続日本紀（一）（二）（三）（四）（五）』：青木和夫、稲岡耕二、笹山晴生、白藤礼幸校注『続日本紀（一）～（五）』新日本古典文学大系第一二～一六巻、岩波書店、一九八九年、一九九〇年、一九九二年、一九九五年、一九九八年

『萬葉集（一）（二）（三）（四）』：佐竹昭広、山田英雄、大谷雅夫、山崎福之、工藤力男校注『萬葉集』新日本古典文学大系第一～四巻、岩波書店、一九九九年、二〇〇〇年、二〇〇二年、二〇〇三年

『萬葉集索引』：佐竹昭広、山田英雄、工藤力男、大谷雅夫、山崎福之編『萬葉集索引』新日本古典文学大系別巻五巻、岩波書店、二〇〇四年

『行基年譜』：泉高父編「行基年譜」国書刊行会編纂『続々群書類従第三（史伝部二）』続群書類従完成会、一九七〇年、四二八―三七頁

『行基菩薩傳』：「行基菩薩傳」国書刊行会編纂『続々群書類従第三（史伝部二）』続群書類従完成会、一九七〇年、四三九―四二頁

『律令』：井上光貞、関晃、土田直鎮、青木和夫校注『律令』日本思想体系（新装版）第三巻、岩波書店、一九九四年

『倭名類聚鈔』：正宗敦夫編纂・校訂『倭名類聚鈔』風間書房、一九五五年

『延喜式（中）（後）』：黒板勝美編『延喜式（中編）（後編）』新訂増補国史大系（普及版）、吉川弘文館、一九七二年

『類聚三代格（前）』：黒板勝美編『類聚三代格（前編）』新訂増補国史大系（普及版）、吉川弘文館、一九七四年

［主なレファレンス］

『古語大辞典』：中田祝夫、和田利政、北原保雄編『古語大辞典』小学館、一九八三年

『日本古代史年表』：笹山晴生編『日本古代史年表（上）』東京堂出版、一九九三年

『字通』：白川静『字通』平凡社、一九九六年

『日本史必携』：吉川弘文館編集部編『日本史必携』吉川弘文館、二〇〇六年

［主な文献］
池田源太［一九八一］：池田源太「古代の伏見総説」『伏見町史』伏見町史刊行委員会、一九八一年、一－四五頁
泉森皎［二〇〇一］：泉森皎「平城京以前の遷都の歴史」奈良県、平城遷都一三〇〇年記念二〇一〇年委員会編『平城京――その歴史と文化』小学館、二〇〇一年、一八－三二頁
伊丹市立博物館［一九八二］：伊丹市立博物館編『伊丹古絵図集成』伊丹資料叢書第六巻（八木哲浩編集・解説）、伊丹市、一九八二年
伊丹市立博物館［二〇〇三］：伊丹市立博物館編『昆陽池・昆陽井――絵図にみる村のすがた二』伊丹市立博物館、二〇〇三年
井上薫［一九八七］：井上薫『行基』人物叢書（新装版）、吉川弘文館、一九八七年
井上和人［二〇〇四］：井上和人『古代都城制条里制の実証的研究』学生社、二〇〇四年
井上光貞［一九六九］：井上光貞「行基年譜、特に天平十三年記の研究」『日本古代思想史の研究』井上光貞著作集第二巻、岩波書店、一九八六年、三五五－四一一頁（初出：竹内理三博士還暦記念会編『律令国家と貴族社会』吉川弘文館、一九六九年、七七－一四八頁）
井上光貞［一九八六］：井上光貞「仏教と律令――僧尼令の刑罰体系」『日本古代思想史の研究』井上光貞著作集第二巻、岩波書店、一九八六年、二九一－三五四頁
宇治谷孟［一九九二］：宇治谷孟『続日本紀（上）全現代語訳』講談社、一九九二年
大阪府立狭山池博物館［二〇〇一］：『大阪府立狭山池博物館常設展示案内』大阪府立狭山池博物館、二〇〇一年
大阪府立狭山池博物館［二〇〇二］：『重源とその時代の開発――平成一四年度特別展・重源狭山池改修八〇〇年記念』大阪府立狭山池博物館、二〇〇二年
大阪府立狭山池博物館［二〇〇三］：『行基の構築と救済――平成一五年度特別展』大阪府立狭山池博物館、二〇〇三年
大西貴夫［二〇〇三］：大西貴夫「菅原寺及び周辺出土の瓦からみたその造営風景」橿原考古学研究所編『橿原考古学研究所論集第十四』八木書店、二〇〇三年、五四五－六二頁
大山誠一［一九九二］：大山誠一『長屋王家木簡と奈良朝政治史』吉川弘文館、一九九二年
小川靖彦［二〇一〇］：小川靖彦『万葉集隠された歴史のメッセージ』角川学芸出版、二〇一〇年
尾田栄章［二〇〇四］：尾田栄章『セーヌに浮かぶパリ』東京図書出版会、二〇〇四年
梶山彦太郎ほか［一九八六］：梶山彦太郎、市原実『大阪平野のおいたち』青木書店、一九八六年
亀田隆之［一九七三］：亀田隆之『日本古代用水史の研究』吉川弘文館、一九七三年

鬼頭宏［一九八三］：鬼頭宏『日本二千年の人口史』PHP研究所、一九八三年
ロバート・キャメロンほか［一九八七］：ロバート・キャメロン写真、ピエール・サリンジャー文、根本長兵衛訳『パリ空中散歩――知られざるパリの航空写真集』朝日新聞社、一九八七年
日下雅義［一九九一］：日下雅義『古代景観の復原』中央公論社、一九九一年
児玉幸多［二〇一五］：児玉幸多編『日本史年表・地図』吉川弘文館、二〇一五年
光明池土地改良区［一九九〇］：光明池土地改良区編『光明池土地改良区六十年史』光明池土地改良区、一九九〇年
近藤康司［一九九八］：近藤康司「大野寺跡――土塔と人名瓦」堺市博物館編『行基　生涯・事跡と菩薩信仰――没一二五〇年記念別展』堺市博物館、一九九八年、七八－八〇頁
堺市博物館［一九九八］：堺市博物館編『行基　生涯・事跡と菩薩信仰――没一二五〇年記念別展』堺市博物館、一九九八年
坂井秀弥［一九七九］：坂井秀弥「行基年譜にみえる摂津国河辺郡山本里の池と溝について――古代における伊丹台地の開発」『續日本紀研究』第二〇四号（一九七九年八月）一六－二六頁
坂井秀弥［二〇〇〇］：坂井秀弥「行基の昆陽二溝についての再論」『ひょうご考古』第六号（二〇〇〇年一一月）、二八－四三頁
千田稔［一九九四］：千田稔『天平の僧行基――異能僧をめぐる土地と人々』中央公論社、一九九四年
辰巳正明［一九九四］：辰巳正明『悲劇の宰相長屋王――古代の文学サロンと政治』講談社、一九九四年
田中哲雄［一九八七］：田中哲雄「平城京」坪井清足編『宮都発掘――古代を考える』吉川弘文館、一九八七年、一六三頁
田辺征夫［二〇〇一］：田辺征夫「平城京の人々と暮らし」奈良県、平城遷都一三〇〇年記念二〇一〇年委員会編『平城京――その歴史と文化』小学館、二〇〇一年、一七〇－八八頁
田原孝平［一九九四］：田原孝平「摂津国川辺郡山本里における行基の造池・造溝等について」『地域研究いたみ』第二三号（一九九四年三月）、伊丹市立博物館、八四－一〇三頁
坪之内徹［二〇〇二］：坪之内徹「行基の宗教活動とその考古学資料」摂河泉古代寺院研究会編『行基の考古学』塙書房、二〇〇二年、九一－一〇〇頁
寺崎保広［一九九九］：寺崎保広『長屋王』吉川弘文館、一九九九年
寺沢薫［二〇〇〇］：寺沢薫『王権誕生』日本の歴史2、講談社、二〇〇〇年
東京大学史料編纂所［一九〇二］：東京大学史料編纂所編『大日本古文書』正倉院編年文書第三巻（天平二〇年－天

平勝宝五年）、東京大学出版会、一九〇二年発行、一九六八年復刻
東京大学史料編纂所［一九〇三］：東京大学史料編纂所編『大日本古文書』正倉院編年文書第四巻（天平勝宝六年―天平宝字五年）、東京大学出版会、一九〇三年発行、一九六八年復刻
土木学会［一九七三］：土木学会編『明治以前日本土木史』岩波書店、一九七三年
直木孝次郎［二〇〇〇］：直木孝次郎『万葉集と古代史』吉川弘文館、二〇〇〇年
直木孝次郎ほか［二〇〇三］：直木孝次郎、中尾芳治編『古代の難波と難波宮』学生社、二〇〇三年
奈良国立博物館［二〇〇六］：『第五八回正倉院展』奈良国立博物館、二〇〇六年
奈良国立博物館［二〇一五］：『第六七回正倉院展』奈良国立博物館、二〇一五年
奈良国立文化財研究所［一九九〇］：奈良国立文化財研究所編『平城京長屋王邸宅と木簡』吉川弘文館、一九九〇年
根来栄隆ほか［一九九八］：根来栄隆、荒木勇、泉本一光著『久米田池郷の歴史』久米田池土地改良区、一九九八年
八賀晋［一九六八］：八賀進「平城宮造営以前の地形について」『大和文化研究』第十三巻二号（一九六八年二月）二五―三〇頁
服部昌之［一九八三］：服部昌之『律令国家の歴史地理学的研究』大明堂、一九八三年
枚方市［一九五一］：枚方市編『枚方市史』枚方市役所、一九五一年
サンドラ・ポステルほか［二〇〇〇］：サンドラ・ポステル著、福岡克也監修『水不足が世界を脅かす』家の光協会、二〇〇〇年
本間俊朗［一九九八］：本間俊朗『日本の国造りの仕組み――水田開発と人口増加の関連』山海堂、一九九八年
松尾國松［一九三九］：松尾國松『濃尾に於ける輪中の史的研究』大衆書房、一九三九年
宮本誠［一九九四］：宮本誠『奈良盆地の水土史』農文協、一九九四年
森田悌［二〇〇六］：森田悌『日本後紀（中）前現代語訳』講談社、二〇〇六年
吉田晶［一九八二］：吉田晶『古代の難波』教育社、一九八二年
吉田孝［一九八三］：吉田孝『律令国家と古代の社会』岩波書店、一九八三年
吉田靖雄［一九八六］：吉田靖雄『行基と律令国家』吉川弘文館、一九八六年
淀川百年史編集委員会［一九七四］：淀川百年史編集委員会編『淀川百年史』建設省近畿地方建設局、一九七四年
和島恭仁雄［一九九六］：和島恭仁雄「土木技術者としての行基」『国づくりと研修』第七二号（一九九六年四月）、二一―二五頁
渡辺晃宏［二〇〇一］：渡辺晃宏『平城京と木簡の世紀』日本の歴史4、講談社、二〇〇一年

【注】

第一章

注1 『日本書紀（二）』三六頁

注2 『日本書紀（二）』三六–八頁

第二章

注1 狭山池ダム再開発事業は二〇〇一年完成。高さ一八・五メートル、堤頂長九九七メートル、湛水面積〇・三六平方キロメートル、総貯水容量二八〇万立方メートルのダム湖。既存の堤体の一・一メートル嵩上げと、三メートルの池底掘り下げにより、従前の一八〇万立方メートルの農業用貯水量に加え、新たに一〇〇万立方メートルの治水容量が産み出された（大阪府発行のパンフレット「狭山池ダム」二〇〇〇年による）。

注2 『日本書紀（二）』二九四頁

注3 『古事記』一九六頁

注4 『日本書紀（二）』五五四頁

注5 『続日本紀（二）』二六四頁

注6 『続日本紀（三）』四〇六頁

注7 『行基年譜』は安元元年（一一七五年）泉高父宿禰が作成した行基の年代記、行基の三七歳以降の活動を年代別に整理したもの。跋（後記）によれば、年譜は作成当時に残っていた「皇代記」と「年代記」に菅原寺に伝わる記録等を加えて作成された。この『年譜』には「天平十三年記」と呼ばれる行基たちの事業の一覧表が紛れ込んでいる。井上光貞等の研究によれば、この文書が朝廷に提出された公的な文書とみなすことができ、年譜の中では最も信頼性が高いとされる（井上光貞［一九六九］）。

注8 大阪府立狭山池博物館［二〇〇二］二四頁

注9 『続日本紀（三）』四〇六頁

注10 木曽三川の江戸期（寛永時代）における築堤の土工量は、一・六立方メートル／人／日程度（『木曽三川――その流域と河川技術』建設省中部地方整備局、一九八八年、二八五頁）。これは堤防脇の土を掘って盛る単純な工事で、ダム本体の積み立て工事となると、これに土運搬やダム堤体の締め固めなどの工程が加わる。最大に見積もっても一立方メートル／人／日には達しないと考えられる。

注11 「狭山池修復事（重源狭山池改修碑文）」大阪府立狭山池博物館［二〇〇二］六六頁

注12 『続日本紀（二）』二三八頁

第三章

注1 『続々群書類従』は、塙保己一の『群書類従』『続群書類従』の事業を承けるかたちで国書刊行会が編纂し、明治四〇（一九〇七）年頃に刊行された。その後、一九六九年から七八年にかけて続群書類従完成会が全一七巻本を刊行。現在はオンデマンド版（八木書店、二〇一三年）を入手することができる。

注2 井上光貞［一九六九］三八五頁

注3 井上薫［一九八七］三六頁

注4 井上光貞［一九六九］三五五頁

注5 井上光貞［一九六九］三六九頁

注6 井上光貞［一九六九］三五九頁

注7 例えば本間俊朗［一九九八］などを参照。

注8 例えば宮本誠［一九九四］などを参照。

注9 例えば千田稔［一九九四］一四三頁も配水施設としている。

注10　一見すると「年記」では、長江池溝には「在同国西城郡」と記されており、長江池の「河邊郡山本里」と所在地が対応しない。しかし、「年記」の表記方法は、「在同国」または「在同所」とする時には、長江池溝を除いては、後に郡名などが続くことはない。長江池溝の場合だけに「西城郡」が加えられている。このため、この郡名が後に挿入されたもので、当初は「在同国」とされていたと考えられる。そのように解釈できるなら、山本里にある長江池と所在地が同じとなり、「池」と「池溝」が一体のものとなる。このように解釈する方が、「年記」の所在地の記入方法に統一性を与えることにもなる。

注11　和島恭仁雄［一九九六］一二一―五頁

注12　例えば「狭山池修復事（重源狭山池改修碑文）」に「初築堤伏樋」という一文がある（大阪府立狭山池博物館［二〇〇二］六六頁）。

注13　例えば行年七十六歳の条（『行基年譜』四三五頁）

注14　例えば吉田靖雄［一九八六］二〇二頁も舟運のためとしている。

注15　例えば「UK Inland Waterway Size Restrictions in English Units」http://www.canals.com/canaldata.htm

第四章

注1　例えば①井上薫［一九八七］では、「四十九院はもと民間の信者の手で建てられ、維持されたのであったが、のちには官からも施入をうけるものがあったことがわかる」（一六九頁）と、四十九院を行基集団の事業と関連させて捉えるのではなく、別個の施設として考えている。②吉田靖雄［一九八六］では「四十九院と関連施設」なる付表をつけ、四十九院と年記関連施設との関係を一覧にしている。さらに「年代記」に基づく年代別に行基集団の活動範囲を分け、その範囲別に活動内容を検討している。しかし寺院の性格を現在の寺とみなしていることは、例えば「行基が天平二・三年に、都合一五院を和泉を除く畿内に建立したことは、あまりに超人的であって信用しがたい」（一九一頁）との文言からもうかがえる。③千田稔［一九九四］では「池溝開発と四十九院」なる一章を設け、四十九院について年代記を踏まえつつ主として寺院の場所の比定に重点を置いて検証している。寺院の性格に関しては、例えば「私は行基という宗教者からみる奈良時代の政治史のある一面は、宗教によって展望を開いていったといわざるを得ない点があると思われる。次にみる行基の四十九院などは政治の手の届かなかった事業を行基がなしえたということを象徴的に示している」（一五九頁）という文言が示すように、院を宗教的な施設とみなしているように見受けられる。

注2　『続日本紀（三）』六〇―一頁

注3　『続日本紀（四）』四一四頁

注4　『律令』二一七頁

注5　『続日本紀（五）』二七四頁

注6　例えば日本ダム協会のウェブサイト「ダム便覧」(http://damnet.or.jp/Dambinran/binran/TopIndex.html)などを参照

注7　井上光貞［一九六九］三六二頁

注8　児玉幸多［二〇一五］七頁

注9　『続日本紀（三）』六四頁

注10　『続日本紀（三）』一一八頁

注11　堺市博物館［一九九八］九頁

注12　近藤康司［一九九八］七八頁

注13　大西貴夫［二〇〇三］五五八―六〇頁

注14　坪之内徹［二〇〇二］九一―六頁

注15　大西貴夫［二〇〇三］五六〇頁

注16　行年五十八歳条（『行基年譜』四三〇頁）

注17　『行基年譜』における「和泉国」の扱いについては、井上光貞［一九六九］三七五―七頁を参照

第五章

注1　例えば『続日本紀（二）』四九九頁の「三世一身法」補注は「三世一身法は私功による開墾を対象とするため、公功による開発を命じた百万町歩開墾計画の太政官奏との間に、直接の関係を認めるのは困難である」としている。

注2　例えば①吉田孝［一九八三］二一三頁「三世一身法は水田の開墾を奨励するために、国郡司による恣意的な収公から開墾者の権利を保護するという勧農政策であったが、同時に、三世・一身後に墾田を収公することを制度化したものでもあった。すなわち三世一身法は――浮浪人を公民の枠内に吸収しようとする一連の浮浪人対策と同じように――（広義の）公田からはみ出た墾田を公田の枠内に吸収しようとする政策であったとみることもできる。もちろんこのことは、開墾奨励策という三世一身法のもつもう一つの側面を否定するものではない」。②渡辺晃宏［二〇〇一］二一七頁「田地の所有限度額を定めるという均田制のもう一つの側面の遅まきながらの制度化が少しずつ模索されていくようになる。その最初の法令が、七二三年（養老七）の三世一身法であった」。

注3　『続日本紀（二）』一一六―八頁

注4　例えば『続日本紀（二）』一一七頁の「荒野・閑地」注記二九では、「良田とすべき膏腴の地以外の荒地。従って収穫しうるのは下文の雑穀」とする。

注5　当時の度量衡は律令以前の体制から新体制への移行期で複数の単位が併存していた。ここでは『律令』の校注者による「田令」補注（五六九―七〇頁）と「雑令」補注（六九五頁）を参照しつつ現行度量衡と比較する。

律令以前は、田積の単位として「代《しろ》」が用いられた。一代＝一束代＝一束の稲が収穫できる面積。「代」は単なる広さを表すのではなく、一定の収量をもたらす田の広さを意味していた。一方、「班田収受之法」を定めた「大化改新之詔」（六四六年）ならびに「田令」では、長三〇歩×広一二歩＝一段、一〇段＝一町。

一歩＝五尺（高麗尺＝大尺とされる）×五尺（高麗尺）（＝三・一八平方メートル）

一段＝三六〇歩（＝一一四三平方メートル）

一町＝一〇段（＝一・一四三ヘクタール）

「代」が米の収量と面積の両方に関係する単位だけに、諸量を結びつける役割を果たす。

一〇〇代→田二段

一代＝稲一束→穀一斗→米五升（当時単位）→米二升（現在単位）＊換算率：一升（当時単位）＝約四合（現在単位）

田一町→五〇〇代＝稲五〇〇束→米二五〇〇升（当時単位）＝二五斛（石）→一〇石（現在単位）

以上より、当時の田一町は約一・一ヘクタールに相当し、現行石数で一〇石の米を生産できる。

注6　本稿で取り上げる最近の耕地面積、作付面積などは農林水

産省「作物統計調査」による。

注7　『倭名類聚鈔』巻五、一〇（表）―二八（裏）。単純に合算すると八六万二七七〇町二七六段八二五九歩。すなわち八六万二七九九町八段三三九歩。なお西海郡の九国では一〇〇町単位で記載。

注8　例えば鬼頭宏［一九八三］四六頁は「八世紀、あるいは奈良時代人口は、六〇〇万人を大きく離れない程度の規模であったと見てさしつかえあるまい」とする。

注9　昭和三十五年十二月二十七日閣議決定「国民所得倍増計画の構想」

注10　『続日本紀（二）』一三〇頁

注11　『続日本紀（二）』三二六―八頁

注12　『続日本紀（四）』七六頁

注13　例えば『続日本紀（二）』四九九頁の「三世一身法」補注は「公功による開発を命じた百万町歩開墾計画」とし、前半部分は公功による開墾、後半部分は私功による開墾とする。

注14　『字通』七八〇頁

注15　『続日本紀（二）』三二六―八頁

注16　『続日本紀（二）』一一八頁

注17　『続日本紀（二）』二〇六頁

注18　長屋王の生年に関しては二説がある。一説では天武五年、他説では天武一三年とする。ここでは天武五年説に従った。

第六章

注1　「職員令」（『律令』一七八―八五頁）、「田令」（『律令』二四七―八頁）

第七章

注1　『律令』二四〇頁

注2　大阪府「よみがえる、久米田池 ―― 久米田池オアシス整備事業パンフレット」二〇〇二年

注3　大阪府「大津川水系河川整備基本方針」（二〇〇〇年一二月）http://www.pref.osaka.lg.jp/kasenseibi/keikaku/ootsukihon.html

注4　尾田栄章［二〇〇四］四〇頁

注5　根来栄隆ほか［一九九八］一六頁

注6　「以天平十年二月二日、其堤上加修理、臨時所起之院、泉南郡上池田村所在是也」（東京大学史料編纂所［一九〇二］三二八頁）

注7　吉田靖雄［一九八六］二二〇頁

注8　「月山ダムのあゆみ」http://www.thr.mlit.go.jp/Bumon/J76601/naruhodo/history.html（月山ダム管理所のウェブサイト）

注9　大阪府「芦田川水系河川整備基本方針」（二〇一三年三月）http://www.pref.osaka.lg.jp/attach/4127/00011666/ashida_hoshin.pdf

注10　光明池土地改良区［一九九〇］一〇八頁「用水系統図」参照

注11　井上薫［一九八七］一七〇頁

注12　近藤康司［一九九八］七八頁

注13　近藤康司［一九九八］七九頁

注14　井上薫［一九八七］二一九―二〇頁

第八章

注1　本書第六章を参照。

注2　例えば直木孝次郎ほか［二〇〇三］四八―六三頁

注3 服部昌之［一九八三］一七九頁
注4 直木孝次郎ほか［二〇〇三］二七五頁
注5 枚方市［一九五一］三二六頁
注6 パンフレット「式内意賀美神社略史」
注7 梶山彦太郎ほか［一九八六］三八–九頁
注8 『続日本紀（五）』三一四頁
注9 例えば淀川百年史編集委員会［一九七四］八三頁
注10 サンドラ・ポステルほか［二〇〇〇］四三頁
注11 例えば土木学会［一九七三］一二–四頁
注12 例えば本間俊朗［一九九八］一五九頁
注13 淀川百年史編集委員会［一九七四］七九–八四頁
注14 『続日本紀（五）』三一四頁
注15 本書第一章を参照。
注16 千田稔［一九九四］一六五頁
注17 吉田靖雄［一九八六］一九三頁
注18 Conférence Européenne des Ministres des Transports, *Resolution No 92/2 relative à la nouvelle classification des voies navigables* [CEMT/CM(92)6/FINAL], 1992. http://www.itf-oecd.org/sites/default/files/docs/wat19922f.pdf
注19 千田稔［一九九四］一三〇頁
注20 吉田靖雄［一九八六］一九一頁
注21 『倭名類聚鈔』巻六、六（裏）
注22 吉田靖雄［一九八六］二四七–八頁
注23 本書九三頁
注24 梶山彦太郎ほか［一九八六］一二九頁
注25 井上光貞［一九六九］三五六頁
注26 吉田晶［一九八二］二一二–三頁
注27 服部昌之［一九八三］一七八–九頁
注28 『日本書紀（三）』六七頁
注29 『萬葉集（一）』四六–七頁
注30 『古語大辞典』一一〇三頁

第九章

注1 『行基年譜』四三三頁
注2 『字通』四六七頁（孤）、一二三三頁（獨）
注3 『律令』二三五頁
注4 吉田靖雄［一九八六］二〇九頁
注5 例えば亀田隆之［一九七三］二二一頁
注6 伊丹市立博物館［二〇〇三］六頁
注7 伊丹市立博物館［二〇〇三］七頁
注8 和島恭仁雄［一九九六］二四頁
注9 田原孝平［一九九四］九三–一〇〇頁
注10 八木哲浩「解説」伊丹市立博物館［一九八二］四七頁
注11 坂井秀弥［一九七九］一六–二六頁
注12 吉田靖雄［一九八六］二一二頁
注13 田原孝平［一九九四］八八–九頁
注14 坂井秀弥［二〇〇〇］三四–六頁
注15 坂井秀弥［二〇〇〇］三六頁
注16 田原孝平［一九九四］九二頁
注17 岸和田市教育委員会「久米田池発掘調査現地説明会資料」（二〇〇七年九月二四日）
注18 『行基年譜』四三二–三頁
注18 『行基菩薩傳』四四〇頁
注20 『続日本紀（二）』三九八頁
注21 森田悌［二〇〇六］二八四頁

注22　『字通』六五三頁
注23　『古語大辞典』八九九頁
注24　吉田靖雄［一九八六］二八〇頁

第二部序

注1　『日本書紀（三）』一二八－一三三頁
注2　『続日本紀（三）』六頁、四四八－四四九頁
注3　本書一九六頁

第一〇章

注1　井上光貞［一九八六］二九四頁
注2　『律令』二二六－二三頁
注3　『続日本紀（二）』二七頁
注4　吉田靖雄［一九八六］二八〇頁以下
注5　千田稔［一九九四］八三頁、吉田靖雄［一九八六］二八七－八頁
注6　『続日本紀（二）』四七－九頁
注7　『続日本紀（二）』一二一－三頁
注8　『類聚三代格（前）』一三七頁
注9　本書一一九頁

第一一章

注1　井上薫『行基』吉川弘文館、七四－八頁
注2　井上光貞［一九六九］三九八－四〇〇頁
注3　吉田靖雄［一九八六］一二七、一八二、一五二、一五三頁
注4　吉田靖雄［一九八六］一五五頁
注5　千田稔［一九九四］一七六頁
注6　井上光貞［一九六九］三九四－五頁
注7　井上光貞［一九六九］三八六頁
注8　本書一二三頁
注9　井上光貞［一九六九］三九一頁
注10　『行基年譜』四三〇頁
注11　『行基菩薩伝』四四〇頁「就中養老五年五月三日。命交朝庭。参上京都。二人得度。時寺史乙丸門。己居宅。奉施菩薩。即立精舎。号菅原寺。天平二十年十一月二十六日。天皇行幸菅原寺。一百人得度。使号喜光寺。」
注12　パンフレット『法相宗別格本山　喜光寺　行基さんの寺』
注13　「……二月二日丁酉之夜右脇而臥正念如常奄終於右京菅原寺……」。「大僧正舎利瓶記」は堺市博物館［一九九八］三二一－三頁に掲載されている図版を参照した。
注14　渡辺晃宏［二〇〇一］三三頁
注15　田中哲雄［一九八七］一六三頁
注16　田中哲雄［一九八七］一五八頁
注17　田辺征夫［二〇〇二］一七二頁
注18　吉田靖雄［一九八六］一六六－七頁
注19　『日本書紀（三）』五二二頁
注20　『日本書紀（三）』五二三頁、注記
注21　田辺征夫［二〇〇二］一七一頁
注22　田辺征夫［二〇〇二］一七一頁
注23　『律令』二四三頁「凡売買宅地。皆経所部官司。申牒。然後聴之。」
注24　『日本書紀（二）』五五四頁「於倭国作高市池・藤原池・肩岡池・菅原池。山背国掘大溝栗隈。且河内国作戸刈池・依網池。」
注25　池田源太［一九八一］八頁
注26　奈良国立博物館［二〇〇六年］九六頁

第一二章

注1　井上和人［二〇〇四］二二八頁

注2　井上和人［二〇〇四］二二八頁

注3　大西貴夫［二〇〇三］五四八頁

注4　『延喜式（中）』五四八頁

注5　『古事記』

成務天皇「天皇御年、玖拾伍歳。乙卯年三月十五日崩也。御陵、在沙紀之多他那美也」

垂仁天皇「此天皇御年、壱百伍拾参歳。御陵、在菅原之御立野中也。又、其大后比婆須比売命之時、定石祝作、又、定土師部。此后者、葬狭木之寺間陵也」

仲哀天皇「凡、帯中津日子天皇之御年、伍拾弐歳。壬戌年六月十一日崩也。御陵、在河内恵賀之長江也。皇后、御年一百歳崩。葬于狭城楯列陵也。

安康天皇「天皇御年、伍拾陸歳。御陵、在菅原之伏見岡也」

『日本書紀』

垂仁天皇三十五〔六〕年冬十月「作倭狭城池及迹見池」

成務天皇「明年秋九月壬辰朔丁酉、葬于倭国狭城盾列陵。盾列、此云多多那美」

神功皇后「冬十月戊午朔壬申、葬狭城盾列陵」

垂仁天皇「冬十二月癸卯朔壬子、葬於菅原伏見陵」

安康天皇「三年後、乃葬菅原伏見陵」

推古天皇「是歳（十五年）冬、於倭国作高市池・藤原池・肩岡池・菅原池」

『続日本紀』

和銅元〔七〇八〕年「九月壬申〔一四日〕行幸菅原」

和銅元〔七〇八〕年「十一月乙丑〔七日〕、遷菅原地民九十余家。給布・穀」

宝亀元〔七七〇〕年「八月丙午、葬高野天皇於大和国添下郡佐貴郷高野山陵」

注6　『万葉集』（検討には『萬葉集索引』の地名索引を用いた）〈菅原〉表記の歌について

「大き海の　水底深く思ひつつ　裳引き平しし　菅原（須我波良）の里」（二〇－四四九一）

〈サキ〉表記の歌について

「をみなへし　佐紀（咲）沢に生ふる　花かつみ　かつても知らぬ　恋もするかも」（四－六七五）

「をみなへし　佐紀（生）沢の辺の　ま葛原　いつかも繰りて　我が衣に着む」（七－一三四六）

「かきつはた　佐紀（開）沼の菅を　笠に縫ひ　着む日を待つに　年そ経にける」（一一－二八一八）

「かきつはた　佐紀（開）沢に生ふる　菅の根の　絶ゆとや君が　見えぬこのころ」（一二－三〇五二）

「をみなへし　佐紀（咲）野に　生ふる　白つつじ　知らぬこともて　言はれし我が背」（一〇－一九〇五）

「ことさらに　衣は摺らじ　をみなえし　佐紀（咲）野の萩に　にほひて居らむ」（一〇－二一〇七）

「寧楽宮　長皇子と志貴皇子と佐紀宮に倶に宴せし歌

秋さらば　今も見るごと　妻恋ひに　鹿鳴かむ山そ　高野原の上」（一－八四）

「春日なる　三笠の山に　月も出でぬかも　佐紀山に　咲ける桜の　花の見ゆべく」（一〇－一八八七）

注7　寺沢薫［二〇〇〇］三三一－六頁

注8　松尾國松［一九三九］二頁

注9　本書一八一頁

注10 八賀晋［一九六八］二六頁
注11 八賀晋［一九六八］二七頁
注12 大阪府立狭山池博物館［二〇〇三］二四頁
注13 本書四六頁
注14 八賀晋［一九六八］二七頁
注15 池田源太［一九八二］八－一〇頁
注16 千田稔［一九九四］一九－二二頁
注17 寺崎保広［一九九九］一〇三頁
注18 大山誠一［一九九二］一三五頁

第一三章

注1 本書一二一頁参照
注2 『律令』五二二－七頁
注3 大西貴夫［二〇〇三］五五八－六〇頁
注4 坪之内徹［二〇〇二］九一－六頁

第一四章

注1 『続日本紀（二）』二〇四－七頁
注2 『萬葉集（一）』二七七－八頁
注3 小川靖彦［二〇一〇］一四頁
注4 『続日本紀（一）』二九三頁
注5 辰巳正明［一九九四］一一一頁
注6 『続日本紀（二）』二二六－七頁
注7 『続日本紀（二）』二三一頁
注8 『続日本紀（二）』二三四頁
注9 『続日本紀（二）』二三六頁
注10 『続日本紀（二）』三四〇－三頁
注11 『続日本紀（二）』二〇五頁
注12 辰巳正明［一九九四］一八頁
注13 『続日本紀（二）』五二五頁
注14 辰巳正明［一九九四］一八二頁
注15 『続日本紀（二）』一〇二－三頁
注16 『続日本紀（二）』一〇四－五頁
注17 『日本史必携』二四四頁
注18 『続日本紀（二）』二二六頁
注19 『萬葉集（一）』四五八－六二頁
注20 『延喜式（後）』七一四－五頁
注21 『律令』三九二－三頁
注22 『続日本紀（二）』一九八－九頁
注23 『続日本紀（二）』五三一頁
注24 『萬葉集（一）』四五八－六二頁
注25 辰巳正明［一九九四］一八四頁
注26 直木孝次郎［二〇〇〇］一二三－三四頁
注27 『萬葉集（一）』一三一－四頁

第一五章

注1 『続日本紀（二）』二一〇－一頁
注2 『続日本紀（二）』二一〇頁
注3 『続日本紀（二）』二三八－九頁
注4 『続日本紀（二）』二三八頁
注5 宇治谷孟［一九九二］三一八頁
注6 『続日本紀（二）』五四九頁
注7 本書九四頁
注8 本書一五四頁
注9 本書一二一頁
注10 本書二五九頁

注11 本書二六一頁

注12 本書二六二頁、三一二頁

注13 寺崎保広［一九九九］二〇四頁

注14 『続日本紀（一）』三五三頁

注15 吉田靖雄［一九八六］一二四頁

注16 宇治谷孟［一九九二］一八二頁

補章

注1 例えば『日本書紀（一）』の直木孝次郎氏の解説によると「応神・仁徳両天皇とそれ以前、すなわち仲哀との間に大きな断絶があることになる」（五二六頁）、「五世紀末以降はそれ以前に比べると、当然のことながら史実と思われるものがふえてくるが、不確かなもの、造作された記事は少なくない」（五三三頁）

注2 『日本書紀（一）』二九三－四頁

注3 『日本書紀（二）』五五四頁

注4 Egyptian National Committee of Irrigation and Drainage, *The Nile and History of Irrigation in Egypt*, Ministry of Public Works and Water Resources, n. d.

注5 「青城山と都江堰水利（灌漑）施設」http://whc.unesco.org/en/list/1001/（ユネスコ世界遺産リスト）

注6 「ペルセポリス」http://whc.unesco.org/en/list/114（ユネスコ世界遺産リスト）

注7 『続日本紀（三）』三八二－三頁

注8 『字通』五二頁

注9 『日本書紀（二）』四五四頁

注10 『日本書紀（三）』一六五頁

注11 『続日本紀（二）』四〇四－五頁

注12 『続日本紀（二）』三九二－三頁

注13 『続日本紀（三）』三八〇－一頁

注14 『続日本紀（三）』三八二－三頁

注15 東北地方建設局『工務提要』一九五一年版を参照した。

注16 『律令』三六二－三頁

図 8-14	下流側からの浸水対策（韓室鼓堤想定図）	『古代の難波と難波宮』97 頁掲載の図に加筆	205
図 8-15	放水路の水位低下効果図		207
図 8-16	大曲捷水路標準横断図		209
図 8-17	三放水路の位置比定図	淀川百年史編集委員会［1974］390-1 頁の図を合成した図に加筆	211
図 8-18	琵琶湖から藤原京へ（概念図）		214
図 9-1	昆陽下池復原図	和島恭仁雄［1996］24 頁より	226
図 9-2	昆陽下池復原図	明治 19 年測量図に加筆	226
図 9-3	猪名野の地形と河川	土地条件図に加筆	226
図 9-4	昆陽大池（昆陽上池）周辺の絵図（文化 3 年）	伊丹市立博物館［1982］「絵図集」47 頁より	226
図 9-5	伊丹大地の関係図	明治 18・19 年陸測図より作成	228
図 9-6	昆陽上池溝、昆陽下池溝	田原孝平［1994］89 頁より	229
図 9-7	災害関連事業で河道が拡大された天王寺川	兵庫県災害復旧事業図に加筆	230
図 9-8	元の河道の復原図		231
図 9-9	昆陽上池溝の縦面図と断面図	昆陽池の堤高は「昆陽池・昆陽井」伊丹市立博物館［2003］4 頁から推定	232
図 9-10	布施屋と関連道路	20 万分の 1 地勢図に加筆	240
図 9-11	難波往古図	日下雅義［1991］229 頁	240
図 11-1	平城京の概略図	田中哲雄［1987］を参考に作図	274
図 11-2	坪の名称	奈良国立文化財研究所［1990］に加筆	275
図 11-3	官位別の宅地分布図	田辺征夫［2001］より	278
図 11-4	『日本書紀』推古天皇 15 年条の池		283
図 12-1	「菅原の地」と「佐紀の地」		289
図 12-2	平城宮の元地形に見る秋篠川と佐保川		297
図 14-1	血縁関係		329
図補-1	災害別年平均被災者数比較図		378
（表）			
表 3-1	天平十三年記	『行基年譜』433-5 頁	58
表 3-2	「橋」の一覧表	「天平十三年記」を再構成・加筆	62
表 3-3	「池」の一覧表	「天平十三年記」を再構成・加筆	62
表 3-4	「溝」の一覧表	「天平十三年記」を再構成・加筆	64
表 3-5	「溝」の比較表	「天平十三年記」を再構成	64
表 3-6	「堀川」の諸元比較表	「天平十三年記」を再構成・加筆	72
表 4-1	『行基年譜』が掲げる道場一覧表	『行基年譜』に基づき作成、一部先行研究に基づき加筆	83
表 4-2	「年代記」に記載されている月日の分類表	表 4-1 より作成	84
表 4-3	行基集団の事業の大きな流れ	表 4-1 と「天平十三年記」より作成	91
表 5-1	太政官奏の法文構造	『続日本紀（一）（二）（三）』に基づき作成	109

【図・表・写真一覧】

番号	図・表・写真名	備考（出典など）	掲載頁
（図）			
図序−1	摂津国島上郡水無瀬絵図	東京大学史料編纂所［1903］208頁	19
図1−1	「堀江と茨田堤」概念図	梶山彦太郎ほか［1986］111−2頁、図版5に加筆して作図	34
図2−1	狭山池堤体断面図	大阪府立狭山池博物館［2001］14頁	43
図3−1	マルヌダム平面図	Jean Moreau de Saint Martin et Lucien Bonnaud, “Le barrage-réservoir «MARNE»”, Supplément aux *Annales de l'institut du batiment et des travaux publics*, no. 274 (octobre 1970), p. 3.	69
図6−1	第Ⅱ期に建設された五道場想定図	大阪府立狭山池博物館［2003］23頁に加筆	122
図7−1	和泉地方の河川と山（山地河川と平地河川）	大阪府管内河川図を参考に作図	127
図7−2	和泉地方の道場と河川	大阪府管内河川図を参考に作図	130
図7−3	狭山池と西除川	明治20年測量図に加筆	137
図7−4	久米多池溝ルート想定図	明治20年測量図に加筆	140
図7−5	物部田池と物部田池溝想定図	明治20年測量図に加筆	147
図7−6	鶴田池	明治20年測量図に加筆	150
図7−7	光明池と光明池集水路	光明池土地改良区一般図に加筆	152
図8−1	淀川概念図		160
図8−2	大阪平野の復原姿1（梶山・市川）	梶山彦太郎ほか［1986］111−2頁、図版5	163
図8−3	大阪平野の復原姿2（日下）	日下雅義［1991］口絵	163
図8−4	大阪平野の復原姿3（服部）	服部昌之［1983］176頁	163
図8−5	大阪平野の復原姿4（木原）	直木孝次郎ほか［2003］273頁	163
図8−6	淀川のコントロールポイント図	淀川百年史編集委員会［1974］390−4頁の図を合成した図に加筆	166
図8−7	枚方（伊加賀）地点の突堤効果	明治18年測量図に加筆	167
図8−8	枚方宿近辺の寺社	http://www.pref.osaka.lg.jp/attach/1464/00002290/KS06-07.pdf（大阪府ホームページ「歴史街道ウォーキングマップ」より	168
図8−9	大隅地点における旧河道	明治18年測量図に加筆	170
図8−10	淀川改修下流部比較法線入平面図		171
図8−11	淀川中流域を歩く		173
図8−12	弘化改正大阪細見図		193
図8−13	開墾対象地	淀川用水樋水一般平面図（淀川左岸樋管統一工事概要）に加筆	203

あとがき

行基と真正面から向き合う機会は突然に訪れた。二〇〇二年九月、自分も創刊にかかわった雑誌『ＦＲＯＮＴ』の編集長・山畑泰子さんから行基をめぐって千田稔さんとの対談を持ち掛けられた。千田さんとはほぼ同年、同じ奈良出身ということもあり、関西弁でのざっくばらんな楽しい対談となった。二人には愉快な場となったが、山畑さんは纏めるのに苦労されたに違いない。それでも「行基放談」として行基伝説を取り上げた特集号に掲載された。対談ではなく放談とされたことに苦労のほどが偲ばれる。

私には異分野交流の面白さを感じた貴重な機会となり、さらには関西のあり方を考える研究会「『関西』史と『関西』計画」のメンバーにも加えていただくことになった。ゲストスピーカーの話を聞いて共に討論するのだが、関西（行基の意識としては畿内であろうが）の多様さとその根っ子にある共同体意識の根源について考える貴重な機会となった。その研究成果は『関西を創造する』と題して和泉書院から刊行されている。

当然ながら対談の前には千田さんの『天平の僧　行基』（中公新書）をはじめとする行基本を数冊読んだ。何れも面白く拝読し教えられる点も多かったが、子供の頃からの自分の「行基はん」とはどうもしっくりとこない。それが雑誌『河川』に「〝記紀と続紀〟の時代を『水』で読み解く」と題して連載することに繋がった。

河川協会の住吉豊明専務理事にお願いして始まったと記憶するのだが、快く受け入れていただいたのはありがたかった。行基シリーズで終わるはずが、書き始めると時代を遡らざるを得なくなって、縄文時代にまで行きつき、『万葉集』に採録された河川像にまで対象が拡がった。二〇〇七年から一四年まで、編集担当の住吉さんにはお世話になった。長い間、無理を聞いていただき頭が上がらない。

八年間の原稿は、国連「水と衛生に関する諮問会議」委員として世界を飛び回りながら執筆した。旅先のホテルはもちろん、飛行機のなかでもパソコンを打っていた。否が応でも日本の水問題を世界の抱える諸問題と関連させて捉えざるを得なくなる。いうまでもなく、認識は他と比較して始めて可能となる。その意味では極めて貴重な機会を得ることができた。

連載を続けたのは何とかして行基の全体像を長い歴史の流れの中で把握したい。更にいえば、水を通して考えると世界が具体的に見えてくるに違いないとの思いであった。そんな見方を培かってくれたのは、日々眼にした北上川、阿武隈川、庄内川、天竜川。それぞれが懐かしく愛おしい。「川と人」を考え、川に働きかけるには現場から始めるしかない。自分の足で歩き、己の頭で考えるしかない。それを教えてくれたのがこの四河川である。

結局は原点にかえるしかない。原典に立ち戻るしかない。現場を大切にして河川を中心に国土管理に取り組んできた積りである。それが河川局長として携わった平成九年の河川法改正にも繋がったと自負している。

平成二十五年から二十八年までの三年三ヵ月を東日本大震災と東電原発事故の被災地・広野町で過ごした。これもまたその延長線上にある。現地で働き、生活して初めて見えてくる世界がある。

さて行基集団以降はどうなったのか。『続紀』の延暦四〔七八五〕年十二月十日条は、近江国人が私糧を以て三万六千余人を役したと伝える。事業内容の記載はないが、少なくともこれだけの事業を展開できる力が地方の民間に養われていたのは間違いない。課題は次から次と湧き出すのである。

本書を実際に世に出せるのは現代企画室の小倉裕介編集員のお力添えによる。厳しくも温かく見守っていただき、別の視線で行基集団を見直すことができた。

小倉さんはアートフロントギャラリーの北川フラムさんを通じて知り合った。フラムさんとは「ファーレ立川アートプロジェクト」以来のご縁。その後、「被災地そのものをアートとするプロジェクト」を提案しながら、なかなか動き出せていない。この本の出版が先になるとは思いもしなかった。

最後にここまでお世話になった編集者、山畑泰子、住吉豊明、小倉裕介のお三方に心からなる謝意を表したい。本当にありがとうございました。

故里・奈良での新しい一歩を踏み出す寒い朝

平成二十八年一二月一六日

尾田栄章

【著者略歴】

尾田栄章（おだ・ひであき）

1941年福井県生まれ、奈良県育ち。京都大学大学院を修了し、1967年に建設省に入省。河川管理の目的に「河川環境の整備と保全」を加えると共に住民参加を求める平成9年河川法改正に河川局長として携わる。

1998年に退官後、第3回世界水フォーラム事務局長などを歴任。また蓋をされた河川の再生を目指すNPO「渋谷川ルネッサンス」を立ち上げ、人と川との関係を広げ、深める活動に取り組む。2013年から2016年まで、東日本大震災と原発事故で被災した福島県広野町で福島県の任期付職員として勤務した。

著書に『対談集・みちのくに徹する ── 東北の人と川』（山海堂、2002年）、『セーヌに浮かぶパリ』（東京図書出版会、2004年）がある。

行基と長屋王の時代
行基集団の水資源開発と地域総合整備事業

2017年1月25日初版第1刷
2017年6月25日初版第2刷発行　1000部
定価　2400円＋税

著　者　尾田栄章
装　丁　上浦智宏（ubusuna）
発行者　北川フラム
発行所　現代企画室
東京都渋谷区桜丘町15-8-204
Tel. 03-3461-5082　Fax. 03-3461-5083
http://www.jca.apc.org/gendai/
印刷所　中央精版印刷株式会社

ISBN978-4-7738-1701-0 C0021 Y2400E